ullstein

Das Buch

Als Sarah eine Nachricht aus Kanada erhält, in der sie zur Beerdigung der Indianerin Little Drum eingeladen wird, fällt sie aus allen Wolken. Sie hat Little Drum nur ein einziges Mal getroffen, und das ist dreißig Jahre her. Damals war sie eine junge Frau, die mit ihrer Schwangerschaft haderte. Little Drum war diejenige, die ihr bei der Entscheidung für das Kind geholfen hat.

Sie lässt sich auf die Reise ein – begleitet von ihrer Tochter Stella und ihrem Enkelsohn Niklas. Doch in Kanada kommt alles anders als erwartet: Im Haus der verstorbenen Little Drum herrscht eine düstere Stimmung. Der eigenbrötlerische Indianer Luke, der ebenfalls bei der Familie lebt, verhält sich sehr merkwürdig, und schließlich geschieht ein Mord. Ist Luke der Täter? Warum fühlt Stella sich so sehr zu ihm hingezogen? Und wer hat politische Interessen in der Gegend?

Werden die durch die Eulen herbeigerufenen Ahnen Stella helfen, unbeschadet von der Reise zurückzukehren?

Die Autorin

Sanna Seven Deers ist geborene Hamburgerin. Sie heiratete einen kanadischen Indianer und zog mit ihm in die Wildnis der Rocky Mountains. Dort leben die beiden mit ihren vier Kindern.
www.sannasevendeers.com

Von der Autorin sind außerdem in unserem Hause erschienen:

Der Ruf des weißen Raben
Das Windlied des Bären
Das Geheimnis des Felskojoten

Sanna Seven Deers

Auf den Schwingen der Sterneneule

Roman

Ullstein

Besuchen Sie uns im Internet:
www.ullstein-taschenbuch.de

Der Verlag dankt David Seven Deers für die freundliche Genehmigung, seine Illustration für die Covergestaltung sowie seine Karte auf S. 6/7 zu verwenden.

MIX
Papier aus verantwortungsvollen Quellen
FSC® C014496
FSC
www.fsc.org

Originalausgabe im Ullstein Taschenbuch
1. Auflage Juni 2014
2. Auflage 2015

Umschlaggestaltung: ZERO Werbeagentur, München
Titelabbildung: Landschaft: © Wayne Simpson/Getty Images;
Himmel: © Antony Spencer/Getty Images;
Illustration (Eule): © David Seven Deers
Satz: Pinkuin Satz und Datentechnik, Berlin
Gesetzt aus der Sabon
Papier: Holmen Book Cream von Holmen Paper Central Europe, Hamburg GmbH
Druck und Bindearbeiten: GGP Media GmbH, Pößneck
Printed in Germany
ISBN 978-3-548-28601-3

Es gibt ein Auge der Seele. Mit ihm allein
kann man die Wahrheit sehen.
Plato

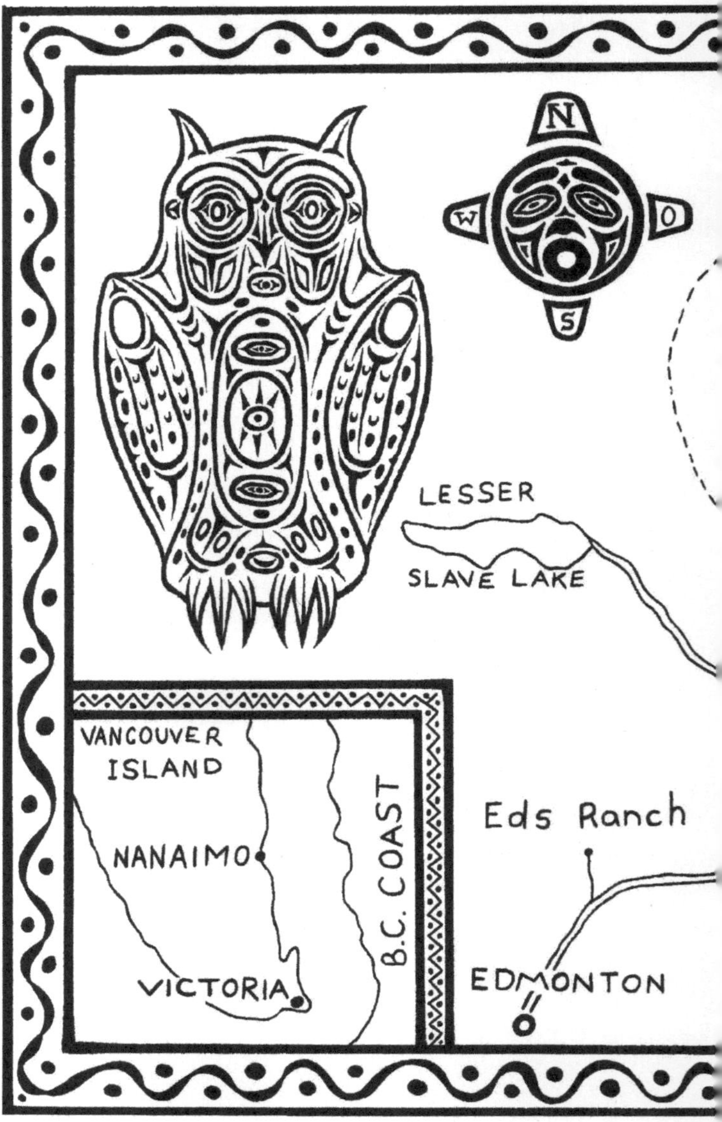
N
W
O
S
LESSER
SLAVE LAKE
VANCOUVER
ISLAND
NANAIMO
VICTORIA
B.C. COAST
Eds Ranch
EDMONTON

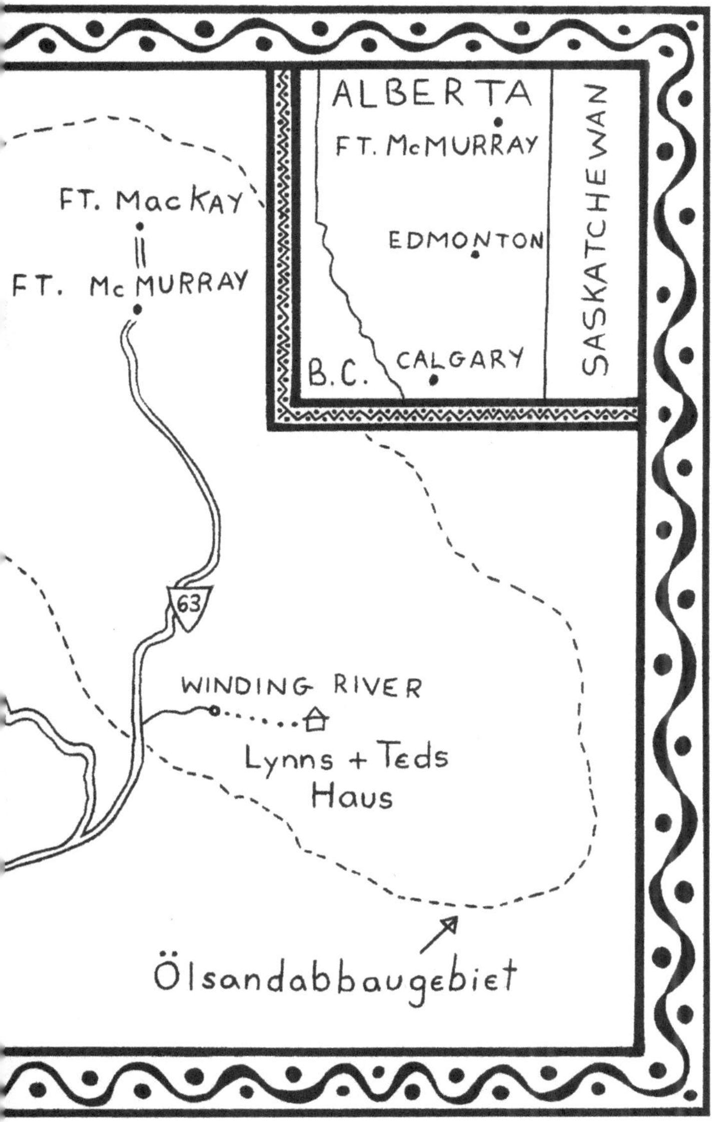

ALBERTA
FT. McMURRAY
EDMONTON
CALGARY
B.C.
SASKATCHEWAN
FT. MacKAY
FT. McMURRAY
63
WINDING RIVER
Lynns + Teds
Haus
Ölsandabbaugebiet

1982, British Columbia, Kanada

1

Die Morgendämmerung hatte kaum eingesetzt, und die Umrisse der Baumkronen zeichneten sich nur schwach gegen den fahlen Horizont ab. Elizabeth Collinson lag wach in ihrem schmalen, niedrigen Bett neben dem alten Holzofen und lauschte. Aus der Küche waren leise Geräusche zu hören. War etwa eines ihrer Kinder so früh schon auf den Beinen? Sie sollte wohl besser nachsehen. Seufzend warf sie die Decke zur Seite. Sie brauchte einen Moment, bis sie aufgestanden war, denn seit ein paar Wochen war ihr ihr runder Bauch überall im Weg.

»Es dauert nicht mehr lange, mein Süßes«, murmelte sie zärtlich und legte ihre Hand liebevoll auf ihren Leib.

Die Dielen des kleinen Holzhauses waren kalt, die Luft im Zimmer kühl – es war Herbst. Schnell schlüpfte Elizabeth in ihre Hausschuhe und schlang sich ein Wolltuch um die Schultern.

»Wer ist denn hier schon auf?«, fragte sie leise, als sie in die Küche kam. Sie wollte den Rest der Familie nicht wecken. Vielleicht konnte sie noch einmal kurz zurück ins Bett kriechen, bevor ihr geschäftiger Tag endgültig begann.

Doch zu ihrer Überraschung fand sie keines der Kinder vor, sondern eine zierliche Frau Anfang siebzig mit langem, schneeweißem Haar. Ihre Gestalt war gebeugt, ein Zeichen der schweren körperlichen Arbeit, die sie ihr Leben lang geleistet hatte. Aber ihre dunklen Augen funkelten noch immer wie Sterne.

»Großmutter, fehlt dir etwas?«, fragte Elizabeth besorgt. Sie sprach in ihrer indianischen Muttersprache, denn die alte Dame weigerte sich, English zu lernen.

Little Drum lächelte ihre Enkeltochter wohlwollend an.

»Es ist alles in Ordnung, mein Kind«, erklärte sie mit sanfter, leiser Stimme. »Es tut mir leid, dass ich dich geweckt habe. Ich war draußen. Du weißt, die Zeiten des Wechsels zwischen Tag und Nacht gehören den Geistwesen. Und heute Morgen hatten sie eine besondere Botschaft für mich.«

Elizabeth musste nun ebenfalls lächeln. Ihre Großmutter sprach oft mit den Geistwesen. Im Stamm war sie aufgrund dieser besonderen Gabe hochangesehen.

»Etwas Gutes, hoffe ich?«

»Jede Nachricht von den Geistwesen ist gut«, erwiderte Little Drum nachsichtig. »Denn sie lassen uns wissen, dass sie uns Menschen nicht vergessen haben und uns ihre Hilfe anbieten. Zugegeben, einige ihrer Worte sind angenehmer als andere.« Sie wurde ernst.

»Kurz vor der Morgendämmerung ist die Eule zu mir gekommen, die mächtige Botschafterin der Ahnenwelt. Der anbrechende Tag wird viele wichtige Ereignisse mit sich bringen. Die Eule sagte mir, dass heute jemand meine Hilfe brauchen wird. Es ist sehr wichtig. Ich werde gleich nach dem Frühstück in den Wald gehen, um Beeren zu pflücken. Dort werde ich auf den Hilfesuchenden treffen.« Sie blickte Elizabeth bestimmt an. »Du machst dich besser bereit, mein Kind, denn die Eule sagte mir, dass du mich begleiten sollst.«

Elizabeth sah Little Drum forschend an. Dann drehte sie sich wortlos um, um der Aufforderung ihrer Großmutter Folge zu leisten. Eine Gänsehaut überkam sie, und sie sprach ein leises Gebet für diejenigen, die in die Ereignisse des heutigen Tages verwickelt waren. Denn so viel stand fest: Little Drum hatte die Botschaften der Geisterwelt noch nie falsch gedeutet.

Außer Atem hastete Sarah Stadler die lange Abflughalle des Vancouver International Airport entlang. Die Handtasche war ihr beim Laufen von der Schulter gerutscht, und der große braune Koffer, den sie hinter sich herzog, drohte umzukippen. Warum hatte ausgerechnet ihr Flug Verspätung haben müssen? Ohne ihre Schritte zu verlangsamen, warf sie einen flüchtigen Blick auf die Schalternummer ihres Anschlussfluges, die auf dem Ticket vermerkt war.

»A14?«, rief sie auf Englisch einem Mann zu, der sie verwundert beobachtete.

»Immer weiter geradeaus!«, entgegnete er hilfsbereit.

»Danke!«, rief Sarah ihm über die Schulter zu.

Ein paar Minuten später hatte sie ihr Ziel erreicht. Ihr Puls raste, Schweißperlen standen auf ihrer Stirn, und sie hatte Seitenstiche. Zudem war ihr auch noch übel geworden.

»Völlig aus der Übung«, keuchte sie und lächelte die junge Frau hinter dem Schalter entschuldigend an. Das war nicht die ganze Wahrheit, aber darüber wollte sie mit niemandem sprechen. Noch nicht. Sie schob ihr zerknittertes Ticket über den Tresen. »Sarah Stadler. Ich habe einen Platz in der 13-Uhr-Maschine nach Victoria. Mein Flug aus Frankfurt hatte Verspätung. Und erst die Schlange bei der Passkontrolle. Ich bin froh, dass ich es doch noch rechtzeitig geschafft habe!«

Die junge Frau sah sie teilnahmsvoll an.

»Mrs Stadler, es tut mir sehr leid, aber die Maschine nach Victoria ist vor fünf Minuten gestartet.«

Das Lächeln verschwand aus Sarahs Gesicht.

»Aber es sind doch noch zehn Minuten bis zur Abflugzeit«, meinte sie und blickte verdutzt auf ihre Armbanduhr.

»Ihre Uhr muss falsch gehen«, antwortete die Bodenstewardess. »Es tut mir wirklich sehr leid. Wir haben Sie ausrufen lassen, und der Pilot hat auf Sie gewartet, so lange es ging.«

Sarah stützte sich am Tresen ab. All das Laufen, all das Unwohlsein – alles umsonst. Sie strich sich eine lockige, rotbraune Haarsträhne aus dem Gesicht.

»Wann geht der nächste Flug nach Victoria?«

»Morgen früh um neun Uhr.«

»Morgen früh um neun? Aber ich muss heute noch dort ankommen«, erklärte Sarah aufgebracht. »Es ist sehr dringend. Beinahe lebensnotwendig. Ich habe einen neuen Job, und morgen ist mein erster offizieller Termin. Bitte – ich darf ihn nicht verpassen!« Sie sah ihr Gegenüber eindringlich, fast flehentlich an.

»Sie könnten die Fähre von Tsawwassen nehmen. Als Passagier ohne Auto müssten Sie dort auf jeden Fall einen Platz bekommen.«

Eine Fähre? Dann konnte Sarah den Job gleich vergessen. An eine Seefahrt war bei ihr nicht zu denken, besonders im Augenblick nicht.

»Danke, aber ich kann keine Fähre nehmen. Ich werde immer furchtbar seekrank.« Sie ließ entmutigt den Kopf hängen. Ihre Schläfe begann schmerzhaft zu pochen.

»Ich könnte versuchen, Sie im 16-Uhr-Flug nach Nanaimo unterzubringen«, meinte die Bodenstewardess unvermittelt und griff nach dem Telefonhörer. »Von dort sind es nur knappe hundert Kilometer bis nach Victoria. Sie könnten sich einen Mietwagen nehmen und noch heute Abend dort sein.«

Sarahs Miene hellte sich auf.

»Bitte versuchen Sie es!«

Ein paar Stunden später fragte Sarah sich, was wohl schlimmer war: seekrank zu sein oder flugkrank. Sie saß in einem kleinen Flugzeug – einem *sehr* kleinen Flugzeug – und betete inständig, dass sie Nanaimo bald erreichen würden. Sarah wusste, dass sie grün im Gesicht war. Sie konnte es an den Blicken der anderen Fluggäste erkennen. Und ihr war auch wirklich speiübel. Zugegeben, sie wusste, dass es auch körperliche Ursachen hatte, aber das kleine Flugzeug trug nicht gerade zu ihrer Besserung bei: Die Propeller dröhnten laut, und die gesamte Maschine ruckelte bedenklich. Sarah sah sich vorsichtig um. Die wenigen Mitreisenden störten sich anscheinend nicht daran; sie unterhielten sich entspannt.

Sarah schloss die Augen und versuchte sich zu entspannen. Sie hätte den Job ablehnen sollen. Sie hätte sich gegen alle Vernunft, gegen alle noch so rosigen Zukunftsaussichten stemmen und den Job ablehnen sollen. Doch jetzt war sowieso alles egal, denn aus diesem alten klapprigen Ding würde keiner von ihnen lebend herauskommen.

Vielleicht ist das meine Strafe, weil ich keinen Mut habe, eine Entscheidung zu treffen, dachte Sarah verzagt. Was für eine vertrackte Situation es doch war, in die sie so unvorhergesehen hineingeraten war! Und dabei hatten sich die Dinge gerade so zu entwickeln begonnen, wie sie es sich vorgestellt hatte.

Vor einem guten Jahr hatte sie einen schweren Entschluss getroffen. Sie hatte sich von dem Mann, den sie über alles liebte, getrennt – zugunsten ihrer Karriere.

Sarah seufzte schweren Herzens, als sie sich jetzt an den Moment erinnerte. Philip war Musiker und mit Abstand der aufrichtigste und beste Mensch, der ihr je begegnet war. Aber – finanziell würde er es nie zu etwas bringen. Materielle Dinge waren ihm vollkommen unwichtig. Sarah hingegen hatte hochfliegende Pläne: Sie wollte ein neues Auto haben und ein eigenes Haus, wollte weite Reisen unternehmen. Vor allem aber wollte sie Karriere machen. Und um genau diesen Punkt ging es bei ihrer Trennung. Philip wollte, dass sie abends früher nach Hause kam, mehr Zeit mit ihm verbrachte, wenn möglich sogar ihren Job als Dolmetscherin bei einem großen Konzern ganz aufgab, um mit ihm von einem Auftritt zum nächsten zu reisen. Die Situation war eskaliert – wie es wirklich dazu gekommen war, wusste Sarah selbst nicht mehr. Aber sie hatte sich entscheiden müssen, von einem Tag auf den anderen: ein Leben mit Philip oder ihre Karriere mit allem, was daran hing. Sie hatte ihren Entschluss getroffen und nach vorn geschaut. Es gab kein Zurück.

Die Ironie dabei war, dass Sarah vor ein paar Monaten mit einem Arbeitskollegen angebändelt hatte. Er hieß Günter Ammersbach, war bei der Firma, für die sie arbeitete, im Verwaltungsbereich tätig. Beruflich befand er sich auf dem aufsteigenden Ast, und er war wirklich ein netter Kerl. Eine richtig »gute Partie«, wie ihre Mutter es bezeichnet hatte. Aber tief in ihrem Herzen wusste Sarah, dass sie sich aus Einsamkeit mit Günter eingelassen hatte, nicht, weil er die große Liebe war. Und nun, nun war sie schwanger. Von Günter. Und wieder musste sie eine schwere Entscheidung treffen: das Baby oder die Karriere, für die sie sich erst vor kurzem von der Liebe ihres Lebens getrennt hatte. Eine wortwörtliche Ironie des Schicksals, die Sarah als beinahe grausam empfand.

Unvermittelt öffnete sie die Augen. Wenn nur die morgendliche Übelkeit aufhören würde! Aber sie wollte jetzt nicht über diese Dinge nachdenken. Sie würde mit der Entscheidung warten, bis sie wieder zu Hause war. Zunächst galt es, nicht gefeuert zu werden, und dazu musste sie Victoria noch an diesem Abend erreichen. Ihr Chef hatte am nächsten Morgen ein wichtiges internationales Meeting im Empress Hotel, und seine persönliche Dolmetscherin war plötzlich krank geworden. Daher war sie, Sarah Stadler, kurzfristig dazu auserwählt worden, ihm nach Kanada nachzureisen und den Job zu übernehmen. Es war eine großartige Gelegenheit für sie. Eine Chance, die die Weichen für ihren weiteren Werdegang stellen könnte – eine Chance, die sich ihr so vielleicht nie wieder bieten würde.

Gedankenversunken blickte Sarah aus dem schmalen Fenster des Flugzeugs. Ein paar Minuten starrte sie einfach ins blaue Nichts des Himmels, doch dann begann sie die Landschaft wahrzunehmen. Sie überquerten einen Seitenarm des Pazifik. Die kleine Propellermaschine flog recht niedrig, und daher konnte Sarah leicht alle Einzelheiten erkennen. Das Meer breitete sich nach beiden Seiten aus, so weit das Auge reichte. Die Strahlen der sinkenden Sonne spiegelten sich auf dem Wasser, und weiße Schaumkronen tanzten auf den tiefblauen Wellen. Am Horizont war die Küste Vancouver Islands zu sehen. Dicht bewaldet und in ihrer Mitte von hohen Bergketten durchzogen, rückte die große Insel mit jeder lauten Umdrehung der Propeller näher. Sarah starrte sie wie gebannt an. Etwas schien sie magisch zu der Insel hinzuziehen.

2

Erleichtert steuerte Sarah ihren kleinen Mietwagen den wenig befahrenen Highway entlang. Sie war froh, endlich wieder Boden unter den Füßen zu haben. Die Übelkeit hatte sich etwas gelegt, und sie genoss den Blick auf die unbekannte Welt außerhalb des Wagens. Die Sonne war bereits hinter den hohen Berggipfeln verschwunden, und die mächtigen Zedernbäume, die dicht an dicht neben der Straße standen, warfen lange dunkle Schatten auf den grauen Asphalt. Häuser oder kleine Dörfer gab es nur wenige, aber hin und wieder tat sich eine Schneise in den Bäumen auf, und dann war für ein paar Augenblicke das Meer zu sehen.

Sarah hielt an einer Straßenbucht an, um den Ausblick auf den Pazifik zu genießen. Nur ein weiter sandiger Streifen trennte den Highway an dieser Stelle von den ungezähmten, schaumgekrönten Wellen, die sich bis zum Horizont erstreckten. Vereinzelt ragten große, vom Wasser rundgewaschene Felsen aus dem Sand, und der Strand war mit Seetang und Treibholz übersät. Möwen hockten auf den angeschwemmten Baumstämmen, hüpften im Sand umher und schwangen sich laut kreischend in die Lüfte. Ansonsten war weder Mensch noch Tier zu sehen.

Was für eine Macht, was für eine Energie von den Wassermassen auszugehen schien! Sarah ließ das Fenster ihres Wagens herunter, auszusteigen wagte sie in dieser Wildnis nicht. Ein frischer Wind wehte herein und wirbelte durch ihr kurzes, lockiges Haar. Sie atmete tief ein. Die Luft war herrlich! Kühl und klar und salzig, dazu der fischig-modrige Geruch des Seetangs und der würzige Duft der Zedern. Es war eine Mischung, wie Sarah sie nie zuvor erlebt hatte: wild, geheimnisvoll und frei.

Eine Weile saß sie schweigend da. Sie konnte sich kaum von dem Anblick losreißen. Aber es war Mitte September, und obwohl es kaum 18.30 Uhr war, würde es bald schon dämmern.

Sarah warf einen flüchtigen Blick auf die Straßenkarte. Mit etwas Glück sollte sie Victoria noch vor Einbruch der Dunkelheit erreichen.

Sobald ich im Hotel bin, werde ich sofort ins Bett fallen, dachte sie, und ein entspanntes Lächeln umspielte ihre Lippen. Zufrieden lenkte sie den Wagen zurück auf den Highway.

Plötzlich zog dichter Nebel vom Meer her auf. Er schien wie aus dem Nichts zu kommen und legte sich wie eine schwere Decke über das Land. Sarah konnte die Straße vor sich kaum noch erkennen. Sie schaltete die Nebelscheinwerfer ein und hoffte, dass die Autos, die hinter ihr kamen, sie rechtzeitig sehen würden. Wo war der Nebel nur auf einmal hergekommen?

Sie verlangsamte den Wagen, bis sie kaum schneller als Schritttempo fuhr. Die Straße machte eine scharfe Rechtskurve. Sarah musste sich stark konzentrieren, denn sie konnte lediglich ein paar Meter weit voraussehen. Sie fühlte sich wie blind in dem grauen Meer aus Nebelschleiern.

Aber damit nicht genug. Der Nebel wurde immer dichter.

Wenn die Sicht nicht bald besser wird, muss ich an-

halten und abwarten, bis der Nebel sich verzieht, dachte Sarah. *Es geht kein Weg daran vorbei.* Ein Schauer lief ihr über den Rücken. Etwas Unheimliches lag in der Luft.

Im nächsten Augenblick sprang etwas aus dem Unterholz und landete genau vor ihr auf der Straße. Sarah schrie laut auf und trat auf die Bremse. Ein dumpfer Aufprall folgte, dann kam der Wagen zum Stehen.

Sarah versuchte ruhig zu atmen, aber ihr Herz raste wie wild.

»Ich habe irgendetwas angefahren«, flüsterte sie entsetzt. Mit zitternden Händen tastete sie nach dem Türgriff. Sie öffnete zaghaft die Wagentür und stieg aus. Vorsichtig ging sie um das Auto herum. Ein Knirschen unter ihren Füßen ließ sie innehalten. Irritiert blickte sie nach unten. Sie ging nicht, wie vermutet, auf Asphalt, sondern auf Schotter. Dies war nicht der Highway, dies war Wildnis! Sie spähte durch den Nebel. Wo um alles in der Welt war sie gelandet?

Sarah ging vorsichtig weiter. Als sie den Kotflügel erreichte, blieb sie wie angewurzelt stehen. Das Licht der Scheinwerfer fiel auf ein blutüberströmt Etwas, das vor ihrem Wagen lag. Ein Hirsch. Sie hatte eine Hirschkuh angefahren!

»Oh Gott!«, stieß sie aus, und ihr Magen zog sich unwillkürlich zusammen. Sie konnte einfach kein Blut sehen.

Die Hirschkuh lebte noch, aber ihr Atem ging schwer und keuchend. Sie gab einen kläglichen Laut von sich und blickte Sarah mit ihren großen, sanften Augen flehentlich an.

Sarah kamen Tränen. Sie liebte Tiere. Und nun lag eines vor ihren Füßen im Sterben. Noch dazu war es ihre Schuld. Sie und niemand anderes hatte das Leben dieser wunderschönen Hirschkuh auf dem Gewissen.

»Es tut mir so leid«, murmelte sie und hockte sich neben das Tier. Sie streckte die Hand aus, um der Hirschkuh über den Hals zu streichen. In dem Moment, als ihre Fingerspitzen das weiche Fell des Tieres berührten, begann sich alles vor Sarahs Augen zu drehen. Es war, als würde sie in ein tiefes, schwarzes Loch gezerrt. Weiter und immer weiter. Panik stieg in ihr auf. Sie wollte aufspringen und davonlaufen, aber es war zu spät. Die Dunkelheit umhüllte sie jetzt vollkommen, und sie verlor das Bewusstsein.

Sarah wusste nicht, wie viel Zeit vergangen war, als sie wie aus weiter Ferne einen leisen fremdartigen Gesang zu vernehmen schien. Sie lauschte angestrengt, aber sie vermochte nicht mehr auszumachen. Schon war ihr, als verebbte der Gesang, da wurde er plötzlich lauter und deutlicher. Und mit einem Mal spürte sie, dass jemand sie umschlungen hielt. Sie versuchte, die Augen zu öffnen.

»Meine Großmutter sagt, es ist an der Zeit, in diese Welt zurückzukehren. Wach auf!«, sagte eine sanfte, melodische Stimme dicht neben ihr.

Wieder dieses fremdartige Singen. Dann folgte ein stetes Rasseln.

Sarah schlug unvermittelt, fast wie auf Befehl, die Augen auf. Eine junge Frau mit langem, schwarzem Haar war über sie gebeugt. Sie hatte Sarahs Kopf auf ihre Knie gebettet und strich ihr sanft über die Stirn. Neben ihr hockte eine ältere Frau. Ihr Gesicht war runzelig, ihr schneeweißes Haar dünn und zu zwei Zöpfen geflochten.

Indianerinnen, ging es Sarah durch den Kopf. Verwirrt sah sie die beiden an.

»Du warst ohnmächtig, aber es ist dir nichts geschehen«, erklärte die junge Indianerin leise. »Bleib noch eine Weile ruhig liegen.«

»Es war ein Unfall«, stammelte Sarah. »Die Hirschkuh …«

Die ältere der beiden Frauen sagte etwas in indianischer Sprache und deutete zuerst auf Sarah und dann auf das Tier.

»Es tut mir leid, ich verstehe nicht …«, sagte Sarah.

»Meine verehrte Großmutter spricht kein Englisch. Deshalb werde ich ihre Worte übersetzen«, erklärte die junge Frau. »Sie sagt, du sollst dir keine Vorwürfe machen. Das Tier hat sich für dich geopfert.« Sie lächelte Sarah an.

Die Stimme der jungen Frau kam Sarah merkwürdig vertraut vor, obwohl sie sicher war, dass sie sie nie zuvor getroffen hatte. Ein jähes Gefühl von Sicherheit überkam Sarah, und sie entspannte sich.

Die beiden Indianerinnen wechselten wieder ein paar Worte.

»Meine Großmutter sagt, dass nichts auf dieser Welt durch Zufall geschieht. Sie sagt, die Geistwesen haben ihr am Morgen mitgeteilt, dass sie heute jemanden treffen würde, der Hilfe bräuchte. Den ganzen Tag über, während wir im Wald Beeren sammelten, hat sie auf ein Zeichen gewartet. Nun weiß sie, wovon die Geister gesprochen haben.«

»Oh«, erwiderte Sarah bedrückt und richtete sich auf. »Ich fürchte, für die Hirschkuh kommt jede Hilfe zu spät.«

Die junge Frau kicherte verhalten und wandte sich in indianischer Sprache an die Alte. Erst jetzt bemerkte Sarah, dass die junge Frau schwanger war. Ihr runder Bauch zeichnete sich deutlich unter ihrem einfachen Baumwollkleid ab.

»Sie erwarten ein Kind!«, rief Sarah und konnte sich kaum zurückhalten, den schwangeren Leib der anderen zu berühren.

Die junge Frau sah sie überrascht an.

»Ja«, erwiderte sie. »Mein sechstes. Im November.«

»Ihr sechstes«, wiederholte Sarah ungläubig. Die junge Indianerin konnte kaum älter sein als sie selbst. Und dabei sprach sie von ihrer sechsten Schwangerschaft, als sei es die selbstverständlichste Sache auf der Welt. Eine unglaubliche Ruhe ging von ihr aus, und sie schien in völliger Harmonie mit sich selbst und ihrem Leben. Sie war bestimmt nicht reich, das konnte Sarah an ihrer Kleidung erkennen. Aber trotzdem ertappte sie sich dabei, ihr Gegenüber zu beneiden. All ihr schönes sicheres Gehalt vermochte es nicht, Sarah die Ruhe und Harmonie zu verschaffen, die von der anderen Frau ausgingen. Und wie sehr hatte Sarah sich in den letzten Wochen gerade nach diesen einfachen Dingen gesehnt. Um einen klaren Gedanken fassen zu können, um eine Entscheidung zu treffen.

»Bitte lass mich erklären. Du hast das falsch verstanden«, sagte die Indianerin nun. »Aber zuerst möchte ich uns vorstellen. Ich heiße Elizabeth Collinson, und dies ist meine ehrenwerte Großmutter Little Drum.«

Die alte Dame lächelte Sarah an. Fast ein wenig nachsichtig, fand Sarah. Da bemerkte sie, dass die beiden Frauen sie erwartungsvoll ansahen.

»Oh, Verzeihung! Ich heiße Sarah Stadler«, erklärte sie hastig und erhob sich. Ihr war noch immer etwas schwindlig, aber sie konnte sich auf den Beinen halten.

Elizabeth schickte sich an, ebenfalls aufzustehen. Unvermittelt reichte Sarah ihr die Hand und half ihr auf.

»Danke«, sagte Elizabeth mit sanfter Stimme. Dann wiederholte sie: »Du hast mich falsch verstanden. Als ich eben davon sprach, dass die Geistwesen Großmutter sagten, dass sie heute jemanden treffen würde, der Hilfe benötigt, habe ich nicht die Hirschkuh gemeint, sondern dich.«

»Mich?« Sarahs Gedanken begannen wirr zu kreisen. Die ganze Situation kam ihr unwirklich vor. Sie sollte längst in Victoria sein und in ihrem warmen weichen Hotelbett liegen. Stattdessen stand sie hier draußen im Nebel, inmitten der Wildnis, mit einem toten Hirsch zu ihren Füßen und zwei wildfremden Indianerinnen an ihrer Seite.

»Bitte lass es mich erklären«, bat Elizabeth, die ihre Verwirrung bemerkte. »Wie meine Großmutter vorhin schon sagte, gibt es keine Zufälle auf dieser Welt. Und so ist es denn auch kein Zufall, dass du dich im Nebel verfahren hast, dass das Tier vor deinen Wagen gesprungen ist und wir dich hier gefunden haben. Auch deine Ohnmacht hat einen Grund.«

»Woher weißt du, dass ich mich im Nebel verfahren habe?«, fragte Sarah zaghaft.

Elizabeth übersetzte ihre Worte, damit ihre Großmutter sie verstand, dann lachten beide Frauen amüsiert auf.

»Jemand wie dich und in einem solchen Wagen haben wir noch nie so weit entfernt vom Highway auf einer unbefestigten Straße in der Wildnis getroffen.«

Sarah nickte verlegen. »Es stimmt, ich habe mich verfahren. Daran ist allein dieser schreckliche Nebel schuld.«

»Und die Hirschkuh ist vor deinen Wagen gesprungen und hat dich zum Anhalten gezwungen, damit wir dich hier treffen konnten. Sie hat ihr Leben geopfert, um dir zu helfen.«

Sarah starrte die junge Frau erneut fassungslos an. Ihr ging es doch schon wieder gut, die Ohnmacht war längst vorüber. Sie brauchte keine Hilfe.

Die alte Indianerin warf einige Sätze ein, und Elizabeth übersetzte.

»Meine Großmutter möchte, dass du verstehst, was vor sich geht«, begann sie zu erklären. »Du musst wissen, dass die Tiere viel enger mit der Welt der Geistwesen verbunden sind als wir Menschen. Sie spüren und hören Dinge, die uns meist verborgen bleiben. Und daher versuchen sie oft, uns ein Zeichen zu geben, uns aufhören oder uns umsehen zu lassen; uns zu warnen oder uns eine Botschaft zu überbringen, damit wir auf dem richtigen Weg bleiben. Die Tiere sind die Helfer der Menschen, Vermittler zwischen unserer Welt und der Geisterwelt.«

Grauen packte Sarah, als sie sich an das tote Tier zu ihren Füßen erinnerte, und sie schüttelte sich. »Ich hasse es, wenn ein Lebewesen sterben muss. Und das Leben dieser Hirschkuh habe noch dazu ich selbst auf dem Gewissen«, flüsterte sie.

Die beiden Indianerinnen sprachen leise miteinander.

»Du verachtest es, ein Tier zu töten«, gab Elizabeth die Worte Little Drums wieder und schaute kurz auf den ein Stück entfernt liegenden Hirsch. »Aber gleichzeitig ziehst du es in Erwägung, ein Menschenleben auszulöschen.« Die junge Frau sah Sarah eindringlich an und deutete auf ihren Unterleib.

Sarah erstarrte. Die alte Indianerin konnte doch unmöglich von ihrer Schwangerschaft wissen!

Little Drum ging zu Sarah und legte ihr lächelnd eine Hand auf den Bauch. Sie sprach leise in indianischer Sprache, und ihre weisen, alten Augen blickten Sarah dabei unverwandt an. Ihre Blicke schienen bis in Sarahs Innerstes vorzudringen.

»Meine Großmutter sagt, dass jedes Lebewesen eine bestimmte Aufgabe in dieser Welt zu erfüllen hat. Um dieser Aufgabe gewachsen zu sein, bekommt ein jedes eine besondere Gabe mit in die Wiege gelegt. Jedes noch so kleine Lebewesen wird gebraucht, um seine Aufgabe zu erfüllen, sonst kann das Gleichgewicht, die Harmonie in unserer Welt nicht erhalten werden. So wird denn auch ein jeder Mensch gebraucht, um den ihm zugeteilten Platz in unserer Welt einzunehmen und die ihm vorbestimmte Aufgabe zu erfüllen. Jeder. Jedes Kind ist ein einzigartiges Geschenk, und niemand hat das Recht, ein solches Geschenk zu vernichten. Unser aller Leben liegt allein in der Hand von *Great Spirit*, dem Großen Geist.«

Sarah spürte, wie die Farbe aus ihrem Gesicht wich. Wie konnte die Indianerin so viel über sie und ihre innersten Gedanken wissen? Etwas ging hier nicht mit rechten Dingen zu! Angst stieg in ihr auf.

Elizabeth legte beruhigend ihre Hand auf Sarahs Arm.

»Du brauchst dich nicht zu fürchten, im Gegenteil. Die Geister sind dir wohlgesinnt. Sie versuchen dir und deinem ungeborenen Kind zu helfen. Besonders deinem Kind. Es wird in dieser Welt dringend gebraucht.«

Sarah blickte die beiden Frauen forschend an. Konnten Little Drums Worte wirklich wahr sein? Sie konnte es kaum verneinen, wusste die alte Frau doch Dinge über sie, die sie eigentlich nicht wissen konnte.

Little Drum wandte sich noch einmal an ihre Enkeltochter.

»Du darfst den Worten meiner Großmutter gern Glauben schenken«, erklärte diese daraufhin. »Denn es war die Eule, die heute kurz vor Anbruch der Morgendämmerung zu ihr gesprochen hat. Die Eule ist ein sehr machtvolles Wesen. Sie besitzt viele magische Eigenschaften, aber bei unserem Volk wird sie vor allem als Vermittler zwischen den Menschen und den Ahnen gesehen. Und den Ahnen liegt offenbar sehr viel an dir und deinem Baby. Großmutter sagt, dass die Botschaft, die die Eule ihr heute überbracht hat, besonders nachdrücklich und kraftvoll gewesen ist.« Sie lächelte Sarah aufmunternd an.

»Aber nun dürfen wir dich nicht länger aufhalten. Du musst deine Reise fortsetzen. Lebe wohl!« Sie wechselte ein paar Worte mit Little Drum, dann wandten die beiden Frauen sich ab und machten sich auf ihren Weg.

Sarah stand wie angewurzelt da und vermochte keinen klaren Gedanken zu fassen. Als sie endlich verstand, was vor sich ging, waren die beiden Frauen im Nebel kaum mehr zu erkennen.

»Wartet!«, rief sie und lief ihnen einige Schritte hinterher. »Bitte wartet!«

Die beiden Indianerinnen drehten sich überrascht um.

»Ich danke euch für euren Rat«, sagte Sarah mit stockender Stimme. »Danke euch von ganzem Herzen. Euch beiden. Ich weiß nun, wie meine Entscheidung ausfallen wird.« Sie kramte in ihrer Jackentasche. »Hier ist meine Visitenkarte. Bitte zögert nicht, mich anzurufen oder mir zu schreiben, sollte es jemals etwas geben, womit ich euch helfen kann.«

Elizabeth warf einen flüchtigen Blick auf die Karte und steckte sie in die Tasche ihres Kleides.

»Leb wohl, Sarah«, sagte sie noch einmal.

Beide Frauen hoben grüßend die Hand, dann waren sie auch schon im Nebel verschwunden.

Der sechsjährige Luke Lumly saß auf dem Rücksitz des alten, zerbeulten Ford Thunderbird, der seinen Eltern gehörte, und schaute aus dem Fenster. Draußen war alles dunkel, nur direkt vor ihnen, wo das Licht der Scheinwerfer die Straße erhellte, war etwas zu erkennen. Der Highway schien verlassen, kein Wagen begegnete ihnen. Nur die hohen Zedernbäume huschten wie bedrohliche Schatten am Straßenrand entlang.

Luke rutschte tiefer in den Sitz. Sie hatten Freunde seiner Eltern in Nanaimo besucht und waren viel später als geplant nach Hause aufgebrochen. Luke war nicht gern im Dunkeln im Auto unterwegs, aber das wollte er sich unter keinen Umständen anmerken lassen.

Auf dem Vordersitz unterhielten seine Eltern sich leise. Luke wusste, sie wollte ihn nicht beim Einschlafen stören. Er konnte das fein geschnittene Gesicht seiner Mutter und ihr langes, schwarzes Haar gerade eben erkennen. Wie schön sie war!

Seufzend kuschelte Luke sich in seine Jacke. Bald würden sie zu Hause sein. Dann würde die Mutter ihn zu Bett bringen, ihm das alte indianische Wiegenlied singen, das sie von ihrer Mutter gelernt hatte, und seine Welt würde wieder in Ordnung sein.

Der kleine Junge unterdrückte ein Gähnen. Er wollte seinen Eltern beweisen, dass er schon groß war und ohne Probleme auch mal bis zehn Uhr aufbleiben konnte.

Aber da war noch etwas anderes, das ihn beunruhigte, nicht nur die Dunkelheit. Den ganzen Tag schon war ihm irgendwie unheimlich zumute. Doch auch das wollte er die Eltern nicht wissen lassen.

Er starrte wieder aus dem Fenster. Da tauchte wie aus dem Nichts eine Nebelbank vor ihnen auf der Straße auf – wie ein dichter weißer Vorhang, der alles zu verschlucken drohte. Selbst die starken Strahlen der Scheinwerfer vermochten den Nebel nicht zu durchdringen.

Luke machte sich noch kleiner. Aus weiter Ferne schien

er den Ruf einer Eule zu hören; wie eine Warnung, wie eine schlimme Vorahnung.

»Dad, pass auf!«, schrie er.

Aber es war zu spät. Der Nebel hatte das entgegenkommende Fahrzeug zu lange verborgen gehalten. Es war keine zehn Meter von ihnen entfernt und kam geradewegs auf sie zu.

Lukes Vater riss den Wagen zur Seite. Vergeblich. Das andere Fahrzeug stieß seitwärts mit ihnen zusammen und schob den Thunderbird von der Straße, als sei er nichts weiter als eine Fliege auf der Windschutzscheibe.

»Luke!«, hörte der Junge die verzweifelte Stimme seiner Mutter.

»Mom! Mom!«, schrie Luke, von Panik erfasst.

Der Thunderbird schoss über den Straßenrand und die Böschung hinunter, prallte mit der Schnauze hart auf und überschlug sich mehrere Male. Dann war plötzlich alles still. Totenstill.

»Mom?« Lukes Stimme war schwach und leise. Er bekam keine Antwort.

Bevor er das Bewusstsein verlor, war ihm, als sähe er seine Eltern Hand in Hand neben dem Autowrack stehen. Sie lächelten ihn an. Dann drehten sie sich um und gingen davon.

»Mom! Dad!«, flüsterte Luke mit Tränen in den Augen, aber sie hörten ihn nicht.

Da erschien mit einem Mal eine große Eule am Himmel. Ihr Flug war lautlos; Luke hörte sie nicht kommen. Doch er sah ihre leuchtend gelben Augen. Sie durchschnitten das Dunkel der Nacht wie Sonnenstrahlen. Näher und näher kamen sie.

Luke fürchtete sich nicht. Im Gegenteil, er war froh, dass die Eule zu ihm kam und er nicht mehr allein war.

Im nächsten Augenblick spürte er, wie sich das Tier

behutsam auf seiner Brust niederließ und seine Flügel wie riesige schützende Arme über ihn legte. Dann erfasste ihn eine dunkle Welle und riss ihn mit sich.

Sarah fiel todmüde in das Bett in ihrem Hotelzimmer. Sie konnte sich kaum daran erinnern, wie sie den Weg zurück zum Highway gefunden und die restliche Strecke nach Victoria bewältigt hatte. Alles, woran sie sich entsann, war, dass der Nebel sich so augenblicklich gelegt hatte, wie er gekommen war, und dass mit einem Mal die ersten Sterne am Himmel standen. Dann waren auch schon die beleuchteten Straßen von Victoria vor ihr aufgetaucht. Aber sie hatte von alldem nur wenig mitbekommen. Und noch bevor sie das Hotel erreicht hatte, war sie sich schon nicht mehr sicher darüber gewesen, ob sie alles nicht vielleicht einfach nur geträumt hatte.

In ihrem Kopf überschlugen sich die Gedanken, und sie versuchte die Ereignisse der vergangenen Stunden zu verdrängen. Endlich gelang es ihr, und schließlich fielen ihr die Augen zu. Doch sie hatte einen beängstigenden Traum. Undurchdringliche Dunkelheit. Ein großer Vogel – eine riesige Eule mit unheimlichen, leuchtend gelben Augen. Sie schoss wie ein Blitz vom Himmel, lautlos, bedrohlich. Ein kleiner Junge, die dunklen Augen weit aufgerissen, das unschuldige Gesicht verzerrt in Todesangst. Dann legten sich die Flügel des Vogels um das Kind, und beide verschwanden in der Nacht.

Sarah war ruckartig wach. Kalter Schweiß stand auf ihrer Stirn. Was mochten die Bilder bedeuten? Verwirrt setzte sie sich im Bett auf. Im Zimmer war es vollkommen dunkel. Ein seltsames, unheimliches Gefühl überkam sie. Sie knipste die Nachttischlampe an und ließ sich beunruhigt zurück aufs Kissen sinken. Sie zog die Decke bis zum Kinn hoch und versuchte an etwas anderes zu denken. Aber alles, was sie sah, waren die grell leuchtenden Augen der Eule und das ängstliche Gesicht des Kindes.

Als sie am nächsten Morgen aufwachte, stellte Sarah erstaunt fest, dass sie in der vergangenen Nacht viel tiefer geschlafen hatte als sonst, und es dauerte eine Weile, bis sie wusste, wo sie sich befand und warum sie dort war. Verschlafen blickte sie auf die Uhr. Es war noch früh. Das Meeting, bei dem sie als Dolmetscherin agieren sollte, würde erst in ein paar Stunden beginnen. Sie drehte sich auf die andere Seite, fest entschlossen, sich das schöne Gefühl von völligem Frieden und tiefer Entspannung, dass sie eben empfunden hatte, als sie aufgewacht war, nicht nehmen zu lassen. Doch sie konnte nicht wieder einschlafen. Irgendetwas nagte an ihr. Eine Erinnerung. Sarah wälzte sich ein paar Minuten hin und her. Dann seufzte sie frustriert, schob die Decke zur Seite und stieg aus dem Bett.

Noch im selben Augenblick überkam sie die morgendliche Übelkeit, die sie seit Beginn ihrer Schwangerschaft regelmäßig heimsuchte. Sie ließ sich zurück aufs Bett fallen. Die Schwangerschaft hatte sie beinahe vergessen.

Der Gedanke an das Baby rief ihr die Ereignisse des vergangenen Tages und den seltsamen Traum, den sie in der Nacht gehabt hatte, wieder ins Gedächtnis. Oder hatte sie sich alles nur eingebildet? Sie grübelte eine Weile. Sie meinte sich vage daran zu erinnern, dass sie in der Nacht die kleine Tischlampe neben dem Bett angeknipst hatte. Sie blickte zum Nachttisch hinüber. Die Lampe brannte noch immer, also hatte ihre Phantasie ihr in dieser Hinsicht keinen Streich gespielt.

Auch das Treffen mit den beiden Indianerinnen, der

Tod der Hirschkuh und der unheimliche Nebel waren in so weite Ferne gerückt, als sei es vor unendlich langer Zeit geschehen. Doch so unwirklich und traumhaft ihr das Ganze auch erscheinen mochte, sie wusste, dass alles so geschehen war, wie sie es erinnerte. Sie hatte einen eindeutigen Beweis: der rechte Kotflügel ihres Mietwagens war vollkommen zerbeult. Der Zusammenstoß mit der Hirschkuh hatte eine unbestreitbare Spur hinterlassen. Sarah hatte den Schaden bei ihrer Ankunft am Vorabend in der Tiefgarage des Hotels untersucht.

Aber was mochte es mit alledem auf sich haben? Allein der Gedanke an die seltsamen Vorkommnisse ließ sie erschauern. Sie war ein sehr realistischer Mensch, und Dinge solcher Art beunruhigten sie zutiefst.

Sarah schüttelte den Kopf in der Hoffnung, dass es ihr helfen würde, wieder einen klaren Gedanken zu fassen. Es brachte nichts. Dann sah sie zum ersten Mal wirklich, wo sie sich befand. Das Empress war eines der ältesten Hotels in Victoria. Als sie am vergangenen Abend angekommen war, war die neugotische Fassade des hundert Jahre alten Steingebäudes festlich erleuchtet gewesen. Ihr Zimmer spiegelte dieselbe alteuropäische Eleganz – von dem Stuck an den Decken über die hohen Fenster und Türen bis hin zu den altmodischen Möbeln und dicken Teppichen. Sarah musste lächeln. Sie kam sich beinahe vor wie eine Prinzessin.

Sie stand auf und ging durch das geräumige Hotelzimmer hinüber zu einem der Fenster. Sie schob die schwere Brokatgardine zur Seite und spähte forschend hinaus. Auch jetzt war keine Spur von Nebel zu sehen. Der Morgen brach klar und sonnig an und sie konnte sowohl die geschäftige Straße vor dem Hotel als auch das Meer und die vielen Boote, die im Hafen lagen, klar erkennen.

Sarah war noch immer in Gedanken versunken, als sie

das Zimmer verließ, um im Hotelrestaurant zu frühstücken. Als sie in der eleganten Eingangshalle an der Rezeption vorbeikam, sprach sie der junge Mann an, der dort arbeitete. Mit ihm hatte sie sich auch beim Einchecken am Vorabend über den Zwischenfall mit der Hirschkuh unterhalten.

»Miss Stadler, einen Augenblick bitte!« Der junge Mann kam zu ihr herüber. »Ich habe mich wegen des Schadens an Ihrem Wagen mit der Autovermietung in Verbindung gesetzt. Die Versicherung deckt alle Kosten. Die Firma stellt Ihnen einen Ersatzwagen; er müsste im Laufe des Vormittags hier eintreffen. Ich habe auch mit der Polizei gesprochen. Sie haben mir versichert, dass derartige Zwischenfälle bedauerlicherweise häufiger vorkommen und Sie sich keine Gedanken zu machen brauchen. Sie können also ganz beruhigt sein.« Er lächelte sie zufrieden an.

»Ich danke Ihnen. Mir fällt ein großer Stein vom Herzen«, sagte Sarah.

»Sie sind sehr glimpflich davongekommen«, stellte der junge Mann fest. »Der Nebel letzte Nacht hat ein junges Ehepaar das Leben gekostet.«

»Oh Gott!«, entwich es Sarah.

»Ja, es war ein schlimmer Unfall. Ihr Wagen ist im Nebel mit einem entgegenkommenden Fahrzeug zusammengestoßen und von der Fahrbahn geschleudert worden. Die beiden müssen sofort tot gewesen sein. Der Fahrer des anderen Wagens liegt im Koma. Aber der sechsjährige Sohn des Ehepaares muss einen Schutzengel gehabt haben. Die Männer vom Rettungsdienst sagten, dass sie ihn beinahe unversehrt aus dem Wrack geborgen hätten.«

Sarah blickte erschrocken auf. »Das arme Kind!« Mehr vermochte sie nicht herauszubringen. Konnte es wirklich Zufall sein, dass sie in der vergangenen Nacht – derselben Nacht, in der ein sechsjähriger Junge in einen schrecklichen Verkehrsunfall verwickelt gewesen war – von einem kleinen Jungen in Todesangst geträumt hatte?

Für einen kurzen Augenblick sah Sarah den Nebel wieder; diese unheimliche, angsteinflößende, undurchdringliche weiße Wand, die alles hinter sich zu verbergen schien. Die Farbe wich aus ihrem Gesicht. Ja, sie war glimpflich davongekommen. Die Eltern des Jungen und der Fahrer des anderen Wagens nicht. Aber was hatten all diese Ereignisse nur zu bedeuten? Sie konnte es sich nicht erklären.

Überstürzt verabschiedete sie sich von dem jungen Mann. *Der Unfall der jungen Familie hätte mir gestern ebenso gut passieren können*, dachte sie, und ein kalter Schauer jagte über ihren Rücken. Unvermittelt blieb sie stehen, als ihr das ganze Ausmaß ihrer Feststellung bewusst wurde.

Als sie sich nach einer Weile wieder auf das Hier und Jetzt konzentrieren konnte, bemerkte sie, dass sie an der exklusiven Ladenpassage des Hotels angekommen war. Sie warf einen flüchtigen Blick in das geschmackvolle Schaufenster der Kunstgalerie vor ihr und wollte sich schon abwenden. Dann aber hielt sie abrupt inne und starrte in die Auslage. Im nächsten Moment stand sie in der Galerie.

»Guten Morgen, kann ich Ihnen behilflich sein?« Ein elegant gekleideter älterer Herr kam ihr entgegen.

»Das Gemälde im Schaufenster«, sagte Sarah und wusste selbst nicht, warum ihre Stimme so heiser klang. »Ich möchte es kaufen.«

»Aber gern. Welches genau soll es sein?« Der Herr ging zum Fenster hinüber, wo eine Reihe von Gemälden ausgestellt waren.

»Das Bild mit der Eule«, erklärte Sarah fast mechanisch.

»Es tut mir aufrichtig leid«, entschuldigte der Herr sich freundlich, »aber das Gemälde ist bereits verkauft. Könnte ich Sie für eines der anderen Werke interessieren?«

»Bereits verkauft ...«, murmelte Sarah niedergeschlagen und trat ebenfalls ans Schaufenster. Dort betrachtete sie das Bild, das ihr eben ins Auge gefallen war, aus nächster Nähe. Das Gemälde war nicht groß, vielleicht 45 mal 30 Zentimeter. Es zeigte einen tiefdunklen, fast schwarzen Nachthimmel, an dem unzählige Sterne standen. Sie schienen regelrecht zu funkeln. Im Vordergrund befand sich ein Baum, dessen winterlich kahle Zweige sich kaum gegen den Himmel abzeichneten. Und dort, auf einem der Äste, saß sie – eine große Eule. Sarah wusste sofort, dass es sich um eine Eule handelte, denn ihre Augen leuchteten ihr wie die hellen Strahlen zweier Taschenlampen in grellem Gelbgrün entgegen. Das Bild war sehr düster, beinahe unheimlich – genau wie der Traum, den sie in der Nacht gehabt hatte.

Irgendetwas an dem Gemälde zog sie auf magische Weise an. Sarah konnte es sich nicht erklären, sie wusste nur, dass sie das Kunstwerk haben musste. Koste es, was es wolle. Sie drehte sich zu dem Galeriebesitzer um.

»Nein«, erklärte sie bestimmt, »kein anderes. Es muss dieses sein.« Sie wandte sich noch einmal zu dem Bild um und betrachtete es genau. Was war es nur, das sie derart faszinierte? Gleich darauf erkannte sie es. Erst hatte die alte Indianerin von einer Eule gesprochen, dann hatte Sarah eine Eule im Traum gesehen, und nun war es wieder eine Eule – die Eule in dem Gemälde.

»Es ist die Eule, um die es mir hauptsächlich geht«, erklärte sie dem überraschten Herrn schließlich.

»Es tut mir wirklich sehr leid«, wiederholte der Mann. »Dieses Gemälde ist verkauft und bezahlt, daran ist nichts mehr zu ändern.«

»Wohnt der Käufer hier im Hotel?«

Der Mann schüttelte den Kopf. »Es kam ein Anruf von außerhalb. Der Käufer hat per Kreditkarte bezahlt und darum gebeten, dass das Gemälde noch einige Tage hierbleibt, bis er es abholen kann.« Er machte eine kurze Pause, als er Sarahs enttäuschtes Gesicht sah. »Wenn es Ihnen wirklich hauptsächlich um die Eule geht«, fuhr er fort, »dann kann ich Ihnen vielleicht doch weiterhelfen. Folgen Sie mir.«

Der Mann führte Sarah zu einem gläsernen Schaukasten weiter hinten im Geschäft, in dem einige kleinere Schnitzereien ausgestellt waren. Als sie an den Schaukasten herantrat, erkannte Sarah sofort, was der Mann ihr zeigen wollte. Im oberen Regal stand eine kleine Eule aus grünlichem Stein, kaum größer als fünf Zentimeter.

»Die Jade, aus der diese Schnitzerei gefertigt ist, stammt aus British Columbia«, erklärte der Herr und reichte sie Sarah.

Sarah nahm die kleine Eule zögernd entgegen. In ihrem Traum war etwas so Unheimliches von dem Vogel ausgegangen. Doch sobald sie die Schnitzerei in ihrer Hand spürte, überkam sie ein ganz anderes Gefühl. Es war beinahe Erleichterung, die sie jetzt verspürte, so als habe sie etwas sehr Wichtiges wiedergefunden, das ihr vor langer Zeit abhandengekommen war. Sie erinnerte sich an die Worte der alten Indianerin: Die Eule ist ein Botschafter zwischen unserer Welt und der Welt der Ahnen.

»Ich nehme sie«, sagte sie bestimmt.

30 Jahre später

3

Die kleine Tischlampe warf lange Schatten an die rauen Holzwände des Wohnzimmers. Draußen und im Rest des Hauses herrschte Dunkelheit. Lynn Crise saß in dem alten, abgenutzten Armsessel, der bisher ihrer Urgroßmutter Little Drum gehört hatte. Halb wachend, halb schlafend und mit sorgenvollem Gesicht wartete sie auf eine Nachricht aus dem Krankenzimmer. Sie streckte ihre verspannten Glieder. Diese Nacht war eine der längsten, die sie in ihren dreißig Lebensjahren erfahren hatte.

Leise Schritte ertönten auf dem Flur, und ein Junge erschien im Wohnzimmer. Er hockte sich neben den Sessel und legte behutsam seine Hand auf Lynns Arm. Auch in seinem Gesicht stand Sorge.

»Will, was machst du denn hier? Du sollst doch schlafen«, sagte Lynn und strich ihrem ältesten Sohn liebevoll übers Haar.

»Ich finde einfach keine Ruhe.«

»Und Amanda und Ben?«

»Die schlafen wie die Murmeltiere.« Will zögerte einen Augenblick. »Geht es Little Drum besser?«, fragte er vorsichtig.

Lynn musterte ihn eindringlich und kämpfte mit den Tränen. Sie lächelte verhalten. Wills Gesicht wirkte in dem fahlen Licht viel älter als dreizehn.

»Grandma ist bei ihr. Sie weicht nicht von ihrer Seite. Ich habe noch nichts Neues gehört.« Sie seufzte und tätschelte Wills Hand. »Du legst dich besser wieder hin.«

Will stand auf und wollte sich schon zur Tür umwenden, als er noch einmal kurz innehielt. »Mom, du solltest auch versuchen, ein bisschen zu schlafen. Besonders in deinem Zustand.«

Lynn lächelte ihren Sohn dankbar an. Er war ein guter Junge und sehr erwachsen für sein Alter. Und seit er wusste, dass sie wieder ein Baby erwartete, kümmerte er sich besonders liebevoll um sie.

»Das werde ich, Will. Ich warte nur noch auf Grandma.«

Kaum war Will auf sein Zimmer zurückgekehrt, da öffnete sich die Schlafzimmertür. Lynn sprang aus dem Sessel auf und blickte ihrer Mutter angespannt entgegen.

»Wie geht es Great-Grandma?«, fragte sie erwartungsvoll.

Elizabeth Collinson schüttelte bedrückt den Kopf. »Little Drum macht sich bereit für ihre Reise zu den Ahnen. Es wird nicht mehr lange dauern.«

Lynn konnte ihre Traurigkeit nicht verbergen. »Ich verstehe es nicht«, sagte sie. »Noch vor zwei Tagen hat es ihr an nichts gefehlt, und nun …« Wieder stiegen ihr Tränen in die Augen. Little Drum war wie eine Großmutter für sie. Solange Lynn sich erinnern konnte, lebte sie mit ihr unter einem Dach; von klein auf war Little Drum immer für sie da gewesen. Und nun sollte sich das alles so plötzlich ändern?

Elizabeth nahm ihre jüngste Tochter sanft in den Arm. »Little Drum ist sehr, sehr alt, mein Kind, fast ein ganzes Jahrhundert. Der Tag des Abschieds muss einmal kommen. Das ist der Lauf der Dinge.«

Lynn nickte schweigend. Sie wusste es. Aber das Abschiednehmen fiel ihr trotzdem schwer, besonders, da zur gleichen Zeit ein neues Leben in ihr wuchs. Und wie sollte sie ohne den Rat und den feinen Humor ihrer Urgroßmutter auskommen? Wie würde ihr Tag verlaufen, ohne Little Drums kleines runzeliges Gesicht zu sehen? Wer würde ihrem ungeborenen Baby die alten Geschichten ihres Volkes erzählen?

»Ich weiß, wie du dich fühlst, Lynn. Auch für mich ist es ein schwerer Schlag. Es ist eines dieser Ereignisse, auf die man nie wirklich vorbereitet ist, obwohl sie unausweichlich sind und man weiß, dass sie einen früher oder später erwarten.« Ihr Blick schweifte zu einem unbestimmten Punkt an der gegenüberliegenden Zimmerwand. »Great-Grandma Little Drum hat nach dir gefragt«, sagte sie schließlich.

Lynn wandte sich sofort dem Krankenzimmer zu, aber Elizabeth hielt sie zurück.

»Da ist noch etwas anderes«, sagte sie leise.

»Was?« Lynn blickte ihre Mutter forschend an.

»Little Drum hat mich um einen letzten Gefallen gebeten. Um einen sehr seltsamen letzten Gefallen.«

»Sag es mir, Mom«, bat Lynn eifrig. »Was immer es ist, ich werde dir helfen, ihn zu erfüllen.«

Elizabeth blickte zögernd zu Boden.

»Ich habe dir vor langer Zeit einmal von der jungen Frau erzählt, die Little Drum und ich an einem sehr nebligen Abend im Wald getroffen haben – damals, als ich mit dir schwanger war.«

»Ich erinnere mich.«

»Nun, Little Drum hatte das Treffen zu jener Zeit vorhergesagt. Es hatte mit einer dieser Botschaften zu tun, die sie so oft von den Geistwesen vermittelt bekam.« Sie hielt inne.

»Und?«

»Little Drum wünscht, dass die junge Frau von damals – Sarah heißt sie – bei ihrer Bestattungszeremonie anwesend ist. Die Zeremonie soll unter keinen Umständen ohne sie abgehalten werden – nicht ohne Sarah und nicht ohne Sarahs Tochter.«

»Was?« Lynn starrte ihre Mutter fassungslos an.

»Ich weiß, es ist schwer zu verstehen.« Elizabeth suchte nach den richtigen Worten. »Du musst wissen, Sarah war damals ebenfalls schwanger.«

»Mit einem Mädchen?«, fragte Lynn beiläufig, während sie noch über die ganze Sache nachdachte.

»Ich weiß es nicht.«

Lynn sah auf. »Wie kann Little Drum es dann wissen?«

Elizabeth lächelte nachsichtig. »Du kennst deine Great-Grandma genauso gut wie ich. Du weißt von ihrer besonderen Verbindung zur Geisterwelt.«

Lynn schwieg einen Augenblick. »Du hast mir erzählt, dass ihr nie wieder Kontakt zu dieser Sarah hattet. Warum ist es Little Drum dann so wichtig, dass sie und ihre Tochter bei der Zeremonie dabei sind? Das ist eine Familienangelegenheit.«

»Ich kann es dir nicht sagen«, erwiderte Elizabeth. »Ich bin über den Wunsch genauso erstaunt wie du. Aber eines weiß ich: Ich werde nicht mit der Frau, die mich großgezogen hat, an ihrem Sterbebett über ihren letzten Willen streiten.«

»Wie sollen wir diese Sarah denn ausfindig machen? Du sagtest, sie stammt aus Deutschland. Das ist weit weg von hier. Wir können mit der Bestattungszeremonie doch nicht ewig warten!«

»Wir müssen unser Bestes tun«, erklärte Elizabeth. »Sarah hat mir damals ihre Visitenkarte gegeben. Das ist ein guter Anhaltspunkt.«

»Selbst wenn es uns gelingen sollte, sie zu finden: Was,

wenn sie sich weigert zu kommen? Was machen wir dann?«

Elizabeths Miene wurde ernst. »Das wird sie nicht tun. Little Drum hat ihr damals in einer wichtigen Angelegenheit geholfen, und im Gegenzug hat Sarah Little Drum und mir ein Versprechen gegeben.«

In dem unter Denkmalschutz stehenden schmucken Einfamilienhaus, das Sarah und Günter Ammersbach am Tübinger Stadtrand bewohnten, herrschte reges Treiben. Wohnzimmer und Garten waren festlich dekoriert, und überall tummelten sich Gäste. Tochter Stella feierte ihren dreißigsten Geburtstag – und weil das Wetter für Ende April ungewöhnlich warm war, hatte sie ihre Eltern gebeten, die Feier bei ihnen im Garten stattfinden zu lassen.

Sarah brachte eben frischen Kaffee aus der Küche, als ihr Stellas fünfjähriger Sohn Niklas entgegengestürmt kam. Sie hatte gerade noch Zeit, ihm auszuweichen.

»Niklas, wo willst du denn so schnell hin?«, rief sie ihm nach.

Aber der kleine Junge hatte keine Zeit für sie. Sein braunes Haar war noch wuscheliger als sonst, und seine grünen Augen leuchteten. In seinen Armen hielt er einen Fußball.

»Ich geh mit Tobi vor dem Haus Fußball spielen. Oliver hat keine Lust!«, rief er ihr zu.

»Wer ist denn Tobi?«, hakte Sarah nach.

»Tobi ist der kleine Mann, der unter dem Rosenbusch beim Schuppen wohnt«, erwiderte Niklas und war auch schon nach draußen gelaufen.

Kopfschüttelnd stellte Sarah den Kaffee auf dem Wohnzimmertisch ab. Der Kleine war ein genauso wildes Kind, wie Stella es gewesen war. Und genau wie Stella damals hatte auch Niklas eine schier grenzenlose Phantasie. Und so gab es eine Menge kleiner Freunde, die ihn regelmäßig besuchten und mit denen er oft stundenlang spielte, die aber für niemanden außer ihm selbst sichtbar waren.

Sarah hielt einen Augenblick inne und seufzte wehmütig. Wie schnell die Jahre doch vergangen waren. Sie konnte sich noch so genau an ihren eigenen dreißigsten Geburtstag erinnern, als sei es gestern gewesen. Und auch gestern erst schien Stella, kaum älter, als Niklas es jetzt war, mit verdreckten Jeans und wuscheligem Haar durchs Haus gestürmt zu sein und hatte mit ihren *geheimen Freunden*, wie sie sie genannt hatte, gespielt. Doch wenn Sarah jetzt hinaus auf die Terrasse schaute, dann sah sie kein kleines Kind mehr, sondern eine selbstbewusste junge Frau. Ihr kleines Mädchen war erwachsen geworden und hatte ihre Phantasiewelt hinter sich gelassen. Und sie selbst, Sarah, war nicht mehr dreißig, sondern eine Großmutter.

»Sarah, weißt du, wo Stella ist?«, erkundigte sich ein gutaussehender, hochgewachsener Mann und riss Sarah aus ihren Gedanken. Es war Stellas neuer Freund Oliver. Er war Anfang dreißig, Computerfachmann und geschäftlich viel unterwegs. Sarah begrüßte es, dass er sich die Zeit genommen hatte, um mit ihnen Stellas Geburtstag zu feiern. Oliver war eine außerordentlich gute Partie, und Sarah hoffte, dass Stella sich endlich zu einer Heirat entschließen würde. Immerhin ging es ja nicht nur um sie selbst, sondern auch um Niklas. Sarah hatte keine Einwände erhoben, als Stella unverheiratet schwanger geworden war, und auch nicht, als sie den Vater des Kindes nicht hatte preisgeben wollen. Aber alles hatte seine Grenzen, und kleine Jungen brauchten nun mal einen Vater.

»Sie ist draußen auf der Terrasse«, antwortete Sarah daher lächelnd, und Oliver verschwand nach draußen.

Ja, dieser Heirat würde Sarah leichten Herzens zustimmen. Und sie hatte das unbestimmte Gefühl, dass Oliver Stella schon bald einen Antrag machen würde. Der einzige störende Umstand war, dass Oliver sich nicht viel aus Niklas zu machen schien. Er war nie böse oder unwirsch mit dem Jungen, das nicht. Aber er hatte auch kaum ein liebes Wort für ihn und nur selten Zeit oder Lust, etwas mit ihm zu spielen oder zu unternehmen. Er schien Kinder im Allgemeinen eher für eine Last zu halten.

Kurz darauf erschien Stella im Wohnzimmer. Sie war keine zweite Ingrid Bergman oder Audrey Hepburn. Der elegante, edle Aspekt fehlte vollkommen in ihrem Gesicht. Auch war sie nicht gertenschlank. Sie war eher ein sportlicher Typ mit wirrem braunem Haar, das ihr in Locken bis auf die Schultern fiel. Aber es lag etwas in ihren sanften grünen Augen und in ihrem offenen, klar geschnittenen Gesicht, das einem sofort sympathisch war.

»Mutti, ich habe Niklas schon eine ganze Weile nicht gesehen«, meinte Stella besorgt.

»Er ist bei seinen geheimen Freunden«, beruhigte Sarah sie.

Da klingelte es an der Haustür.

»Das ist bestimmt Niklas!«, rief Stella und lief in den Flur, um ihm zu öffnen.

Doch es war nicht Niklas, sondern der Briefträger.

»Eine Eilsendung für Frau Sarah Ammersbach«, erklärte er der überraschten Stella.

»Was gibt es denn?«, erkundigte sich Stellas Vater Günter, der gerade aus dem Keller kam, zwei Flaschen Wein in den Händen. Er war wie immer sehr konservativ gekleidet, trug Hemd, Pullunder und Bundfaltenhosen. Sein ergrautes Haar war kurz und frisch geschnitten.

»Ein Eilbrief für Mutti«, sagte Stella.

»Sarah, kommst du bitte mal!«, rief Günter ins Haus. »Hier ist ein Einschreiben für dich. Wir brauchen deine Unterschrift.«

Sarah kam zur Haustür, bestätigte den Empfang der Sendung und nahm den Brief entgegen. Sie war schon im Begriff, ins Haus zurückzukehren, als sie unvermittelt aufblickte und einen seltsamen Dunstschleier entdeckte, der am Ende der Einfahrt über dem Weg hing. Sarah stutzte. Es war ein sonniger, wolkenloser Tag, wo sollte ein Dunstschleier herstammen? Sie blinzelte und sah erneut hin. Der Dunst war verschwunden; sie musste sich getäuscht haben. Kopfschüttelnd ging sie ins Haus.

Im Flur angelangt, besah Sarah sich den Umschlag genauer und stutzte erneut. Auf der Briefmarke stand »Canada«. Wer sollte ihr von dort schreiben? Sie kannte niemanden, der in Kanada lebte. Tatsächlich war sie nur ein einziges Mal dort gewesen, nämlich damals, als sie mit Stella schwanger gewesen war ... Zögernd drehte sie den Brief um. Der Absender lautete: Elizabeth Collinson. Das konnte doch nicht wahr sein. Nach all diesen Jahren!

»Ist etwas nicht in Ordnung?«, erkundigte Stella sich besorgt.

»Nein, nein«, erwiderte Sarah und ging in die Küche. Sie wollte allein sein, wenn sie den Brief las. Ihre Tochter ließ sie einfach im Flur stehen.

Sarah setzte sich und legte den Brief vor sich auf den Küchentisch. Sie hatte nicht vergessen, dass sie Elizabeth Collinson damals ihre Visitenkarte gegeben und ihr gesagt hatte, sie solle sich melden, sollte sie einmal etwas brauchen. Seitdem war sehr viel Zeit vergangen. Was konnte die Indianerin wohl jetzt von ihr wollen? Ein unbestimmtes Gefühl stieg in Sarah auf, eine Art Vorahnung. Mit zitterten Händen öffnete sie den Umschlag. Sie bemerkte nicht, dass Stella ihr gefolgt war und nun vom Türrahmen aus das Verhalten ihrer Mutter mit wachsender Sorge beobachtete.

Sarah faltete den Papierbogen auseinander und überflog die in sauberer Handschrift und auf Englisch verfassten Zeilen.

Liebe Sarah,

du wunderst dich wahrscheinlich, dass du nach so vielen Jahren von mir hörst. Ich will daher gleich zur Sache kommen. Der Anlass für diesen Brief ist leider kein erfreulicher. Meine Großmutter Little Drum – du erinnerst dich bestimmt an sie – ist gestern ganz unerwartet verstorben. Bevor sie ihre lange Reise antrat, hat sie mich nachdrücklich angewiesen, die Zeremonie, mit der die Verstorbenen bei uns auf ihren letzten Weg geschickt werden, nicht ohne dich stattfinden zu lassen. Du hast richtig gelesen. Sie wünscht dich bei der Zeremonie anwesend – dich und die Tochter, mit der du damals schwanger warst. Deshalb hole ich dich zurück in unsere Welt, so wie Little Drum es vor dreißig Jahren getan hat.

Die Zeremonie wird am nächsten Neumond stattfinden. Wir erwarten euch. Teilt uns bitte mit, wann ihr ankommen werdet. Ihr werdet selbstverständlich unsere Gäste sein.

Hochachtungsvoll,

Elizabeth Collinson

Entgeistert ließ Sarah den Brief sinken.

Woher kann sie wissen, dass mein Baby eine Tochter gewesen ist?, dachte sie. *Und warum kommt ihr Brief ausgerechnet heute, an Stellas Geburtstag?*

Sie nahm den Brief erneut auf und las den Inhalt noch einmal. Langsamer diesmal. Wort für Wort. Als sie geendet hatte, blieb sie einen Augenblick grübelnd sitzen. Dann holte sie tief Luft, steckte den Brief zurück in den Umschlag und stand vom Tisch auf.

»Wenn Little Drum es so gewollt hat, dann wird es auch so geschehen«, sagte sie mit fester Stimme.

»Was wird geschehen? Und wer ist Little Drum?«, hakte Stella energisch nach und stellte sich Sarah in den Weg. So aufgewühlt hatte sie ihre Mutter noch nie gesehen.

Sarah blickte überrascht auf. »Du holst besser deinen Vater«, sagte sie. »Und Oliver auch.«

Stella ließ es sich nicht zweimal sagen. Sie drehte sich wortlos um und erschien bereits wenige Minuten später mit den beiden Männern wieder in der Küche. Behutsam schloss sie die Tür hinter sich.

»Hier sind wir«, sagte sie und setzte sich an den Tisch. »Und nun erzähle uns, was es mit dem Brief auf sich hat. Du hast dich noch nie so merkwürdig verhalten.«

Sarah sah von einem zum anderen. Stella war besorgt, das war nicht zu übersehen. In ihren Augen lagen zugleich Aufregung und unterschwellige Angst. Günter war irritiert und wusste nicht, wie er die Situation einschätzen sollte. Sarah kannte den Gesichtsausdruck. Und Oliver fühlte sich ganz offensichtlich unbehaglich und fehl am Platz, gerade so, als sei er in einen Familienstreit hineingeraten, mit dem er nichts zu tun haben wollte.

Sarah wusste, dass sie ihrer Familie berichten musste, was vorgefallen war, es ging kein Weg daran vorbei. Und sie musste mit den Ereignissen beginnen, die sich dreißig Jahre vorher zugetragen hatten. Aber alles konnte, nein *durfte*, sie ihnen nicht erzählen. Sie durfte die Gefühle ihres Mannes und ihrer Tochter nicht verletzen, und sie durfte die beiden auch nicht erschrecken oder verängstigen. Sie würde sich an die schlichten Tatsachen halten. Nicht mehr und nicht weniger.

»Es gibt etwas, das ihr wissen müsst«, begann sie zögerlich zu erzählen. »Damals, als ich gerade mit Stella schwanger war, war ich für ein paar Tage als Dolmetscherin in Victoria auf Vancouver Island in Kanada.«

In der Küche war es mucksmäuschenstill. Stella hielt gespannt die Luft an. Ohne nachzudenken, griff sie nach dem Glücksbringer in ihrer Hosentasche. Sarah hatte ihn ihr zu ihrer Geburt geschenkt, und seitdem trug Stella ihn immer bei sich. Es war eine kleine Jade-Eule, kaum mehr als fünf Zentimeter groß. Aber sie lag wie ein Handschmeichler in der Hand, wenn man sie hielt, so samtig weich war der grüne Stein.

»Ja, ich erinnere mich«, sagte Günter in die Stille hinein. »Du bist für jemanden eingesprungen, der krank geworden war.«

»Richtig«, fuhr Sarah fort. »Nun, auf meinem Weg nach Victoria habe ich mich in der Wildnis verfahren. Es wurde bereits dunkel, und ich muss irgendwo verkehrt abgebogen sein. Da sprang mir ein Hirsch vor den Wagen. Ich habe gebremst, aber für das Tier kam jede Hilfe zu spät. Der Kotflügel hatte es voll getroffen. Ich stieg aus, um nach dem Hirsch – genaugenommen handelte es sich um eine Hirschkuh – zu sehen. Das Tier starb noch vor meinen Augen. Ihr wisst nicht, wie schuldig ich mich gefühlt habe, aber ich konnte es nicht ändern.«

Stella runzelte die Stirn, und Sarah erkannte, was ihrer Tochter durch den Kopf ging: War das alles? Natürlich war es schlimm, dass ein Hirsch getötet worden war, aber konnte das wirklich der Grund für das außergewöhnliche Verhalten ihrer Mutter sein?

»Okay«, bohrte Stella dann auch. »Es muss ein erschütterndes Ereignis für dich gewesen sein. Aber was hat das mit dieser Person, dieser Little Drum, zu tun?«

»In dem Moment, in dem die Hirschkuh starb«, fuhr Sarah bedächtig fort, »wurde ich ohnmächtig. Little Drum und ihre Enkeltochter Elizabeth Collinson sind Indianerinnen. Sie waren zum Beerenpflücken im Wald und haben mich dort gefunden. Little Drum war damals schon bestimmt über siebzig und sprach kein Wort English. Elizabeth hat das Gespräch übersetzt, so dass sie sich mit mir verständigen konnte.« Sie suchte nach den passenden Worten. »Die beiden waren sehr außergewöhnliche Frauen. Sie haben mir mit ihren weisen Worten nicht nur geholfen, den Vorfall mit der Hirschkuh zu verarbeiten. Little Drum hat mir auch einen Segen für mein ungeborenes Kind erteilt. Als Dank dafür habe ich den beiden versprochen, dass sie mich kontaktieren sollten, sollte es jemals etwas geben, bei dem ich behilflich sein könnte. Darum habe ich ihnen damals meine Visitenkarte gegeben.«

Stella atmete auf und Sarah sah ihr an, dass sie erleichtert darüber war, dass die Sache harmloser zu sein schien, als sie befürchtet hatte.

Günter hingegen brauste auf. »Und jetzt wollen die beiden dein Angebot einlösen. Nach all diesen Jahren! Meinst du nicht, dass es ein wenig voreilig von dir gewesen ist, ein solches Versprechen zu geben? Ich meine, die beiden haben dir schließlich nicht das Leben gerettet.«

Sarah blickte ihren Mann ernst an. Natürlich kannte er nicht die ganze Wahrheit. Also sagte sie, so ruhig sie konnte: »Ich habe damals getan, was ich für angebracht hielt. Und ich werde mein Versprechen halten.«

»Aber was verlangt Elizabeth Collinson denn nun von dir?«, fragte Stella angespannt.

»Es ist nicht sie, die mein Versprechen einlöst, sondern Little Drum«, berichtete Sarah, und endlich kehrte die Farbe in ihr Gesicht zurück. »Little Drum ist kürzlich verstorben. Aber vorher hat sie Elizabeth aufgetragen, dafür zu sorgen, dass Stella und ich bei ihrer Bestattungszeremonie anwesend sind.«

»Anwesend sein? Soll das heißen, dass ...? Und was habe ich mit der ganzen Sachen zu tun?«, warf Stella perplex ein.

»Ich weiß nicht, was es mit alldem auf sich hat«, erklärte Sarah ernst. »Ich weiß nur, dass Little Drum dich und mich bei ihrer Bestattungszeremonie dabeihaben will, und ich werde tun, was in meiner Macht steht, damit alles so geschieht, wie sie es sich gewünscht hat. Ich muss nach Kanada reisen – und du ebenfalls, mein Kind.«

»Und wann soll diese Zeremonie stattfinden?«, warf Günter zweifelnd ein.

»Am nächsten Neumond«, erwiderte Sarah ruhig.

»Am nächsten Neumond?« Stella stand auf und schaute auf den Kalender. »Das ist in zehn Tagen!«

»Ich weiß.«

Stella blickte ihrer Mutter fest in die Augen. »Mutti, ich kann nicht einfach alles stehen- und liegenlassen, um mit dir in der Weltgeschichte herumzureisen. Was wird aus meinem Job? Und wer passt auf Niklas auf?«

»Du wirst dir schon ein paar Tage freinehmen können, Stella. Immerhin handelt es sich um einen Notfall. Dein Chef ist doch sehr verständnisvoll«, argumentierte Sarah. »Und was Niklas anbelangt, da könnten Günter und Oliver einspringen.«

Stella versuchte sich vorzustellen, wie sie ihrem Chef erklären würde, dass sie wegen einer dringenden Familienangelegenheit kurz mal nach Kanada reisen musste.

Stella arbeitete als Anwaltsgehilfin in einer geschäftigen Kanzlei, und es wurde nicht gern gesehen, wenn jemand ungeplant Urlaub beantragte. Und dann ging es ja auch noch um Niklas. Weder Günter noch Oliver würden sich freiwillig Urlaub nehmen, um auf ihn aufzupassen. Oliver und Niklas ... Na ja, sie kamen miteinander aus, aber Oliver war nicht unbedingt der väterliche Typ.

»Sarah, das ist doch absurd«, warf nun auch Günter ein. »Du kennst diese Leute doch überhaupt nicht. Du könntest in wer weiß was hineingeraten!«

»Vati hat recht«, stimmte Stella zu, »wir sollten nichts überstürzen. Und alleine sollten wir da wirklich nicht hinreisen.« Sie legte ihrer Mutter begütigend die Hand auf den Arm. »Hör zu, Mutti, wenn du Elizabeth Collinson unbedingt besuchen möchtest, warum planen wir das Ganze nicht besser? Wir könnten einen Zeitpunkt ausmachen, zu dem wir uns alle freinehmen können, und dann gemeinsam nach Kanada fliegen; als Familienurlaub. Was hältst du davon?«

»Ich kann frühestens für September Urlaub einreichen«, erklärte Günter sofort.

»Und ich möchte meinen Jahresurlaub ehrlich gesagt nicht in Kanada verbringen«, gestand Oliver. »Wir wollten doch auf Safari nach Kenia, Stella. Hast du das vergessen?«

Sarah blickte von einem zum anderen und wurde beinahe ärgerlich. Erkannten die drei denn nicht, wie viel ihr an der Bitte der alten Frau lag?

»Was meinst du, Mutti?«, fragte Stella noch einmal.

Sarah war sehr ruhig, als sie ihr antwortete. Viel ruhiger, als sie selbst es unter den gegebenen Umständen erwartet hätte. Ihr Entschluss stand fest.

»Wir werden allein nach Kanada reisen, mein Kind, sofort – und Niklas nehmen wir mit.«

Man hätte eine Stecknadel in der Küche fallen hören können.

»Wo lebt diese Elizabeth Collinson denn eigentlich? Auf Vancouver Island, richtig?«, fragte Günter schließlich ungehalten.

»Nicht auf Vancouver Island«, mischte Oliver sich jetzt ein. »Auf dem Umschlag steht Winding River, Alberta. Der einzige Ort mit diesem Namen, den ich bei Google finden konnte, liegt gute vierhundert Kilometer nordöstlich von Edmonton. Die nächstgrößere Stadt heißt Fort McMurray.« Er drehte seinen Laptop, so dass die anderen den Bildschirm sehen konnten.

Sarah und Stella starrten auf den roten Punkt, mit dem der Ort auf dem Satellitenfoto angezeigt wurde. Keine Stadt, keine größere Straße, nur ein paar Häuser inmitten der Wildnis. Ein kalter Schauer überkam sie. Sie würden ans Ende der Welt reisen. Und Niklas würde sie begleiten.

4

Luke Lumly marschierte zügig den matschigen Fahrweg entlang, der sich wie ein endloser Faden durch den undurchdringlichen Wald zog. Die Sonne war bereits untergegangen, und der dämmernde Abend brachte eine unangenehme Kühle mit sich. Schneereste lagen am Wegrand und unter den dunklen Weißfichten und das Tauwasser, das über den Weg lief, würde schon bald wieder überfrieren. Dort, wo sich Birken und Espen mit den immergrünen Bäumen abwechselten, war noch alles kahl und winterlich. Lediglich winzige Knospen waren an den Zweigen zu sehen. Die Natur schenkte dem Kalender keinerlei Beachtung. Woanders war der Frühling längst in vollem Gange, aber nicht hier im Norden Albertas.

Neben Luke lief ein großer schwarzer Hund mit kurzem, seidigem Fell. Das Tier hielt ein wachsames Auge auf das Dickicht am Wegesrand und schnüffelte hier und da am Boden, aber es wich nicht einen Augenblick von Lukes Seite. Hin und wieder warf er seinem Herrchen einen treuen Blick zu; dann tätschelte Luke den Kopf des Hundes und lobte ihn lächelnd. »Guter Sylvester.« Sylvester war einer von Lukes wenigen Freunden. Genau genommen war er sein bester Freund.

Das Vorankommen war anstrengend, und Lukes und Sylvesters Beine waren mit Matsch bespritzt. Luke war zum Einkaufen im Dorf gewesen, und der Hund hatte ihn wie jedes Mal begleitet. Die kleine Hütte, die Luke bewohnte, lag weit entfernt von jeglicher Zivilisation in der Wildnis und war nicht ans Stromnetz angeschlossen, daher gab es keinen Kühlschrank, und Lukes Lebensmittelvorräte bestanden hauptsächlich aus Konserven. Folglich war der Rucksack, den er mit sich schleppte, sehr schwer. So schwer, dass er selbst für ihn, der in sehr guter körperlicher Verfassung war, eine echte Herausforderung darstellte.

Herr und Tier waren bereits eine lange Zeit unterwegs, aber sie verlangsamten ihre Schritte nicht. Es waren jedoch nicht nur die unwegsame Straße und die schwere Last auf seinem Rücken, die Luke zum schnellen Weitergehen anhielten, und auch nicht die Grizzlys oder Wölfe, die in den schier endlosen Wäldern des hohen Nordens zu Hause waren. Es waren vielmehr kleinere Tiere, die ihn plagten: die *black flies*. Sobald der Winter zu weichen begann, fielen diese winzigen Stechfliegen in riesigen Schwärmen über das Land her. Nichts und niemand war vor ihnen sicher. Luke würde sich eher wieder an die Front melden, als sich freiwillig diesen blutsaugenden Biestern auszusetzen. Und zum abertausendsten Mal fragte er sich, ob es wirklich die richtige Entscheidung gewesen war, sein freies, ungezwungenes Leben und seinen gutbezahlten Job in Guyana aufzugeben und in sein Heimatland Kanada zurückzukehren. Er war den Stimmen seiner indianischen Ahnen gefolgt, und tief in seinem Herzen wusste er, dass er richtig gehandelt hatte. Doch der Winter hier oben dauerte viele Monate an, war bitterkalt und dunkel. Nun war der April endlich gekommen und vergangen, und die Tage waren bereits recht lang. Hinzu kam, dass es für die Jahreszeit ungewöhnlich warm war. Aber noch immer zeigten sich keine Blätter an den Birken und Espen, und von südländischer Meeresluft konnte er nur träumen. Luke seufzte. Selbst in Victoria auf Vancouver Island, wo er geboren war, blühten schon im Februar die Tulpen, und im April war es praktisch Sommer.

Luke und Sylvester gingen weiter ihres Weges. Nach ein paar Kilometern endlich lichteten sich die Bäume zu einer stattlichen Lichtung, und drei Gebäude kamen in Sicht. Eines davon war abseits am Waldrand gelegen; es war die Hütte, die Luke bewohnte. Die anderen beiden standen dicht beieinander. Es waren ein kleines Häuschen, kaum größer als ein Schuppen, und ein Holzhaus mit einer großen Veranda. Der Weg endete dort. Rauch stieg aus dem Schornstein des Wohnhauses auf und zog wie eine dünne graue Spirale zum Himmel auf. Goldenes Licht schien durch die Fenster auf die Veranda, und von drinnen waren helle Kinderstimmen zu hören.

Luke ging am Haus vorbei und steuerte auf seine eigene Hütte zu. Dort stieg kein Rauch aus dem Schornstein auf. Das Feuer war über Tag erloschen, weil niemand da gewesen war, um es zu schüren.

»Wir werden gleich erst mal richtig einheizen«, sagte Luke zu Sylvester.

Er hatte das Wohnhaus fast hinter sich gelassen, als jemand seinen Namen rief. Es war eine junge Indianerin. Sie hatte ein Wolltuch um ihre Schultern geschlungen.

»Was gibt's, Lynn?«, fragte Luke etwas barsch. Er war müde von dem weiten Fußmarsch.

»Ich will dich nicht aufhalten«, begann Lynn in ihrer gutmütigen Art. »Ich wollte dir nur sagen, dass die beiden Frauen aus Deutschland morgen eintreffen werden. Du erinnerst dich? Die beiden Frauen, die Little Drum bei ihrer Bestattungszeremonie dabeihaben möchte. Wir haben dir vor einer Weile davon erzählt.«

Luke nickte stumm. Die Erwähnung von Little Drums Name besänftigte ihn sofort.

»Falls dir die beiden morgen über den Weg laufen sollten, bevor ich sie vorwarnen kann – bitte sei umgänglich und erschrick sie nicht mit einer deiner Launen, in Ordnung? Sie werden für ein paar Tage unsere Gäste sein. Little Drum hat es ausdrücklich so gewünscht.«

»Geht klar«, murmelte Luke. »Kommt Ted heute Abend nach Hause?«

»Erst morgen«, erwiderte Lynn. »Und es wird auch Zeit. Die Kinder wissen kaum noch, wie ihr Vater aussieht!«

Ein kurzes Lächeln huschte über Lukes Gesicht. Endlich eine gute Nachricht. Er hob die Hand zu einem stummen Gruß und ging, gefolgt von Sylvester, zu seiner Hütte weiter. Seine Gedanken schweiften zurück zu den Gästen, die am nächsten Tag erwartet wurden. Er hatte keine Ahnung, warum Little Drum so viel Wert darauf gelegt hatte, dass die beiden Frauen bei ihrer Bestattungszeremonie anwesend waren, aber er achtete ihren Wunsch. Er verdankte der alten Dame viel und hatte großen Respekt vor ihr – auch nach ihrem Tod. Hauptsache war, die beiden Fremden kamen ihm nicht in die Quere. Er liebte seinen Alltag, wie er war: ruhig und ungestört und ohne unvorhergesehene Zwischenfälle.

»Das sind unsere Plätze«, meinte Stella erleichtert und lud den halb schlafenden Niklas auf einem der Sitze ab. Auch sie war müde. Der lange Flug von Frankfurt nach Calgary hatte sie mehr angestrengt, als sie es sich eingestehen wollte. Und ihre Reise war noch nicht zu Ende. Das kleine Flugzeug, in das sie gerade umstiegen, würde sie von Calgary nach Edmonton bringen. Von dort aus wollten sie die restliche Strecke mit einem Mietwagen zurücklegen.

»Niklas hat sich gut gehalten«, stellte Sarah fest.

»Ich hoffe, der Flug wird ruhig verlaufen«, sagte Stella. »Bei diesen kleinen Maschinen spürt man die Turbulenzen immer gleich so stark.« Gedankenversunken strich sie über die kleine Jade-Eule in ihrer Jackentasche. Es beruhigte sie irgendwie, die Figur bei sich zu wissen. Dann setzte sie sich neben Niklas und bettete seinen Kopf auf ihren Schoß.

»Sind wir schon bei den Indianern?«, fragte der Junge schläfrig.

Stella lächelte. Als sie Niklas vor vier Tagen erzählt hatte, dass sie von einer indianischen Familie nach Kanada eingeladen worden waren, war er vor Aufregung kaum noch zu bremsen gewesen. Seit Opa Günter mit ihm vor ein paar Monaten die Winnetou-Filme im Fernsehen angeschaut hatte, war Niklas im Indianer-Fieber. Dass er nun tatsächlich richtige Indianer kennenlernen sollte, war fast zu viel für ihn.

»Es wird noch eine kleine Weile dauern«, sagte Stella. »Warum schläfst du nicht noch ein bisschen?«

Niklas kuschelte sich an sie und schloss die Augen.

»Es ist wirklich zu dumm, dass wir auf die Schnelle keine Flüge von Calgary nach Fort McMurray bekommen konnten. Das hätte uns eine Menge Autofahrerei erspart«, stellte Sarah fest, während sie zum hundertsten Mal den handgezeichneten Lageplan studierte, den Elizabeth Collinson ihrem Brief beigefügt hatte.

»Ich verstehe immer noch nicht, warum wir so überstürzt aufbrechen mussten«, meinte Stella etwas mürrisch. »Ein paar Tage später wären vielleicht noch Plätze frei gewesen.«

»Erstens«, tadelte Sarah, ohne aufzusehen, »taucht man bei Leuten, die man dreißig Jahre nicht gesehen hat, nicht erst am allerletzten Tag auf – schon gar nicht, wenn es sich um eine solch wichtige Angelegenheit handelt. Und zweitens sagte die Dame vom Reisebüro, dass die Flüge von und nach Fort McMurray auf lange Zeit im Voraus ausgebucht sind.« Sie schaute nachdenklich aus dem Fenster des kleinen Flugzeugs, hinaus auf sanfte Hügel und scheinbar unendliches Grasland. »Ich kann mir gar nicht erklären, warum alle Welt nach Fort McMurray reist. Dort oben kann es doch nicht viel geben.«

»Im Grunde genommen ist es doch vollkommen egal, ob wir bis nach Fort McMurray fliegen und dann südlich in Richtung Edmonton zurückfahren oder bis nach Edmonton fliegen und gen Norden nach Fort McMurray fahren. Winding River ist irgendwo dazwischen«, meinte Stella und warf ebenfalls einen Blick auf den Plan. »Ich hoffe bloß, wir finden den Ort. Er liegt nicht direkt am Highway, und wir kennen uns in der Gegend überhaupt nicht aus.«

»Hab keine Angst, wir werden es schon finden«, erwiderte Sarah mit ungewöhnlichem Enthusiasmus.

Stella blickte ihre Mutter verwundert an.

In dem Moment traf das Flugzeug auf Turbulenzen und begann heftig zu ruckeln. Stella klammerte sich unwillkürlich an ihrem Sitz fest und griff erneut nach ihrer Eule.

Auch Sarah wurde ein wenig blass. »Genau wie damals«, murmelte sie leise.

»Damals, als du nach Vancouver Island geflogen bist?«, hakte Stella interessiert nach.

Sarah nickte. »Der Flug war damals genauso turbulent wie heute. Vielleicht erschien es mir auch nur so – ich hatte zu Beginn der Schwangerschaft mit starker Übelkeit zu kämpfen.« Sie lächelte versonnen.

Stella sah ihre Mutter abwartend an. In den vergangenen Tagen waren ihr so viele Fragen eingefallen, auf die sie keine Antworten hatte. Aber sie hatte nicht unaufgefordert in Sarahs Privatsphäre vordringen wollen. Vielleicht würde sie jetzt von sich aus mehr über die Ereignisse von damals erzählen.

»Als wir in der Küche über Elizabeth Collinsons Brief gesprochen haben, sagte dein Vater, er könne nicht verstehen, warum ich den beiden Indianerinnen damals ein Versprechen gegeben habe. Sie hätten mir schließlich nicht das Leben gerettet«, sagte Sarah ernst. »Und es stimmt, sie haben mir nicht das Leben gerettet. Sie retteten deines.«

»Wie meinst du das, sie haben mein Leben gerettet?« Stella war entgeistert.

»Günter weiß nichts davon«, erklärte Sarah zögernd, »aber ich hatte damals mit dem Gedanken gespielt, die Schwangerschaft abzubrechen.«

»Eine Abtreibung?«, hauchte Stella entsetzt.

»Du musst wissen«, versuchte Sarah zu erklären, »ich hatte Little Drum nichts von der Schwangerschaft erzählt. Sie hat es einfach gespürt. Sie war eine sehr weise Frau. Sie hat nicht nur die Schwangerschaft, sondern auch den Zwiespalt meiner Gefühle erkannt – ohne auch nur ein einziges Wort mit mir gewechselt zu haben. Sie war es, die mir gesagt hat, dass Abtreibung nichts anderes ist, als der Mord eines Menschen – egal, wie die Gesellschaft es umschreibt oder zu beschönigen versucht. Sie sagte, dass jedes Lebewesen eine bestimmte Aufgabe zu erfüllen hat. Kann sie nicht erfüllt werden, weil das dazugehörige Wesen nicht mehr existiert, ist das Gleichgewicht unserer Welt gestört.«

»Das sind die Worte, die du mir gesagt hast, als ich mit Niklas schwanger war«, flüsterte Stella.

»Verstehst du?«, sagte Sarah eindringlich. »Ich muss Little Drum doppelt dankbar sein. Ihr habe ich es zu verdanken, dass ich eine Tochter habe und einen Enkel – mein ganzes Glück.« Sie strich Stella liebevoll über die Wange. »Ich bin so stolz auf mein Mädchen, bin so froh, dass ich dich bekommen habe.«

Stella schluckte trocken und versuchte den Kloß zu lösen, der plötzlich in ihrem Hals steckte.

»Ich habe ein Kind und einen Enkel«, fuhr Sarah fort. »Ich bin so gespannt auf Elizabeth. Sie war damals mit ihrem sechsten Kind schwanger. Sie muss inzwischen einen ganzen Schwarm Enkelkinder haben.«

»Warum habt ihr, Vati und du, eigentlich nicht mehr Kinder gehabt? Ich meine, ihr habt noch vor meiner Geburt geheiratet und alles. Das hätte doch nahegelegen.«

»Ich hätte gerne noch ein Kind gehabt«, gestand Sarah. »Aber es hat nicht geklappt. Irgendwann habe ich den Gedanken dann aufgegeben. Es war Gottes Wille.« Dann fügte sie nachdenklich hinzu: »Meine Güte, was für einen unwiderruflichen Fehler ich damals beinahe begangen hätte!«

»Jetzt verstehe ich besser, warum du mir so gut zugesprochen hast, als ich mit Niklas schwanger wurde«, meinte Stella. »Ich wünschte, du hättest mir das alles viel früher gesagt.«

»Mutti, nun fahr doch bitte ein bisschen langsamer«, mahnte Stella und klammerte sich unwillkürlich am Türgriff fest. Insgeheim fragte sie sich, ob sie ihren Glücksbringer, die Jade-Eule, auf dieser Reise überhaupt noch einmal loslassen würde. Es schien, als hätte sie ihn stetig in der Hand.

»Opa sagt immer, dass man mit dem Verkehrsfluss mithalten muss, sonst wird man zum Hindernis«, kommentierte Niklas vom Rücksitz des Mietwagens.

»Niklas hat recht«, sagte Sarah ruhig, ohne den Blick von der Straße zu nehmen.

»Wenigstens ist mir jetzt klar, warum die Flüge nach Fort McMurray ausgebucht waren«, stellte Stella nüchtern fest. »Dieser Highway ist die Hölle.«

»Es ist auf jeden Fall die weitaus schlimmste Straße, auf der ich je gefahren bin«, gab Sarah zu.

»Vielleicht hätten wir doch lieber über Nacht in einem Motel in Calgary bleiben und erst morgen weiterfahren sollen«, sagte Stella unvermittelt. Langsam reichte ihr die ganze Sache. Zuerst der Brief von Elizabeth Collinson, dann die überstürzte Abreise, und nun dieser verfluchte Highway. Sie konnte sich nicht erklären, wie sie in all das hineingeraten war.

»Wer sagt, dass morgen weniger Verkehr ist?«, gab Sarah zu bedenken. »Heute ist Sonntag; das ist normalerweise der ruhigere Verkehrstag – jedenfalls in Deutschland.«

»Ich kann mir überhaupt nicht vorstellen, wo diese Leute alle hinwollen«, ereiferte Stella sich. »Alles, was es hier gibt, sind Nadelbäume – so weit das Auge reicht. Trotzdem hat man einen Highway mitten durch diese Wildnis gebaut. Und er ist überfüllt. Und der einzige Anlaufpunkt ist Fort McMurray, eine unbedeutende Kleinstadt am Ende der Welt!«

»Versuch ruhig zu bleiben, Kind«, sagte Sarah. Aber auch sie konnte sich das Verkehrsaufkommen nicht erklären.

»Seht mal, da sind ganz viele weiße Kreuze am Straßenrand«, bemerkte Niklas, der nichts weiter zu tun hatte, als die Umgebung zu beobachten.

Stellas Magen krampfte sich zusammen, sie konnte ihm nicht antworten.

Der Verkehr war zähflüssig gewesen, seit sie Edmonton verlassen hatten. Nach etwa zweihundert Kilometern war der zweispurige Highway einspurig geworden, und seither drängten sich die Wagen dicht an dicht. Es war aber keineswegs ein Stau, in dem Sarah, Stella und Niklas sich mit ihrem kleinen Mietwagen befanden, sondern eine lange Reihe von Autos, Bussen und Lastwagen, die sich gleich einer unendlichen Welle aus buntem Metall durch die hügelige, dichtbewaldete und noch recht winterlich aussehende Landschaft zog.

Die meisten Wagen waren viel größer als der kleine Nissan, den sie gemietet hatten. Glänzende Pick-ups rasten an ihnen vorbei, viele von ihnen mit doppelten Reifen an der Hinterachse. Die Lastwagen waren überdimensional und wirkten bedrohlich – besonders wenn sie mit überhöhter Geschwindigkeit angebraust kamen und erst dann abbremsten, wenn sie dem vor ihnen fahrenden Wagen fast schon auf der Stoßstange saßen. Auf dem Highway waren Tankfahrzeuge, Laster, die gefällte Holzstämme transportierten, und unzählige Transporter, die Güter mit Überbreite beförderten, unterwegs. Sie sahen unglaublich riesige Reifen, so groß, dass einer der enormen Laster nur einen einzigen davon transportieren konnte, und Turbinen, so groß wie ein Haus. Und diese Art von Lastwagen war keine Ausnahme, sondern die Regel.

Natürlich kamen diese Schwertransporter viel langsamer voran als alle anderen – was aber nicht hieß, dass sie wirklich langsamer fuhren. Im Gegenteil, sie fuhren weitaus schneller, als das Tempolimit es zuließ, und wackelten dabei bedenklich. Den Fahrern der Pickups dauerte es trotzdem viel zu lange, wenn sie hinter einem dieser *langsameren* Fahrzeuge herfahren mussten.

Irgendwie schienen alle Verkehrsteilnehmer in furchtbarer Eile zu sein. Die Pick-ups kamen mit hundertachtzig Sachen angebraust, bremsten scharf ab und wichen auf den Seitenstreifen aus, um an den Schwertransporten vorbeischauen zu können. Sobald sich eine Gelegenheit zum Überholen ergab (und auf die wurde nicht lange gewartet), taten sie es – egal ob Überholverbot herrschte oder nicht. War der Gegenverkehr zu dicht, wurde zum Überholen einfach auf den Seitenstreifen ausgewichen und mit Formel-1-Geschwindigkeit an den langsameren Fahrzeugen vorbeigebrettert. An Verkehrsregeln hielt sich hier anscheinend niemand, und es war Stella eindeutig klar, warum es so viele Kreuze am Straßenrand gab – und auch, warum die Flüge ausgebucht waren. Sie selbst hätte viel dafür gegeben, jetzt gemütlich in einem Flugzeug zu sitzen – selbst wenn die Maschine klein war, ruckelte und bedenklich laute Geräusche von sich gab – anstatt in dieser rollenden Blechlawine Todesangst auszustehen!

»Wie weit sind wir denn schon gekommen?«, erkundigte sich Sarah.

»Ich denke, es dürften ungefähr noch fünfzig Kilometer sein, bis wir die Ausfahrt nach Winding River erreichen«, erwiderte Stella nach einem Blick auf die Straßenkarte.

»Und dann sehen wir die Indianer«, stellte Niklas fest.

»Ja«, sagte Stella mit matter Stimme, »dann sehen wir die Indianer.« Es war ihr bisher nicht gelungen, Niklas zu vermitteln, dass die Indianer, die sie besuchten, nicht unbedingt den Indianern in den Winnetou-Filmen gleichen würden. Sie wusste, dass Niklas mehr als enttäuscht sein würde, wenn sie das Haus von Elizabeth Collinson erreichten. Niemand konnte erwarten, dass der Fortschritt der letzten 120 Jahre spurlos an den Ureinwohnern Kanadas vorübergegangen war. Zum Glück sprach Niklas ja noch kein Englisch, und so hoffte Stella, dass der Junge sich mit eventuellen Kommentaren zurückhielt. Aber jetzt mussten sie erst einmal lebendig aus dieser Straßenhölle herauskommen.

Gute drei Stunden nachdem sie in Edmonton aufgebrochen waren, erreichten sie die Abzweigung nach Winding River. Von dort folgten sie einer schmalen, mit Schlaglöchern übersäten Asphaltstraße Richtung Osten. Die hügeligen Wälder erstreckten sich bis zum Horizont. Hier und da waren schroffe Felsen, die immer mal wieder aus dem Boden ragten, weggesprengt worden, um der Fahrbahn Platz zu machen, und bildeten einen willkommenen Kontrast zu der sonst recht eintönigen Landschaft.

Nach ungefähr sechs Kilometern erreichten sie einen kleinen Fluss, der sich gemächlich durch die Wildnis zog. Er führte nicht viel Wasser, und an seinen Ufern waren noch die Überreste dicker Eisschollen zu sehen. Eine schmale Holzbrücke ermöglichte den Zugang zur anderen Uferseite.

»Das muss der Winding River sein«, sagte Stella mit einem Blick auf die Karte. »Der Ort sollte gleich auf der anderen Seite liegen.« Es war früh am Abend, und sie war froh, dass sie ihr Ziel noch vor Einbruch der Dunkelheit erreicht hatten.

Das Wort *Ort* war eigentlich eine Übertreibung. Winding River war eher eine trübselige Ansammlung von alten Häusern und Trailern, die sich entlang der einzigen Straße reihten. Die meisten Grundstücke wiesen eine üppige Ansammlung von alten Autos und Sperrmüll auf und wirkten ungepflegt und heruntergekommen. Einzig die Bar und die Tankstelle machten einen ordentlicheren Eindruck.

Die Tankstelle bestand aus einer einzigen Zapfsäule. Dafür gab es einen Tante-Emma-Laden.

Sarah begutachtete das kleine Gebäude, das mit Holz verkleidet war und eine falsche Wildwestfront hatte, und parkte dann kurzentschlossen den Wagen davor. »Der Laden macht einen vernünftigen Eindruck. Ich werde hier mal nach dem Weg fragen.«

»Da gehst du auf keinen Fall allein rein«, erwiderte Stella eilig.

Also stiegen sie alle drei aus, denn Niklas wollte natürlich nicht als Einziger im Auto sitzen bleiben.

Sie betraten den Laden durch eine alte Glastür. Über der Tür hing eine altmodische Glocke, die beim Eintreten laut klingelte. Grelles Neonlicht schien ihnen entgegen, aber es war niemand zu sehen. Sarah musterte die hohen Holzregale, die entlang der Wände aufgestellt waren, und das abgetretene Linoleum.

Ein älterer, hagerer Mann kam aus einem Nebenraum. Er trug ein kariertes Hemd und abgetragene Jeans mit Hosenträgern. Sein Gesicht war fast vollkommen verdeckt: oben durch sein unordentliches graues Haar, das ihm bis weit in die Stirn fiel, und unten durch einen voluminösen Vollbart.

»Howdy! Womit kann ich dienen?«, begrüßte er sie freundlich.

»Wir sind bei Elizabeth Collinson eingeladen«, erklärte Sarah. »Sie hat uns einen Lageplan geschickt, aber es ist nicht ersichtlich, wo genau im Ort die Straße abzweigt, die zu ihrem Haus führt.«

»Oh, zu Elizabeth und Lynn wollen Sie. Nette Leute.« Der Mann strich sich lächelnd über den Bart und zeigte dabei seine gelblichen Zähne. »Sie sind wohl nicht von hier.« Es war mehr eine Feststellung, als eine Frage. »Kommen Sie von Fort McMurray?«

»Nein, aus Edmonton«, antwortete Sarah. »Es war unheimlich viel Verkehr auf dem Highway. Ist dort immer so viel los?«

Der Mann lachte.

»Jeden Tag. Aber sonntags und donnerstags ist besonders viel Betrieb. Da ist Schichtwechsel in den Gruben in Fort McMurray. Wir Einheimischen bleiben an diesen Tagen schön zu Hause. Ist zu gefährlich mit all den übermüdeten Arbeitern auf der Straße. Sie haben die vielen Kreuze am Straßenrand bestimmt gesehen.«

»Das haben wir«, bestätigte Sarah.

»Wir Einheimischen nennen die Straße den *Hell's Highway* oder *Highway to Death.*«

Die Worte des Mannes ließen Sarah und Stella erschauern. Die Namen waren wirklich treffend.

»Der Staat könnte sich eine goldene Nase verdienen, wenn man auf dem Highway Radarkontrollen durchführen würde«, meinte Sarah matt, nur um irgendetwas zu sagen.

Wieder dieses Lachen.

»Von wegen. Kontrollen gibt es da nicht. Die Polizei bleibt schön vom Highway weg und mischt sich nicht in den Verkehr ein. Der Minenbetrieb ist Millionen wert.«

»Was wird dort denn abgebaut?«

»Ölsand natürlich.«

»Natürlich ...«, erwiderte Sarah, als sei es die selbstverständlichste Sache der Welt. »Aber wie finden wir denn nun zu den Collinsons?«

»Also, da müssen Sie an der Bar vorbeifahren, bis Sie die drei großen Birken erreichen. Dort biegen Sie ab und folgen dem Weg – na, gute zehn Kilometer werden es wohl sein.«

»Sie sagten Weg. Gibt es da keine Straße?«

Der Mann schien amüsiert. »Die Hauptstraße ist die einzige Asphaltstraße, die Sie hier draußen finden werden, ma'm!«

»Aber wird unser Wagen das schaffen?«, erkundigte Sarah sich beunruhigt. »Es wird bald dunkel, und wir haben meinen kleinen Enkel dabei.« Sie deutete auf Niklas.

»Keine Sorge, ma'm, wenn Lynns alter Kombi es bis dorthin schafft, dann wird Ihr Wagen es allemal machen.«

»Ich danke Ihnen«, sagte Sarah und verabschiedete sich höflich.

Niklas zog seiner Mutter am Hosenbein. »Mama, ist das der Weihnachtsmann?«

»Aber Niklas, der Weihnachtsmann wohnt am Nordpol, das weißt du doch«, antwortete Stella leise.

»Vielleicht macht er hier Ferien – genau wie wir«, überlegte Niklas.

Sie wurden von dem Ladenbesitzer unterbrochen, der ihnen noch zurief: »Wenn Sie Lynn sehen, dann sagen Sie ihr, dass sie mal wieder vorbeikommen soll. Sie hat eine Menge Einkäufe anschreiben lassen!«

»Ich glaube, ich kann mit Sicherheit sagen, dass dies nicht der Weihnachtsmann ist«, sagte Stella zu Niklas. »Und nun komm, wir müssen weiter, bevor es zu dunkel wird.«

5

Ich hoffe, unsere Gäste haben sich nicht verfahren. Und Ted ist auch noch nicht zurück. Er hätte doch längst hier sein sollen. Schichtwechsel in der Grube war heute morgen.« Lynn dachte an die katastrophalen Verkehrsbedingungen auf dem Highway und blickte besorgt über die Lichtung. Die Sonne war bereits untergegangen, und es begann zu dämmern. Der kühle Abendwind strich über ihr Gesicht und sang ein leises Lied in den Weißfichten am Waldrand. Fröstelnd steckte sie die Hände in die Jackentaschen.

»In Sarahs Telegramm stand, dass sie heute bei uns eintreffen werden. Also werden sie es auch«, sagte Elizabeth ungerührt.

»Wir hätten sie vor dem Highway warnen sollen«, murmelte Lynn. Dann schweifte ihr Blick hinüber zu Luke. Er hatte sich eine karierte Jacke übergezogen und spaltete neben seiner Hütte Feuerholz. Sylvester, sein großer schwarzer Boxer-Mischling, war wie immer an seiner Seite. »Hoffentlich benimmt Luke sich«, dachte sie laut.

»Du bist aufgeregt, weil wir Besuch bekommen«, versuchte Elizabeth ihre Tochter zu beruhigen. »Du wirst sehen, du machst dir unnötig Gedanken, Kind.«

»Aber Luke kann manchmal so schwierig sein.« Lynn seufzte. »Ich möchte doch nur, dass alles glattgeht – Little Drum zuliebe.«

»Luke ist ein seltsamer Vogel, das stimmt schon. Er ist seit seiner Kindheit ein Einzelgänger, eine Mischung aus einsamem Wolf und grantigem Bär. Aber Little Drum hat etwas in ihm gesehen. Was es war, kann ich dir nicht sagen. Doch es muss genug gewesen sein, um ihn bei uns aufzunehmen. Und nun lass uns die Kinder rufen. Sie sind nicht warm genug angezogen, um in der kalten Abendluft draußen herumzulaufen.« Elizabeth blickte zum Himmel. »Heute Nacht wird es kalt werden; vielleicht wird es sogar frieren. Es ist gut, dass du im Gästehaus eingeheizt hast.«

Auf einmal begann Sylvester laut zu bellen.

»Mom, da kommt ein Auto!«, rief Will.

»Sie kommen, sie kommen!«, fiel Amanda aufgeregt ein. Sie ergriff die Hand ihres jüngsten Bruders Ben, und alle drei liefen zu Elizabeth und Lynn hinüber, die sich jetzt bereitmachten, die Gäste zu begrüßen.

Sarah lenkte den Wagen langsam auf die Lichtung, dann stoppte sie.

»Warum hältst du?«, fragte Stella verwundert.

»Wir sind da«, flüsterte Sarah heiser. »Wir haben es tatsächlich geschafft! Aber – was soll ich bloß sagen? Es ist eine Ewigkeit her, seit ich Elizabeth Collinson an jenem nebelverhangenen Abend getroffen habe. Und eigentlich hat dein Vater recht: Ich kenne sie gar nicht, nicht wirklich.«

»Für Zweifel ist es jetzt ein wenig zu spät, findest du nicht? Du hast Niklas und mich ans andere Ende der Welt geschleppt. Klein beigeben gilt nicht. Außerdem bin ich todmüde.«

»Wir sind hier nicht richtig«, fiel Niklas dazwischen. »Die Indianer wohnen hier nicht; ich sehe keine Zelte!«

Stella schloss die Augen, und Sarah begriff, dass die Reise die Geduld ihrer Tochter ganz schön auf die Probe stellte.

»Niklas«, sagte Stella schließlich, »wir haben doch vorhin darüber gesprochen, dass die Indianer heutzutage nicht mehr unbedingt in Zelten leben. Erinnerst du dich daran? Und Mutti, du fährst am besten weiter, sonst denken Elizabeth Collinson und ihre Familie womöglich noch, bei uns ist da oben etwas nicht in Ordnung.« Sie tippte sich an die Stirn. »Du siehst doch, dass alle vor dem Haus versammelt sind, um uns zu begrüßen. Sie sind wahrscheinlich genauso aufgeregt wie wir.«

»Du hast ganz recht, Stella«, meinte Sarah und setzte den Wagen wieder in Bewegung.

»Die Indianer wohnen wirklich hier?«, fragte Niklas erstaunt.

Stella strich seufzend über sein dunkles wuscheliges Haar und warf ihrer Mutter einen fast anklagenden Blick zu.

Sarah musste zugeben, dass sie sich das Zuhause von Elizabeth und ihrer Familie irgendwie auch ganz anders vorgestellt hatte, obwohl sie nicht sagen konnte, in welcher Hinsicht. Die Lichtung mit den drei kleinen Holzgebäuden sah im fahlen Licht der einbrechenden Dämmerung nicht gerade einladend aus. Die noch kahlen Zweige der Espen und Birken ragten wie knochige Finger zwischen den immergrünen Weißfichten hervor, und das Gras, das auf der Lichtung wuchs, war leblos braun. Die Holzverkleidung der Gebäude war grau und verwittert, und auf den Dächern gab es einige Stellen, an denen die Dachpappe lose im Abendwind flatterte. Von einem Garten war nichts zu erkennen; die Gebäude erweckten den Anschein, als hätte jemand sie einfach auf der Lichtung abgestellt. Aber aus den Fenstern des Wohnhauses fiel goldenes Licht auf die Veranda, und eine feine Rauchsäule stieg aus dem Schornstein empor. Die beiden Frauen und die Kinder, die sich versammelt hatten, um die Gäste zu begrüßen, lächelten ihnen aufgeregt zu, und Sarah konnte nicht bestreiten, dass etwas sehr Harmonisches über dem Ganzen lag. Daran konnte auch der grimmig aussehende Mann, der vor der kleinen Hütte am anderen Ende der Lichtung Holz hackte und ihnen argwöhnisch entgegenblickte, nichts ändern.

Sarah parkte den Wagen vor dem Haus, atmete tief durch und stieg aus.

»Elizabeth?«, fragte sie verhalten und blickte die ältere der beiden Indianerinnen forschend an. Das Haar der Frau war zu zwei langen Zöpfen geflochten, die silbern wie Mondlicht schimmerten, und um ihre Augen und Mundwinkel zeigten sich einige tiefe Falten. Sarah wusste selbst nicht, was sie erwartet hatte. Natürlich musste sie älter geworden sein. Aber konnte dies wirklich die junge Frau sein, die Sarah an jenem nebligen Abend vor mehr als dreißig Jahren im Wald getroffen hatte?

»Sarah?«, fragte Elizabeth ebenso erstaunt.

Elizabeths Stimme ließ Sarahs Zweifel schwinden. Sie hätte diesen sanften, melodischen Klang auch nach hundert Jahren wiedererkannt. Und erst diese unergründlichen grauen Augen.

»Elizabeth! Ich kann es gar nicht glauben – nach so vielen Jahren!« Sarah machte einen Schritt auf die Indianerin zu und streckte ihr lachend die Hand entgegen.

»Seid herzlich willkommen!« Elizabeth übersah die ausgestreckte Hand geflissentlich. Stattdessen zog sie Sarah in ihre Arme und drückte sie an sich. »Ich wusste, dass du kommen würdest«, sagte sie erleichtert, und ihre Augen strahlten. Dann fiel ihr Blick auf Stella. »Und das muss das Baby sein, mit dem du damals schwanger warst.«

»Verzeih, ich hätte sie gleich vorstellen sollen: Dies sind meine Tochter Stella und mein Enkel Niklas.«

Elizabeth schüttelte ihnen herzlich die Hände.

»Und nun lasst mich meine Familie vorstellen. Hier ist mein Baby von damals, Lynn Crise. Und wie ihr seht, werde ich bald wieder Großmutter«, verkündete sie stolz.

»Herzlich willkommen«, sagte Lynn.

»Wir wünschen alles erdenklich Gute«, sagten Sarah und Stella und schüttelten der jungen Frau die Hand.

Lynn war das Ebenbild ihrer Mutter, wie Sarah sofort feststellte. Sie hatte dieselben grauen Augen, dieselben dicken schwarzen Zöpfe, die ihr von der jungen Elizabeth noch gut in Erinnerung waren. Auch ihre Stimme ähnelte der ihrer Mutter sehr.

»Und dies sind Lynns Kinder: Will, Amanda und Ben.«

»Schön, euch kennenzulernen«, sagte Stella und lächelte die Kinder freundlich an. »Mein Niklas spricht noch kein Englisch, aber ich hoffe, dass ihr euch auch so verstehen werdet.«

Für die nächsten Minuten war nichts weiter zu hören als ein lautes Stimmengewirr. Alle sprachen durcheinander. Stella beobachtete amüsiert, wie die vier Kinder sich gegenseitig begutachteten, und sie hätte viel dafür gegeben, ihre Gedanken in diesem Augenblick lesen zu können. Sie konnte deutlich sehen, dass Niklas enttäuscht über die indianischen Kinder war. Sie trugen weder Federn im Haar noch lederne Fransenkleidung, sondern ganz normale Sachen, wie auch Niklas sie anhatte. Stella verbesserte sich sofort. Das stimmte nicht ganz. Im Vergleich zu Niklas sahen die drei recht unordentlich aus. Ihr Haar war vom Wind zerzaust, und ihre Schuhe, Hosen und Pullover waren abgetragen. Auf Will, Amanda und Ben hingegen musste Stellas kleiner Niklas genauso andersartig wirken. Seine Jeans sahen aus, als sei er damit noch nie auf einen Baum geklettert oder hinter einem Hasen hergejagt – und das stimmte leider auch –, und seine Schuhe wiesen kein Körnchen Staub auf. Und als die drei Crise-Kinder nun kurz ein paar Worte zu dem Thema wechselten, musste Stella schmunzeln.

»Das sind hoffentlich nicht die Klamotten, die er zum Spielen anzieht«, murmelte Ben.

Amanda stieß ihm in die Seite. »Hör auf«, raunte sie. »Er ist unser Gast und außerdem viel kleiner als du.«

»Eben. Wahrscheinlich muss er noch anziehen, was seine Mutter ihm hinlegt«, warf Will ein. Er war der Älteste und meinte, dass er immer vernünftig sein musste.

Es waren gutaussehende Kinder, wie Stella neidlos feststellte. Zwar schien im Augenblick nichts an Wills schlaksigem Körper zu harmonieren – seine Arme und Beine waren zu lang, seine Füße zu groß –, aber das war ganz einfach eine Begleiterscheinung der Pubertät. Seine großen braunen Augen und sein ernstes Gesicht jedoch ließen bei Stella keine Zweifel darüber aufkommen, dass Will ein guter, zuverlässiger Junge war, der schon sehr bald zu einem attraktiven jungen Mann heranwachsen würde. Amanda war vielleicht zwei Jahre jünger als ihr Bruder. Auch sie hatte rehbraune Augen mit langen Wimpern, und ihr schwarzes Haar war ebenso lang wie das ihrer Mutter. Sie war wirklich eine kleine Schönheit. Amanda hielt ihren kleinen Bruder Ben an der Hand und sprach in sehr liebevollem Ton mit ihm. Ben war um die acht Jahre alt, mit pechschwarzem Haar, das genauso wuschelig war wie Niklas'. Er schien Fremden gegenüber sehr vorsichtig zu sein und wirkte ein wenig schüchtern.

»Ist das der Vater der Kinder?« Niklas zupfte verstohlen an Stellas Hosenbein und deutete auf die Hütte am Waldesrand, vor der der grimmig aussehende Mann Holz hackte. Ein großer schwarzer Hund saß wachsam neben ihm. Niklas liebte Hunde.

Lynn folgte seinem ausgestreckten Arm. »Das ist Luke Lumly«, erklärte sie lächelnd. »Er wohnt zurzeit dort drüben in unserer kleinen Hütte. Er ist ein Eigenbrötler und hat gern seine Ruhe. Am besten, du beachtest ihn nicht weiter.«

Stella übersetzte ihre Worte für Niklas. Dabei musterte sie diesen Luke Lumly verstohlen. Er war mittelgroß und hatte schwarzes Haar, das nicht kurz, aber auch nicht wirklich lang war. Es schien, als hätte es irgendwann einmal einen Schnitt gehabt, der mittlerweile aber vollkommen herausgewachsen war. Nun endete das Haar in Stufen kurz unterhalb der Schulter. Aus der Entfernung und mit der dicken Jacke, die er trug, erweckte er nicht den Eindruck eines Muskelmannes. Doch die Art und Weise, wie er die Axt schwang und die großen Holzblöcke mit scheinbarer Leichtigkeit spaltete, verriet Stella, dass er viel Übung hatte und sehr kräftig war. Er blickte nicht ein einziges Mal zu ihnen hinüber, und Stella war froh darüber, dass niemand Anstalten machte, sie persönlich vorzustellen. Luke Lumlys Miene war wirklich finster.

»Am besten, wir lassen ihn einfach in Ruhe«, sagte sie zu Niklas und nahm ihn an die Hand.

»Lasst uns hineingehen«, rief Elizabeth in die Runde. »Es wird für die Kinder zu kalt hier draußen!«

Sie traten durch die Eingangstür und standen sogleich im Wohnzimmer. Im Holzofen brannte ein Feuer, und es war angenehm warm. Niklas verschwand mit Will, Amanda und Ben im Kinderzimmer. Stella und Sarah hingegen legten in Ruhe ihre Jacken ab und sahen sich neugierig um. Der Wohnraum war klein für eine Familie mit vier Kindern und drei Erwachsenen und recht altmodisch eingerichtet. Alles war sauber und ordentlich, aber es war nicht zu übersehen, dass es der Familie an Geld fehlte. Die Dielenbretter waren mehr als durchgetreten und quietschten mit jedem Schritt. Die Wände brauchten einen frischen Anstrich, und die Möbel hatten wahrlich bessere Tage gesehen. Aber an den Wänden hingen Poster und von den Kindern gemalte Bilder und an den Fenstern hübsche Gardinen, und so wirkte der Raum trotz allem sehr einladend und behaglich.

Es ist eben ein richtiges Zuhause, dachte Stella lächelnd.

Lynn fragte gerade: »Hattet ihr eine gute Reise?«, als ein Wagen vor dem Haus vorfuhr.

»Dad ist da!«, rief Will aus dem Kinderzimmer, aber keines der Kinder erschien, um den Vater zu begrüßen.

Kurz darauf erschien ein Mann von Anfang dreißig in der Tür. Er hatte einen Stoppelbart, der so gar nicht zu seinem gepflegten kurzen braunen Haar passte, und schmale Schultern. Er kam offensichtlich von der Arbeit, denn seine Kleidung war verdreckt, und er wirkte müde. Stella bemerkte sofort, dass er freundliche braune Augen hatte – sie besah sich die Augen eines Fremden immer zuerst, denn sie fand, dass die Augen sehr viel über den Charakter einer Person aussagten – aber seine Miene war mürrisch. Sein Gesicht hellte sich jedoch sofort auf, als er die Gäste erblickte, und er lächelte – auch wenn es nur ein oberflächliches Lächeln war.

»Ted, ich bin so froh, dass du da bist!«, rief Lynn. »Wo hast du nur gesteckt? Ich habe mir Sorgen gemacht!« Sie umarmte ihren Mann und gab ihm einen Kuss. »Ted, darf ich dir Sarah und ihre Tochter Stella vorstellen? Sie sind extra für Little Drums Zeremonie aus Deutschland angereist.«

Ted zeigte keine Reaktion.

»Wir haben dir davon erzählt, bevor du zur Schicht aufgebrochen bist. Erinnerst du dich?«, fügte Lynn schnell hinzu.

»Natürlich«, sagte Ted nun und streckte den beiden höflich die Hand entgegen.

»Sarah, Stella – dies ist mein Mann, Ted Crise«, erklärte eine strahlende Lynn. »Ihr müsst verzeihen. Ted ist für jemanden eingesprungen und arbeitet zurzeit für eine Firma in Fort McMurray. Er war seit langem nicht mehr zu Hause. Die Schichten sind in der Regel zwischen zwei und drei Wochen lang, und während dieser Zeit leben die Männer in Camps.«

»Gibt es bald etwas zu essen?«, unterbrach Ted sie und verschwand in der Küche.

»Der Eintopf ist fertig, ich bringe dir einen Teller«, erwiderte Lynn sofort – beinahe ein wenig ängstlich, wie Stella verwundert bemerkte – und folgte ihm eilig.

Elizabeth bat auch Stella und Sarah in die Küche.

»Trink erst mal eine Tasse Kaffee, Ted«, bot sie ihrem Schwiegersohn an. Dieser saß bereits abwartend am Küchentisch. »Und wie steht es mit euch«, wandte Elizabeth sich an Sarah und Stella, »möchtet ihr nicht auch etwas Warmes trinken?«

»Kümmert euch ruhig erst um Ted«, erwiderte Stella schnell. »Wir können warten.« Es war nicht abzustreiten, dass seit Teds Eintreffen eine leichte Anspannung in der Luft lag.

»Wo sind die Kinder?«, erkundigte sich Ted und trank einen großen Schluck Kaffee.

»Sie spielen mit Stellas kleinem Sohn Niklas im Kinderzimmer«, erklärte Lynn hastig. »Will, Amanda, Ben! Kommt und sagt eurem Vater guten Tag!«

Die drei erschienen fast augenblicklich in der Tür. Ein Kind nach dem anderen ging zu Ted hinüber, umarmte ihn und begrüßte ihn brav. Sie lächelten ihn an und scherzten, aber Stella spürte, dass es nicht von Herzen kam. Verwundert tauschte sie einen Blick mit ihrer Mutter.

Nachdem die Kinder wieder gegangen waren, setzte Elizabeth sich zu Stella und Sarah ans andere Ende des wackeligen Küchentisches. Lynn jedoch saß bei ihrem Mann und unterhielt sich leise mit ihm.

»Wenn Ted mit seiner Mahlzeit fertig ist, rufen wir die Kinder zu Tisch«, erklärte Elizabeth und goss ihnen Kaffee ein. »Dann ist mehr Platz in der Küche und sie können Lärm machen. Mich stört ihr Geplapper nicht.«

Stella stieß ihre Mutter unter dem Tisch an. Sie fühlte sich jetzt wirklich unwohl, wie ein Störfaktor. Es entstand eine unangenehme Pause im Gespräch. Stella sah sich unauffällig in der Küche um. Es war ein großer Raum mit einem breiten Fenster, das auf die schmale Veranda blickte. Die wenigen Küchenschränke waren alt und mehr als einmal überstrichen worden, und das Linoleum auf dem Boden war abgenutzt und rissig. Stella fiel der riesige altmodische Küchenofen auf, der dem Fenster gegenüberstand. Er war mit roter Emaille überzogen, die an einigen Stellen angeschlagen war, und hatte geschwungene, verchromte Beine. Die Kochfläche war eine einzige große Metallplatte, und vorne am Ofen gab es zwei Türen. Eine, so schloss Stella, gehörte bestimmt zu einer Backröhre. Die andere Tür musste zum Einlegen des Feuerholzes dienen.

»Ich bin nur auf einen Sprung hier«, verkündete Ted jetzt und riss Stella aus ihren Gedanken. »Man hat mir eine Extra-Schicht angeboten. So eine Gelegenheit darf ich nicht verpassen. Vielleicht ist irgendwann einmal doch noch eine Festanstellung drin. Eigentlich hätte ich gleich durcharbeiten sollen. Aber ich habe darauf bestanden, wenigstens für heute nach Hause zu kommen, um euch Bescheid zu sagen. Schließlich hätte ich euch sonst nicht benachrichtigen können.«

Elizabeth und Lynn waren telefonisch nicht zu erreichen, das wusste Stella schon.

»Wie lange wirst du diesmal weg sein?«, fragte Lynn zaghaft.

»Wieder zwei Wochen. Und spar dir deine Argumente. Wir können das Geld wahrlich gut gebrauchen.« Ted sah seine Frau tadelnd an.

Lynn senkte den Blick. »Wann wirst du aufbrechen?«

»Morgen bei Tagesanbruch.«

»Elizabeth«, sagte Sarah jetzt höflich, aber mit Nachdruck und so laut, dass es alle Anwesenden hören konnten. »Wir sind nach der langen Reise eigentlich gar nicht hungrig, aber sehr müde. Wenn ihr uns zeigt, wo wir schlafen können, dann ziehen wir uns jetzt zurück.«

Elizabeth lächelte dankbar.

»Ich werde euch zum Gästehaus bringen.«

Eine Weile später lag Stella wach in einem der schmalen Betten im Gästehaus. Niklas schlief neben ihr. Seine kleinen Hände ruhten unter seiner Wange. Der goldene Schein des Feuers fiel durch die Glasscheibe in der Ofentür, erhellte sein rundes Gesicht und warf tanzende Schatten an Wände und Decke. Stella lächelte. Niklas war eingeschlafen, sobald sie ihn dazu gebracht hatte, für einen Augenblick still zu liegen. Er war von der Reise vollkommen erschöpft. Im Bett an der gegenüberliegenden Wand lag Sarah. Sie war unter der dicken Decke, unter der sie sich zusammengerollt hatte, kaum zu erkennen. Auch sie schlief bereits. Ihr Atem ging ruhig und gleichmäßig. Ansonsten war es still in dem Holzhaus. Zu still.

Stella konnte einfach keine Ruhe finden. Sie fühlte sich seltsam fehl am Platz in dem kleinen Gästehaus in der Fremde, umgeben von nichts anderem als ungezähmter Wildnis. Sie lauschte angestrengt. Keine Motorengeräusche, keine Sirenen, keine Schritte im Treppenhaus. Nur das leise Flüstern des Windes in den Bäumen. Hätte Stella nicht Niklas und ihre Mutter an ihrer Seite gewusst, wäre sie bestimmt trübsinnig geworden. Aber die beiden waren bei ihr, und es war kein Heimweh, das sie verspürte. Sie musste sich eingestehen, dass es auch nicht Oliver war, den sie vermisste. Es war etwas anderes: eine Art Sehnsucht, die sie sich nicht erklären konnte.

Sie ließ ihren Blick zu dem schmalen Fenster schweifen und schaute nach draußen. Im nächsten Augenblick hielt sie vor Erstaunen dem Atem an. Es war eine dunkle, klare Nacht. Bald würde Neumond sein, und so war der Mond nur als eine schlanke silberne Sichel zu sehen. Dafür aber leuchteten die Sterne umso mehr. Stella wusste nicht, wann sie sie jemals so unzählig, so hell gesehen hatte wie an diesem Abend. Es war, als wäre der Himmel überschwemmt von einer Flut aus funkelnden Diamanten.

Stella fühlte sich immer unbedeutender. Sie konnte sich nicht rühren, vermochte sich nicht loszureißen von dem unglaublichen Schauspiel der Nacht. Die Sterne, die in der Stadt zu sehen waren, waren im Vergleich zu dem, was sich ihr hier bot, nur ein billiger Abklatsch.

Eine unerklärliche Kälte überkam Stella, wie ein eisiger Windstoß, der einen unvorbereitet streift und einem den Atem verschlägt. Es war wie eine Vorahnung, dass sich etwas anbahnte. Was es war, konnte sie nicht sagen, aber es fühlte sich mächtig an. Mächtig und dunkel. Instinktiv griff Stella nach der kleinen Jade-Eule, die sie auf den Nachttisch gestellt hatte, und drückte sie an ihr Herz.

»Bitte lass Niklas und Mutti nichts geschehen«, flüsterte sie voller Sorge.

6

Stella wusste nicht, wie lange sie wachgelegen hatte. Sie wusste nur, dass Niklas sie mit einem Mal rüttelte und es Morgen war. Früher Morgen. Fahles, graues Licht fiel zum Fenster herein. Stella streckte den Arm nach ihrer Uhr aus, die auf dem Nachttisch lag, und erschrak über die Kühle im Raum. Schnell zog sie die Decke wieder über sich.

»Frierst du?«, fragte sie Niklas besorgt.

»Nur, wenn ich aus dem Bett steige«, erklärte Niklas kichernd und streckte einen Fuß unter der Decke heraus. »Du, Mami, ich weiß jetzt, warum es in Wills, Amandas und Bens Haus keinen Kühlschrank gibt!«

»Ich auch«, stimmte Stella ihm lachend zu.

»Mir gefällt es hier, Mama. Da drüben in dem Bücherregal wohnt eine ganze Horde kleiner Leute. Das finde ich nett.«

»Woher weißt du denn, dass sie dort wohnen?«, schmunzelte Stella. Es beunruhigte sie nicht, dass Niklas überall kleine Wesen fand, die niemand außer ihm sehen konnte. Als Kind war es ihr genauso ergangen, und manchmal ertappte sie sich dabei, dass sie es vermisste. Denn seit sie erwachsen geworden war, blieb diese Art von Freunden vor ihr verborgen. Dass Niklas sie jetzt sah, empfand sie so, als hätte ihr jemand ein Stück ihrer Kindheit zurückgegeben.

»Einer von ihnen hat mir eben zugewinkt«, erklärte Niklas wie selbstverständlich.

Seine helle Kinderstimme weckte Sarah.

»Guten Morgen allerseits!«, rief sie. Dann fügte sie überrascht hinzu: »Das Feuer im Ofen ist ausgegangen.«

»Drüben bei den anderen ist Licht an, und Rauch kommt aus dem Schornstein«, verkündete Niklas, während er auf dem Bett auf und ab hüpfte, um warm zu bleiben.

Stella grinste. Der Kleine hatte sich anscheinend komplett von den Anstrengungen der Reise erholt.

»Zieht euch schnell an«, schlug Sarah vor. »Ich habe Hunger auf Frühstück.«

Als sie ein paar Minuten später aus dem Gästehaus in den frühen Morgen hinaustraten, erlebten sie eine angenehme Überraschung.

»Hey, hier draußen ist es viel wärmer als in unserer Hütte!«, rief Niklas empört.

»Das stimmt«, sagte Sarah erstaunt. »Die Temperatur ist über Nacht angestiegen.«

Sie gingen zum Wohnhaus hinüber. Ein warmer Wind wehte ihnen entgegen, und der Boden war vom Schmelzwasser aufgeweicht. Das feuchte Gras durchnässte ihre Schuhe und Hosenbeine, aber sie schenkten dem keine Beachtung. Vielmehr bestaunten sie die Wunder der frühen Tagesstunde. Die Bäume lagen noch im Halbschatten und feine Dunstschleier hingen über der Lichtung. Aber hinter dem Wald, umgeben von einem schimmernden Kranz aus zartem Rosa, ging langsam die Sonne auf.

Elizabeth erwartete sie an der Tür. Sie hatte die drei kommen sehen.

»Guten Morgen! Kommt herein, Frühstück steht auf dem Tisch!«

Will, Amanda und Ben hatten sich bereits gesetzt. Stella bemerkte erleichtert, dass Ted schon zur Arbeit aufgebrochen war und die Kinder wieder so ungezwungen waren wie vorher.

»Habt ihr gut geschlafen?«, fragte Lynn. Sie stand am Küchenofen und rührte geschäftig in einem Topf. Auch aus ihrem Gesicht war der Schatten der Anspannung verschwunden.

»Sehr gut«, erklärte Sarah und setzte sich mit Niklas zu den Kindern an den Tisch. »Und ob ihr es glaubt oder nicht, draußen weht ein richtig warmer Wind.«

»Dieses Frühjahr ist alles anders«, stimmte Lynn zu. »Seit fast einem Monat ist es ungewöhnlich warm. Normalerweise ist es Ende April noch richtig kalt, aber in diesem Jahr sind schon die ersten Knospen an den Bäumen zu sehen, und das Eis auf dem See ist beinahe geschmolzen.«

»Der Klimawandel«, sagte Stella und schüttelte traurig den Kopf. Insgeheim war sie jedoch froh darüber, dass es gerade jetzt, wo sie zu Besuch waren, überdurchschnittlich warm war, denn sie war kein großer Winter-Fan.

»Ich glaube nicht, dass es etwas damit zu tun hat«, sagte Elizabeth mit sanfter Stimme. »Ich glaube vielmehr, dass es einen ganz bestimmten Anlass dafür gibt. Etwas Besonderes liegt in der Luft; etwas bahnt sich an.«

Stella musste sofort an die vergangene Nacht denken und an das Gefühl der Vorahnung, das sie überkommen hatte. Aber sie behielt ihre Gedanken für sich.

Das Frühstück war sehr einfach. Lynn hatte einen großen Topf Porridge gekocht, den sie auf den Tisch stellte und aus dem sich jeder selbst bediente. Dazu gab es Pfirsiche aus der Dose und Kräutertee.

Stella befürchtete, dass Niklas vielleicht nichts anrühren würde, denn er war ein pingeliger Esser, und zu Hause gab es morgens immer etwas ganz anderes: Vollkornbrot mit frischem Aufschnitt oder Käse, Orangensaft und warmen Kakao. Aber schon bald erkannte sie, dass ihre Sorge unbegründet war. Niklas aß Porridge, weil die anderen Kinder es aßen, und lächelte dabei zufrieden in die Runde. Sie war stolz auf ihn.

Nach dem Frühstück boten Sarah und Stella an, sich um das Abräumen und den Abwasch zu kümmern. Lynn nahm das Angebot nur allzu gern an, denn die Kinder absolvierten ihren Schulunterricht zu Hause, und sie half ihnen dabei. Die nächste Schule war einfach zu weit entfernt, um sie jeden Tag dorthin zu fahren und wieder abzuholen, und der Schulbus kam für nur drei Kinder nicht so weit rausgefahren.

Lynn ging also mit Will, Amanda und Ben ins Wohnzimmer, wo es einen großen Holztisch gab, an dem sie arbeiten konnten, und Elizabeth besorgte den restlichen Haushalt. Sarah, Stella und Niklas blieben allein in der Küche zurück.

»Komm, hilf mir, das Geschirr zum Spülbecken zu bringen«, forderte Stella Niklas auf.

Niklas war immer froh, wenn er irgendwo helfen konnte. Er rutschte von seinem Stuhl und griff nach zwei Bechern. Vorsichtig brachte er sie zu seiner Oma, die an der Spüle stand und das schmutzige Geschirr vorspülte.

Es gab fließendes Wasser im Haus, aber das war kalt, und wollte man warmes haben, so musste es erst auf dem Holzofen in der Küche erhitzt werden. Elizabeth und Lynn hatten daher immer einen großen Topf mit heißem Wasser auf dem Ofen stehen.

»Den Topf lässt du mich besser tragen«, sagte Stella zu ihrer Mutter. »Er sieht schwer aus. Hast du irgendwo Topflappen gesehen?« Sie blickte sich suchend in der Küche um.

»Hier sind keine«, erwiderte Sarah geschäftig. »Vielleicht dort drüben in dem Wandschrank.«

Stella ging zu der Tür hinüber, auf die ihre Mutter deutete. Aber dahinter fand sie keinen Wandschrank, sondern einen kleinen Raum. Sie war in der Speisekammer gelandet.

»Auch nicht«, sagte sie und hielt dann überrascht inne. »Mutti, komm doch bitte mal kurz her.«

»Was gibt es?«, fragte Sarah und trocknete sich verwundert die Hände. Als sie gleich darauf neben Stella stand, erkannte sie sofort, was diese ihr zeigen wollte. Die Regale der Kammer waren so gut wie leer. Es gab ein paar Konservendosen und eine Tüte Milchpulver, das war alles.

»Vielleicht sind sie bloß lange nicht zum Einkaufen gekommen. Das Haus ist ja sehr abgelegen«, versuchte Sarah zu erklären.

Stella schloss die Speisekammertür. Sie wollte nicht, dass Lynn oder Elizabeth dachten, sie schnüffelten neugierig herum. »Ich glaube, es steckt etwas Gravierenderes dahinter. Geldmangel.« Sie flüsterte, denn sie wollte vermeiden, dass Niklas ihr Gespräch mit anhörte.

»Und das, wo Lynn schwanger ist. Und die Kinder brauchen doch Kraft und Vitamine zum Wachsen«, murmelte Sarah besorgt. »Wir müssen etwas unternehmen, und zwar sofort.«

»Mutti, du kannst nicht einfach in anderer Leute Haus kommen und anfangen, haufenweise Lebensmittel anzuschleppen. Überleg doch, wir sind hier Gäste. Du würdest Elizabeth und Lynn beleidigen«, zischte Stella warnend. Sie kannte den entschlossenen Ton ihrer Mutter. Sarah hatte ein großes, gutes Herz, doch manchmal wirklich kein Taktgefühl!

»Aber wir müssen etwas tun«, erwiderte Sarah. »Ich

kann nicht einfach hier sitzen und der Familie die letzten Lebensmittel wegessen.«

»Du hast ja recht, Mutti, aber es darf nicht nach Wohltätigkeit aussehen.«

»Ich habe eine Idee«, sagte Sarah unvermittelt. »Überlass alles getrost mir!«

Stella seufzte tief. Sie wusste, was diese Worte bedeuteten. Jetzt galt es, Sarah auf keinen Fall aus den Augen zu lassen, sonst würde sie sie womöglich noch blamieren. Sie wollte gerade eine Erklärung einfordern, als Elizabeth in die Küche zurückkam.

»Wir können weder Topflappen noch Geschirrhandtücher finden«, sagte Sarah zu ihr.

»Entschuldigt«, entgegnete Elizabeth in ihrer sanften Art. »Sie sind hier drüben.« Sie öffnete eine der Schubladen im Geschirrschrank und zog die gesuchten Dinge hervor.

»Ich danke dir«, meinte Sarah. Dann fügte sie beiläufig hinzu: »Stella und ich würden nach dem Abwasch gern zu dem kleinen Laden in Winding River fahren. Unser Handy funktioniert hier draußen nicht. Aber wir haben gestern gesehen, dass es vor dem Laden ein öffentliches Telefon gibt. Ich würde meinem Mann gerne mitteilen, dass wir gut bei euch angekommen sind.«

»Das ist eine gute Idee«, stimmte Elizabeth zu.

Stella lächelte unruhig. Ihre Mutter war wirklich nie um eine Ausrede verlegen.

»Du hast Vati doch gestern erst angerufen«, sagte Stella in tadelndem Ton, als sie etwas später im Mietwagen die holprige Straße entlangjuckelten.

»Das ist doch kein Grund dafür, dass ich ihn heute

nicht noch einmal anrufen kann«, erwiderte Sarah unbeirrt. »Schließlich weiß er ja noch nicht, dass wir Elizabeth Collinsons Haus sicher erreicht haben.«

Stella seufzte. Dagegen konnte sie nichts einwenden.

Niklas hingegen saß auf dem Rücksitz und freute sich. Er fuhr gerne im Auto. Noch dazu, wenn es beim Fahren so viel zu sehen gab wie hier. Als sie gestern angekommen waren, hatte es schon gedämmert. Aber heute bei Tageslicht konnte er alles genau erkennen: die wenigen Schneereste unter den Bäumen, die sogar zu dieser frühen Morgenstunde bereits weiter schmolzen; den Wald, der zu einem Teil aus dunklen Kiefern bestand und zum anderen aus schlanken Birken und Espen, an denen sich die ersten Knospen zeigten; der unbefestigte Weg, der sich durch die endlose, hügelige Wildnis zog.

»Mama, warum ist hier auf einmal kein Wald mehr?«, fragte er interessiert, als sich die Landschaft veränderte.

Stella hatte sich selbst gerade dasselbe gefragt und spähte aus dem Fenster. Gleich neben dem Weg erstreckte sich ein baumloses Landstück, das mit hohen Binsen und Gräsern bewachsen war. Dazwischen schimmerte hier und da etwas Wasser.

»Sieht aus wie ein großes Sumpfgebiet«, stellte sie fest.

»Aha«, meinte Niklas mit fachmännischer Miene.

Im nächsten Moment trat vor ihnen ein riesiges dunkles Etwas aus dem Wald.

»Mutti, pass auf!«, schrie Stella entsetzt.

»Ein Elch, ein Elch!«, rief Niklas aufgeregt.

Sarah trat auf die Bremse. Der Wagen schlitterte auf dem weichen Boden ein paarmal hin und her und kam schließlich unmittelbar vor dem Tier zum Stehen. Sarah und Stella atmeten erleichtert auf.

Das riesige Etwas stand mitten auf dem Weg und blickte ihnen gelassen entgegen.

»Wow!«, sagte Niklas beeindruckt und beugte sich nach vorn, um den Elch besser sehen zu können. »Der ist so hoch wie mein Zimmer!«

Und es stimmte. Das Tier maß an der Schulter gute 1,80 Meter. An seinem Kinn hing ein Haarbüschel, das an eine Art Ziegenbart erinnerte, nur war es viel größer und länger. In jedem Fall überragte der Elch den kleinen Mietwagen bei weitem, und die Insassen kamen sich mit einem Mal ganz klein vor.

»Wo ist denn sein Geweih?«, wollte Niklas wissen, während er dem Tier tief in die Augen blickte.

»Vielleicht ist es eine *Sie*«, murmelte Stella matt.

Niklas ging auf diese Bemerkung nicht weiter ein. »Sieh nur, was für liebe Augen der hat!«

Nun entschloss der Elch sich, weiterzugehen. Er warf einen letzten Blick auf das merkwürdige Gefährt und seine Insassen und überquerte dann mit einem einzigen Schritt den Weg. Sekunden später watete er bereits durch den Sumpf.

»Das ist ja gerade noch mal gutgegangen«, hauchte Stella und ließ sich in den Beifahrersitz zurücksinken.

»Ach was, so ist das halt hier draußen in der Wildnis«, versuchte Sarah die Situation zu überspielen. »Hinter jeder Wegbiegung lauert eine Gefahr.«

Über diese Worte schüttelte Stella nur den Kopf.

Sie fuhren weiter, und tatsächlich tauchte schon nach der nächsten Biegung ein weiteres Hindernis auf.

»Das ist der Indianer, der bei Lynn und Elizabeth in der Hütte wohnt!«, rief Niklas begeistert.

»Vielleicht ist er gar kein Indianer«, warf Stella ein.

»Das sieht doch jeder«, fegte Niklas die Einwände seiner Mutter altklug beiseite. »Sein Gesicht sieht genauso aus wie das der Krieger in den Indianerfilmen, die ich mit Opa angeschaut habe!«

Luke Lumly hörte sie kommen und blieb stehen. Er blickte ihnen entgegen, das Gesicht genauso finster wie am Tag zuvor. Und auch diesmal war der große schwarze Hund an seiner Seite.

»Niklas hat recht«, dachte Stella und rutschte unruhig in ihrem Sitz hin und her. »Er sieht unverkennbar wie ein Indianer aus.« Sie konnte nicht genau sagen, warum sie so empfand. Es hatte wohl etwas mit seinen klaren, markanten Gesichtszügen zu tun.

»Er geht in unsere Richtung. Sollten wir ihn nicht fragen, ob wir ihn ein Stück mitnehmen können?«, fragte Sarah zögernd. Auch ihr war der Mann nicht geheuer.

»Nein«, lautete Stellas knappe Antwort.

Ihre Mutter sah sie tadelnd an. »Mir gefällt das Gesicht von diesem Luke genauso wenig wie dir, aber wir dürfen nicht unhöflich sein.«

»Und wo willst du den riesigen Hund lassen?«, fragte Stella entgeistert. »Er ist völlig verdreckt!«

»Wir müssen es wenigstens anbieten«, beharrte Sarah. Sie fuhr langsam weiter, hielt neben Luke und seinem Hund an und ließ das Fenster herunter.

»Guten Morgen!«, grüßte sie freundlich. »Können wir Sie vielleicht ein Stück mitnehmen? Wir fahren zu dem kleinen Laden in Winding River.«

Luke Lumlys Augen verengten sich zu bedrohlichen Schlitzen. Warum waren die Fremden so höflich zu ihm? Er war von *Weißen* eine andere Behandlung gewohnt – weiße Kinder riefen ihm Schimpfworte hinterher, aber sie lächelten ihn nicht an. Und weiße Frauen machten gewöhnlich einen riesigen Bogen, wenn sie ihn kommen sahen, und fragten ihn nicht, ob sie ihn in ihrem Wagen mitnehmen könnten. Dazu waren sie Indianern gegenüber viel zu voreingenommen. Für die meisten Weißen waren alle Indianer Diebe und Taugenichtse, mit denen man nichts zu tun haben wollte. Vielleicht wollten die drei sich über ihn lustig machen? Sein Gesicht verdunkelte sich noch mehr.

»Nein danke«, sagte er schroff und setzte seinen Weg fort, ohne den Wagen eines weiteren Blickes zu würdigen.

Sarah ließ das Fenster wieder hoch und zuckte mit den Schultern.

»Dem kann man nicht helfen.«

»Ich glaube, wir müssen in den nächsten Tagen nach Fort McMurray fahren«, sagte Sarah, als sie eine Weile später in dem kleinen Tante-Emma-Laden in Winding River standen und das einfache Warenangebot betrachteten.

»Wieder auf diese Todesstraße? Warum?«, fragte Stella, bemüht, Niklas nicht aus den Augen zu verlieren. »Hier gibt es doch alles, was wir brauchen.«

»Das stimmt schon«, antwortete Sarah enttäuscht. »Aber ich wollte eben etwas Besonderes für unsere Freunde kaufen, etwas, das sie nicht jeden Tag haben können. Auf jeden Fall etwas, das nicht in Konservendosen verpackt ist – und ein paar Geschenke für Lynn und die Kinder. Schließlich haben wir nur für Elizabeth ein Gastgeschenk mitgebracht. Von den anderen konnten wir ja nichts ahnen.«

Niklas verschwand zwischen zwei hohen Holzregalen, und Stella gab sich geschlagen. Was immer ihre Mutter sich in den Kopf setzte, sie würde zustimmen, solange sie dann endlich aus diesem vollgekramten Laden verschwinden konnten. Der Besitzer, den sie schon tags zuvor getroffen hatten, folgte ihnen überallhin und hörte überhaupt nicht auf zu reden, und Niklas schoss aus lauter Langeweile wie ein Blitz um die freistehenden, wackeligen Holzregale.

»Meinetwegen. Fahren wir nach Fort McMurray. Aber nicht heute!«

»Von heute ist gar nicht die Rede gewesen«, meinte Sarah ein wenig beleidigt. Normalerweise hörte Stella ihr immer sehr genau zu, wenn sie eine Idee hatte, und begeisterte sich auch leicht für sie. Was war nur mit ihrer Tochter los?

Sie ging zur Kasse und bezahlte die Einkäufe.

»Dies sind doch sicher Einkäufe für die Collinsons«, meinte der Ladenbesitzer argwöhnisch. »Hat Lynn Sie darum gebeten?«

Sarah war über die offene Art des Mannes schockiert.

»Aber nein«, wehrte sie gutmütig ab. »Die Sachen sind hauptsächlich für uns und ...«

»Lassen Sie sich von Lynn bloß nichts vorjammern. Ihr Mann hat zwei gesunde Arme und Beine. Er könnte die Familie ohne Probleme unterstützen, wenn er es nur wollte.«

Stella, die das Gespräch mit anhörte, schnappte nach Luft. So eine Unverfrorenheit, jemanden bei seinen Gästen derart anschwärzen zu wollen!

»Lynns Familienverhältnisse gehen uns nichts an«, unterbrach Sarah ihn bestimmt. »Und jetzt möchte ich bitte zahlen.«

»Mit dem Tratschen ist es doch überall das Gleiche«, schimpfte Sarah, als sie den Laden kurz darauf verließen und die Papiertüten zum Wagen brachten.

»Bleib ruhig, Mutti«, warnte Stella. »Wie du eben so schön gesagt hast: Elizabeths und Lynns Probleme gehen uns nichts an. Wir besuchen sie für ein paar Tage, das ist alles.«

»Du hast recht«, sagte Sarah und holte tief Luft. Dann

fügte sie hinzu: »Wie ist es, willst du kurz bei Oliver anrufen? Das Telefon ist gleich dort neben der Tür.«

Stella verstaute die Einkäufe im Kofferraum. »Ich glaube nicht, Mutti. Oliver war gestern schon ein wenig ungehalten, weil er mitten in einer Konferenz steckte, als ich ihn von Edmonton aus anrief.«

»Habt ihr euch gestritten?«, hakte Sarah besorgt nach.

»Nein, nein. Du kannst ganz beruhigt sein. Oliver hatte nur eine seiner Launen.«

»Wie kann er eine Laune haben, wenn seine zukünftige Frau ihn anruft, um ihm zu sagen, dass sie nach einem langen Flug gut an ihrem Bestimmungsort angekommen ist?«

»Lass gut sein, Mutti«, bat Stella und blickte sich um. »Ruf du nur Vati an. Niklas und ich schauen uns in der Zwischenzeit in dem kleinen Trödelladen nebenan um.«

»Also gut. Es wird nicht lange dauern«, meinte Sarah und ging zum Telefon.

Der kleine Trödelladen teilte sich das Gebäude mit dem Tante-Emma-Laden, war aber nur durch einen separaten Eingang über die lange, überdachte Veranda zu erreichen, die sich über die gesamte Vorderseite des Gebäudes erstreckte. Die hölzernen Außenwände des Ladens waren in dunklem Lila angestrichen, die Tür- und Fensterrahmen in knalligem Gelb. Über der Ladentür stand in großen, schrägen Buchstaben das Wort »Antiquitäten«.

Stella fand die Bezeichnung etwas übertrieben für die Lage und das Sortiment des Geschäfts, von dem einiges auch auf der Veranda arrangiert war. Auf einem wackeligen Tisch, der mit einer weißen Papiertischdecke bedeckt war, lagen gebrauchte Taschenbücher, abgegriffene Puppen und Stofftiere und einige alte Porzellantassen. »Trödel« war hier wohl doch das passendere Wort.

»Lass uns kurz reingehen«, sagte sie zu Niklas und zog ihn an dem Ramschtisch vorbei.

Im Laden sah es nicht viel besser aus. Die selbstgezimmerten Regale waren voll mit Dingen, die man auch auf jedem Flohmarkt hätte finden können. Von Antiquitäten konnte nicht die Rede sein.

Hinter einem Tresen, der wohl das einzig wirklich antike Stück im Laden war, stand eine rundliche, grauhaarige Frau und lächelte ihnen zu.

»Kommt nur herein!«, forderte sie Stella und Niklas überschwänglich auf. »Bei mir findet jeder, was er sucht! Und wonach sucht ihr?«

Stella versuchte ihre Abneigung zu verbergen, aber Niklas starrte die Frau und den Krimskrams in den Regalen unverhohlen an.

»Wir gucken nur mal«, sagte Stella schnell und schob Niklas zwischen den Regalen hindurch. Sie wollte der Höflichkeit Genüge tun und dann so schnell wie möglich wieder nach draußen verschwinden.

Sie hatten die Ladentür fast erreicht, als Stella ein schmales hölzernes Schild ins Auge fiel. Es hing gleich vor ihr an der Wand. Jemand hatte es mit kitschigen Blumen und Bordüren bemalt, und eine dünne, rostige Kette diente als Aufhänger. Normalerweise wäre Stella für so etwas gar nicht erst stehen geblieben. Es waren die Worte, die in Weiß auf das Holz geschrieben waren, die sie ein zweites Mal hinsehen ließen und auf unerklärliche Weise in Bann zogen. Behutsam nahm sie das Schild von der Wand.

»Was steht denn da drauf?«, fragte Niklas neugierig und zog an ihrem Ärmel.

»True Happiness Awaits the Adventurous Heart«, las Stella ihm vor. »Das heißt so viel wie: Wahres Glück wartet auf den, dessen Herz voll Abenteuerlust ist.«

»Ich möchte das Schild haben, Mama«, erklärte Niklas nach kurzer Überlegung ernst. »Ich will nämlich sehr viel wahres Glück haben, wenn ich groß bin, und Abenteurer will ich auch werden.«

Stella lachte herzhaft auf und strich dem Jungen liebevoll über das wuschelige Haar. Dann blickte sie erneut auf das kleine Schild. Solchen Kitsch konnte sie doch unmöglich kaufen – oder? Sie sah in Niklas' ernste Augen und gab nach.

»Also gut«, sagte sie.

7

Als Sarah, Stella und Niklas eine halbe Stunde später wieder auf der Lichtung eintrafen, auf der Elizabeth mit ihrer Familie lebte, fiel ihnen sofort auf, dass außer ihnen noch jemand zu Besuch gekommen war. Ein weißer Pick-up parkte neben dem Wohnhaus. Seine verchromten Felgen und Stoßstangen blitzten in der Morgensonne.

»Wow, seht euch mal den tollen Wagen an!«, rief Niklas. Aufgeregt steckte er den Kopf zwischen den Vordersitzen hindurch, um besser sehen zu können.

Stella und Sarah wechselten überraschte Blicke. Weder Lynn noch Elizabeth hatten etwas davon erwähnt, dass sie am Vormittag einen weiteren Gast erwarteten.

»Wer mag das wohl sein?«, fragte Sarah halblaut.

»Wer immer es ist, es muss eine wichtig Person sein. Vielleicht ein Freund der Familie. Sieh doch, alle haben sich um ihn versammelt. Sogar dieser finstere Luke Lumly ist dabei.«

»Ich dachte, der ist unterwegs«, stellte Sarah fest. »Den haben wir doch vorhin auf dem Weg zum Laden getroffen.«

Sie lenkte den Wagen langsam über die Lichtung und parkte neben dem Wohnhaus.

»Irgendetwas stimmt nicht, Mutti«, stellte Stella unbehaglich fest. »Sieh dir nur die verschlossenen Gesichter von Elizabeth, Lynn und den Kindern an. Und dieser

Luke erst. Ich hätte es nicht für möglich gehalten, aber er sieht tatsächlich noch finsterer aus als vorhin.«

»Irgendetwas muss vorgefallen sein«, stimmte Sarah beunruhigt zu. »Wir halten uns besser im Hintergrund. Lass die Einkäufe fürs Erste hier im Wagen.«

Doch als sie sich dezent ins Haus zurückziehen wollten, rief Elizabeth sie zu sich.

»Sarah, Stella, wartet! Ich möchte euch jemandem vorstellen.«

Als sie näher kamen, erkannten die Frauen, dass es sich bei dem Besucher um einen gutaussehenden Mann von Ende dreißig oder Anfang vierzig handelte. Er war groß und schlank und lächelte ihnen gelassen entgegen. Er trug eine Baseballkappe und eine dunkle Jacke. Beides trug ein Firmenemblem und den Schriftzug »North Corporation«.

»Sarah, Stella, dies ist Mr Forester. Er ist der neue Regionalchef der North Corporation. North Corporation ist einer der vielen Konzerne, die in dieser Gegend im Ölgeschäft tätig sind. Mr Forester, dies sind unsere Besucher aus Deutschland, Mrs Sarah Ammersbach und ihre Tochter Stella Ammersbach.«

»Freut mich sehr.« Mr Forester schüttelte ihnen die Hände. Als er Stellas ergriff, funkelten seine hellblauen Augen auf. Es war nur für einen kurzen Moment, aber es reichte aus, um Stella vorzuwarnen. Auf einen eventuellen Flirt wollte sie sich auf keinen Fall einlassen.

»Gleichfalls«, erwiderte sie höflich, aber zurückhaltend.

Stella schaute in die Runde. Es musste einen Grund dafür geben, dass Elizabeth sie herübergerufen hatte. Was mochte es nur sein? Die beiden Frauen blickten ernst drein, und auch die Kinder waren seltsam still.

Stella sah zu Luke Lumly hinüber, der etwas abseits,

aber in Hörweite der anderen stand. Ihre Blicke trafen sich, und Stella fuhr unwillkürlich zusammen. Ihr war, als wollten die dunklen Augen des Mannes bis tief in ihre Seele vordringen, so stechend waren sie. Schnell wandte sie sich ab.

»Und wer ist dieser kleine Mann?« Mr Forester beugte sich zu Niklas hinunter, um auch ihm die Hand zu schütteln.

Luke verzog verächtlich das Gesicht. Es war ihm anzusehen, dass er diesem Mr Forester nichts abgewinnen konnte – obwohl an seinen Manieren nichts auszusetzen war.

Niklas verstand die Worte des Fremden nicht und versteckte sich hinter seiner Mutter.

Stella lächelte ihrem Sohn aufmunternd zu. Sie wusste, dass er viel lieber mit dem kriegerisch aussehenden Luke Lumly sprechen wollte als mit dem galanten Mr Forester, aber gute Manieren gehörten sich.

Doch Niklas gab keinen Pieps von sich.

»Das ist mein Sohn Niklas. Er spricht kein Englisch«, erklärte Stella schließlich an seiner Stelle und blickte hilfesuchend zu den anderen. Warum war sie es auf einmal, die mit dem Typen sprach?

Den anderen schien es ganz recht, dass Stella das Wort übernommen hatte. Niemand mischte sich in das Gespräch ein. Also beschloss Stella, Mr Forester wie einen der Klienten zu behandeln, die in ihrer Anwaltskanzlei verkehrten. Sie holte tief Luft.

»Und was führt Sie heute hierher, Mr Forester?«, erkundigte sie sich sachlich, aber höflich.

Mr Forester schenkte ihr ein einnehmendes Lächeln.

»Ich habe meine Stelle bei North Corporation erst vor ein paar Tagen angetreten und bin dabei, mich persönlich bei den Ortsansässigen vorzustellen. Sie müssen wissen, die North Corporation bemüht sich seit geraumer Zeit um eine Öl-Lizenz in dieser Gegend.«

»Ich verstehe. Sie suchen persönlichen Kontakt zu den Leuten, mit denen Sie später eventuell einen Verkaufsvertrag aushandeln müssen«, stellte Stella schlicht fest. Derartige Handlungsweisen kannte sie von den Klienten in der Kanzlei.

»Das haben Sie ausgezeichnet formuliert.« Mr Forester warf ihr einen anerkennenden Blick zu. »Sie haben ganz recht. North Corporation möchte, dass alles ganz freundschaftlich abläuft und alle zu ihrem Recht kommen. Ein individueller Verkauf stünde in diesem Falle aber nie zur Debatte.«

»Und warum nicht?«

»Weil sich das Grundstück der Crises auf Reservatsland befindet.«

»Reservatsland?« Stella war verblüfft. Sie hatte nirgendwo ein Schild gesehen, das aussagte, dass sie sich auf einem Reservat befanden.

»Es stimmt«, warf Elizabeth ein. »Das Haus und dieses Land gehören zwar Lynns Ehemann Ted, aber das Grundstück befindet sich auf Reservatsland.«

»Ich verstehe nicht, was das bedeutet«, sagte Stella.

»Das bedeutet«, mischte Luke Lumly sich mit finsterer Miene ein, »dass Ted Crise sein Haus und Land nur an jemanden verkaufen darf, der ebenfalls eine sogenannte *status card*, also eine Stammeszugehörigkeitskarte, besitzt. Eine *status card* legt hier in Kanada fest, wer von der Regierung als Indianer anerkannt wird. Und nur wer sich mit einer *status card* als Indianer ausweisen kann, darf Land kaufen, dass zu einem Reservat gehört. Aber das stört die North Corporation nicht weiter, denn der Chief und die Mitglieder des Stammesrates haben das letzte Wort darüber, was mit dem Land geschieht.

Sie können jederzeit ein Gesetz erlassen, das Dritten bestimmte kommerzielle Nutzungsrechte auf dem Reservat einräumt, ohne dass sich die Stammesmitglieder dagegen wehren können.«

»Ganz so schwarz sieht es denn doch wieder nicht aus«, versuchte Mr Forester ihn zu beschwichtigen. »Immerhin setzen Chief und Stammesrat sich doch für die Wünsche und Rechte der Stammesmitglieder ein.«

»In einer perfekten Welt schon«, begann Luke, »aber …«

»Na, da sagen Sie es ja selbst«, unterbrach Mr Forester ihn versöhnlich. »Sie werden sehen, Luke, alles wird sich zum Besten wenden – für alle Beteiligten. Darauf legt die North Corporation größten Wert, und das weiß auch Casey Tall Bird, der derzeitige Chief.« Und mit einem flüchtigen Blick auf seine Armbanduhr setzte er hinzu: »Aber nun muss ich mich wirklich verabschieden. Ich habe für heute noch eine Reihe anderer Besuche auf meiner Liste. Es hat mich sehr gefreut, Sie alle kennenzulernen.« Er hob grüßend die Hand und machte sich auf den Weg zu seinem Pick-up. Als er an Stella vorbeiging, meinte er leise: »Ich hoffe, wir sehen uns bald wieder«, und zwinkerte ihr verschmitzt zu.

»Ich glaube, du hast eine Eroberung gemacht, Stella«, stellte Elizabeth nüchtern fest, als sie gemeinsam Mr Forester nachsahen, der in seinem schicken Pick-up über die Lichtung fuhr.

Stella antwortete nicht. Dieser Mr Forester schien ganz nett zu sein, und das war es auch nicht, was sie beunruhigte. Es war vielmehr die Tatsache, dass ihr sein Flirtversuch nichts ausgemacht hatte. Hätte sie nicht ablehnender reagieren sollen? Immerhin wartete zu Hause in Tübingen Oliver auf sie.

»Ist die Sache tatsächlich so schlimm, wie es sich anhört?«, fragte Sarah. »Ich meine, ist es wirklich wahr, dass dieser Konzern euch euer Land einfach so wegnehmen kann? Ist da nichts zu machen?«

»Ja, es stimmt leider. Und viele Stammesangehörige unterstützen die Pläne der North Corporation«, erklärte Luke angewidert. »Selbst unser indianischer Pfarrer hat sich für den *Fortschritt*, wie er es nennt, ausgesprochen.«

Elizabeth schüttelte traurig den Kopf. »Ich wüsste nicht, wie wir die Sache aufhalten könnten. Wir haben einen neuen Chief, Casey Tall Bird. Er ist nicht hier aufgewachsen, und ihm scheint nicht viel an diesem Land zu liegen. Offensichtlich hat er irgendein Abkommen mit dem Konzern getroffen, über das wir noch nichts wissen.« Sie machte eine kurze Pause und starrte gedankenversunken über die Lichtung. »Die Sache schwebt schon eine ganze Weile wie ein riesiger Hammer über uns. Es war abzusehen, dass es früher oder später so weit kommen würde. Aber was rede ich da! Ich habe euch einander ja noch gar nicht richtig vorgestellt. Sarah, Stella, dies ist Luke Lumly. Luke, dies ist unsere Freundin aus Deutschland, Sarah Ammersbach, ihre Tochter Stella Ammersbach und ihr Enkelsohn Niklas.«

»Freut mich sehr«, sagte Sarah freundlich und streckte Luke ihre Hand entgegen.

Er schüttelte sie, und für einen kurzen Moment trafen sich ihre Blicke. Etwas in seinem Gesicht kam Sarah seltsam vertraut vor, ganz so, als kenne sie ihn seit langer Zeit und nicht erst seit dem heutigen Tag. Sie konnte es sich nicht erklären. Sarah blinzelte, und der Augenblick der Verwirrung war vorüber.

Luke hatte sich unterdessen Stella zugewandt, die ein wenig zurückhaltend seine ausgestreckte Hand ergriff und sie schüttelte. Zu ihrer Überraschung verspürte sie keinerlei Abneigung von Luke, als sich ihre Hände berührten, obwohl er sie recht finster musterte.

»Freut mich ebenfalls«, sagte er. Dann beugte er sich zu Niklas hinab, der ihn die ganze Zeit über schon unverhohlen anstarrte. »Hey, Nick.«

Niklas strahlte übers ganze Gesicht. In seinen grünen Augen lag eine grenzenlose Bewunderung, die Luke nicht verstand, gegen die er jedoch nichts einzuwenden hatte. Er verwuschelte Niklas kumpelhaft das Haar und meinte freundschaftlich: »Du bist in Ordnung, Kleiner.«

Die Geste versetzte Stella einen Stich ins Herz. Luke war der zweite Fremde innerhalb weniger Minuten, der Niklas gegenüber ein derart herzliches Verhalten an den Tag legte. Oliver hatte es bisher kein einziges Mal getan, und sie waren jetzt fast ein Jahr zusammen. Sie schluckte ihre Enttäuschung hinunter und sagte betont heiter zu Sarah: »Mutti, wir sollten die Einkäufe aus dem Wagen holen, bevor sie verderben.«

Am Nachmittag saß Sarah gemeinsam mit Elizabeth auf der Veranda und sah den Kindern beim Spielen zu. Die Sonne schien, die Vögel sangen, und obwohl die Laubbäume weitgehend kahl waren, lag doch ein herrlicher Hauch von Frühling in der Luft. Im Vergleich zu Tübingen war die Landschaft eher frostig. Aber nach dem langen, bitterkalten Winter, den die Menschen hier oben im Norden Kanadas erlebten, musste es umso schöner sein, wenn sich endlich die ersten Anzeichen von milderem Wetter einstellten.

Sarah blickte über die grasbewachsene Lichtung, hinüber zum Waldrand, wo die Nadelbäume dicht an dicht wie eine dunkle, grüne Wand standen, und sie dachte an die vielen wilden Tiere, die es dort geben musste. Insgeheim war sie froh darüber, dass ihnen bisher nur der eine Elch begegnet war. Aber Sarah fand, dass es für die Crise-Kinder schon ein Segen war, dass sie hier, inmitten der unberührten Natur mit all ihren Wundern, aufwachsen konnten. Und für eine kurze Weile durfte Niklas daran teilhaben. Die Kinder tollten so ausgelassen umher, dass es eine wahre Freude war, ihnen zuzusehen.

»Ihr hättet wirklich nicht so viele Lebensmittel kaufen sollen«, unterbrach Elizabeth Sarahs Gedanken.

»Ich bitte dich«, warf Sarah ein. »Wir können doch nicht zu dritt und für einen so langen Zeitraum hier bei euch wohnen, ohne wenigstens etwas zur Verpflegung beizusteuern. Es ist uns eine Freude, und das darfst du uns nicht abschlagen.«

»Wenn du es so siehst, dann nehmen wir euer Geschenk gerne an.« Elizabeth lächelte dankbar.

»Deine Lynn ist eine junge Frau, auf die jede Mutter stolz sein kann«, sagte Sarah, um ein anderes Thema anzuschneiden.

Elizabeth blickte zu Lynn hinüber, die mit Stella bei den spielenden Kindern stand und sich unterhielt.

»Ja, sie ist ein guter Mensch – und eine gute Tochter«, pflichtete sie bei. »Lynn kümmert sich um mich, obwohl sie es nicht müsste. Eigentlich hätte mein ältestes Kind sich meiner annehmen sollen. Lynn hat es mit ihrer großen Familie wahrlich schon schwer genug. Aber nach dem Tod meines Mannes hat sie darauf bestanden, dass Little Drum und ich zu ihr ziehen. Wenn es ihr einmal zu viel geworden sein sollte, sich um uns Alte zu kümmern, so hat sie es sich nie anmerken lassen.«

»Wo ist nur die Zeit geblieben?«, sann Sarah wehmütig. »Eben noch waren wir jung und voller Pläne, das ganze Leben lag vor uns, wir gründeten unsere Familien. Und nun sieh es dir an: Dort stehen unsere Töchter, stark, selbstbewusst und unglaublich erwachsen – mit ihren eigenen Kindern. Du und ich, wir sind tatsächlich Großmütter. Wie ist das nur passiert? Manchmal kommt es mir vor, als sei mir die Zeit aus den Händen geglitten.«

»Aber nur äußerlich«, warf Elizabeth ein, »innerlich fühlst du dich noch immer wie zwanzig.«

Sarah lachte auf. »Dir geht es genauso?«

»Ganz genauso«, beruhigte Elizabeth sie.

Bei den Kindern waren Stella und Lynn in ihr eigenes Gespräch verwickelt.

»Wie gut die Kinder miteinander auskommen, obwohl sie nicht dieselbe Sprache sprechen«, stellte Lynn fest. »Das finde ich ganz toll.«

»Das ist es auch«, stimmte Stella zu. »Und es bestätigt meinen Glauben daran, dass man nicht nur zwischenmenschliche, sondern auch sprachliche, kulturelle und religiöse Barrieren überbrücken kann, wenn man es nur wirklich will. Wir Erwachsene sollten uns öfter mal ein Beispiel an unseren Kindern nehmen. Sie gehen die Dinge weitaus unvoreingenommener an.«

»Du bist in Ordnung, Stella«, sagte Lynn anerkennend. »Ich muss gestehen, dass ich zunächst Bedenken hatte. Für mich siehst du aus wie die Frauen in den Modezeitschriften: dein Haar, deine Kleidung, eben alles an dir. Aber du bist kein bisschen eingebildet, und dein Herz ist am rechten Fleck.«

Stella sah überrascht auf. Die wunderhübsche Lynn hatte ihretwegen Bedenken gehabt? Sie konnte es nicht glauben. Und was sie selbst anging, so hatte sie sich schon mehr als einmal über ihre Naturlocken geärgert und hätte lieber glattes Haar gehabt wie Lynn. Und ihre Kleidung, na ja, sie hatte ihre guten Klamotten extra zu Hause gelassen. Aber es stimmte schon: Im Vergleich zu dem, was Lynn trug, waren ihre Kleidungsstücke immer noch recht extravagant. Sie lächelte verlegen.

»Dafür hast du mehr Glück mit deinem Liebesleben«, merkte sie an.

»Wieso?«

»Na ja, du bist verheiratet, hast vier Kinder und ...«

Lynn lachte auf. »Das hat aber auch lange genug gedauert! Ich war siebzehn, als ich das erste Mal schwanger war, und meine erste Ehe wurde aufgrund vollkommen falscher Motive geschlossen. Sie hat dann auch nicht lange gehalten. Gerade lange genug, um noch ein Baby zu bekommen. Mit zweiundzwanzig wurde ich zum dritten Mal schwanger – von meinem Sozialarbeiter. Er hatte nie ernsthafte Absichten. Und da saß ich nun, allein mit drei Kindern und ohne Schulabschluss.«

Stella hörte ihr betroffen zu. Im Vergleich dazu gab es nichts in ihrem Leben, worüber sie sich wirklich beschweren konnte.

»Ich war so froh, als ich Ted kennengelernt habe«, fuhr Lynn fort. »Er hat mich geheiratet, obwohl ich bereits drei Kinder hatte, und er sorgt so gut er kann für uns. Dafür nehme ich gern in Kauf, dass wir von Vancouver Island so weit in den Norden Albertas ziehen mussten. Ted ist Cree-Indianer, musst du wissen, und seine Verwandten leben alle in dem Winding-River-Reservat.«

»Ted scheint nett zu sein«, sagte Stella vorsichtig, denn sie erinnerte sich an das Verhalten der Kinder, als Ted am Vorabend nach Hause gekommen war.

»Ted ist wahrlich kein Engel«, gab Lynn zu. »Er hat manchmal ein sehr aufbrausendes Temperament, und ich muss zugeben, dass er nicht gut mit Geld umgehen kann. Er ist oft von zu Hause fort und verbringt nicht viel Zeit mit uns. Aber er sorgt für uns. Wir sind seine Familie. Und wie sieht es bei dir aus? Bist du verheiratet?«

Stella schüttelte den Kopf. »Nein, verheiratet bin ich nicht – und ich war es auch nie. Zu Niklas' Vater habe ich keinen Kontakt mehr. Er weiß überhaupt nicht, dass er einen Sohn hat. Das ist mir auch sehr recht so. Aber ich bin der Meinung, dass es wichtig für Niklas ist, eine richtige Familie zu haben und nicht nur eine Mutter. Ich bin seit fast einem Jahr mit jemandem zusammen – aber ich bin mir nicht sicher, ob er wirklich der Richtige ist. Ich meine, er ist eine gute Partie, aber ich muss auch an Niklas denken. Und Oliver und Niklas – na ja …«

»Kann man sich jemals sicher sein, den Richtigen erwischt zu haben?«, scherzte Lynn. »Aber mal im Ernst, hast du dich noch nie gefragt, was geschieht, wenn Mr Right nie auftaucht?«

Stella sah sie erstaunt an. »Hast du auch schon mal daran gedacht?«

»Sicher. Deshalb habe ich die Gelegenheit auch am Schopf gepackt und Ted geheiratet, als er mich gefragt hat. Man kann nicht immerzu in einem Luftschloss leben und hoffen, dass eines Tages doch noch der perfekte Mann erscheint. Dazu ist das Leben zu kurz.«

Stella dachte eine Weile über Lynns Worte nach. »Vielleicht hast du recht. Vielleicht sollte ich mit dem zufrieden sein, was ich habe, und Oliver heiraten – sonst sitze ich am Ende noch ganz allein da.«

Sie blickte verstohlen zu der kleinen Hütte am anderen Ende der Lichtung. Dort saß Luke auf der Eingangsstufe und spielte Gitarre. Sein großer schwarzer Hund lag zu seinen Füßen und – so schien es jedenfalls – hörte ihm andächtig zu. Der Wind trug die langsame, ein wenig wehmütige Melodie, die Luke spielte, über die Wiese und versetzte Stella einen seltsamen Stich ins Herz. Aber bevor sie weiter darüber nachdenken konnte, kamen Elizabeth und Sarah zu ihnen herüber.

»Lynn, Sarah hat mir gerade erzählt, dass sie und Stella in den nächsten Tagen gerne nach Fort McMurray fahren wollen, um ein paar Kleinigkeiten für die Kinder zu besorgen«, sagte Elizabeth.

»Wir haben schließlich nicht gewusst, dass wir auch dich und die Kinder hier treffen würden«, warf Sarah erklärend ein. »Wir haben lediglich ein Mitbringsel für Elizabeth dabei.«

»Ihr beiden könnt dort unmöglich allein hinfahren«, sagte Lynn zögernd und wandte sich an ihre Mutter. »Hast du es Sarah nicht gesagt?«

»Was soll sie mir gesagt haben?« Sarah blickte fragend zwischen Mutter und Tochter hin und her.

»Fort McMurray ist kein Platz für zwei alleinreisende Frauen. Es ist eine raue und gewalttätige Stadt«, erklärte Lynn. »Ihr solltet besser nach Edmonton fahren.«

»Den ganzen Weg dorthin zurück? Kommt nicht in Frage«, sagte Stella bestimmt. »Ich fahre den Weg nur noch ein einziges Mal, und zwar, wenn wir abreisen.«

»Die Strecke nach Fort McMurray ist genauso schrecklich«, warf Lynn ein.

»So schlimm kann es in Fort McMurray doch nicht sein«, fiel Sarah ein. »In den deutschen Großstädten gibt es auch Stadteile, von denen man lieber fernbleibt. Wir kennen uns damit aus.«

»Du verstehst es nicht«, sagte Lynn. »In Fort McMurray sind es nicht nur einzelne Stadteile, es ist die ganze Stadt.«

»Wir sollten besser auf Lynn hören und die Sache vergessen«, wandte Stella sich an ihre Mutter. Der Blick in Lynns Augen hatte sie befangen gemacht, und ihr wurde von Minute zu Minute unwohler zumute. Nervös strich sie über die kleine Eulenfigur in ihrer Jackentasche. »Mutti, wir könnten doch einfach von Deutschland aus ein Paket schicken, sobald wir wieder zu Hause sind«, schlug sie vor. Das ganze Unterfangen erschien ihr mittlerweile viel zu riskant – und das alles nur wegen ein paar kleiner Geschenke.

Sarah sah von einem zum anderen.

»Vielleicht hast du recht, Liebes«, sagte sie schließlich. »Verschieben wir die Angelegenheit auf später.«

Stella wollte gerade aufatmen, als sie vermeinte, am Waldrand, dort, wo der Weg nach Winding River entlangführte, für einen winzigen Augenblick einen Dunstschleier zu erkennen. Verwundert blinzelte sie und blickte erneut hin. Der Dunst, falls er jemals wirklich dort gewesen war, war verschwunden. Dafür fuhr ein weiterer Wagen auf die Lichtung.

»Der hat mir gerade noch gefehlt«, murmelte Lynn.

»Wer ist denn das?«, erkundigte Sarah sich.

»Der Pfarrer, der für unser Reservat zuständig ist«, erwiderte Lynn kurz angebunden und wollte schon ins Haus gehen. Aber Elizabeth hielt sie zurück.

»Warte einen Augenblick.«

»Stimmt irgendetwas nicht?«, hakte Stella nach.

»Nein, nein«, erklärte Elizabeth hastig. »Es ist nur ... na ja, Reverend Paulson ist etwas schwierig. Er ist selbst Cree-Indianer und besucht regelmäßig die Familien auf unserem Reservat ... und bestimmt tut er sein Bestes. Aber wir folgen den alten Weisen unseres Volkes, wisst ihr, und dafür hat der Reverend kein Verständnis. Er versucht ständig, uns zu bekehren. Lynn ist es leid, mit ihm darüber zu diskutieren. Und reden kann der Mann! Ted hat ihm klar gesagt, was er von ihm hält, also kommt er jetzt nur noch bei uns vorbei, wenn er Ted bei der Arbeit vermutet. Mir werden seine Besuche langsam auch zu viel. Aber das alles ändert nichts an der Tatsache, dass der Mann im Innersten ein gutes Herz hat.«

Auch die Kinder hatten den Wagen jetzt bemerkt. Sie unterbrachen ihr Spiel und liefen zu den Frauen.

Am anderen Ende der Lichtung, so bemerkte Stella, als sie Niklas an sich zog, legte Luke gerade seine Gitarre beiseite und beobachtete aufmerksam den Ankömmling. Irgendwie beruhigte es Stella, Luke in der Nähe zu wissen – auch wenn er mürrisch und finster war.

Kurz darauf hielt ein alter, zerbeulter Kombi vor ihnen, und ein hagerer, hochgewachsener Mann, ungefähr Mitte fünfzig, stieg aus.

»Reverend Paulson, was verschafft uns die Ehre? Sie waren doch letzte Woche erst bei uns.«

Reverend Paulson sah ernst in die Runde. Der von Stella erwartete Redeschwall blieb jedoch aus.

»Guten Tag, die Damen. Guten Tag, Kinder. Ich habe mir schon gedacht, dass Sie sich über meinen Besuch wundern würden. Und er ist denn auch nicht geplant gewesen. Aber ich hielt es für meine christliche Pflicht, auf meinen Weg durchs Reservat hier anzuhalten und nach dem Rechten zu sehen, nachdem ich in Fort McMurray von Teds Krankheit erfahren habe.«

»Teds Krankheit?«, wiederholte Lynn überrascht.

»Ja, ich bin in Fort McMurray auf Mr Forester gestoßen – Sie wissen schon, der nette Mann, der neuerdings für die North Corporation arbeitet – und er sagte mir, dass Ted seine Schicht heute Morgen nicht wie verabredet angetreten hat. Er erzählte mir im Vertrauen, dass sein Boss sehr verärgert sei und ihm zu verstehen gegeben hätte, dass Ted gar nicht erst wiederzukommen bräuchte. Ich habe ein gutes Wort für Ted eingelegt, und Mr Forester versichert, dass es einen guten Grund für Teds Abwesenheit geben müsse. Ich habe ihn auch daran erinnert, dass Sie kein Telefon haben.«

»Ich verstehe nicht ...«, stammelte Lynn verwirrt. »Ted

ist heute Morgen schon in aller Frühe zur Arbeit aufgebrochen. Und Mr Forester war vorhin hier, um sich persönlich vorzustellen; er hat Ted nicht mit einem Wort erwähnt.« Sie blickte hilfesuchend von einem zum anderen.

»Es stimmt«, pflichtete Elizabeth ihr bei. »Ted war gestern Abend kurz hier, um Bescheid zu sagen, dass er die Gelegenheit hat, eine Extraschicht in der Grube zu arbeiten. Er ist gleich bei Morgendämmerung wieder aufgebrochen.«

Stella und Sarah wechselten verblüffte Blicke. Was hatte das zu bedeuten?

»Nun bin ich es, der verwirrt ist«, gab Reverend Paulson zu. »Ich habe Mr Forester erzählt, dass ich auf dem Weg nach Winding River sei, und daraufhin übermittelte er mir die Neuigkeiten. Er sagte ausdrücklich, dass es sich um Ted Crise handele. Deshalb bin ich sofort zu Ihnen gekommen – um nach dem Rechten zu sehen.«

Das unwohle Gefühl, dass Stella schon vorher verspürt hatte, kehrte bei den Worten des Reverends sofort zurück. Die Sache gefiel ihr ganz und gar nicht. Hatte ihre Vorahnung vom vergangenen Abend möglicherweise mit dieser Sache zu tun? Sie hoffte es nicht. Aber etwas Seltsames ging hier vor sich, so viel stand für sie fest.

Lynns Gesicht war jetzt sehr blass.

»Ich muss sofort nach Fort McMurray fahren, um herauszufinden, was geschehen ist«, sagte sie mit zitternder Stimme. »Vielleicht hatte Ted einen Unfall oder ... Ich muss mir Gewissheit verschaffen!«

»Ist es möglich, dass Ted vor Schichtbeginn irgendwo anders angehalten hat?«, erkundigte sich der Reverend besorgt.

»Was wollen Sie damit andeuten?«, zischte Lynn und legte schützend eine Hand auf ihren runden Bauch. »Dass Ted irgendwo eine Affäre laufen hat?«

»Aber ich bitte Sie, so etwas hätte ich nie …«

»Ich werde dich begleiten«, warf Stella mit fester Stimme ein.

Sarah kannte den entschlossenen Ton ihrer Tochter und wusste, dass sie es ernst meinte. »Stella, ich denke …«, begann sie.

»Was?«, sagte Stella ruhig. »Elizabeth und Lynn haben uns eben gerade erklärt, dass Fort McMurray keine frauenfreundliche Stadt ist. Lynn kann da auf keinen Fall allein hinfahren.«

»Elizabeth könnte …«

»Jemand muss hierbleiben und auf die Kinder aufpassen. Du kannst das für Niklas übernehmen, aber Lynns Kinder kennen uns kaum. Und unter den gegebenen Umständen wäre es besser, wenn jemand bei ihnen bliebe, der ihnen vertraut ist. Also werde ich mit Lynn fahren.«

Luke hatte die Unterhaltung bereits seit einer ganzen Weile aus der Ferne beobachtet. Er fühlte sich verpflichtet, ein wachsames Auge auf die Familie zu halten, während Ted nicht zu Hause war. Zunächst hatte er den Besuch des Reverends als unverfänglich eingeschätzt. Aber die besorgten Gesichter der Kinder und die aufgeregten Stimmen der Frauen hatten ihn hellhörig werden lassen. Als sich jetzt sogar der junge Gast der Familie, diese Stella, ins Gespräch einmischte, erkannte er, dass etwas Ernsthaftes vorgefallen sein musste. Mit raschen Schritten überquerte er die Wiese.

»Was ist hier los?« Lukes tiefe, mürrische Stimme übertönte die aufgebrachten Frauen.

»Ich verabschiede mich wohl besser«, warf der Reverend bei Lukes Auftauchen ein. »Ich hoffe, die Sache klärt sich auf.« Er ging hastig zu seinem Wagen. Dabei blickte er sich nervös um, so als wolle er nachsehen, ob Luke ihn verfolgte.

Noch bevor der Wagen des Reverends von der Lichtung verschwunden war, begann Elizabeth mit knappen Worten von den Neuigkeiten zu berichten und von der Ungewissheit und Sorge, die sie vor allem bei Lynn und den Kindern ausgelöst hatten.

»Wir haben beschlossen, dass Sarah und ich hierbleiben und auf die Kinder aufpassen werden. Stella hat netterweise angeboten, Lynn nach Fort McMurray zu begleiten, um vor Ort Nachforschungen anzustellen.«

Luke hörte schweigend zu und sprach erst, nachdem Elizabeth geendet hatte. »Zunächst einmal sollte jemand nach Winding River fahren und von dort aus das Krankenhaus und die Polizei anrufen. Sollte Ted tatsächlich in einen Unfall verwickelt gewesen sein, wird man uns das sofort bestätigen können. Hilft das nicht weiter, dann bleibt wohl nichts anderes übrig, als nach Fort McMurray zu fahren. Aber allein sollten Lynn und Stella dort nicht hin. Ich werde sie begleiten.«

Lukes sachliche Betrachtungsweise brachte sofort Ruhe in die aufgebrachte Runde – nur bei Stella bewirkte es das Gegenteil. Sie wollte Lynn helfen, aber mit dem finsteren Luke wollte sie nicht gern in der Weltgeschichte herumkutschieren.

»Dann braucht ihr mich ja eigentlich gar nicht«, wandte sie darum hastig ein. »Ich bleibe besser mit Mutter und Elizabeth hier bei den Kindern.«

Lynn sah sie inständig an. »Bitte begleite mich, Stella«,

sagte sie leise. »Sollte Ted in Ordnung und alles nur falscher Alarm sein, dann wäre es mir lieber, wenn ich nicht mit Luke allein unterwegs bin. Ted ist sehr eifersüchtig, weißt du. Die ganze Geschichte könnte mir eine Menge Ärger machen.«

Stella zögerte. Ärger wollte sie der jungen Frau natürlich nicht bereiten. Schon gar nicht unter diesen unglücklichen Umständen. Aber in Lukes Gegenwart fühlte sie sich mehr als unbehaglich. Sie warf ihm einen flüchtigen Blick zu. Er sah noch genauso mürrisch aus wie am Vormittag. Stella wägte die Lage ab. Es wäre ja nur für ein paar Stunden, und wenn es Lynn so viel bedeutete …

»Also schön, ich werde dich begleiten«, sagte sie bestimmt.

8

Kurze Zeit später lenkte Lynn ihren alten Kombi über den holprigen Weg nach Winding River. Sie fuhr schneller, als die Straßenverhältnisse es eigentlich zuließen, aber Stella mischte sich nicht ein. Sie konnte das Verhalten der jungen Frau verstehen. Wäre Oliver auf dem Weg ins Büro scheinbar spurlos verschwunden, dann wäre sie gleichermaßen außer sich vor Sorge.

Stella saß auf dem Beifahrersitz und starrte reglos aus dem Fenster. Zum einen wusste sie nicht, was sie sagen sollte, zum anderen war sie nervös, denn Lukes riesiger Boxer-Mischling hockte neben ihm auf dem Rücksitz, direkt hinter ihr. Er war ihr so nahe, dass sie seinen heißen Atem in ihrem Nacken fühlte. Der Hund war ihr als Sylvester vorgestellt worden, und Luke hatte ihr mit einem knappen »Er ist absolut verlässlich« erklärt, dass er sie nicht beißen würde.

Das behaupten alle Hundebesitzer, bevor ihr Tier zuschnappt, dachte Stella matt.

Aber es war nicht Sylvester allein, der sie nervös machte. Lukes finstere Miene trug erheblich zu ihrem Gefühlszustand bei. Sie spürte seine Blicke. Sie schienen sich nicht nur in die unmittelbare Umgebung draußen, entlang des Weges, sondern auch in ihren Rücken zu bohren. Was wollte er bloß von ihr? Sie hatte mit Teds Verschwinden doch nichts zu tun!

Stella war erleichtert, als sie das Sumpfgebiet hinter sich ließen und die ersten Häuser von Winding River vor ihnen auftauchten. Lynn parkte den Kombi vor dem Tante-Emma-Laden und stieg aus.

»Ich rufe zuerst im Krankenhaus an«, sagte sie zu Luke, der sich ihr, Sylvester im Schlepptau, anschloss.

Stella atmete tief durch. Es gefiel ihr ganz und gar nicht, dass sie sich jedes Mal, wenn sie Luke begegnete, derart aus der Ruhe gebracht und eingeschüchtert fühlte. Sie musste versuchen, dem vorzubeugen. Entschlossen stieg sie aus dem Wagen und folgte den anderen zu dem öffentlichen Telefon, von dem aus ihre Mutter am Morgen schon mit Stellas Vater gesprochen hatte.

Sie war kaum losgegangen, da kam der Ladenbesitzer nach draußen gestürmt.

»Du brauchst gar nicht so schnell vorbeizulaufen, Lynn Crise! Mir entgeht nichts! Und ich weiche nicht eher von deiner Seite, bis du wenigstens einen Teil der ausstehenden Rechnungen beglichen hast!« Triumph lag in seiner Stimme, als hätte er einen Dieb auf frischer Tat ertappt.

»Lynn ist nicht hier, um ihre Rechnungen zu bezahlen, Stan«, ertönte Lukes tiefe Stimme.

»Ich lasse mir von dir nichts sagen!«, ereiferte Stan sich. »Dies ist mein Grund und Boden!«

Sylvester begann leise zu knurren.

Doch Luke packte den Mann einfach fest an den Schultern und sagte ernst: »Lass sie in Ruhe, Stan. Es gibt einen Notfall in der Familie.«

Der Ladenbesitzer beruhigte sich sofort. Hier draußen in der Wildnis, mit der nächsten Polizeistation und dem nächsten Krankenhaus mehr als hundert Kilometer entfernt, waren alle Anwohner auf nachbarschaftliche Hilfe angewiesen. Ein Notfall in dieser Einöde ließ alle Streitereien und Unstimmigkeiten in den Hintergrund treten.

»Nichts mit den Kindern, hoffe ich?«, erkundigte Stan sich besorgt. Und dann fügte er zu Stellas großen Überraschung hinzu: »Kann ich irgendwie behilflich sein?«

»Es geht um Ted«, berichtete Luke kurz und ließ den Mann los. »Er ist heute Morgen nach Fort McMurray aufgebrochen, aber nie dort angekommen. Könntest du Elizabeth und die Kinder im Auge behalten? Sie haben einen Wagen, den Mietwagen der Gäste, aber sicher ist sicher.«

»Kein Problem, Luke. Die andere Dame und der kleine Junge sind also noch bei Elizabeth?«

Luke nickte.

»Mach dir keine Sorgen«, erklärte Stan. »Ich werde aufpassen.«

»Luke!«, rief Lynn in dem Moment erleichtert. »Ted ist nicht ins Krankenhaus eingeliefert worden!«

»Frag als Nächstes bei der Polizei nach«, erwiderte Luke. Es hatte fast den Anschein, als habe er solche Suchaktionen schon etliche Male unternommen.

Stella hörte mit an, wie Lynn mit einem Beamten in Fort McMurray sprach. Sie wagte zwar nicht, näher zu gehen, weil Sylvester noch immer Wache stand, aber auch aus der Ferne verstand sie genug, um zu schließen, dass Teds Name auch dort nicht aufgetaucht war.

»Ja, das werde ich tun. Ich danke Ihnen.« Lynn hängte den Telefonhörer zurück in die Gabel. »Nichts.«

»Versuch es bei der North Corporation. Schließlich ist sie zurzeit Teds Arbeitgeber, auch wenn er nur für jemanden eingesprungen ist.«

»Aber Luke, der Reverend hat doch gesagt …«

»Erstes Gebot: Verlass dich nie auf andere. Frag selbst nach.«

»Also gut«, meinte Lynn und nahm erneut den Hörer auf.

Stella hielt unterdessen die kleine Eulenfigur in ihrer Jackentasche fest in der Hand. Der Gedanke an ihre seltsame Vorahnung vom Vorabend ließ sie einfach nicht los.

Lynn kehrte schon kurz darauf zurück.

»Dort hat man nichts von ihm gehört. Man konnte mir einzig mit Bestimmtheit sagen, dass Ted heute Morgen nicht zur Arbeit erschienen ist«, berichtete sie.

»Wo könnte er sonst sein?«, hakte Luke nach. »Hat Ted irgendetwas erwähnt, irgendeinen Namen, eine andere Firma? Irgendetwas, irgendjemanden?« Er sah die junge Frau forschend an.

Lynn verstand, worauf er anspielte. Eine andere Frau. Nein, das konnte sie einfach nicht glauben. So aufbrausend und gleichgültig, wie Ted manchmal auch war, so etwas war nicht seine Art. Dazu war er selbst viel zu eifersüchtig.

»Nicht, dass ich wüsste«, antwortete sie ehrlich.

Luke wägte die Situation ab und meinte schließlich: »Dann bleibt uns nichts anderes übrig. Wir müssen nach Fort McMurray fahren.«

»Stella.« Lynn wandte sich zum ersten Mal, seit sie die Lichtung verlassen hatten, an die junge Besucherin. »Würdest du mir einen großen Gefallen tun und fahren? Ich fürchte, ich bin in meinem Gemütszustand keine zuverlässige Fahrerin, und ich möchte euch auf keinen Fall in Gefahr bringen.«

Stella zögerte. Luke war der Mann in der Runde, warum fragte Lynn nicht ihn?

Lynn fing Stellas verwirrten Blick auf. »Luke hat etwas gegen Autos«, erklärte sie hastig.

»Ach so«, sagte Stella, als erklärten diese Worte alles. »Natürlich, dann fahre ich.«

Auf dem *Highway to Death* war genauso viel Verkehr wie am Vortag, als Stella und Sarah von Edmonton aus nach Winding River gefahren waren, und Stella musste ihre gesamte Konzentration aufbringen, um nicht in einen Unfall verwickelt zu werden. Zweimal bereits war sie einem Zusammenstoß nur knapp entgangen, obwohl sie noch keine Stunde unterwegs waren. Es war in beiden Fällen nicht ihr Verschulden gewesen; andere Fahrzeuge hatten versucht, sie zu überholen. Aber die Schuldfrage half einem wenig, wenn man im Krankenhaus lag – oder Schlimmeres passierte.

Es war bereits spät am Nachmittag, als sie sich Fort McMurray endlich näherten. Stella war erleichtert. Das konzentrierte Fahren strengte sie sehr an, und sie begann müde zu werden. Für einen Blick auf die Landschaft blieb ihr heute keine Zeit. Erst als sie einen unangenehmen Geruch wahrnahm, dachte sie an etwas anderes als nur an die Straße.

»Was ist das für ein widerlicher Gestank?«, erkundigte sie sich beunruhigt und rümpfte die Nase. Sie hoffte, dass es nicht der Kombi war. Was immer es sein mochte, es war für jeden halbwegs feinfühligen Menschen mehr als eine Beleidigung des Geruchssinns.

»Was du riechst, ist der Gestank der Hölle. Er kommt von dort drüben, von einem der *tailings ponds*, einem der Auffangbecken.« Lynn deutete aus dem Fenster.

Stella warf einen flüchtigen Blick aus dem Seitenfenster; mehr konnte sie sich bei den Straßenverhältnissen nicht erlauben. Was sie sah, ließ sie erstarren. Unbewusst nahm sie den Fuß vom Gas.

»Werde bloß nicht langsamer!«, mahnte Lynn hastig. »Die werden uns über den Haufen fahren!«

Stella wollte anhalten, wollte sich vergewissern, dass sie richtig gesehen hatte. Aber sie wusste, dass Lynn recht hatte – es wäre Selbstmord. Der Seitenstreifen wurde von den anderen Verkehrsteilnehmern regelmäßig als Überholspur genutzt und war nicht sicher. Also beschleunigte sie den Wagen wieder, blinzelte und sah erneut aus dem Fenster.

Nein, sie hatte sich nicht vertan. In einiger Entfernung zur Straße war etwas mit der Landschaft passiert. Etwas Fatales! So weit das Auge reichte, war der Wald abgeholzt und der Boden aufgerissen worden. Tiefe Krater und Furchen zogen sich durch das jetzt kahle, graue Land, das nur noch mit einer Mondlandschaft vergleichbar war. Von der natürlichen Schönheit der Nordwälder war nichts geblieben. Eine Bombe hätte weniger Schaden angerichtet. Es war ein Anblick, der Stellas Herz zum Weinen brachte.

»Mein Gott«, hauchte sie atemlos. »Was ist dort geschehen?«

»Es wird Öl abgebaut«, sagte Luke bitter.

»Nach Öl wird doch gebohrt ...«

»Nicht hier oben im Norden«, erklärte Lynn. »Hier ist das Öl mit dem Sand vermischt, der sich in einer dicken Schicht lediglich ein paar Meter unter der Erdoberfläche befindet. Um an das Öl zu kommen, roden sie die Wälder. Dann tragen sie den Boden so weit ab, bis sie auf die Sandschicht mit dem Öl stoßen. Das Öl-Sand-Gemisch wird ausgebaggert. Anschließend wird das Öl mit heißem Wasser vom Sand getrennt. Ob du es glaubst oder nicht, Kanada besitzt nach Arabien weltweit das größte Ölvorkommen – hier oben im Norden Albertas. Man muss es nur vom Sand trennen.«

»Aber die Natur, die Bäume und Tiere«, stammelte Stella ungläubig. »Das ist doch reiner Wahnsinn! Und eine so große Fläche.«

»Du hast noch nichts gesehen«, warf Lynn ein. »Dies

ist nur eine der Abbaustellen. Es gibt Dutzende weitere. Jede misst 150 bis 220 Quadratkilometer. Rechnet man alle Projekte zusammen, kommt man auf eine Gesamtfläche in der Größenordnung von England.«

»Dagegen muss man etwas unternehmen!«, ereiferte Stella sich. »So etwas darf doch nicht erlaubt sein! Ich meine, da regen wir uns auf und gehen auf die Barrikaden, weil der Regenwald in Brasilien rücksichtslos abgeholzt wird. Und hier in Kanada, in einem fortschrittlichen Industrieland ...«

»Hier entfaltet sich das größte Naturdesaster der Menschheit«, brachte Luke den Satz zu Ende. »Und das ganz legal. In Alberta sind die öffentliche Sicherheit und der Umweltschutz auf Eis gelegt – wegen des Vermögens, das in den *oil sands*, dem Ölsand, steckt. Und dabei steht die Abholzungsrate unserer Nordwälder weltweit an zweiter Stelle – gleich nach dem Regenwald am Amazonas.«

»Ich würde es nicht glauben, hätte ich es nicht mit eigenen Augen gesehen«, sagte Stella betroffen.

»Aber das zerstörte Land ist bei weitem nicht alles«, fügte Lynn hinzu. »Die Auffangbecken, die so stinken, sind tödliche Fallen für die Tiere, vor allem für Zugvögel. Sie landen in den künstlichen Becken, weil sie sie für natürliche Seen halten, und kommen darin um. Du kannst dir nicht vorstellen, wie viele hochgradig giftige Stoffe in dem verbrauchten Wasser sind, das zur Trennung des Öls benutzt wurde.«

»Aber da müsste es doch Vorkehrungen geben, damit die Tiere nicht an die Teiche gelangen können«, meinte Stella matt.

Luke und Lynn lachten verächtlich auf.

»Natürlich soll es Vorkehrungen geben«, sagte Luke. »Aber diese Vorkehrungen werden von den Konzernen selbst überwacht und nicht von unabhängigen Dritten, genau wie all die anderen Auswirkungen auf die Umwelt. Die Daten werden so geschönt, dass nach außen hin immer alles gut aussieht. Aber die Männer, die in der Nähe der Teiche arbeiten, berichten vollkommen andere Dinge.«

»Das ganze Unterfangen ist Augenwischerei«, meinte Lynn. »Die Regierung will uns weismachen, dass der Abbau des Ölsands umweltfreundlich ist, dabei ist es die dreckigste Art von Öl, die es auf unserem Planeten gibt. Es werden nicht nur Wald und Land zerstört. Die Trennung von Öl und Sand beansprucht außerdem enorme Mengen Wasser – täglich mehr, als eine Stadt mit zwei Millionen Einwohnern verbraucht. Das Wasser wird ohne zu zögern hauptsächlich aus dem Athabasca River gepumpt, der durch Fort McMurray fließt. Nach dem Trennungsprozess ist es vollkommen verseucht. Der ausgelaugte Sand wird zurück in die Minen geschafft, der Rest – ein dickflüssiges Gemisch aus Wasser, Öl und Lehm – wird in den Auffangbecken verwahrt. Alle Becken zusammengenommen umfassen eine Fläche von mehr als 170 Quadratkilometern. Einige von ihnen sind so riesig, dass ein Astronaut sie vom Weltall aus sehen könnte. Und in jedem dieser Teiche finden sich unzählige Chemikalien, die krebserregend für Menschen sind. Die Teiche frieren auch nicht zu – nicht einmal bei minus dreißig Grad.«

Stella hatte mittlerweile alle Mühe, sich auf die Straße zu konzentrieren. Lynn und Luke sprachen von Flächen und Ausmaßen, die ans Unvorstellbare grenzten. Größengleich mit England? Da konnte man sich ja gleich versuchen auszumalen, dass ganz Deutschland aussähe wie diese schreckliche Mondlandschaft.

»Viele der Becken sind undicht«, fuhr Lynn fort, »und

die umliegende Natur wird zerstört. Allein entlang des Athabasca River liegen zwölf solcher Teiche oder Auffangbecken. Niemand kann mehr im Fluss fischen, niemand darin baden – vom Trinken des Wassers, so wie es in alten Tagen üblich war, mal ganz abgesehen.«

»Es gibt aber noch mehr Fakten«, warf Luke ein. »Der Abbau des Öls aus dem Sand erzeugt pro Jahr mehr CO_2 als alle Autos in Kanada zusammengenommen und verbraucht genug Erdgas, um sechs Millionen kanadische Wohnungen zu heizen. Auch dürfte jetzt klar sein, warum Kanada sämtliche globalen Klimaschutzgesetze abblockt. Aber unsere Regierung geht noch weiter. Sie ignoriert nicht nur die Verträge, die sie mit den ansässigen Indianerstämmen über die Nutzung des Landes abgeschlossen hat, sondern auch die Warnungen der Wissenschaftler. Bisher hat die Regierung von Alberta jedem vorgelegten Projekt zugestimmt, in dem es um den Abbau des Ölsands ging – ohne Rücksicht auf die Auswirkungen auf die Natur. Nicht einmal Einwände des Bürgermeisters, der ärztlichen Mitarbeiter oder der regionalen Verwaltung können ein neues Abbaugebiet aufhalten oder eines, das bereits in Betrieb ist, zum Stillstand zwingen.«

»Außerdem versichert man der Bevölkerung, dass das durch den Abbau zerstörte Land von den Investmentfirmen am Ende so wiederhergestellt werden muss, dass es zumindest als Weideland nutzbar ist. Aber nach vier Jahrzehnten des Abbaus wurde bisher nicht auch nur ein halber Hektar als Neuland anerkannt.« Lynn schüttelte traurig den Kopf. »Und nun wollen sie uns noch eine Pipeline andrehen, die das Rohöl entweder nach Süden in die USA oder aber quer durch British Columbia zum Pazifik bringt, von wo es dann nach China verschifft werden kann. Weitere Naturkatastrophen sind also in Sicht.«

»Gibt es keine Alternativen?«

Luke zuckte mit den Schultern. »Sie wenden jetzt ein sogenanntes In-situ-Verfahren zum Abbau an. Aber auch hier gilt, dass der größte Teil der Wildnis kahlgeschlagen und trockengelegt wird. Dann wird heißer Wasserdampf unter die Erdoberfläche direkt in den ölhaltigen Sand injiziert, damit das Öl in flüssiger Form aus dem heißen Sand abgepumpt werden kann. Der Verbrauch von Wasser und Erdgas liegt bei dieser Art des Abbaus sogar noch rund zweimal höher als beim Tagebau.«

Stella schwieg betroffen. Sie hatte von alledem nichts gewusst. Warum wurde in den Medien nicht darüber berichtet, wie über andere Naturkatastrophen auch?

»Und dabei hat alles so harmlos angefangen«, fügte Luke sarkastisch hinzu. »Ein paar Indianer haben in den alten Tagen die Bitumenklumpen, die aus der Erdoberfläche hervorgequollen sind, dazu benutzt, ihre Kanus wasserdicht zu machen.«

»Warum wehrt sich die Bevölkerung nicht?«, fragte Stella entgeistert. »Ihr könnt mir doch nicht erzählen, dass die Kanadier einen solchen Gewaltakt an der Natur befürworten.«

»So einfach ist es leider nicht«, erwiderte Luke. »Die meisten Menschen in Kanada sind sich über die Zustände und Auswirkungen des Ölsand-Abbaus gar nicht bewusst. Ich meine, wer wohnt schon hier oben, außer ein paar Indianern? Die meisten Kanadier leben in Toronto, Vancouver, Montreal, Winnipeg – weit, weit weg von hier. Und in den Medien wird die ganze Sache einfach totgeschwiegen. In Fort McMurray wirst du nicht einen Umweltschützer finden, der offen zugibt, einer zu sein – das wäre lebensgefährlich für ihn. Die Stadt ist in der Hand von zugereisten Arbeitern, die froh sind, einen Job zu haben und ihre Familien ernähren zu können. Und wer kann es ihnen verdenken? Seit wir Fort McMurray haben, ist die Arbeitslosenrate in Alberta und British Columbia so niedrig wie noch nie, und in den Atlantik-Provinzen ist sie auf dem niedrigsten Stand seit über einhundert Jahren. Ein durchschnittlicher Job in Fort McMurray bringt rund neunzigtausend Dollar pro Jahr oder mehr und ist damit natürlich sehr lukrativ – nicht nur für Kanadier, sondern für Leute aus aller Welt. Man muss es lediglich mit seinem Gewissen vereinbaren können, und damit haben die meisten anscheinend keine Probleme. Ich meine, wie weit würdest du gehen, um deine Familie aus der Armut zu befreien?«

»Ich verstehe. Und wie ist es mit den Indianern?« Stella hatte beinahe Angst, danach zu fragen.

Luke zuckte erneut mit den Schultern. »Wie mit allen anderen auch. Sie sind hin- und hergerissen zwischen dem verlockenden Angebot, endlich einen gutbezahlten Job zu haben, der ihnen nicht nur Geld, sondern auch Selbstachtung bringt, und dem kulturell überlieferten Respekt vor der Natur. Dazu kommt, dass die Regierung wirklich aalglatte und sehr geschickte Propaganda macht. Und so arbeiten viele Indianer für die Ölkonzerne und haben ein gutes Auskommen, während ein anderer Teil für die Erhaltung der Natur und aller Lebewesen, die in ihr wohnen, kämpft und vor Gericht gegen die Regierung Anklage erhoben hat, wegen Vertragsbruchs, der Zerstörung ihres Landes und der Verseuchung ihrer Gewässer.«

Nach diesem für Luke ungewöhnlich langen Redeschwall verfiel er erneut in eisernes Schweigen. Aber seine und Lynns nachdrückliche, klare Worte hatten Stella eindeutig gezeigt, auf welcher Seite die beiden standen.

Als sie kurz darauf eine Talschwelle erreichten, blickte Stella erstaunt um sich. Die bewaldeten Hänge fielen seicht in ein weitläufiges Tal ab, durch dessen Mitte sich ein mächtiger Fluss zog. Eine Kleinstadt von ansehnlicher Größe erstreckte sich entlang der Ufer. Sie hatten Fort McMurray erreicht.

Wie seltsam dieser Ort inmitten der Wildnis wirkte. Er schien Stella irgendwie fehl am Platz. Sie erspähte einige Trailerparks, aber auch weitläufige, sehr ordentlich aussehende Wohnsiedlungen, die sich an den Hängen der Hügel ausbreiteten. Auch hier waren noch keine Blätter an den Bäumen zu sehen oder Nadeln an den Lärchen, die den Athabasca River säumten, und Schneereste ließen auf den gerade erst überstandenen Winter schließen. Die tiefstehende Sonne warf ein goldenes Licht auf die Stadt, die Wildnis und den Fluss und verlieh dem Ganzen einen Anflug von Unwirklichkeit. Ja, es war beinahe etwas Unheimliches, fast eine Art von Fluch, das von dem Anblick ausging.

Die Straße war jetzt endlich mehrspurig, doch der Verkehr wurde noch immer nicht weniger. Stella ermahnte sich im Stillen. Sie durfte die Straße keine Sekunde aus den Augen lassen.

»Willkommen in Fort McMurray, Heimat von achtzigtausend Arbeitern der Ölindustrie, Lastwagenfahrern, Geschäftsleuten und anderen Angestellten aus über siebzig Ländern. Kanadas am schnellsten wachsende Stadt«, sagte Lynn in säuerlichem Ton.

»Ja, sie ist ganz schnell dabei, die Hölle auf Erden zu werden«, murmelte Luke auf dem Rücksitz.

Sie fuhren an dem Ortsschild vorbei, das neben dem Namen »Fort McMurray« auch das Motto der Stadt verkündete.

»*We have the energy* – Wir haben die Energie«, las Stella kopfschüttelnd. In was für einer Stadt war sie nur gelandet?

9

Da wären wir«, sagte Stella erleichtert, als sie den Kombi auf dem Parkplatz der North Corporation parkte. Das Gebäude am Stadtrand, in dem der Konzern seinen Sitz hatte, war beeindruckend groß und modern für eine vergleichsweise kleine Stadt wie Fort McMurray.

Lynn und Luke stiegen aus. Sylvester war an ihrer Seite.

»Soll ich hier auf euch warten?«, fragte Stella hoffnungsvoll. Sie war erschöpft von der anstrengenden Fahrt und spürte kein Verlangen, sich durch den Dschungel der Bürokratie zu schlagen.

»Kommt nicht in Frage«, sagte Luke bestimmt. »Du kannst unmöglich alleine auf dem Parkplatz bleiben. Zu gefährlich.« Seine Stimme war ernst und sachlich und ließ keine Widerrede zu.

Ein wenig verdrießlich stieg Stella aus dem Wagen.

»Von jetzt an bleiben wir dicht beieinander. Keiner entfernt sich von der Truppe, ohne vorher Bescheid zu sagen. Sollte es Probleme geben, könnt ihr euch auf Sylvester genauso verlassen wie auf mich. Er weiß, was er zu tun hat. Im Notfall ist er so viel wert wie zwei starke Männer.«

»Hört sich an, als wären wir beim Militär«, murmelte Stella mürrisch.

Luke blieb abrupt stehen, und in seinen Augen blitzte es gefährlich.

»Es wird gemacht, was ich sage.«

Stella glaubte ihren Ohren nicht zu trauen. Wofür hielt dieser Kerl sich eigentlich? Ihre Miene verdunkelte sich, und sie erwiderte seinen Blick kühl.

»Ich weiß nicht, wie es mit Lynn steht, aber ich lasse mich von dir nicht herumkommandieren.«

Lynns Augen weiteten sich. Stella hatte Nerven! So düster, wie Luke sie anfunkelte, hätte sie sich einen solchen Kommentar verkniffen.

Luke trat so dicht an Stella heran, dass sich sein Gesicht direkt vor ihrem befand. Seine Miene war zum Fürchten.

Stella schluckte, aber sie wich seinem Blick nicht aus.

»Es kann nur einen Wortführer geben«, erklärte Luke ohne Umschweife. »Überall – nicht nur beim Militär. Und da wir uns in einer sehr frauenfeindlichen Stadt befinden und bereits eine Person offenbar spurlos verschwunden ist, würde ich denken, dass ihr beiden froh sein solltet, jemanden zu haben, der auf euch aufpasst und sich mit solchen Dingen auskennt.«

»Und woher kennst du dich mit solchen Dingen aus?«, fragte Stella mutig, aber etwas leiser. »Warst du etwa bei den Marines?«

Luke antwortete nicht. Er drehte sich einfach um und ging auf den Eingang des Gebäudes zu.

»Wir tun besser, was er sagt«, meinte Lynn besorgt und eilte ihm nach.

Stella zögerte, unentschlossen, was sie tun sollte. Dann lief sie den beiden hinterher.

»Was meinst du, war Luke beim Militär?«, flüsterte sie Lynn zu.

»Er hat nie etwas davon erwähnt, aber jetzt bin ich mir fast sicher«, erwiderte Lynn ebenso leise.

Der erste Mensch, den sie im Gebäude der North Corporation trafen, war Dan Forester. Er kam aus einem der Zimmer, die an die Eingangshalle angrenzten, und erkannte sie sofort.

»Mrs Ammersbach, Mrs Crise, was machen Sie denn hier?«, fragte er sichtlich bestürzt über ihr Auftauchen. »Und wo ist der kleine Niklas?«

»Niklas und meine Mutter sind bei Mrs Collinson und den Kindern geblieben«, erwiderte Stella.

»Da bin ich aber erleichtert«, sagte Mr Forester. Dann wandte er sich an Luke. »Sie hätten die Damen nicht hierherbringen sollen. Fort McMurray ist kein Ort für Frauen, dass müssten Sie doch wissen.«

»Wir sind wegen Lynns Ehemann Ted hier«, erklärte Luke bestimmt.

»Ich befürchte, da lässt sich nichts machen«, erwiderte Mr Forester höflich. »Wir haben unsere Spielregeln, und unentschuldigte Abwesenheit von der Arbeitsstelle ist Anlass zur Entlassung – selbst wenn Ted nur für jemanden eingesprungen ist. Davon kann ich, so leid es mir tut, keine Ausnahme machen. Sie müssen verstehen, wir haben Zeitpläne einzuhalten. Für jeden Job gibt es Dutzende von Interessenten und …«

»Aber Ted ist heute morgen bereits sehr früh zu seiner Schicht aufgebrochen!«, fiel Lynn ihm ins Wort. »Wir dachten, alles sei in Ordnung, doch dann hat Reverend Paulson bei uns angehalten und gesagt, er habe von Ihnen gehört, dass Ted nicht auf der Arbeit erschienen sei.«

»Hatte er einen Unfall?«, fragte Mr Forester.

»Wir wissen es nicht, deshalb sind wir hier«, erklärte Lynn aufgebracht. »Wir haben mit dem Krankenhaus und der Polizei telefoniert, aber dort ist sein Name nicht aufgetaucht.«

Mr Foresters Gesicht nahm einen fast bedauernden Ausdruck an. »Liebe Mrs Crise, haben Sie in Erwägung gezogen, dass Ted vielleicht anstatt zur Arbeit irgendwo anders hingefahren ist und …«

»Das scheint mir unlogisch, Mr Forester«, mischte Stella sich ein, ohne sich um Lukes warnenden Blick zu kümmern. »In einem solchen Fall hätte Ted doch wohl nur vorgegeben, zu einer Schicht eingeteilt worden zu sein. Ansonsten würde die Sache doch sehr schnell auffliegen und die ganze Geschichte ans Tageslicht kommen – was ja geschehen ist –, und Ted hätte sich die Geheimniskrämerei von vornherein sparen können.«

Mr Forester musterte sie anerkennend.

»Sie haben ganz recht, Mrs Ammersbach. Das leuchtet mir ein.« Er sah sich suchend um. »Warum gehen wir nicht irgendwohin, wo wir ungestört sind, und ich rufe ein paar Leute an. Vielleicht können wir etwas herausfinden. Oh, Violet«, er wandte sich an die Empfangsdame, »ist das kleine Konferenzzimmer belegt?«

»Nein, Mr Forester«, erwiderte Violet.

»Dann folgen Sie mir bitte«, forderte Dan Forester seine Besucher auf.

Im Konferenzzimmer bot er Stella, Lynn und Luke an, sich an den großen Tisch zu setzen, während er einige Anrufe machte. Die drei setzten sich. Sylvester legte sich gelangweilt neben sie.

»Ich verstehe nicht, wie ein so netter Mann wie Mr Forester für ein Unternehmen arbeiten kann, das der Umwelt solche Schäden zufügt«, flüsterte Stella Lynn zu.

Lynn erwiderte nichts. Sie kannte die Antwort. Es war die gleiche, die auch für alle anderen Männer galt, die in Fort McMurray arbeiteten: Geld.

Mr Forester legte den Hörer auf.

»Es tut mir aufrichtig leid, aber ich habe nichts herausfinden können, was Ihnen weiterhelfen könnte. Der Vorarbeiter in der Mine hat Ted nicht gesehen, seit er gestern die Schicht beendet hat. Und auch der Mann, der die Lastwagen beaufsichtig und zuteilt, hat seitdem nichts von Ted gehört. Ich weiß nicht, wen ich noch anrufen könnte.«

»Können Sie uns eine Liste mit den Namen der Männer besorgen, die heute mit Ted eingeteilt waren, und auch von denen, die in der letzten Schicht mit ihm zusammengearbeitet haben?«, fragte Luke.

»Ich verstehe, was Sie vorhaben, Luke, aber das ist ein riesiges Unterfangen. Meinen Sie nicht, es wäre besser, die Polizei einzuschalten?«

»Das werden wir«, erwiderte Luke knapp. »Aber vorher würde ich gerne ein paar der Männer persönlich befragen.«

Lynn sah nervös zwischen den beiden hin und her. Luke schien einen Plan zu haben. Aber würde Dan Forester ihnen weitere Hilfe anbieten?

Mr Forester betrachtete Luke eine Weile nachdenklich. Schließlich stand er vom Tisch auf und meinte: »Ich werde meine Sekretärin benachrichtigen. Sie wird Ihnen die gewünschten Daten ausdrucken.«

»Ich danke Ihnen«, sagte Lynn und schüttelte Mr Forester erleichtert die Hand.

»Danke«, sagte Luke und erhob sich ebenfalls.

»Wir sind Ihnen sehr verbunden«, versicherte Stella.

Sarah, Niklas und Elizabeth aßen mit Will, Amanda und Ben in der Küche zu Abend. Die beiden Frauen gaben sich betont heiter, aber die Kinder waren zu alt, als dass man ihnen etwas vormachen konnte. Selbst der achtjährige Ben wusste, dass etwas nicht stimmte.

»Wann kommt Mom wieder?«, wollte er wissen, während er lustlos in seinen Erbsen herumstocherte. »Heute noch oder erst, wenn sie Dad gefunden hat?«

»Ich bin mir sicher, dass sie, sobald sie kann, wieder zu Hause sein wird«, erwiderte Elizabeth. Sie lächelte, aber ihre Augen verrieten, dass es in ihrem Innersten anders aussah. Ihr Herz war an diesem Abend voller Sorge.

»Was ist mit Dad geschehen?« Will sah seine Großmutter forschend an. »Du kannst uns die Wahrheit sagen, wir sind alt genug. Hatte er einen Unfall?«

»Hat er eine Freundin? Mag er uns nicht mehr?«, fragte Amanda bekümmert.

Sarah wandte sich betroffen ab. Der Kummer und die unterschwellige Angst, die in den Gesichtern der Kinder standen und sich in ihren Augen und Stimmen spiegelten, war schlimmer als alles andere. Sarah konnte es kaum ertragen, die Kleinen so gequält zu sehen. Schweigend strich sie Niklas über das wuschelige Haar. Er verstand zwar nicht die Worte, die gesprochen wurden, wohl aber die Sprache des Herzens, und er spürte deutlich, dass etwas ganz und gar nicht in Ordnung war.

Elizabeth setzte sich auf, einen entschlossenen Ausdruck auf dem Gesicht. »So etwas dürft ihr nicht einmal denken!«, mahnte sie ihre Enkel. »Derart negative Gedanken können nur Unheil bringen. Denkt positiv. Stellt euch vor, wie eure Mom und euer Dad unversehrt und guter Dinge aus Fort McMurray nach Hause kommen und sich hier zu uns an den Tisch setzen – und die ganze Sache war lediglich ein Missverständnis.«

Ihre gutgemeinten Worte hellten die Stimmung der Kinder nicht auf.

»Grandma, darf ich auf unser Zimmer gehen?«, fragte Ben bedrückt.

Elizabeth nickte stumm, und der Junge verließ die Küche.

»Ich werde besser nachsehen, was Ben macht«, meinte Amanda und stand vom Tisch auf. »Er ist noch so klein. Komm schon, Will.« Sie stieß ihren Bruder leicht an.

»Möchtest du zu den anderen gehen, Niklas?«, erkundigte sich Sarah. »Du isst ja sowieso nichts.«

»Ich habe heute Abend keinen Hunger«, erwiderte er und folgte den anderen ins Kinderzimmer.

Sarah stand nun ebenfalls vom Tisch auf und begann das schmutzige Geschirr abzuräumen. Elizabeth machte Anstalten, ihr zu helfen.

»Ich komme schon allein zurecht«, sagte Sarah. »Willst du nicht lieber nach den Kindern sehen?«

Elizabeth ließ sich zurück auf ihren Stuhl sinken und blickte Sarah hilfesuchend an. »Es ist diese verflixte Ungewissheit!«, entfuhr es ihr. »Heute ist der erste Tag in meinem Leben, an dem ich wünschte, wir hätten einen Telefonanschluss. Dann könnte Lynn uns anrufen und berichten, was los ist!«

Sarah setzte sich zu ihr und legte beruhigend ihre Hand auf Elizabeths Arm. »Meinst du nicht, dass sie im Laden von Winding River Bescheid gegeben und darum gebeten hätte, uns zu benachrichtigen, wenn es konkrete Neuigkeiten geben würde?«

»Du hast recht«, erwiderte Elizabeth nach einer Weile. »Das gerade jetzt so etwas passieren musste! Es hat Lynn und die Kinder schon hart genug getroffen, dass Little Drum ihre lange Reise angetreten hat. Zudem verläuft Lynns Schwangerschaft diesmal nicht so glatt wie die anderen Male. Der Arzt meinte, es sei der Stress. Na ja, es ist nicht zu übersehen, dass es bei uns viel Arbeit und nur wenig Geld gibt.« Ihre Stimme klang beinahe entschuldigend. »Und nun auch noch Teds Verschwinden. Ich weiß nicht, wie Lynn es verkraften wird, wenn Ted tatsächlich etwas zugestoßen ist. Wie soll es dann für sie weitergehen? Schwanger, mit drei Kindern und ohne Einkommen? Ich weiß, ich sollte nicht zweifeln. Ich sollte stark sein und auf den Willen und die Führung von Great Spirit vertrauen. Das sind die Worte, die Little Drum mir gesagt hätte. Und sie hätte ohne den kleinsten Hauch von Zweifel an sie geglaubt. Und ich sollte es auch. Aber manchmal ist es so schwierig.«

»Du darfst das nicht alles auf deine Schultern nehmen«, sagte Sarah. »Geht es um unsere Kinder und Enkelkinder, dann würden wir Großmütter sehr viel auf uns nehmen, um ihnen Sorgen und Leid zu ersparen – das weiß ich. Aber, wie du sagst, nicht alles liegt in unserer Hand. Und an den Vorfällen der letzten Zeit hättest du nichts ändern können. Ted ist erwachsen und für sich selbst verantwortlich. Und Little Drum war sehr alt, und irgendwann kommt für uns alle der Punkt ... an dem es Zeit ist, zu gehen. Du hilfst Lynn und den Kindern, so gut du kannst. Mehr kann niemand von dir verlangen.«

Eine Weile saßen beide schweigend da und hingen ihren Gedanken nach.

»Lass uns beten, dass sich alles zum Guten wendet«, unterbrach Elizabeth schließlich die Stille.

»Ja«, erwiderte Sarah leise. »Das ist alles, was wir tun können – und vielleicht sind sie es sogar unsere Gebete, die uns auf dieser Welt am meisten helfen.«

10

Mr Forester begleitete Stella, Lynn und Luke noch bis zur Eingangshalle, dann verabschiedete er sich von ihnen.

»Geben Sie mir Bescheid, sobald Sie etwas von Ted hören, Mrs Crise«, wandte er sich an Lynn. Und zu Luke sagte er: »Passen Sie gut auf die beiden Damen auf.«

Lynn und Luke gingen nach draußen auf den Parkplatz. Sylvester lief neben ihnen her. Stella schüttelte eilig Mr Foresters Hand und wollte den anderen schon folgen, als er sie zurückhielt.

»Ich hoffe, wir sehen uns bald wieder, Mrs Ammersbach«, sagte er und hielt ihre Hand länger als nötig.

Stella fühlte sich überrumpelt und wusste nicht recht, was sie sagen sollte. Dan Forester war nett, aber … »Bestimmt«, entgegnete sie daher vage und lief zur Tür.

Vor dem Gebäude angelangt, sah sie sich suchend um. Der Parkplatz der North Corporation war groß, und sie konnte sich nicht erinnern, wo genau sie geparkt hatten. Und wohin waren Lynn und Luke nur so schnell verschwunden? Warum hatten sie nicht auf sie gewartet?

Endlich erspähte sie die beiden weit vor sich zwischen den Autos.

»Lynn, Luke! Wartet auf mich!«, rief sie und beeilte sich sie einzuholen.

Sie war noch nicht weit gekommen, als sie unerwartet

mit zwei Männern zusammenstieß, die scheinbar ziellos auf dem Parkplatz herumwanderten.

»Entschuldigung«, murmelte Stella und wollte schon weiterlaufen. Aber einer der Männer packte sie am Arm.

»Nicht so hastig, Süße. Warum hast du es so eilig? Der Abend ist noch jung!«

Stella starrte den Mann entsetzt an. Eine schwere Alkoholfahne umgab ihn, und seine Augen waren glasig. Eine böse Ahnung überkam sie.

»Was fällt Ihnen ein! Lassen Sie mich los!« Sie versuchte ihren Arm frei zu bekommen. Vergebens.

Jetzt packte auch der andere Mann sie. Die beiden sahen sich suchend um.

»Da drüben«, raunte der eine. »Hinter den Müllcontainern!«

Stella gefror das Blut in den Adern. Warum kam niemand zu ihrer Rettung? Warum war der Parkplatz ausgerechnet jetzt menschenleer?

»Lynn!«, schrie sie so laut sie konnte. »Ly...!« Weiter kam sie nicht. Eine schmutzige raue Hand hielt ihr grob den Mund zu. Dann zerrten die beiden Männer sie weiter.

Lynn und Luke waren in ihr Gespräch vertieft. In Lynns Gesicht stand mehr als Sorge.

»Wir können doch unmöglich all diese Männer befragen«, sagte sie entmutigt und starrte auf die lange Liste mit Namen, die Dan Foresters Sekretärin für sie ausgedruckt hatte. Dann begann sie zu weinen – das erste Mal, seit sie von Teds Verschwinden erfahren hatte. »Wir werden ihn nie finden«, schluchzte sie verzweifelt. »Was sollen wir nur ohne ihn machen?«

Luke wusste nicht, was er sagen sollte. Es war eine

lange Zeit her, dass sich jemand anderes als ein Kumpel hilfesuchend an ihn wandte, und er war wirklich kein Experte im Umgang mit Frauen, die in Tränen aufgelöst waren. Also entschied er sich dazu, sachlich zu bleiben.

»Lynn, wir müssen uns an die Fakten halten. Noch haben wir keinerlei Anhaltspunkte dafür, dass Ted wirklich etwas zugestoßen ist.«

»Wir haben aber auch keinen Anhaltspunkt dafür, dass ihm nichts passiert ist«, sagte Lynn mit tränenerstickter Stimme.

»Du darfst nicht gleich das Schlimmste annehmen. Ich bin mir sicher, dass Ted früher oder später irgendwo auftauchen wird. Außerdem …« Luke hielt inne und bedeutete Lynn, leise zu sein. »Hast du das gehört?« Er sah sich suchend auf dem Parkplatz um. »Lynn, wo ist Stella?«

»Oh Luke, sie war doch eben noch hinter uns!«, rief Lynn entsetzt und wischte sich die Tränen fort.

»Hast du sie aus dem Gebäude kommen sehen?«

»Sie war direkt hinter uns und …«

»Ich weiß«, sagte Luke hastig. »Aber hast du sie tatsächlich herauskommen sehen?«

»Nein«, gab Lynn kleinlaut zu. »Ich Idiot! Das alles ist meine Schuld! Ich war zu sehr mit mir selbst beschäftigt, ich habe Stella darüber ganz vergessen.«

»Stella!«, rief Luke, so laut er konnte und drehte sich um die eigene Achse. »Stella! Sylvester, such Stella! Lauf!«

Stella war starr vor Schreck. Ihr Kopf war leer. Sie konnte keinen klaren Gedanken fassen, keinen Befehl an ihren Körper weiterleiten. Sie wusste, sie sollte sich wehren, sollte kämpfen. Aber sie brachte es nicht fertig, sich zu rühren.

Aus dem Augenwinkel sah sie, wie die Eingangstür des Gebäudes geöffnet wurde und jemand auf den Parkplatz trat. Sie glaubte Mr Forester zu erkennen und schöpfte Hoffnung. Doch er kam nicht in ihre Richtung. Stella ließ mutlos den Kopf sinken. Fast im selben Moment vermeinte sie aus weiter Ferne ihren Namen zu hören. Ja, jemand rief nach ihr!

Da endlich erwachten ihre Lebensgeister. Sie begann wild nach allen Seiten auszutreten und an den Angreifern zu zerren. Die Männer hatten alle Mühe, sie festzuhalten.

Einer der Angreifer holte aus und schlug ihr hart an die Schläfe. Der Hieb traf Stella völlig unerwartet. Sie taumelte. Der andere Mann riss sie zu Boden. Sie wehrte sich mit aller Kraft, aber es schien zwecklos. Da ließ etwas den Mann aufhorchen und für eine Sekunde lockerte er seinen Griff. Es gelang Stella, ihre Arme frei zu bekommen. Ohne zu überlegen, schlug sie auf alles ein, was in ihre Reichweite kam.

Wie aus dem Nichts sprang jetzt ein großer Schatten auf sie zu. Der Mann, der sie zu Boden gerissen hatte, schrie schmerzerfüllt auf und ließ von ihr ab. Benommen rollte Stella sich zur Seite. Ihr Kopf und ihre Schulter schmerzten von dem harten Aufprall auf dem Asphalt und alles, was sie wahrnahm, waren verschwommene Umrisse und laute, angsterfüllte Männerstimmen. Noch bevor sich ihre Sicht klärte, spürte sie etwas Raues und Feuchtes, das über ihr Gesicht leckte. Dann ertönte ein triumphierendes Heulen.

Stella blinzelte. »Sylvester!«, rief sie erstaunt, als sie ihren Retter erkannte. »Sylvester, du Guter!«

Der Hund stand winselnd über ihr, die Vorderpfoten

auf ihrem Brustkorb, und leckte ihr das Gesicht. Von den Angreifern war keine Spur mehr zu sehen.

»Sylvester! Gut gemacht, alter Junge. Du hast sie gefunden!«, ertönte eine tiefe Stimme. Es war Luke!

Sylvester bellte zustimmend, und Stella atmete erleichtert auf.

»Los, lass sie aufstehen!«, befahl Luke. Er schob den Hund beiseite und half Stella auf die Beine. Doch ehe er etwas zu ihr sagen konnte, wurde er von einer aufgeregten Lynn zur Seite gedrängt.

»Stella, oh Stella! Ist alles in Ordnung? Ich war so in Sorge um Ted und in meine Gedanken versunken, ich habe nicht einmal bemerkt, dass du nicht mehr bei uns warst!«

»Es ist nichts passiert«, beruhigte Stella sie. Sie versuchte den Vorfall zu verdrängen und die Angst und den Ekel, die noch immer in ihr wohnten, zu überspielen.

Lynn drückte sie fest an sich. »Wenn du wüsstest, wie leid es mir tut!«

Starke Hände lösten Stella aus Lynns Umarmung, und Lukes dunkle Augen musterten sie besorgt. Er machte sich im Stillen schlimme Vorwürfe, dass er seine Pflicht so stark vernachlässig hatte, dass einer Person, die unter seinem Schutz stand, etwas Derartiges hatte passieren können. Aber er ließ nichts dergleichen verlauten. Stattdessen begutachtete er Stella sachlich von oben bis unten.

»Nichts passiert, sagst du? Zerrissener Ärmel, blutiger Ellenbogen«, zählte er auf und drehte sie um die eigene Achse. Dabei fasste er sie an die Schulter. Stella zuckte schmerzhaft zusammen. »Gestauchte Schulter.« Er drehte sie weiter, so dass sie ihn wieder ansah. Dann hob er behutsam ihr Kinn. »Ein dicker Bluterguss am Wangenknochen«, schloss er seine Bestandsaufnahme. »Und das nennst du *nichts*?«

Stella sah verlegen zu Boden. Seine Fürsorge überraschte sie, aber es war die unerwartete Sanftheit seiner Berührung, die sie vollkommen aus der Fassung brachte.

»Es ist nicht so schlimm, wie es aussieht«, sagte sie und versuchte das Zittern in ihrer Stimme zu unterdrücken.

Luke löste seine Hand von ihrem Gesicht und nickte ihr anerkennend zu. Dann wandte er sich an Sylvester und kraulte ihm das Ohr. »Danke, Bruder.«

»Kommt«, sagte Lynn und blickte sich unbehaglich um. »Lasst uns von hier verschwinden, bevor noch mehr Unheil geschieht.«

Der Schreck des Überfalls steckte Stella auch eine gute Stunde später noch in den Knochen, aber sie erlaubte sich nicht, daran zu denken oder sich auszumalen, was mit ihr geschehen wäre, hätte Sylvester sie nicht gerettet. Sie saß auf dem Rücksitz des Kombis, gleich neben dem großen Hund, und hatte den Arm um ihn gelegt. Seit das Tier sie vor den Männern beschützt hatte, hatte sich Stellas Meinung über Sylvester von Grund auf geändert. Jetzt fühlte sie sich beinahe geehrt, dass er an ihrer Seite war.

Die Nähe des Hundes gab Stella das Gefühl von Sicherheit, aber es ging ihr seelisch nicht gut genug, um am Steuer Platz zu nehmen. Es war Luke also nichts anderes übriggeblieben, als selbst zu fahren.

Zunächst hatte Stella angenommen, dass Luke aufgrund der Auswirkungen des Ölsandabbaus eine Ablehnung gegen Autos hatte und sie deshalb mied. Dafür sprach, dass er keinen Wagen besaß, überall zu Fuß hinging und auch vorhin nicht hatte fahren wollen. Aber all das musste eine andere Ursache haben, denn wie sich nun herausstellte, war Luke ein sehr guter Fahrer. So gut sogar, dass es Stella sofort auffiel. Aber es war nicht nur, dass er gut fuhr. Die Art und Weise, wie er den Wagen handhabte und wie er sich beim Fahren scheinbar nebenbei mit Lynn und ihr unterhielt, ließ Stella darauf schließen, dass er in seinem Leben unzählige Kilometer hinterm Steuer verbracht haben musste. Sie behielt ihre Meinung für sich, machte sich jedoch eine ganze Menge eigener Gedanken dazu.

Es war jetzt fast neunzehn Uhr, und sie hatten eine ansehnliche Reihe von Adressen, die auf der Liste standen, in Fort McMurray abgeklappert. Ohne Erfolg. Keiner der Männer hatte Ted an diesem Morgen gesehen oder wusste etwas, das ihnen weiterhalf.

Stella war die Fahrerei satt. Sie wollte zurück zu Niklas und ihrer Mutter, wollte zu Bett gehen und den Alptraum, den sie vorhin auf dem Parkplatz erlebt hatte, vergessen. Außerdem gefiel ihr Fort McMurray nicht. Zwar war die Stadt relativ neu und sorgfältig angelegt, aber im Vergleich zu den alten, teils denkmalgeschützten Gebäuden und den gewundenen Gassen ihrer Heimatstadt Tübingen wirkte Fort McMurray lediglich wie ein billiger Abklatsch, selbst für amerikanischen Standard. Während sie durch die Straßen fuhren, begutachtete Stella alles, was sie sah, genau: den Stadtkern, der jetzt am Abend voll laut grölender, betrunkener Männer war; die leichtbekleideten Damen, die ganz offensichtlich nichts anderes als Prostituierte waren; die wenigen »normalen« Bürger, die sich eilig und wie Schatten durch die Stadt bewegten, um nicht angegriffen zu werden. Andere Frauen oder gar Kinder entdeckte sie nirgends, und das verwunderte sie bei den hiesigen Verhältnissen auch nicht. In den Trailerparks verhielt es sich nicht viel anders. Männer mit Bier- oder Whiskyflaschen saßen vor den Eingängen ihrer Behausungen oder zogen in Gruppen durch die Siedlungen. Das Ganze wirkte wie eine moderne Wildweststadt, ohne Gesetz und Ordnung und ohne Seele. Am Rande der Stadt, in den vorortähnlichen Wohnsiedlungen, war die Lage dagegen so grundverschieden, dass man glaubte, durch einen guten Außenbezirk von Calgary zu fahren. Die ordentlichen Häuser mit ihren farbigen Plastikverkleidungen, die zaunlosen Vorgärten mit ihren golfplatzgrünen Rasenflächen und die wenig befahrenen Straßen dort standen in krassem Kontrast zu den zerstörten Landstrichen gleich außerhalb der Stadt, wo die Anwohner sich ihr Geld verdienten, und wirkten so unecht wie ein Vorort in einem Spielzeugland. Alles in allem konnte Stella Fort McMurray nur als abstoßend und ekelhaft beschreiben und gleichzeitig als sonderbare Scheinwelt voller Heuchler.

»Was habt ihr jetzt vor?«, fragte sie müde.

Lynn griff ihre Frage auf und wandte sich an Luke. »Was schlägst du vor? Sollen wir nach Hause fahren?«

Luke schüttelte energisch den Kopf.

»Außer uns wird sich niemand um Teds Verschwinden kümmern. Schon gar nicht die Polizei. Schließlich handelt es sich *nur* um einen Indianer.« Er machte eine kurze Pause und fuhr dann fort: »Ich hatte gehofft, dass wir hier in der Stadt etwas herausfinden würden. Doch es bleibt uns keine Wahl. Wir müssen Teds Freund Frank Douglas befragen. Er arbeitet in der gleichen Schicht, zu der auch Ted eingeteilt gewesen war. Wenn jemand etwas weiß, dann ist er es.«

»Aber Luke, das würde bedeuten, dass wir zur Mine fahren müssen«, warf Lynn ein. »Frank wohnt, wie Ted, im Camp, wenn er auf Schicht ist.«

»Ich weiß«, lautete Lukes knappe Antwort.

»Aber das Camp ist ... Immerhin hast du zwei Frauen im Wagen. Vergiss das nicht.«

»Ich vergesse es nicht. Ich weiß über die Camps Bescheid«, sagte Luke barsch und setzte etwas milder hinzu: »Ich dachte, du wolltest Ted finden.«

»Das will ich auch.«

»Dann müssen wir es wagen. Wenn ihr genau das tut, was ich euch sage, wird euch nichts geschehen.«

Stella rutschte unruhig auf dem Sitz hin und her. Was sollte das nun wieder bedeuten? Sie hatte genug von Situationen, in denen ihr etwas zustoßen konnte. Besonders von solchen, bei denen raue, betrunkene Männer eine Rolle spielten. Und das sagte sie Luke auch.

»In den Camps wird nicht getrunken«, erklärte Luke, und seine Stimme machte deutlich, dass er keine Diskussion darüber anfangen wollte. Sie würden zum Camp fahren, wo immer es auch sein mochte, und damit basta.

Stella wusste, dass sie sich dem Camp näherten, als neben der Straße, wo eigentlich Wald hätte sein sollen, eine kahle, graue Mondlandschaft auftauchte. Die Verwüstung erstreckte sich, so weit das Auge reichte; Stella konnte das Ende der Mine nicht erkennen. Der Anblick war vom Highway und aus der Ferne schon erschreckend gewesen. Aus nächster Nähe war es Stella beinahe unmöglich, die zerstörte Natur anzusehen. Tief unter ihnen zogen sich breite Straßen wie unheilvolle Netze durch die graue Kraterlandschaft. Alles schien verlassen, die Arbeiter hatten Feierabend. Hier und da parkten riesige Minenfahrzeuge. Stella starrte sie ungläubig an. *Riesig* war eine Untertreibung. Sie hatte Maschinen von solch gigantischem Ausmaß nie zuvor gesehen. Die Reifen, die sie auf der Fahrt von Edmonton nach Fort McMurray auf den großen Lastwagen entdeckt hatten, waren anscheinend für diese Maschinen bestimmt gewesen. Stella stellte sich vor, sie sei ein Reh und eines dieser Fahrzeuge käme auf sie zu, um ihren Wald, ihr Zuhause zu zerstören. Nein, *riesig* war wirklich nicht das richtige Wort. Diese Maschinen waren Monster. Monster, größer als ein Einfamilienhaus, Monster ohne Herz, ohne Gefühle.

Stella erschauerte und wandte sich ab. Sie ertrug den Anblick nicht. Ihr verzweifelter Blick fiel in den Rückspiegel und traf dort Lukes. Sie konnte in seinem Gesicht deutlich ablesen, dass er verstand, was sie empfand.

»Wir sind gleich da«, sagte er und nickte ihr verständnisvoll zu.

Das Camp der North Corporation kam denn auch wenige Minuten später in Sicht. Ein übermannshoher Maschendrahtzaun grenzte das Gelände ab, und große Schilder wiesen jedermann an, den Grund nicht zu betreten. Es war unübersehbar, dass Besucher nicht erwünscht waren. Entlang der Zäune waren Flutlichter angebracht. Sie waren bereits eingeschaltet, obwohl die Dämmerung gerade erst anbrach. Die grellen Scheinwerfer tauchten die vielen Reihen mit Wohncontainern, die im Camp aufgestellt waren, in ein kaltes Licht. Das Eingangstor wurde von zwei grimmig aussehenden Männern bewacht. Sie hatten Gewehre über ihren Schultern und Wachhunde an ihrer Seite. Luke bremste und parkte den Kombi in einigem Abstand.

»Dies ist das Camp, in dem die Arbeiter leben?«, fragte Stella entsetzt. »Es sieht aus wie ein Gefängnis!«

»Es ist auch nicht viel anders als ein Gefängnis«, stellte Luke sachlich fest. »Die Zimmer, die den Männern zur Verfügung stehen, sind winzig. Außer einem Bett und einem Stuhl gibt es keinerlei Möbel. Nicht einmal ein Telefon oder einen Fernseher. Fernsehgeräte gibt es lediglich in den Gemeinschaftsräumen.«

»Ich war noch nie hier«, sagte Lynn. »Aber Ted hat mir davon erzählt. Er sagte, dass die bewaffneten Wachleute nicht nur hier am Tor stehen.«

»Das stimmt«, antwortete Luke. »Es gibt Wachen vor den Gemeinschaftsräumen und dem Speisesaal. Immer wieder kommen Männer mit Spürhunden vorbei, die die Arbeiter während des Essens und in ihrer Freizeit nach Drogen absuchen. Drogen und Alkohol sind in den Camps strengstens verboten. Das ist grundsätzlich auch nicht verkehrt. Aber es ist regelrecht widerlich, andauernd von dem Wachpersonal und den Hunden überprüft zu werden. Sie kommen sogar für Stichproben unangemeldet in die privaten Räume. Es ist jedes Mal wie eine stumme Anklage. Rauchen ist übrigens auch nur außerhalb des Camps erlaubt. Aber versuch mal da rauszukommen, nur weil du eine Zigarette rauchen möchtest. Da muss man zuerst beinahe einen schriftlichen Antrag stellen, so schwierig ist das.« Luke schüttelte den Kopf. »Viele der Arbeiter weigern sich, in diesen Camps zu leben. Sie nehmen es lieber auf sich, in Fort McMurray zu wohnen, obwohl es dort sehr viel gefährlicher ist.«

Luke brauchte es nicht zu sagen, Stella konnte auch so erkennen, dass er, genau wie Ted, eine Zeitlang in einem solchen Camp gearbeitet hatte. Und sie beneidete ihn nicht darum.

»Es wird am besten sein, wenn man euch nicht sieht«, erklärte Luke. »Ich werde den Wachmännern sagen, dass ich einen Hund im Wagen habe und nicht näher parken möchte, damit er nicht die anderen Hunde wittert und das Camp zusammenbellt. Ich hoffe, sie kaufen es mir ab und halten sich von euch fern. Bleibt auf jeden Fall außer Sicht, vor allem, wenn ich die Tür aufmache und das Licht angeht, verstanden?«

»Verstanden«, beteuerten die Frauen. Sie wollten auf

keinen Fall unnötigen Ärger heraufbeschwören. Also streckte Stella sich flach auf der Rückbank aus, und Lynn rutschte in den Fußraum vor dem Beifahrersitz.

»Ich werde mich beeilen«, meinte Luke noch, dann stieg er aus und ging langsam und lässig auf das Eingangstor zu.

»'n Abend!«, rief er den Wachmännern schon von weitem zu. »Ich muss mit Frank Douglas sprechen. Es geht um eine wichtige Familienangelegenheit!«

Stellas Herz begann laut zu klopfen, und sie war sich nicht sicher, wie viel Aufregung sie an diesem Abend noch vertragen konnte. Sie holte tief Luft und versuchte sich zu beruhigen.

»Hier können Sie unangemeldet nicht rein!«, rief eine der Wachen Luke zu.

Stella schloss die Augen. »Bitte, Gott, lass die Sache gutgehen«, flüsterte sie.

»Das ist okay. Ich kann auch durch den Zaun mit Frank sprechen«, entgegnete Luke. Seine Schritte waren auf dem losen Schotter der Einfahrt deutlich zu hören. »Können Sie ihn bitte ausrufen lassen? Es ist wirklich sehr dringend.«

»Und Ihr Name lautet?«

»Lumly. Luke Lumly.«

»Einen Augenblick«, erwiderte der Wachmann.

Lukes Schritte verstummten.

»Luke ist am Tor angekommen«, stellte Lynn leise fest. »Kannst du verstehen, was gesprochen wird?«

Stella lauschte angestrengt. Aber das Tor war zu weit entfernt, und die Stimmen der Männer waren kaum mehr zu hören.

»Kein Wort«, flüsterte sie.

Schweigen legte sich über den Kombi. Sogar Sylvester, der im Fußraum vor der Rückbank lag, rührte sich nicht. Doch im Gegensatz zu den beiden jungen Frauen atmete er ruhig und tief. Er hielt ganz unbekümmert ein Schläfchen!

Stella wünschte sich, dass ein bisschen von Sylvesters Ruhe und Gelassenheit auf sie abfärben würde. Dann könnte sie die Zeit des Wartens ebenfalls dazu nutzen, ein wenig Energie zu tanken – eine Sache, die ihr in ihrem momentanen Zustand unmöglich war.

»Ist die Tür verriegelt?«, erkundigte sie sich leise.

Lynn blickte auf.

»Ja.« Und nach einer Weile setzte sie hinzu: »Wie lange ist Luke wohl schon fort?«

»Das kann ich dir genau sagen«, meinte Stella und schaute auf ihre Uhr. »Zehn Minuten.«

»Nur zehn Minuten? Es kommt mir vor wie eine Ewigkeit«, seufzte Lynn.

»Was meinst du, wie lange es dauern wird?«

»Ich habe keine Ahnung. Bis sie Frank ausgerufen haben und er draußen am Tor angekommen ist …«

Wieder breitete sich Stille in dem Wagen aus.

Einige Zeit später kam Leben in Sylvester. Er sprang auf den Rücksitz, genau auf Stellas Bauch, und presste die Vorderpfoten ans Fenster.

»Sylvester, runter«, stöhnte Stella und versuchte Luft zu bekommen. Gleichzeitig horchte sie auf. »Es kommt jemand«, flüsterte sie entsetzt.

»Das kann nur Luke sein«, erwiderte Lynn. »Sonst würde Sylvester bellen.«

Stella hoffte inständig, dass Lynn recht hatte. Sie war bis aufs äußerste angespannt und glaubte, jede Sekunde die Nerven zu verlieren.

Ein Schlüssel wurde ins Türschloss gesteckt, die Tür ging auf, und – Luke ließ sich in den Fahrersitz fallen.

»Bleibt, wo ihr seid, bis ich euch Bescheid gebe«,

mahnte er. Dann startete er den Motor und fuhr zurück in Richtung Fort McMurray.

»Okay, die Luft ist rein«, sagte er schließlich.

Die beiden jungen Frauen richteten sich erleichtert auf.

»Hast du Frank gesprochen?«, erkundigte Lynn sich gespannt. »Was hat er gesagt?«

Luke zögerte und warf einen Blick in den Rückspiegel. Die Lichter des Camps waren noch immer hinter ihnen zu sehen. Sie erschienen jetzt noch greller, denn mittlerweile war es beinahe dunkel geworden.

»Ja, ich habe mit Frank gesprochen.«

»Und?«, wollte nun auch Stella wissen.

»Nichts«, erwiderte Luke niedergeschlagen und seine Stimme klang mit einem Mal müde. »Frank weiß von nichts, hat nichts gehört. Er war genauso überrascht wie alle anderen, dass Ted heute Morgen nicht zur Arbeit erschienen ist. Ted hat ihm gegenüber in den letzten Tagen auch nichts Ungewöhnliches erwähnt.« Er hielt inne und setzte dann hinzu: »Frank hat mir jedoch hoch und heilig geschworen, Lynn, dass Ted seines Wissens keine Frauengeschichte laufen hat. Er sagte, Ted habe immer nur von dir und den Kindern erzählt und schien zufrieden und glücklich. Ich dachte, du solltest das wissen.«

»Danke«, sagte Lynn und kämpfte gegen die Tränen an, die in ihren Augen aufstiegen. Sie hatte sich viel von der Fahrt nach Fort McMurray versprochen und besonders von dem Gespräch mit Teds bestem Freund. Nun war diese Hoffnung begraben, und sie fühlte sich leer und mutlos. Was war nur mit Ted geschehen? Und wo war er?

Die Heimfahrt verstrich in ratlosem Schweigen. Keiner der drei konnte eine Erklärung für Teds Verschwinden finden. Den halben Tag über hatten sie nach einem Anhaltspunkt gesucht und waren keinen Schritt weitergekommen.

Als sie die Lichtung, auf der das Haus der Familie Crise stand, endlich erreichten, war es stockdunkel. Luke hielt vor dem Wohnhaus und ließ Lynn aussteigen. In der Küche brannte noch Licht, und eine einzelne Gestalt war zu erkennen. Elizabeth hatte auf ihre Rückkehr gewartet.

Anschließend setzte Luke Stella vor dem kleinen Gästehaus ab. Dort war bereits alles dunkel. Stella war froh darüber. Sie wollte mit niemandem reden. Zu vieles und zu Schreckliches war an diesem Tag geschehen. Es kam ihr vor, als wären sie schon viel länger als bloß einen Tag bei Lynn, Elizabeth und den Kindern zu Besuch. Aber das stimmte natürlich nicht. Sie waren erst gestern in Winding River angekommen.

»Soll ich dich zur Tür bringen?«, fragte Luke nun.

Stella hatte an diesem Nachmittag eine ganze Menge mitgemacht, und sie wusste, dass Luke sich dafür verantwortlich fühlte. Sie selbst gab ihm keine Schuld. Aber sie spürte sehr deutlich, dass die Leben aller, die sich im Augenblick auf dieser kleinen Lichtung mitten im Nirgendwo befanden, auf unerklärliche Weise miteinander verbunden waren. Ob diese Verbindung für alle Beteiligten jedoch etwas Gutes bedeutete, vermochte sie nicht zu sagen.

Stella sah Luke an und las in seinen Augen, dass er genauso fühlte und auch, dass er sich Sorgen machte. Um sie, um Niklas, um alle.

»Ich komme schon zurecht«, sagte sie, dankbar für seine Fürsorge. »Es ist ja nur ein Katzensprung.«

»Dann schlaf gut.«

»Du auch.« Sie stieg aus dem Wagen, ein wohliges Kribbeln im Bauch, und sah ihm gedankenvoll nach. Doch schon im nächsten Moment schüttelte sie entschlossen den Kopf. Für solche Gefühle war jetzt wirklich nicht der richtige Zeitpunkt.

Als sie kurz darauf das kleine Gästehaus betrat, flackerte ein Feuer im Ofen, und es war warm und gemütlich im Zimmer. Stella zündete eine Kerze an und hängte ihre Jacke an den Haken. Überrascht stellte sie fest, dass Sarah bei Niklas im Bett lag. Wahrscheinlich hatte der arme Kleine nicht einschlafen können.

»Neuigkeiten?«, fragte Sarah leise.

Stella sah sie erstaunt an. Sie hatte angenommen, dass ihre Mutter bereits tief schlummerte.

»Nichts. Schlaf ruhig weiter. Ich erzähle dir morgen früh alles.«

Bevor Stella sich hinlegte, ging sie noch zu Niklas und strich ihm zärtlich über das Haar. Sie musste unwillkürlich lächeln. Er sah so friedlich aus in seinem Schlaf, und dafür war sie unendlich dankbar.

Sie nahm die Kerze auf und stellte sie auf die Fensterbank. Ihr Blick schweifte nach draußen. Ein starker Wind war aufgekommen, und dichte Wolken zogen über den Himmel. Nur vereinzelt waren Sterne zu sehen.

Gedankenversunken starrte Stella hinaus in die Nacht. Da vermeinte sie den Schatten eines großen Vogels zu erkennen. Stella sah genauer hin, aber da war er auch schon verschwunden. Hatte sie es sich nur eingebildet? Unwillkürlich zog sie die kleine Eulenfigur aus ihrer Hosentasche und hielt sie eine Weile nachdenklich in der Hand. Es gab einen tieferen Grund für ihren Besuch in Winding River, darüber war sie sich nun absolut sicher. Aber war sie der Gefahr gewachsen, die damit im Zusammenhang zu stehen schien? Vor ein paar Stunden war sie bereits mit ihr in Berührung gekommen. Es hätte nicht viel gefehlt, und die Sache wäre schlimm ausgegangen. Doch wichtiger als ihr eigenes Wohlergehen war das von Niklas. Würde sie ihn schützen können?

11

Als Stella am nächsten Morgen aufwachte, war es fast neun Uhr. Die Sonne schien durch das schmale Fenster neben ihrem Bett, und helles, freundliches Licht durchflutete das kleine Gästehaus. Alles war ruhig. Sie lag ein paar Minuten still da und genoss den Augenblick. Dann war es Zeit, aufzustehen und sich um Niklas zu kümmern. Vielleicht würde sie später auch kurz bei Luke und Sylvester vorbeischauen. Der Gedanke gefiel ihr.

Niklas muss gestern bis spät aufgeblieben sein und auf mich gewartet haben, so lange, wie er heute schläft, ging es ihr durch den Kopf, während sie sich aufsetzte. Doch als sie zu dem Bett hinübersah, in dem Niklas schlief, machte ihr Herz vor Schreck einen großen Sprung. Der Junge war nicht da!

Sofort fielen Stella Teds unerklärliches Verschwinden und die Vorkommnisse des vergangenen Tages ein. Sie erschauerte. Hastig sah sie sich in dem Häuschen um. Außer ihr war niemand anwesend. Stella versuchte sich zu beruhigen. Sicherlich war ihre Mutter mit Niklas zum Wohnhaus hinübergegangen, um sie ausschlafen zu lassen. Schnell streifte sie sich Jeans und Pullover über und trat vor die Tür.

Sie hörte Kinderstimmen. Will, Amanda und Ben spielten auf der Wiese Baseball. Stella lächelte. Es war schön, die drei so ausgelassen herumtoben zu sehen. Die

Kinder hatten wahrlich genug Sorgen um ihren Vater – zu schwere Sorgen für solch kleine Geschöpfe, wie Stella fand. Es hatte ihr ins Herz geschnitten, sie gestern so niedergeschlagen zu sehen.

Stella fragte sich, ob Luke an diesem Morgen auch länger als sonst geschlafen hatte. Aber als sie hinüberschaute, bemerkte sie, dass Luke bereits vor seiner Hütte in der Sonne saß und schnitzte. Sylvester lag zu seinen Füßen und ganz in seiner Nähe stand – Niklas! Stella atmete erleichtert auf. Dann musste sie schmunzeln. Der Junge beobachtete fasziniert jeden von Lukes Handgriffen. Stella wusste, wie sehr Niklas Luke bewunderte. Es musste frustrierend für ihn sein, sich nicht wirklich mit ihm verständigen zu können. Wie oft im Leben traf man schon einen richtigen Indianer?

Stella wollte sich schon dem Wohnhaus zuwenden, als sie hörte, dass Luke den Jungen zu sich rief. Gespannt blieb sie stehen und beobachtete aus der Ferne, wie Niklas schüchtern zu Luke hinüberging. Sylvester hob interessiert den Kopf und schnüffelte an Niklas' Hand, als der Junge an ihm vorbeikam, rührte sich aber nicht von der Stelle. Luke bedeutete Niklas nun, sich auf den Holzblock neben ihn zu setzen. Der Junge kam der Aufforderung freudestrahlend nach.

Das ist aber lieb von ihm, dachte Stella und musste sich gleichzeitig eingestehen, dass Oliver noch nie von sich aus Zeit allein mit Niklas verbracht hatte. Sie hatte ihn bisher immer dazu auffordern müssen. Nicht, dass es Niklas etwas ausgemacht hätte, er riss sich nicht darum, Oliver besser kennenzulernen. Gerade das war es, was Stella insgeheim bedrückte.

Eben fragte sie sich, ob sie die beiden allein lassen oder zu ihnen hinübergehen sollte, um für Niklas zu übersetzen, da wurde ihr die Entscheidung abgenommen. Luke reichte dem Jungen nämlich ein Stück Holz und – ein Schnitzmesser!

»Oh mein Gott!«, flüsterte Stella beunruhigt. Immerhin war Niklas erst fünf Jahre alt. Sie eilte, so schnell sie konnte, zu den beiden hinüber. Noch bevor sie sie erreicht hatte, entdeckten Will, Amanda und Ben sie.

»Hallo, Stella!«, begrüßten die drei sie und kamen zu ihr gelaufen.

»Du hast aber lange geschlafen«, stellte Ben fest.

»Habe ich das?«, fragte Stella gedankenverloren.

»Es ist schon fast neun Uhr«, sagte Amanda mit ernster Miene.

»Dann habe ich ja wirklich lange geschlafen«, erwiderte Stella und blickte die drei forschend an. Sie fragte sich, ob es Neuigkeiten von ihren Vater gab. Aber nein, dann hätten sie bestimmt etwas gesagt.

»Ich muss dringend mit Luke sprechen«, erklärte sie den Kindern. »Er lässt Niklas mit einem Messer schnitzen, aber Niklas kennt sich mit Messern überhaupt nicht aus. Er ist ja noch recht klein.«

»Luke wird es ihm schon zeigen«, stellte Will ungerührt fest. Er konnte beim besten Willen nicht verstehen, warum Stella darüber so aufgebracht schien. Er selbst besaß und benutzte ein Fahrtenmesser, solange er zurückdenken konnte.

Aber Stella war bereits weitergeeilt. Die drei Kinder folgten ihr.

»Guten Morgen«, begrüßte Luke sie, als sie vor der Hütte ankam, und für einen kurzen Augenblick huschte ein Lächeln über sein Gesicht.

Stella musste sich zusammenreißen, um ihn nicht anzustarren. Luke wirkte vollkommen verändert, wenn er nicht so grimmig dreinblickte. Er war regelrecht gutaussehend.

»Mama, schau mal, was ich mache!«, rief Niklas ihr zu und strahlte sie stolz an.

»Das wird sehr schön«, lobte sie und lächelte ihren Sohn zärtlich an. »Ich finde es sehr nett, dass du Niklas an dem, was du da machst, teilhaben lässt«, wandte sie sich dann zaghaft an Luke. »Aber findest du nicht, dass er viel zu klein ist, um mit einem so scharfen Messer zu arbeiten? Ich meine, immerhin ist er erst fünf und …«

»Bei meinem Volk lernen alle Kinder früh den Umgang mit einem Messer«, fiel Luke ihr ins Wort. Er sah sie erstaunt an, gerade so, als wäre es unnatürlich für die Mutter eines Fünfjährigen, in einer solchen Situation Bedenken anzumelden. »So etwas hat nicht so viel mit dem Alter zu tun, sondern mit der richtigen Unterweisung und Beaufsichtigung. Ich habe Nick gezeigt, wie er das Messer handhaben muss, und ich sitze gleich neben ihm. Du brauchst dir also keine Gedanken zu machen.«

Will warf ihr einen Hab-ich-doch-gesagt-Blick zu, und Ben saß schon neben Niklas und zeigte ihm sein eigenes Messer.

Stella war noch immer beunruhigt. Unsicher sah sie von einem zum anderen. Immer hatte sie sich gewünscht, dass Oliver sich Zeit für Niklas nehmen und gemeinsam mit ihm etwas unternehmen würde. Es war nicht geschehen. Nun nahm Luke sich die Zeit, um dem Jungen etwas zu zeigen, etwas, das in Stellas Welt als riskant galt, in Lukes Welt dagegen sehr alltäglich zu sein schien, und sie wusste nicht, wie sie sich verhalten oder was sie sagen sollte.

»Jeder Junge sollte wissen, wie mit einem Messer umzugehen ist, und Nick ist sehr geschickt für sein Alter«, fügte Luke nun hinzu. »Du solltest ihm die Gelegenheit nicht nehmen.«

»Also gut«, gab Stella sich geschlagen. »Aber nur, solange du dabei bist.«

»Das ist selbstverständlich«, sagte Luke mit einem Hauch von Entrüstung in der Stimme.

Stella sah Niklas eine Weile zu. Luke hatte recht, der Junge war wirklich sehr geschickt. Stella wusste, dass sie Niklas oft noch als Kleinkind betrachtete. Vielleicht sollte sie ihm mehr zutrauen. Väter waren wahrscheinlich nicht so zimperlich wie Mütter. Da konnte man mal wieder sehen, dass Kinder beide Elternteile brauchten. Sie seufzte, als sie bemerkte, dass sie wieder an ihrem wunden Punkt angelangt war: der fehlende Vater für Niklas.

Gedankenversunken blickte sie auf die Arbeit, die zwar noch unvollständig, aber bereits deutlich erkennbar in Lukes Hand lag.

»Du schnitzt eine Eule«, stellte sie überrascht fest. »Ich mag Eulen. Schon seit ich ein Kind war.« Sie fischte in ihrer Jackentasche nach der kleinen Jadefigur. »Diese Eule ist mein Glücksbringer. Ich trage sie immer bei mir. Meine Mutter hat sie mir geschenkt, als ich geboren wurde.«

Luke betrachtete erstaunt die Figur, die Stella ihm entgegenhielt, machte jedoch keine Anstalten, sie anzufassen. Sonnenlicht fiel auf den grünen Stein und verlieh ihm einen goldenen Schimmer.

»Eine Schnitzerei aus Jade«, sagte er. »Mein Stamm, die Cowichan an der Ostküste von Vancouver Island, arbeiten viel mit diesem Stein. Es gibt natürliche Vorkommen in British Columbia, und die Jade ist bei indianischen Künstlern sehr gefragt. Bei den Touristen ebenfalls.«

»Diese Eule stammt auch von Vancouver Island«, sagte Stella. »Meine Mutter hat sie in einer Galerie in Victoria erstanden, als sie beruflich dort zu tun hatte. Sie war damals mit mir schwanger. Mutti mag Eulen genauso gern wie ich. Sie sagte mir einmal, dass Eulen seit langer, langer Zeit eine besondere Anziehungskraft auf sie hätten.« Sie betrachtete das Jadefigürchen liebevoll. »Diese Eule gefiel ihr so gut, dass sie sie als Glücksbringer für ihr ungeborenes Baby kaufte.«

Luke sah sie nachdenklich an. Eine Jade-Eule von Vancouver Island. Konnte es wirklich reiner Zufall sein? Und Sarah Ammersbach hatte die Schnitzerei erstanden, als sie mit Stella schwanger war. Er musterte die junge Frau eingehend.

»Wie alt bist du, Stella?«

Sie stutzte. Luke war nicht gerade die Person, von der sie persönliche Fragen erwartet hätte.

»Ich bin vor ein paar Tagen dreißig geworden«, sagte sie bereitwillig, wenn auch ein bisschen verwundert. »Genau an dem Tag, als Elizabeths Brief uns erreicht hat.«

Luke wandte sich abrupt ab und nahm erneut die Arbeit an seiner Schnitzerei auf. Er wirkte wieder kühl und distanziert, und Stella spürte, dass ihn etwas beschäftigte. Hatte sie am Ende etwas Falsches gesagt?

Sie wollte sich gerade abwenden, als Luke sich zu ihr umdrehte.

»Dein Name. Weißt du, was er bedeutet?«

Stella wurde argwöhnisch. »Warum fragst du nach diesen Dingen?«

»Stella bedeutet Stern, habe ich recht?«, hakte er ungeduldig nach.

»Ja«, antwortete Stella. »Ich glaube, der Name stammt aus dem Italienischen.«

Luke schien unschlüssig. Schließlich sagte er: »Ich möchte dir etwas über Eulen erzählen.«

»Mama«, fiel Niklas ein. »Streitest du dich mit Luke?«

»Nein, nein«, beruhigte Stella ihn. »Ganz im Gegenteil. Luke will mir etwas über Eulen erzählen.«

»Weil dein Glücksbringer eine Eule ist?«, erkundigte Niklas sich.

»Und weil Luke eine Eule schnitzt und ich ihn danach gefragt habe«, fügte Stella hinzu.

»Kannst du mir übersetzen, was er dir erzählt?« Niklas' Augen leuchteten. Für ihn war alles, was Luke sagte, von äußerster Wichtigkeit.

»Natürlich, mein Schatz«, sagte Stella. Dann wandte sie sich erklärend an Luke. »Niklas möchte auch hören, was du über Eulen erzählst. Ich werde für ihn übersetzen.«

Luke nickte und lächelte den Jungen gutmütig an.

»Eulen sind sehr beeindruckende Wesen«, begann er. Stella hörte ihm aufmerksam zu, und auch Will, Amanda und Ben wurden still. »Sie jagen in der Nacht, können in der Dunkelheit ausgezeichnet sehen und verfügen über einen scharfen Gehörsinn. Eulen können die genaue Position ihrer Beute selbst in tiefster Finsternis ausmachen und den Fokus ihrer Augen von teleskopischer Weite auf mikroskopische Nähe umstellen. Ihre Pupillen reagieren in Sekundenbruchteilen auf kleinste Veränderungen der Lichtintensität. Dadurch können sie selbst minimale Bewegungen wahrnehmen. Ihre gelben Augen leuchten wie die Strahlen der Sonne durch die Dunkelheit, und ihr Flug ist vollkommen geräuschlos.« Luke hielt inne und blickte in die Runde.

Stella übersetzte für Niklas.

»Eulen können ihren Kopf ganz herumdrehen«, rief der Junge aufgeregt, »und blinzeln tun sie auch!«

Nachdem Stella seine Worte übersetzt hatte, sagte Luke: »Eulen können ihr oberes Augenlid schließen. Dann sieht es tatsächlich so aus, als blinzelten sie. Doch den Hals können sie nicht ganz herumdrehen. Es erweckt nur den Anschein, weil sie ihren Kopf so schnell bewegen. Aber bei meinem Volk – und bei vielen anderen Indianerstämmen ebenso – wird der Eule nicht nur wegen all ihrer physischen Fähigkeiten sehr viel Respekt entgegengebracht. Von Menschen, die den größeren Zusammenhang aller Dinge auf dieser Erde nicht verstehen, wird sie oft als Todesbote angesehen …«

»Als Todesbote?«, fiel Stella ihm ins Wort. »Ich dachte immer, Eulen wären ein Symbol für Weisheit und Magie.«

»Ich hatte noch nicht geendet«, tadelte Luke sie mit strenger Miene.

»Entschuldige.«

»Für mein Volk«, fuhr Luke fort, »und für alle Menschen, die die Zusammenhänge verstehen – ist die Eule hingegen diejenige, die uns direkten Kontakt zu den Seelen der Verstorbenen, den Seelen der Ahnen ermöglicht und uns ihren reichen Wissensschatz näherbringt. Mein Volk misst den Ahnen große Bedeutung zu und hat sehr viel Respekt vor ihnen. Daher werden auch Eulen bei uns mit großem Respekt behandelt. Du siehst also, Stella, die Eule ist für mein Volk ebenfalls ein Symbol der Weisheit und der Magie. Durch ihre Verbindung zu den Ahnen ist sie nicht nur imstande, Geheimnisse zu ergründen, ihr wird auch ein sechster Sinn, eine Art Gabe der Prophezeiung, zugeschrieben. Es heißt, dass eine Eule meist zum richtigen Zeitpunkt am richtigen Ort ist. Sei es, dass sie spürt, wann es gilt, Hungerperioden auszuweichen, und ihre Jagdgründe rechtzeitig verlegt, oder aber ein Gebiet auffindet, in dem es besonders viele Beutetiere gibt.«

Wieder hielt er inne, um Stella übersetzen zu lassen.

»Cool«, sagte Niklas, als sie geendet hatte, und die anderen mussten lachen. Einige Worte waren eben doch universell geworden!

»Es kommt noch besser«, sagte Luke, der die Aufmerksamkeit der Kinder sichtlich genoss. »Bei meinem Volk ist es nicht unüblich, dass ein Mann oder eine Frau die Eigenschaften und Fähigkeiten eines bestimmten Tieres annimmt. Das geschieht manchmal durch eine Vision, in der dieses Tier zu einem Menschen spricht, oder aber auch durch eine schwere Krankheit oder einen Schock, durch die man für eine gewisse Zeit in einer anderen Welt – in der Welt der Geistwesen nämlich – weilt und durch seinen besonderen Gemütszustand offen ist für die Stimmen der Geister. Wenn nun ein Tier zu einem Menschen spricht, dann heißt es bei uns, dass man die »Medizin« dieses Tieres angenommen hat.«

Niklas war sichtlich beeindruckt und hing an Lukes Lippen, obwohl Stella immer erst für ihn übersetzen musste.

»Besitzt ein Mensch die Eulenmedizin, so heißt es, dass dieser Jemand imstande ist, zu sehen und zu hören, was andere zu verbergen suchen. Eine Person, die die Eulenmedizin besitzt, verfügt außerdem meist über eine besondere Hellsichtig- und Hellhörigkeit, nicht nur in Bezug auf seine Mitmenschen, sondern auch in Bezug auf die Ahnen.«

»Ururgroßmutter Little Drum konnte mit den Eulen sprechen und mit den Ahnen«, sagte Will stolz.

Luke lächelte. »Ich weiß. Little Drum besaß starke Eulenmedizin.«

Stella sah sich beunruhigt um. Sie war es nicht gewohnt, über Ahnen und Geistwesen zu sprechen, und fühlte sich auf einmal auf seltsame Weise von unsichtbaren Augenpaaren beobachtet. Niklas hingegen ging, wie es Kinder nun mal tun, vollkommen unvoreingenommen auf das Berichtete ein und war angetan von der Idee, die es beinhaltete.

»Mama, ich will auch Eulenmedizin haben«, verkündete er sofort. »Ich will auch mit Eulen sprechen, genau wie Luke!«

»Luke hat nicht gesagt, dass er im Besitz der Eulenmedizin ist«, warf Stella hastig ein. »Er hat nur davon erzählt.« Für sie selbst war es schon schwer genug zu verkraften, dass es Derartiges überhaupt zu geben schien. Der Gedanke, dass Luke vielleicht persönliche Erfahrungen auf dem Gebiet der Geistwesen hatte, verunsicherte sie.

»Woher weiß er dann so viel darüber?«, bohrte Niklas nach.

Stella sah ihn ratlos an. Dann zuckte sie mit den Schultern und sagte: »Er ist halt ein Indianer. Die wissen über solche Dinge Bescheid.«

»Dann will ich auch ein Indianer sein«, sagte Niklas bestimmt.

Als Stella Luke übersetzte, was Niklas gesagt hatte, lachte er laut auf.

»Du bist der Erste, den ich kenne, der sich das wünscht! Hier, Kleiner, die ist für dich. Sie wird dir Glück bringen.« Er reichte Niklas die Eule, die er gerade fertiggeschnitzt hatte.

Niklas nahm sie mit glänzenden Augen entgegen.

»Danke, Luke!«, rief er und fiel ihm um den Hals. Dann ließ er seinen Finger vorsichtig über die kleine Figur gleiten und flüsterte seiner Mutter zu: »Das ist das tollste Geschenk, das ich jemals bekommen habe!«

»Hier seid ihr!«, ertönte eine Frauenstimme. Es war Lynn. Sie wollte wohl nach den Kindern sehen.

Stella musterte die junge Frau eindringlich. Lynn lächelte, und auch ihre Stimme klang heiter, aber ihre Augen lachten nicht. Stellas Herz krampfte sich unwillkürlich zusammen. Wenn es doch nur etwas gäbe, womit sie ihr helfen konnte!

»Luke hat uns tolle Sachen über Eulen erzählt«, berichtete Ben, der ebenso wie Niklas an Lukes Lippen gehangen hatte.

»Danke, Luke, dass du dich um die Kinder gekümmert hast«, sagte Lynn. »Ich wollte …«

Sie wurde von lautem Hupen unterbrochen. »Nanu, wer ist denn das?«, fragte sie verwundert.

»Das ist wieder dieser Mr Forester«, meinte Ben gelangweilt.

»Vielleicht hat er etwas über Dad erfahren«, sagte Will nachdenklich.

Das Lächeln gefror auf Lynns Gesicht.

Stella wandte sich zu ihr um und drückte ihr mitfühlend die Hand. Als sie sich wieder umdrehte, war der Holzblock, auf dem Luke eben noch gesessen hatte, verlassen. Suchend blickte sie sich um, aber sowohl Luke als auch Sylvester waren verschwunden.

Dan Forester parkte seinen Pick-up wie bei seinem letzten Besuch neben dem Wohnhaus und stieg aus. Als er Stella, Lynn und die Kinder entdeckte, die noch immer vor Lukes Hütte standen, kam er zu ihnen herüber.

»Guten Morgen! Ich war gerade in der Nähe und wollte mich vergewissern, dass Sie Ihren Besuch in Fort McMurray unbeschadet überstanden haben. Aber wie ich sehe, ist alles in bester Ordnung.« Er nickte grüßend in die Runde, aber sein Blick blieb an Stella hängen.

»Lynn geht es den Umständen entsprechend«, erklärte Stella, als niemand sonst Anstalten machte, ihm zu antworten. »Ich selbst fühle mich gut. Aber ich denke, dass es für mich bei diesem einen Besuch in Fort McMurray bleiben wird.«

»Das ist eine sehr weise Entscheidung«, pflichtete Mr Forester ihr bei. »Ich wundere mich noch immer, dass Luke Lumly Sie dorthin mitgenommen hat.«

»Es war wirklich nicht Lukes Schuld«, wehrte Stella ab. »Im Gegenteil. Er hat uns einen großen Gefallen getan, indem er uns begleitete.«

Mr Forester ging nicht weiter auf ihren Einwand ein. »Und haben Sie etwas über Ted in Erfahrung bringen können?«

Lynn antwortete nicht, und Stella konnte an dem Gesichtsausdruck der jungen Frau erkennen, dass ihr Dan Foresters Besuch arg zu schaffen machte.

»Leider nein«, erklärte Stella knapp an Lynns Stelle. Sie wollte von den gestrigen Ereignissen in Fort McMurray nicht vor den Kindern erzählen.

»Jean kommt! Jean kommt!«, fiel Ben nun aufgeregt dazwischen und deutete zum Rande der Lichtung.

»Oh, Mom, es ist Jean!«, fiel jetzt auch Amanda ein, und selbst auf Wills ernstem Gesicht erschien ein Lächeln. Begeistert liefen die drei dem kleinen Geländewagen entgegen.

»Wer ist Jean?«, erkundigte sich Stella bei Lynn.

»Jean ist die *Health Nurse*, die Gemeindekrankenschwester, wenn man so will. Hier draußen in der Wildnis gibt es nur wenige Ärzte, weißt du«, erklärte Lynn, »und so kümmern sich Health Nurses um viele Dinge, die eigentlich von einem Arzt erledigt werden. Sie nehmen Impfungen vor und machen Besuche bei Müttern mit Neugeborenen, um sicherzustellen, dass bei ihnen alles in Ordnung ist. Sie gehen in die Schulen, um die Jugendlichen zu beraten, und sehen nach den Menschen in der Gemeinde, die niemanden haben, der sie für einen Arztbesuch in die Stadt fährt oder die einen Verbandswechsel brauchen, oder sie verweisen Kranke an den richtigen Arzt. Aber für viele Menschen sind die Health Nurses viel mehr: nämlich eine wichtige Vertrauensperson, an die sich wenden können, wenn sie nicht weiterwissen.

Jeder Bezirk hat eine Health Nurse, die zu bestimmten Zeiten in einer Praxis anzutreffen ist und regelmäßig ihre Runden durch die Gemeinde macht«, schloss Lynn ihre Erläuterung.

»Und Jean ist unsere!«, rief Amanda.

»Sie ist immer sehr lieb zu den Kindern, nie herabschauend oder abwertend, wie so viele Nichtindianer«, sagte Lynn. »Im Augenblick besucht sie uns regelmäßig, um sicherzustellen, dass ich alle Vorsorgeuntersuchungen bekomme. Sie ist wirklich eine gute Seele.« Lynn runzelte die Stirn. »Ich weiß allerdings nicht, warum sie heute Morgen erscheint. Sie war gerade erst vor ein paar Tagen bei uns.«

Die beiden Frauen folgten den Kindern, Dan Forester im Schlepptau. Die vier hatten den Wagen der Gemeindeschwester bereits erreicht und warteten neben der Autotür aufgeregt darauf, dass Jean ausstieg. Niklas befand sich mitten in der Kinderschar, obwohl er die Besucherin gar nicht kannte.

Die Wagentür öffnete sich, und eine vollschlanke Frau mit kurzem braunem Haar und strahlenden blauen Augen erschien.

»Da sind ja meine Lieblingskinder!«, rief sie und umarmte Will, Amanda und Ben herzlich. »Nanu, habt ihr über Nacht Zuwachs bekommen?«

»Das ist doch der Niklas!«, erklärte ihr Ben. »Er ist mit seiner Mutter und seiner Großmutter zu Besuch bei uns. Leider versteht er kein Englisch. Er kommt nämlich aus Deutschland.«

»Aus Deutschland? Na, da bist du aber weit gereist«, sagte Jean und streckte Niklas lächelnd ihre Hand entgegen. »Willkommen in Kanada.«

Niklas schüttelte brav Jeans Hand und sagte dann auf Englisch: »Ich bin Niklas.«

Stella hörte seine Worte und war sehr stolz auf ihn.

»Und dies ist Niklas' Mutter«, erklärte Lynn. »Stella, dies ist Jean, unsere Gemeindeschwester. Jean, dies ist Stella aus Deutschland.«

»Freut mich sehr«, sagte Stella. Jean war ihr auf Anhieb sympathisch. Das geschah bei ihr nicht oft, aber hier in Kanada anscheinend ständig.

»Die Freude ist ganz auf meiner Seite«, sagte Jean. »Ich bin froh, dass jemand bei Lynn und den Kindern ist. Jemand, der versteht.« Dann wandte sie sich leise an Lynn: »Ich habe von Teds Verschwinden gehört. Es tut mir aufrichtig leid, Lynn.« Sie umarmte die junge Frau innig. »Habt ihr Genaueres erfahren können?«

Lynn schüttelte den Kopf.

»Er taucht bestimmt bald wieder auf. Ich bin mir sicher. Mach dir nicht zu viele Sorgen. Das ist in deinem Zustand nicht förderlich.« Sie sah Lynn eindringlich an und hoffte, sie würde verstehen, ohne dass sie vor den Kindern mehr dazu sagen musste.

Und Lynn verstand. Sie wusste nur zu gut, sie musste an das Baby denken, das sie in sich trug. Es war das Einzige, das ihr in den vergangenen zwanzig Stunden die Kraft gegeben hatte, stark zu sein und durchzuhalten.

Jean fuhr fort: »Eigentlich bin ich gekommen, um mit Luke über etwas zu sprechen, worüber wir uns vor ein paar Wochen unterhalten hatten. Ist er hier?« Sie sah sich suchend um, entdeckte jedoch lediglich Dan Forester, der sich bisher im Hintergrund gehalten hatte. »Mr Forester, ich hatte Sie gar nicht gesehen. Wie geht es Ihnen?« Jean war höflich, doch in ihrer Stimme klang ein kleines bisschen Kühle mit.

»Danke, gut«, erwiderte Mr Forester lächelnd. Aber Stella bemerkte, dass es ein oberflächliches Lächeln war und nicht von Herzen kam.

»Ich weiß nicht, wo Luke ist«, erklärte Lynn und wandte sich fragend an Stella. »Ihr wart doch eben bei ihm. Ist er reingegangen?«

»Ich habe keine Ahnung«, erwiderte Stella. »Er saß eine ganze Zeit lang vor seiner Hütte und schnitzte. Dann war er mit einem Mal verschwunden.«

Jean lachte auf. »Das ist typisch Luke. Immer der Geheimnisvolle! Aber es ist wirklich wichtig, dass ich ihn heute noch spreche.«

»Will, lauf doch bitte zur Hütte und schau nach, ob Luke dort ist«, bat Lynn ihren Ältesten.

Der Junge rannte sofort los, kehrte jedoch schon wenige Augenblicke später unverrichteter Dinge zurück.

»Luke ist nicht zu Hause«, berichtete er, »und ich habe ihn auch sonst nirgendwo gesehen.«

»Nun ja, dann lässt es sich nicht ändern. Ich danke dir, Will«, sagte Jean. »Oh, Mr Forester, würden Sie so gut sein und die Süßigkeiten und Spielsachen, die ich mitgebracht habe, an die Kinder verteilen?«

»Natürlich«, erwiderte er.

»Will.« Jean zog den Jungen leise beiseite. »Beschäftige Mr Forester für eine Weile, ja?«

Will sah von einer Frau zur anderen. »Kein Problem«, meinte er schließlich und ging zu den anderen, die schon gespannt am Kofferraum des Geländewagens warteten.

12

Okay, was ist los?«, wollte Lynn leise von Jean wissen.

»Ist sie in Ordnung?«, fragte Jean mit einem Seitenblick auf Stella.

»Absolut vertrauenswürdig«, erklärte Lynn.

»Schön. Ich weiß, Dan Forester hat ebenfalls einen guten Ruf, aber er arbeitet für die North Corporation, und da heißt es vorsichtig sein«, sagte Jean. »Also, es verhält sich folgendermaßen: Luke ist vor ein paar Wochen zu mir gekommen, weil er bemerkt hatte, dass eine auffällige Anzahl von Menschen in unserer Gemeinde an denselben ungewöhnlichen Krankheitssymptomen leidet, wie sie stromabwärts, also nördlich von Fort McMurray, in den abgelegenen indianischen Gemeinden aufgetaucht sind. Dort vermuten manche Ärzte, dass Giftstoffe aus den Auffangbecken in die Erde auslaufen – und damit auch ins Grundwasser, in Flüsse und Seen – und die Symptome bei den Menschen auslösen.« Jean schaute sich behutsam um, um sich zu vergewissern, dass Mr Forester noch mit den Kindern beschäftigt war.

»So etwas nachzuweisen ist natürlich schwer, vor allem, weil die Ölkonzerne ihre eigenen Gremien haben, die die Auswirkungen auf Menschen und Umwelt untersuchen und diese Informationen regelmäßig an die Regierung weiterleiten«, fuhr sie fort. »Ich habe mich bei verschiedenen Stellen vorsichtig erkundigt, und es sieht tatsächlich so aus, als habe Luke recht. Die Mengen an PAVs – das steht für polyzyklische aromatische Verbindungen –, die von unabhängigen Experten in den Gewässern stromabwärts von Fort McMurray festgestellt wurden, liegen weit über den erlaubten Höchstwerten. Die PAVs greifen vor allem Leber, Fettgewebe und den Magen-Darm-Trakt an. Manche behaupten sogar, dass sie auch die Funktion der Reproduktionsorgane beeinträchtigen. Unter den Krankheiten, die in den abgelegenen nördlichen Gemeinden verstärkt auftauchen, sind Leukämie, Lymphknotenschwellung, Lupus und andere Autoimmunerkrankungen, aber auch der eigentlich sehr seltene Gallengangkrebs. Und genau diese Krankheiten sind es, die sich in letzter Zeit auch bei euch in der Gegend häufen.«

»Aber Winding River liegt stromaufwärts von den großen Minen, und Auffangbecken gibt es hier in der Nähe auch nicht«, warf Lynn besorgt ein.

»Genau deshalb glaubt Luke, dass irgendeine Schweinerei im Gange ist«, flüsterte Jean. »Hier, ich habe alles, was ich herausfinden konnte, aufgeschrieben. Gib es Luke, sobald du ihn siehst, aber zeige es niemandem sonst.« Sie steckte Lynn einen Briefumschlag zu.

»Vielleicht solltest du es ihm besser selbst geben«, überlegte Lynn.

»Das würde ich gerne«, erwiderte Jean, »aber leider bin ich versetzt worden.«

»Versetzt?«

»Ja, ich darf ab sofort in Victoria Papier herumschieben, oder ich verliere meinen Job ganz.«

Stella wurde hellhörig. Sie wusste von ihrer Arbeit in der Anwaltskanzlei genau, was das bedeutete. Jean war auf etwas gestoßen, das nicht für ihre Augen und Ohren bestimmt war.

»Ich bin mit meiner Fragerei irgendwo angeeckt«, erklärte Jean denn auch. »Und man hat mir die Gelegenheit gegeben, zu vergessen, was ich herausgefunden habe.« Sie holte tief Luft. »Irgendetwas stimmt an der ganzen Sache nicht, so viel steht fest. Aber mir ist mein Leben zu lieb – ich will es nicht unnütz aufs Spiel setzen. Diese Konzerne haben Macht, viel Macht und es ist am besten, ihnen nicht in die Quere zu kommen.« Sie hielt einen Moment inne und setzte dann hinzu: »Also, lasst es euch gutgehen. Ich habe genaue Anweisungen für meine Nachfolgerin hinterlassen. Sie wird in ein paar Tagen eintreffen und sich mit dir in Verbindung setzen, damit mit deinem Baby alles glattläuft. Darüber brauchst du dir also keine Gedanken zu machen. Und Lynn, was Ted betrifft: Könnte es vielleicht sein, dass er irgendwie in Lukes geheime Ermittlungen verstrickt ist? Ich meine, Menschen verschwinden nicht grundlos. Nicht einmal hier oben in der gottverlassenen Wildnis.«

Jean sah Lynn eindringlich an, dann drückte sie die junge Frau fest an sich. »Pass auf dich und die Kinder auf, versprochen? Und sage ihnen vorerst nichts über meine Versetzung. Die Kleinen haben im Augenblick genug andere Sorgen.«

»Versprochen«, sagte Lynn leicht verwirrt. Die ganze Sache hatte sie vollkommen unvorbereitet getroffen.

»Kinder!«, rief Jean nun und ging zu ihnen. »Ich muss leider schon weiter! Aber wir sehen uns bald wieder.«

»Oh, Jean, kannst du nicht noch ein bisschen länger bleiben?«, bettelten Amanda und Ben.

Jean lachte. »Heute geht es wirklich nicht, meine Süßen!«, wehrte Jean ab. »Doch bevor ich fahre, sagt mir noch schnell: Haben euch meine Mitbringsel gefallen?«

Die Kinder warfen sich ihr an den Hals und gaben ihr einen Kuss.

»Du bist zu lieb«, sagte Will und umarmte Jean fest, gerade so, als spürte er, dass etwas nicht in Ordnung war.

»Dabei haben wir heute doch gar nicht Geburtstag«, meinte Amanda. »Und Weihnachten ist auch noch nicht.«

»Muss man immer einen Grund haben, um jemandem etwas zu schenken?«, erwiderte Jean lachend. Sie gab sich heiter, aber ihre unterschwellige Traurigkeit umgab sie wie eine dunkle Wolke.

»Hätte ich gewusst, dass heute ein kleiner Besucher hier ist, dann hätte ich ihm natürlich auch etwas zum Spielen mitgebracht. Es tut mir leid. Aber ich denke, die anderen werden zumindest die Süßigkeiten mit dir teilen, Niklas.«

Niklas verstand kein Wort von dem, was die Gemeindeschwester sagte, aber das machte nichts. Diese Jean schien sehr nett zu sein, und sie lächelte ihn wohlwollend an. So viel verstand er. Und auch, dass die anderen heiter und ausgelassen waren. Also fiel er einfach in ihr Gelächter und in ihren Frohsinn ein.

Jean stieg in ihren Wagen, hupte noch einmal laut und fuhr davon. Alle winkten ihr nach – sogar Mr Forester.

»Ich sollte mich wahrscheinlich auch verabschieden. Ich habe noch jede Menge Arbeit zu erledigen«, wandte er sich dann an Stella und Lynn. »Ich hoffe, Jean hat keine unangenehmen Nachrichten überbracht?« Und diesmal war es nicht Stella, die er ansah, sondern Lynn.

»Sie hatte nur ein paar Papiere für Luke. Nichts Wichtiges«, erklärte Lynn vage. »Ich werde sie ihm in die Hütte legen. Er müsste jeden Moment wiederkommen.«

»Also, dann mache ich mich auf den Weg«, sagte Mr Forester und schüttelte den beiden Frauen die Hände.

Noch ehe er seinen Pick-up erreichte, ertönte wieder ein Motorengeräusch. Stella und Lynn blickten hoffnungsvoll auf. Vielleicht war es Ted!

Doch es war nicht Ted, der endlich nach Hause kam, sondern ein Wagen der RCMP. Die Polizei! Eine schlimme Vorahnung überkam sie.

»Das ist ja unglaublich! So viele Besucher wie heute haben wir sonst in einem ganzen Jahr!« Lynn versuchte zu scherzen, aber es gelang ihr nicht. Ihre Stimme zitterte zu sehr.

Stella griff nach Lynns Hand und drückte sie einfühlsam.

Auch Mr Forester hatte den Einsatzwagen der RCMP erkannt und kam neugierig zu den Frauen zurück.

Elizabeth und Sarah hatten den Wagen ebenfalls bemerkt. Sie erschienen auf der Veranda und riefen die Kinder zu sich. Stella war froh darüber. Was immer der Polizeibeamte zu sagen hatte, die Kleinen sollten nicht dabei sein.

»Kinder, kommt ins Haus!«, rief Elizabeth noch einmal und in sanftem Ton. Aber ihre Stimme verriet, dass sie in diesem Fall keine Einwände zulassen würde.

Widerwillig liefen Will, Amanda und Ben zum Haus. Niklas folgte ihnen. Auf der Veranda drehte sich Will noch einmal zu seiner Mutter um, die mit Stella und Mr Forester auf der Lichtung stand und dem Wagen abwartend entgegensah. Elizabeth bemerkte seinen Blick.

»Mach dir keine Gedanken, Will«, sagte sie leise. »Was auch immer der Grund für den Besuch der RCMP sein mag, erinnere dich an eines: Das Schicksal jedes Menschen liegt nicht in seiner Hand, sondern allein in der von Great Spirit.«

Will wusste, dass seine Großmutter recht hatte. Er nickte schweigend und ging ins Haus.

Der Wagen hielt nun direkt neben Stella, Lynn und Dan Forester, und ein kräftig gebauter Officer stieg aus. Der Beamte hatte kurzes, graumeliertes Haar und einen bronzenen Teint, und Stella vermutete, dass er indianischer Abstammung war.

»Das ist Mike Townsend«, erklärte Lynn ihr überrascht, als sie den Polizisten erkannte. »Er ist ein Freund der Familie und schaut öfters vorbei.« Sie atmete erleichtert auf und versuchte sich selbst zu beruhigen, indem sie sagte: »Es ist ein freundschaftlicher Besuch, das ist alles.«

»Lynn, Mr Forester«, grüßte der Beamte höflich.

»Officer Townsend, ich hoffe, Sie bringen keine schlechten Nachrichten«, sagte Dan Forester und schüttelte die Hand des Polizisten.

»Es ist leider nichts Erfreuliches«, erwiderte Townsend. »Lynn, ist Luke hier? Die Sache geht nämlich auch ihn an.«

»Luke?«, fragte Lynn verwundert. »Es tut mir leid, aber ich weiß nicht, wo er ist. Jean war eben auch schon hier und hat nach ihm gefragt.«

Mike Townsend überlegte kurz, dann erklärte er mit ernster Miene: »Die RCMP hat heute Morgen einen anonymen Hinweis erhalten und wird unverzüglich die Ermittlung aufnehmen. Ich bin nicht offiziell hier – der Fall ist Kollegen übergeben worden. Ich bin gekommen, weil ich der Erste sein wollte, der euch die Nachricht überbringt.«

»Mike, ich verstehe nicht«, stammelte Lynn. »Was für Ermittlungen?«

Stella blickte von einem zum anderen, und eine Gänsehaut lief ihr über den Rücken. Sie musste an das unheilvolle Gefühl denken, dass sie an ihrem ersten Abend in Winding River verspürt hatte. Etwas Dunkles bahnte sich an, das ließ sich nicht bestreiten.

»Dem Hinweis zufolge gab es vorgestern Abend hier auf dem Grundstück einen handgreiflichen Streit zwischen Ted und Luke.«

»Einen Streit?« Lynn war entgeistert, ihr Gesicht kreidebleich. »Ich verstehe nicht …«

Mike Townsends Blick war anteilnehmend, als er fortfuhr. »Ein Streit zwischen Ted und Luke – um dich.«

»Um mich …?« Lynn sah ihn verwirrt an. »Warum sollten sie sich um mich streiten?«

»Eifersucht«, erklärte Mike Townsend.

»Eifersucht?«, wiederholte Lynn fassungslos. »Dazu habe ich Ted nie einen Anlass gegeben. Und Luke? Du weißt, wie er ist. Ein Eigenbrötler. Wir haben nie mehr als Höflichkeiten ausgetauscht. Das weiß Ted auch.«

»Das Ganze ist doch absurd!«, mischte Dan Forester sich ein. »Mrs Crise war gerade gestern mit ihrer Freundin hier, Stella Ammersbach, bei mir in Fort McMurray und hat gemeinsam mit Luke Lumly Nachforschungen über Teds Verbleib angestellt – Sie haben ja bestimmt gehört, dass Ted Crise seit gestern Morgen spurlos verschwunden ist. Und Mr Lumly schien ehrlich und aufs äußerste besorgt. Warum lassen Sie die Familie also nicht in Ruhe? Sie hat wahrlich schon genug Aufregung. Bedenken Sie Mrs Crises Zustand!«

Stella belohnte Mr Foresters Worte mit einem wohlwollenden Blick. Es gefiel ihr, dass er sich für Lynn – und auch für Luke – so stark einsetzte.

»Ich würde der Familie gerne ihre Ruhe und ihren Frieden lassen«, erwiderte Mike Townsend. »Nichts wäre mir lieber – gerade wegen der Kinder und Lynns Schwangerschaft. Aber dafür ist es jetzt zu spät.« Er wandte sich wieder an Lynn. »Jemand hat heute Morgen euren Pick-up gefunden. Er war abseits im Gebüsch geparkt. Lynn, Ted war in dem Wagen – er ist tot. Es tut mir wirklich leid.«

Lynn schlug entsetzt die Hände vor den Mund, behielt aber ihre Fassung.

»Oh, mein Gott!«, flüsterte Stella bestürzt.

»Wo?«, brachte Lynn mit zitternder Stimme heraus.

»An der unbefestigten Straße nach Winding River, nur ein paar Kilometer von hier entfernt.«

»Weiß man, wie es zu dem Unfall gekommen ist?«, fragte Mr Forester. »Ich meine, die Straße ist ja nicht sehr befahren.«

»Es war kein Unfall«, erwiderte Mike Townsend ernst. »Ted ist ermordet worden – mit einem Messer.«

Lynn klammerte sich mit weit aufgerissenen Augen an Stellas Arm. »Ermordet?«, hauchte sie schockiert. »Warum sollte ihn jemand ermorden? Er hat doch niemandem etwas getan!«

»Wollte irgendwer an schnelles Geld kommen?«, fragte Mr Forester.

Mike Townsend schüttelte den Kopf. »Das Portemonnaie war unversehrt, und ich glaube nicht, dass Ted andere Wertgegenstände bei sich gehabt hat.«

»Geht es um die Straße, die hier an der Lichtung beginnt?«, erkundigte Stella sich nachdenklich.

Der Officer nickte.

»Und wann ist der Mord passiert?«

»Der Arzt sagte, dass Ted bereits seit mindestens vierundzwanzig Stunden tot gewesen sein musste, als man ihn fand«, erklärte Mike Townsend.

Stella war trotz ihrer Bestürzung verblüfft, war sie doch gestern zweimal auf ebendieser unbefestigten Straße von dem Haus der Crises nach Winding River gefahren: einmal am Morgen, als sie mit Sarah und Niklas den Tante-Emma-Laden besucht hatte, und nochmals am Nachmittag, als sie gemeinsam mit Lynn und Luke nach Ted suchte. Wenn der Pick-up wirklich von der Straße aus zu sehen gewesen war, dann hätten sie ihn doch entdecken müssen. Besonders Luke, der, wie Stella sich deutlich erinnerte, die ganze Zeit über den Wald und das Unterholz zu beiden Seiten des Weges vom Wagen aus sehr genau im Auge behalten hatte. Und sie waren nicht die Einzigen gewesen, die am vergangenen Tag dort entlanggefahren waren. Mr Forester hatte ihnen am Vormittag einen Besuch abgestattet, und Reverend Paulson war am frühen Nachmittag bei ihnen gewesen und hatte sie davon unterrichtet, dass Ted am Morgen nicht zu seiner Schicht erschienen war. Zumindest er hätte sich doch anders verhalten, wenn ihm Teds Wagen auf dem Weg zu den Crises am Wegrand aufgefallen wäre. Nein, irgendetwas stimmte an der Geschichte nicht.

»Wer hat ihn denn gefunden?«, erkundigte sich Dan Forester sachlich.

»Wie ich schon sagte, es war ein anonymer Hinweis«, erwiderte der Polizist. »Mehr weiß ich leider auch noch nicht.« Er räusperte sich unwohl. »Lynn, du müsstest noch in die Stadt kommen und Ted identifizieren. Das muss natürlich nicht heute sein«, fügte er schnell hinzu. »Aber sobald es dir möglich ist.«

»Könnte ich das nicht übernehmen?«, erkundigte Mr Forester sich. »Sie sehen ja, dass Mrs Crise nicht in der Lage ist, in den nächsten Tagen irgendwo hinzufahren, und Fort McMurray ist wirklich kein geeigneter Platz für Damen. Ich könnte gleich auf dem Rückweg im Krankenhaus vorbeischauen und die Sache erledigen.«

Stella sah ihn dankbar an, und Lynn wandte sich hoffnungsvoll an den Polizisten. »Mike, wäre das erlaubt?«

»Natürlich, wenn du deine Einwilligung gibst.«

»Die gebe ich«, erklärte Lynn erleichtert. »Ich bin Ihnen sehr verbunden, Mr Forester.«

»Keine Ursache«, erwiderte er.

»Dann will ich mal wieder los«, sagte Mike Townsend schließlich. Er stieg in seinen Dienstwagen und ließ das

Fenster auf der Fahrerseite herunter. »Bevor ich es vergesse, auf meinem Weg hierher habe ich gehört, dass ganz in der Nähe zwei Waldbrände gemeldet worden sind. Solche Brände können sich sehr schnell ausbreiten, viel schneller, als man denkt, auch wenn sie unter Kontrolle zu sein scheinen. Es braucht bloß ein Wind aufzukommen. Also haltet die Augen offen.«

Lynn ging zum Wagen und beugte sich zum Fenster hinunter. Stella war ihr gefolgt.

»Danke, dass du vorbeigekommen bist, Mike.«

»Ich wünschte, ich könnte mehr tun«, sagte er und startete den Motor. »Und Lynn«, setzte er noch leise hinzu, »falls du Luke sehen solltest, sage ihm, es wäre besser, wenn er für eine Weile verschwinden würde. Hier wird bald eine ganze Schar von Polizisten auftauchen, die ihn ins Verhör nehmen wollen, und sollte er für die Tatzeit kein handfestes Alibi haben, dann sieht es schlecht für ihn aus.«

»Ich verstehe.«

Lynn und Stella standen auf der Lichtung und sahen Mike Townsend schweigend nach. Lynn war noch immer gefasst, und Stella bewunderte sie sehr dafür. Aber wie würde es später aussehen? Würde sie Teds Tod verkraften?

Die beiden bemerkten nicht, dass Dan Forester zu ihnen kam. Er räusperte sich verlegen.

»Ich kann Ihnen nicht oft genug sagen, wie leid mir die ganze Angelegenheit tut, Mrs Crise. Und dazu auch noch die Anschuldigungen gegen Luke Lumly.«

Lynn sah ihn überrascht an. »Sie trifft doch keine Schuld, Mr Forester. Sie haben weder etwas mit dem Mord an Ted noch mit den Ermittlungen gegen Luke zu tun.«

»Es tut mir trotzdem sehr leid«, wiederholte er. »Sollte

es etwas geben, das ich für Sie und Ihre Familie tun kann, dann lassen Sie es mich bitte wissen. Ich werde mich auf jeden Fall dafür einsetzen, dass die North Corporation Ihnen finanziell unter die Arme greift, bis Ihre Familie sich von diesem schlimmen Schock erholt hat – das versichere ich Ihnen.«

»Ich danke Ihnen, Mr Forester.«

»Also, dann verabschiede ich mich jetzt. Mrs Crise, Mrs Ammersbach – auf Wiedersehen.« Er stieg in seinen Pick-up und fuhr davon.

Stella wusste nicht, was sie sagen sollte. Sie versuchte sich in Lynns Lage zu versetzen. Keine Worte konnten das, was Lynn jetzt wohl fühlte, erträglicher machen. Im Gegenteil, Worte würden vielleicht eher verletzen. Daher zog sie es vor, zu schweigen.

Sarah erschien auf der Veranda, gefolgt von Will und Elizabeth. Sie blickten den beiden jungen Frauen abwartend entgegen.

»Deine Kinder müssen erfahren, was geschehen ist«, sagte Stella mit heiserer Stimme.

Lynns Blick füllte sich mit Schmerz. Stella wusste nicht, ob dieser Schmerz Ted oder den Kindern galt, aber er versetzte ihrem Herzen einen Stich.

»Ich glaube, sie wissen es schon«, erwiderte Lynn leise.

»Ich begleite dich, wenn du willst«, sagte Stella. »Aber wahrscheinlich ist es besser, wenn ihr jetzt erst mal allein seid.«

Lynn nickte stumm. Dann umarmte sie Stella, dankbar für ihre Unterstützung, und ging mit langsamen Schritten zur Veranda, wo ihre Familie auf sie wartete.

13

Ich dachte, es sei besser, die fünf fürs Erste allein zu lassen«, erklärte Stella, als sie eine Weile später mit Sarah und Niklas in dem kleinen Gästehaus saß. »Vielleicht wäre es unter den gegebenen Umständen auch angebracht, dass wir abreisen.« Sie wählte ihre Worte mit Bedacht, weil sie Niklas nicht unnötig beunruhigen oder ängstigen wollte. Aber sie musste ihrer Mutter irgendwie zu verstehen geben, wie sie sich fühlte. So viel war in der kurzen Zeit passiert, seit sie bei den Crises in Winding River angekommen waren. Erst Teds Verschwinden, dann der Überfall der beiden betrunkenen Männer auf sie in Fort McMurray und jetzt der Mord. Diese Gegend schien unheilvolle Ereignisse anzuziehen; es hatte beinahe den Anschein, als lastete ein Fluch auf ihr. Und Stella war sich nicht sicher, ob es ratsam war, ihre Familie diesem Einfluss noch länger auszusetzen. Ihr Gefühl, in Winding River fehl am Platz zu sein, war nie stärker gewesen als in diesem Augenblick.

»Ich weiß nicht, was alles ans Licht gekommen ist, während ich mit Elizabeth und den Kindern im Haus war«, erwiderte Sarah ebenso vorsichtig und stocherte im Holzofen herum, um zu sehen, ob sie das Feuer wieder in Gang bringen konnte. »Aber was immer es auch gewesen sein mag – wir wurden von Little Drum hierherbestellt. Und ich fühle, genau wie du, dass es einen ganz bestimmten Grund dafür gibt. Einen Grund, der für uns im Augenblick noch nicht ersichtlich ist, der aber auf jeden Fall über die bloße Anwesenheit bei ihrer Bestattungszeremonie hinausgeht.«

Stella blickte ihre Mutter zweifelnd an.

»Wir müssen bleiben«, sagte Sarah bestimmt. »Die Familie braucht uns, braucht unsere Unterstützung.«

»Ich habe Hunger«, warf Niklas ungerührt ein. Er hatte den größten Teil des Vormittags über mit Will, Amanda und Ben gespielt, und das machte sich jetzt nicht nur darin bemerkbar, dass er müde wurde, sondern auch darin, dass sein Magen knurrte.

Stella schaute auf ihre Uhr. Es war bereits früher Nachmittag.

»Oh, Niklas, es tut mir so leid!«, rief sie. »Dein Mittagessen habe ich ganz vergessen!« Sie kramte in einer der Einkaufstüten. Zum Glück hatten sie gestern Vormittag in Winding River einige Dinge für den kleinen Hunger zwischendurch besorgt – der kam bei Niklas nämlich sehr häufig vor. Sie schmierte also eine Scheibe Brot, schnitt einen Apfel auf und setzte Niklas zum Essen an den kleinen Tisch, der vor dem Fenster stand. Sie selbst zog sich mit Sarah ans andere Ende des Raumes zurück, wo sie für kühle Abende ein paar Stühle dicht an den Holzofen gerückt hatten. Dann berichtete sie, so leise es ging, was mit Ted geschehen war und was Mike Townsend über den Streit erzählt hatte. Auch Dan Foresters Worte versuchte sie so genau wie möglich zu wiederholen. Während Stella sprach, warf sie immer wieder einen flüchtigen Blick auf Niklas. Aber der Junge schien ganz in sein Bilderbuch und sein Mittagessen vertieft zu sein.

»Es ist ein fürchterliches Unglück«, pflichtete Sarah bei, nachdem Stella geendet hatte. »Die armen Kinder.

Ted war zwar nicht ihr leiblicher Vater, und sie schienen ihm gegenüber etwas zurückhaltend, aber immerhin war er seit mehr als drei Jahren ihr Vaterersatz und der Versorger der Familie. Was wird Lynn jetzt nur machen? Und das nächste Baby ist unterwegs.«

»Sie war die ganze Zeit über sehr gefasst«, erzählte Stella. »Natürlich war ihr anzusehen, dass Teds Tod sie schwer getroffen hat, aber sie ist äußerlich vollkommen ruhig geblieben.« Sie schüttelte nachdenklich den Kopf. »Ich weiß nicht, wie sie das geschafft hat. Ich an ihrer Stelle wäre bestimmt zusammengebrochen.«

»Lynn ist eine sehr starke und verantwortungsbewusste junge Frau. Ich bin mir sicher, dass es der Gedanke an ihre Kinder gewesen ist, der ihr die Kraft zum Durchhalten gegeben hat.«

»So muss es sein«, sagte Stella. »Ich meine, Lynns ganze Welt ist eben unwiderruflich zusammengebrochen. Sie ist plötzlich allein, ohne Geld, ohne Zukunft, und hat neben sich selbst noch drei Kinder – bald vier – und ihre Mutter zu versorgen. Das ist ein harter Schicksalsschlag.«

»Immerhin hat sie Elizabeth an ihrer Seite«, sagte Sarah. »Elizabeth ist Little Drum so ähnlich – nicht nur im Aussehen. Du hast Little Drum nicht gekannt, Stella. Sie war eine beeindruckende und weise Frau, das hat man sofort gespürt. Ich bin mir sicher, dass Elizabeth einmal den Platz einnehmen wird, den der Tod ihrer Großmutter hinterlassen hat, und die geistige Stütze der Familie sein wird. Vielleicht nicht gleich heute, aber bestimmt in der nahen Zukunft.«

Stella war von dem Vertrauen, das aus den Worten ihrer Mutter herauszuhören war, sehr angetan. Das war sonst so gar nicht Sarahs Art.

Bei dem Wort Vertrauen musste Stella an Luke denken und an die bösen Anschuldigungen gegen ihn. Aber auch an die Worte der Gemeindeschwester, dass Luke einer gefährlichen Sache auf der Spur war.

»Ich habe dir noch nicht erzählt, was Jean über Luke gesagt hat«, begann sie. Doch da wurde sie zu ihrer großen Überraschung von Niklas unterbrochen.

»Ihr sollt keine bösen Dinge über Luke sagen. Luke ist mein Freund!«

Stella wusste nicht, was sie sagen sollte. Wie viel hatte der Junge von ihrem Gespräch mitbekommen?

»Niklas, wir kennen Luke eigentlich nicht gut genug, um ihn einen Freund zu nennen.«

»Er ist mein Freund«, behaarte Niklas mit entschlossener Miene und verschränkte seine rundlichen Arme vor der Brust. »Er ist nett zu mir, und er zeigt mir Dinge. Und er hat mir das hier geschenkt.« Er hielt die geschnitzte Eule hoch. »Übrigens, meine anderen neuen Freunde, die kleinen Leute, die im Bücherregal wohnen, mögen ihn auch.«

Stella ging zu ihrem Sohn und legte ihm mitfühlend den Arm um die Schulter. »Mein Schatz, manchmal tun Menschen nur so als ob ...«

»Luke nicht. Luke ist Indianer, und die lügen nicht!«

»Niklas, jetzt hör mir mal gut zu«, versuchte Stella zu erklären. »Böse Menschen gibt es überall. Bei uns und auch bei den Indianern.«

»Aber Luke ist ein *guter* Indianer, ich weiß es!«, rief Niklas ärgerlich.

Stella und Sarah wechselten besorgte Blicke. Sie wussten, wie verbohrt Niklas sein konnte. In manchen Fällen war es ja auch gut, doch Stella wollte auf keinen Fall, dass sein junges Herz leiden musste. Ob Luke Lumly ein guter Mensch war oder nicht, darüber war sie sich im Moment selbst nicht im Klaren. Natürlich erinnerte sie sich daran, wie er sie am vorigen Abend, als er sie am Gästehaus abgesetzt hatte, angesehen hatte, und auch daran, wie lieb er zu Niklas gewesen war – von Anfang an. Aber sie erinnerte sich auch daran, wie finster und grimmig seine Miene meist war, und an die Art, wie er sich benommen hatte, als sie in Fort McMurray gewesen waren – fast gebieterisch und wie ein Leibwächter. Und wie gelassen er erst vor den Wachen in dem Camp aufgetreten war. Er hatte verborgene Seiten an sich, daran bestand kein Zweifel. Und wer konnte schon wissen, ob diese verborgenen Seiten nicht vielleicht gewalttätig waren?

Also fragte sie ihren Sohn vorsichtig: »Wie kannst du dir da so sicher sein, Niklas?«

Niklas sah sie fest an, beinahe ein wenig trotzig. »Seine Augen«, sagte er bestimmt. »Seine Augen sind gut, nicht böse. Kein bisschen böse.«

Stella seufzte. Dagegen konnte sie nichts einwenden, denn sie selbst schaute auch immer als Erstes auf die Augen eines Fremden. Immerhin hieß es ja, Augen seien Fenster zur Seele. Und wenn nun ein feinfühliges Kind wie Niklas nichts Böses in den Fenstern zu Luke Lumlys Seele sah, dann sollte sie als Mutter vielleicht darauf hören. Denn ein anderes sehr wahres Sprichwort besagte: Kindermund tut Wahrheit kund.

Nachdenklich griff sie nach der kleinen Eulenfigur, die in ihrer Hosentasche steckte. Eine angenehme Wärme ging von dem Stein aus.

»Also gut«, sagte sie schließlich. »Luke ist für uns ein guter Mensch – solange es keine handfesten Beweise dafür gibt, dass es sich anders verhält.«

Sarah lächelte zufrieden. Sie fand es immer wieder schön, wenn Kinder Erwachsenen etwas beibrachten und nicht nur umgekehrt.

Stella lächelte ebenfalls. Aber insgeheim war sie noch immer angespannt. Wie war Luke in diese Sache verstrickt? Und, was ihr noch wichtiger erschien, wie waren Sarah, Niklas und sie selbst darin verwickelt?

Elizabeth saß in dem großen alten Sessel, der bisher für Little Drum bestimmt gewesen war, und grübelte vor sich hin. Draußen war es schon dunkel. Im Ofen flackerte ein gemütliches Feuer, und lange Schatten tanzten an den Wänden. Als sich leise Schritte näherten, blickte sie erwartungsvoll auf.

»Schlafen die Kinder?«, erkundigte sie sich.

»Will ist noch wach, die anderen beiden sind endlich eingeschlafen. Will macht sich solche Sorgen um mich und das Baby. Ich konnte ihn kaum beruhigen«, sagte Lynn und legte sich erschöpft aufs Sofa. »Er ist schon so groß, Mom. Er versteht, was vor sich geht. Versteht, was für Konsequenzen die Vorkommnisse mit sich bringen. Ich wünschte beinahe, er wäre noch klein. Ben hat das Ganze weit weniger schlimm getroffen.«

Ihre Stimme begann zu zittern, und sie versuchte die aufsteigenden Tränen zurückzuhalten. Sie schloss die Augen und zwang sich zur Ruhe. Das Ausmaß der Tragödie schien ihr erst jetzt wirklich klarzuwerden. Ted war gefunden, ermordet. Ihre schlimmsten Alpträume waren Wirklichkeit geworden. Ted würde nie wieder nach Hause kommen. Sie war jetzt auf sich allein gestellt. Sie hatte kein Einkommen, und in sechs Wochen würde das Baby geboren werden. Für die Kinder war es nicht weniger schrecklich. Sie hatten ihren Stiefvater verloren. Zugegeben, ihr Verhältnis zu ihm war von jeher nicht das beste gewesen. Aber schließlich war Ted der einzige Mann in Lynns Leben, der bereitwillig die Vaterfigur für ihre Kinder übernommen hatte. Er hatte ihnen ein Dach über dem Kopf gegeben, hatte dafür gesorgt, dass Lebensmittel und Kleidung für sie da waren und dass sie es warm und trocken hatten.

Lynn rief sich zur Ordnung. Alle Tränen der Welt würden Ted nicht zurückbringen, und alle Tränen der Welt würden auch nicht dabei helfen, eine neue Welt für sich und die Kinder aufzubauen. Sie musste stark sein – für ihre Kleinen. Lynn legte schützend die Hände auf ihren hochschwangeren Bauch und holte tief Luft.

Elizabeth beobachtete sie schweigend.

»Du bist zu hart zu dir selbst«, unterbrach sie die Stille. Ihre Stimme war sanft, aber gleichzeitig sehr eindringlich. »Du musst deinem Herzen erlauben zu trauern, sonst kann es nicht heilen.«

Lynn schluckte und kämpfte damit, die Fassung zu bewahren.

»Ich habe keine Zeit für Trauer«, erwiderte sie knapp. »Die Kinder ...«

»Den Kindern nützt keine Mutter, die sich selbst etwas vormacht, die nicht in Harmonie mit sich selbst lebt«, unterbrach Elizabeth sie.

Bei diesen Worten brach Lynn in Tränen aus. Sie rollte sich auf dem Sofa zusammen und weinte so heftig, dass ihr ganzer Körper bebte.

Elizabeth war sofort an ihrer Seite, kniete sich neben sie und strich ihr besänftigend über den Rücken.

»So ist es besser«, flüsterte sie. »Lass deinen Schmerz raus, dann wird dein Herz leichter werden.«

»Oh, Mom«, schluchzte Lynn verzweifelt, »was soll ich nur tun? Was wird aus uns werden? Oh, ich wünschte, Little Drum wäre noch bei uns. Sie hatte für alles einen Rat!«

»Sie *ist* bei uns, Lynn«, sagte Elizabeth. »In jedem Augenblick – in unseren Herzen. Das darfst du nie vergessen! Sie ist in diesem Moment bei uns, genauso wie all die anderen, die vor uns gelebt haben – all unsere Ahnen.« Sie lächelte ihre Tochter aufmunternd an, aber auch in ihren Augen standen jetzt Tränen. »Erinnerst du dich daran, was Little Drum so oft gesagt hat, wenn wir einmal unglücklich waren?«

»Nichts auf unserer Erde geschieht durch Zufall. Alles hat seinen vorbestimmten Grund, auch wenn wir ihn nicht auf Anhieb erkennen können«, flüsterte Lynn schluchzend.

Elizabeth nickte stumm und deutete aus dem Fenster. »Sieh dir die unzähligen Sterne an, die am Himmel stehen. Es sind all unsere Ahnen. Sie wachen über uns. Wir sind niemals allein. Vergiss das nicht.«

Die beiden Frauen harrten eine Zeitlang schweigend aus, die Arme umeinandergeschlungen, und sandten stille Gebete, in denen sie um Hilfe baten, zu Great Spirit.

Eine geraume Weile später richtete Lynn sich ruckartig auf. Ihr war eingefallen, dass sie ihrer Mutter zwar von dem Mord an Ted berichtet hatte und auch von Dan Foresters und Jeans Worten. Aber etwas Wichtiges hatte sie vergessen!

»Mom, Mike Townsend hat vorhin noch etwas anderes erwähnt: Stell dir vor, die Polizei sucht nach Luke! Sie denken, dass er möglicherweise etwas mit Teds Tod zu tun hat. Sie haben einen anonymen Hinweis erhalten, dass es zwischen Luke und Ted einen handgreiflichen Streit gegeben hat – um mich!«

Elizabeth sah sie verwundert an. »Luke und Ted sollen sich um dich gestritten haben? Das ist doch absurd! Ted ist nicht der Typ, der wild vor Eifersucht auf einen anderen Mann losgeht. Und überhaupt, weder du noch Luke hat ihm jemals Anlass dazu gegeben. Und nun soll Luke Ted ermordet haben? Das kann ich mir nicht vorstellen. Er ist verschlossen und oft schwer zu verstehen, das stimmt. Aber ein Mord? Das ist etwas ganz anderes. Außerdem kannten die beiden sich kaum; Ted war so selten zu Hause. Mir leuchtet sowieso nicht ein, warum jemand Ted ermorden sollte. Er hat keinem etwas getan.«

»Ich kann es mir auch nicht erklären«, erwiderte Lynn. »Wir haben kein Geld, gestohlen hat man ihm auch nichts – noch nicht mal die Brieftasche. Die Sache ist mir ein Rätsel. Und Luke – er machte nicht den Eindruck, als sei er ein Mörder. Aber auf der anderen Seite hat er auch nie etwas darüber gesagt, dass er irgendwelche Nachforschungen anstellt, weil seit kurzem viele Menschen in unserer Gegend an seltenen Krankheitssymptomen leiden. Er scheint seine Geheimnisse zu haben.« Dann setzte sie hinzu: »Weißt du, ich hatte es bisher dem Zufall zugeschrieben, dass Luke im vergangenen Herbst angefragt hat, ob er bei uns unterkommen könne. Ich dachte immer, er sei knapp bei Kasse und ein Aussteiger-Typ. Doch jetzt bin ich mir darüber nicht mehr so sicher. Was, wenn er es von vornherein geplant hatte? Was, wenn es etwas mit diesen Nachforschungen zu tun hat, die er anstellt?«

Elizabeth sagte eine ganze Weile nichts. »Wir müssen mit Anschuldigungen sehr vorsichtig sein«, erklärte sie schließlich. »Es war Little Drum, die uns geraten hat, Luke auf dem Grundstück wohnen zu lassen, und ich vertraue ihrem Urteil. Außerdem hat Luke uns bisher nie einen Anlass gegeben, seinem Wort zu misstrauen. Wäre es also nicht am fairsten, wenn wir ihn persönlich zu der Angelegenheit befragten? Und denk daran, Luke ist vielleicht auch der Einzige, der etwas Genaueres über den Mord an Ted weiß.«

»Du hast recht, Mom«, sagte Lynn. Sie setzte sich auf und wischte sich die Tränen fort. »Ich muss unbedingt mit Luke sprechen! Mit ihm sprechen und ihn warnen!

Er weiß am Ende noch gar nicht, dass die Polizei nach ihm sucht!« Sie hielt inne und fügte dann zu hinzu: »Aber – wenn Luke wirklich unschuldig ist, warum ist er dann vorhin so schnell verschwunden?«

»Das müssen wir ihn selbst fragen, sobald wir ihn sehen«, stellte Elizabeth fest. »Ich bin mir sicher, dass er gute Gründe für sein Verhalten hat.«

»Als ich vorhin die Papiere, die Jean für ihn hinterlassen hat, in seine Hütte gebracht habe, war das Feuer heruntergebrannt, und es hatte nicht den Anschein, als sei Luke zwischendurch dort gewesen. Und von Sylvester fehlt auch jede Spur. Wo können die beiden nur stecken?«

»Wahrscheinlich ist Luke für eine Weile im Wald untergetaucht. Das hat er doch schon öfter getan. Und er kennt sich dort aus wie in seiner Westentasche. Mach dir also keine Sorgen.«

»Ja, ja, du hast bestimmt recht«, murmelte Lynn. Aber sie wurde von Minute zu Minute unruhiger. Etwas stimmte an der ganzen Sache nicht. Sie musste Luke unbedingt finden und mit ihm sprechen.

Als Lynn aufsah, fing sie den besorgten Blick ihrer Mutter auf.

»Mir tut es nur für Stella, Sarah und den kleinen Niklas leid«, erklärte sie hastig. »Dass all dies gerade jetzt passieren muss, wo sie zu Besuch sind.«

»Nichts geschieht durch Zufall«, wiederholte Elizabeth die Worte von Little Drum. »Ich bin mir sicher, dass ihre Anwesenheit hier, gerade zu diesem Zeitpunkt, ihren guten Grund hat. Wir müssen nur abwarten, bis er sich uns zeigt.«

»Bis dahin kann noch viel geschehen«, murmelte Lynn gedankenversunken.

»Wir müssen Vertrauen haben, Kind. Sehr viel Vertrauen.«

14

Als Stella am nächsten Morgen aufwachte, dämmerte es gerade. Der Himmel war wolkenverhangen, und das Innere des Gästehauses lag in fahlem Licht. Verschlafen blickte sie zum Fenster. Die Kerze, die sie in der Nacht auf der Fensterbank angezündet hatte, brannte noch immer.

Stella wusste nicht, warum, aber sie war in der Nacht ganz plötzlich aufgewacht und hatte lange Zeit nicht wieder einschlafen können. Ihre Gedanken waren um Lynn, Elizabeth und die Kinder gekreist, um deren Zukunft sie sich große Sorgen machte, und um das schreckliche Ende, das Ted ereilt hatte – besonders, weil es so viele offene Fragen hinterließ. Sie hatte weder Lynn noch Elizabeth am Vortag damit belasten wollen, aber etwas war faul an der Sache. Und dann war da natürlich die fürchterliche Gewissheit, dass in ihrer unmittelbaren Umgebung ein Mord geschehen war. Was, wenn der Täter noch ganz in der Nähe war?

Die Kerze hatte sie in der Hoffnung entzündet, dass das warme, sanfte Licht ihr helfen würde, sich zu beruhigen und wieder einzuschlafen. Der Schein einer Kerze war für sie seit frühester Kindheit ein Zeichen der Zuversicht und ein fester Teil des Betens. Ein kleines Licht in der Dunkelheit, das einem Mut machte, wenn man dem Verzagen nahe war, und das dem Gebet mehr Nachdruck gab. Und so hatte es denn auch in der vergangenen Nacht seine Wirkung nicht verfehlt. Stella hatte im Bett gelegen, aufgewühlt durch die Ereignisse, und gebetet. Für Lynn und die Kinder, für Elizabeth, für Ted – und für Luke, wo immer er auch sein mochte. Der Schein der Kerze hatte ihr Geborgenheit geschenkt und sie schließlich wieder einschlummern lassen.

Nun war der neue Tag angebrochen, und Stella begrüßte das Kerzenlicht wie einen alten Freund. Sie stand auf, schürte das Feuer im Ofen und legte Holz nach. Dann ging sie zum Fenster, um die Kerze auszublasen. Erstaunt riss sie die Augen auf. Draußen war alles weiß. Es hatte über Nacht geschneit! Nicht viel, aber genug, um Bäume, Lichtung und Gebäude in eine dichte Schneedecke zu hüllen. Stella blickte zum Himmel. Dort ballten sich noch immer dunkle Wolken, die andeuteten, dass es im Laufe des Tages noch mehr Schnee geben könnte.

»Wenigstens dürfte der Schnee die Waldbrände in Schach halten«, sagte Stella zu Sarah, als sie sich eine Weile später fertigmachten, um zum Frühstück ins Wohnhaus zu gehen.

»Ich hoffe, du hast recht«, erwiderte Sarah. »Sehr viel ist es ja nicht. Ich weiß nicht, ob es ausreicht, um ganze Waldbrände zu löschen.«

»Für mich zum Spielen reicht es!«, jauchzte Niklas. »Ich werde gleich nach dem Frühstück mit den anderen eine Schneeballschlacht machen!«

»Dann wirst du dich aber beeilen müssen«, sagte Stella, als sie aus dem Gästehaus traten. »Es ist nicht sehr kalt. Lange wird der Schnee wohl nicht liegen bleiben.«

»Es war nur einer dieser verrückten späten Schneefälle, die es überall manchmal gibt«, fügte Sarah hinzu.

»Das macht nichts, ich finde es auch toll, wenn der Schnee nur ganz kurz da ist!«

Auf dem Weg zum Wohnhaus spähte Stella verhalten zu Lukes Hütte hinüber. Dort war alles dunkel, und es stieg kein Rauch aus dem Schornstein auf. Luke war noch immer nicht nach Hause zurückgekehrt. Stella seufzte leise. Wenn Luke nichts zu verbergen hatte, warum blieb er dann fort? Oder wusste er tatsächlich noch nicht, dass die Polizei nach ihm suchte, und war einfach nur so unterwegs – zum Jagen vielleicht?

Sie hatten die Veranda fast erreicht, als Niklas etwas entdeckte.

»Seht mal, da sind Spuren im Schnee!«, rief er aufgeregt. »Vielleicht von einem Elch oder einem Wolf!«

Stella und Sarah sahen sofort, welche Spuren er meinte. Doch es waren keine Fährten von Tieren, es waren Fußspuren. Sie führten von der Veranda quer über die Lichtung und auf den Waldrand hinter Lukes Hütte zu.

»Da ist jemand aber schon früh unterwegs«, stellte Sarah verwundert fest.

Sie hatten die Stufen der Veranda kaum betreten, da wurde die Haustür aufgerissen, und Will stürmte heraus. Er sah Sarah, Stella und Niklas erst, als er genau vor ihnen stand.

»Immer langsam!«, rief Sarah. »Bei euch ist heute Morgen aber schon viel Betrieb!«

»Ist Mom bei euch?«, fragte der Junge ohne Umschweife und sah sich suchend um. Anspannung stand in seinem Gesicht.

»Lynn? Nein, wir haben sie seit gestern nicht gesehen«, erwiderte Sarah.

»Will, was ist los?«, fragte Stella beunruhigt.

»Mom ist weg«, berichtete der Junge aufgeregt. »Wir wollten sie heute Morgen ausschlafen lassen, aber als ich sie eben zum Frühstück holen wollte, war sie nicht in ihrem Zimmer!«

»Sie ist nirgendwo im Haus!«, rief Elizabeth und erschien nun ebenfalls in der Tür. Amanda und Ben drängten sich verängstigt hinter ihr.

»Oh mein Gott!«, flüsterte Stella, das Gesicht blass vor Schreck. Eine fürchterliche Ahnung war über sie gekommen.

»Was ist denn?«, wollte Will sofort wissen.

»Die Spuren«, sagte Stella mit stockender Stimme. »Niklas hat eben Fußspuren entdeckt. Sie führen über die Lichtung, auf den Wald zu!«

»Warum sollte Lynn dort …«, begann Sarah.

Aber da hatte Will sich auch schon an ihnen vorbeigezwängt.

»Es sind Moms Fußspuren!«, rief er aufgeregt, sobald er die Abdrücke untersucht hatte, und folgte ihnen auch schon über die Wiese. Stella blickte hilfesuchend von einem zum anderen, dann rannte sie kurzentschlossen hinter Will her.

»Will, bleib sofort stehen!«, rief Elizabeth. »Du hast noch nicht mal eine Jacke an!«

»Stella! Du kennst dich doch im Wald gar nicht aus!«, rief Sarah mit unsicherer Stimme. »Komm zurück!«

Niklas drückte sich ängstlich an seine Großmutter. »Wo will Mama denn hin?«, fragte er besorgt, aber niemand antwortete ihm.

»Teds Tod hat Lynn wirklich schlimm getroffen«, sagte Sarah mitfühlend. »Ich hatte gedacht, dass sie wenigstens der Kinder wegen …«

»Es ist nicht wegen Ted«, unterbrach Elizabeth sie. »Es stimmt, sein Tod hat sie schwer getroffen. Doch er ist nicht der Grund dafür, warum sie jetzt da draußen im Wald herumirrt.«

»Um Gottes willen, was soll es sonst sein!«

»Luke«, erklärte Elizabeth knapp und verschwand im

Haus. »Sie will ihn warnen, dass man nach ihm sucht. Außerdem denkt sie, dass er möglicherweise etwas über Ted weiß, darüber, *warum* man ihn umgebracht hat!«, rief sie aus der Küche. Kurz darauf erschien sie, warm angezogen und mit einem Arm voller Winterjacken, wieder in der Tür.

»Aber Elizabeth, das ist doch verrückt! Die Polizei vermutet, dass Luke der Mörder ist!«

»Lynn glaubt das nicht«, stellte Elizabeth bestimmt fest. »Sarah, du bleibst bei den Kindern im Haus. Verriegel die Tür. Ich bin so bald wie möglich wieder da!« Dann murmelte sie noch: »Ich hoffe, wir kommen nicht zu spät!«, und eilte Will und Stella nach, so schnell sie es mit den Jacken im Arm konnte.

Als Stella den Waldrand erreichte, war sie außer Atem und hatte Seitenstechen. Sie hielt inne und schnappte nach Luft. Sie war wirklich nicht in Form. Der dreizehnjährige Will war ihr glatt davongelaufen, obwohl sein Vorsprung nicht sehr groß gewesen war. Jetzt war von dem Jungen keine Spur mehr zu sehen. Er war längst zwischen den Bäumen verschwunden.

Stella starrte in das Zwielicht des Waldes, in dem die Kiefern dicht wie eine Wand standen. Die Fährten von Lynn und Will verliefen sich im schier undurchdringlichen Dickicht. Aber es waren nicht nur Lynn und Will, die ihre Fußstapfen im Schnee hinterlassen hatten. Stella entdeckte jetzt noch andere Spuren, die viel kleiner waren. Es waren die Abdrücke von Pfoten. Vieler Pfoten. Sie zögerte. An die wilden Tiere, die in den ungezähmten Nordwäldern lebten, hatte sie gar nicht gedacht. Sie besah sich die Abdrücke genauer. Um was für Tiere mochte es sich wohl handeln? Sie hatte keinen Schimmer. Doch sie erkannte eine Menge Spuren, die Hundespuren ähnelten. Waren es womöglich Wölfe? Was, wenn sie im Wald auf welche traf? Und wenn es hier Wölfe gab, dann gab es sicher auch Bären. Was, wenn ihr einer von denen auflauerte? Oder griffen Bären keine Menschen an? Stella wusste es nicht.

Was sie mit Gewissheit wusste, war, dass sie nicht kehrtmachen durfte, ohne die beiden gefunden zu haben. Vielleicht brauchte Lynn Hilfe! Also nahm Stella all ihren Mut zusammen und betrat den Wald.

Der Morgen war hier, zwischen den schmalen Kiefern, noch nicht wirklich angebrochen. Fahles Dämmerlicht umhüllte Stella, und ein kalter Wind blies ihr ins Gesicht. Es begann wieder zu schneien.

Wenigstens war der Boden weitgehend schneefrei. Die Baumkronen hielten das meiste ab. Stella holte tief Luft und bahnte sich einen Weg durch die Bäume.

Erst jetzt wurde ihr bewusst, dass es um sie herum völlig still war. Kein Laut war zu hören, nicht einmal eine Vogelstimme. Selbst das Rauschen des Windes in den Bäumen drang seltsam gedämpft an ihr Ohr. Es schien, als verschlucke der Schnee, der dick auf den Zweigen lag, jegliche Geräusche. Es war direkt unheimlich.

Irgendwo knackste ein Ast.

»Will? Lynn?«, rief Stella zaghaft und versuchte, nicht in Panik zu geraten. »Will! Lynn!«, rief sie erneut, diesmal lauter. Es war gut, in dieser beklemmenden Stille wenigstens die eigene Stimme zu hören. Sie rief noch einmal nach den beiden.

»Mein Gott, so weit kann Will in der kurzen Zeit doch nicht gekommen sein«, flüsterte sie, um sich selbst Mut zu machen.

Sie lauschte angespannt auf eine Antwort, auf irgendein Geräusch, das ihr zu erkennen gab, dass die anderen in der Nähe waren, als ihr jemand auf die Schulter klopfte. Stella fuhr zusammen und schrie vor Schreck laut auf.

»Ich bin es, Elizabeth«, sagte eine sanfte Stimme.

Stella drehte sich um, die Augen weit aufgerissen. Vor ihr stand tatsächlich Elizabeth, die Arme voller Jacken.

»Ist alles in Ordnung, Liebes? Du bist ganz grün im Gesicht«, erkundigte sich die Indianerin besorgt. »Hier, zieh dir eine Jacke an, sonst holst du dir noch den Tod.«

Stella nahm die Jacke mit zitternden Händen entgegen und schlüpfte hinein.

»Elizabeth, du hast mir einen schönen Schrecken eingejagt«, hauchte sie. »So darf man sich doch nicht an Leute heranschleichen.«

Elizabeth sah sie überrascht an. »Ich habe mich nicht angeschlichen. Im Gegenteil, ich bin extra laut aufgetreten.«

»Ich habe keinen Mucks gehört«, sagte Stella schwach. »Auf jeden Fall bin ich froh, dass du da bist.«

»Schnell, lass uns sehen, wohin Lynns und Wills Spuren führen, bevor der Schnee sie verdeckt. Es schneit jetzt recht kräftig.«

Stella blickte sich um. Elizabeth hatte recht. Dicke Flocken wirbelten durch die Luft und bildeten einen dichten weißen Vorhang – selbst hier unter den Bäumen.

»Hier entlang!«, rief Elizabeth und Stella eilte ihr nach. Sie war erleichtert, dass jemand anderes die Führung übernommen hatte. Allein, das musste sie zugeben, wäre sie nicht weit gekommen.

Während sie sich einen Weg durch das Unterholz bahnten, riefen die beiden Frauen immer wieder nach Lynn und Will. Aber sie erhielten keine Antwort. Ein kräftiger Wind peitschte durch die Äste und Zweige der Bäume. Stella konnte kaum glauben, wie schnell er aufgekommen war. Es wurde immer schwieriger, sich durch das Tosen zu verständigen.

Weiter und weiter folgte sie Elizabeth, bedacht, sie in dem Schneetreiben nicht aus den Augen zu verlieren. Nicht auszudenken, wenn sie sich jetzt auch noch in der Wildnis verirrte!

Sie waren erst einige Minuten unterwegs, aber Stella kam es vor wie eine Ewigkeit. Wo steckten die beiden nur?

Vor ihr hielt Elizabeth unerwartet inne. »Hast du das gehört?«

Stella schüttelte den Kopf.

»Da ist es wieder!«

Nun hörte Stella es auch. Ein Schluchzen.

»Das ist Will!«, rief sie aufgeregt. »Will, wir kommen!«

»Hier entlang!«, rief Elizabeth und lief weiter.

Stella hielt sich dicht an sie.

Nur ein paar Meter weiter stoppte Elizabeth erneut. Stella spähte angestrengt durch den dicht fallenden Schnee, konnte aber zunächst nichts Außergewöhnliches entdecken. Dann machte sie einen großen, schattenhaften Umriss am Waldboden aus.

Bevor Stella sich's versah, war Elizabeth auch schon darauf zugesprungen.

»Lynn, Will!«, rief sie erleichtert.

Stella glaubte ihren Ohren nicht zu trauen. Sollten sie die beiden tatsächlich gefunden haben?

Sekunden später ließ Stella sich erschrocken neben Elizabeth im Schnee auf die Knie fallen. Lynn lag ausgestreckt vor ihnen, die Augen geschlossen, und rührte sich nicht. Alles, was sie gegen die Kälte trug, war eine Mütze und eine leichte Jacke. Will kauerte neben ihr und hielt ihren Kopf in seinem Schoß. Er schreckte nicht auf, als Stella und Elizabeth neben ihm auftauchten. Es schien ganz so, als habe er sie erwartet.

»Sie wacht nicht auf«, rief er ihnen verzweifelt zu und Tränen strömten über sein Gesicht.

Elizabeth untersuchte ihre Tochter mit schnellen, gekonnten Handgriffen.

»Sie lebt«, stellte sie erleichtert fest. »Aber sie ist stark unterkühlt. Wir müssen sie sofort ins Warme bringen.«

»Und das Baby?«, fragte Stella angespannt.

»Ich weiß es nicht«, lautete Elizabeths knappe Antwort. »Kommt, helft mir sie zu tragen!«

»Sollten wir Lynn nicht zuerst in eine der Jacken wickeln, die du mitgebracht hast, Elizabeth?«, wandte Stella ein.

»Natürlich, aber lasst uns schnell machen.«

Gemeinsam rollten sie Lynn in die dicke Winterjacke. Dann wandte Stella sich an Will. »Du ziehst dir besser auch eine Jacke an, bevor du dir eine Lungenentzündung holst.«

Will schlüpfte hastig in die Jacke.

»Wir müssen los«, mahnte Elizabeth. »Stella, du nimmst Lynn bei den Schultern. Ich ihre Füße. Will, du passt auf, dass deine Mutter gut zugedeckt bleibt!«

Behutsam hoben sie Lynn auf. Stella bemerkte mit Schreck, dass ihr hübsches Gesicht nicht nur kalt, sondern bereits leicht bläulich war. Es schien beinahe, als sei es aus Wachs.

»Warum musstest du nur in diese Kälte hinauslaufen?«, murmelte sie, während sie verzweifelt versuchte, schneller voranzukommen. Doch das Wetter und die hügelige, dichtbewaldete Landschaft erlaubten kein Hasten.

»Wie weit ist es wohl bis zum Haus?«, erkundigte sie sich.

»Nur ein paar hundert Meter«, erklärte Elizabeth und wägte die Situation ab. »Aber wir müssen vorsichtig sein. Der Schnee ist zwar nicht sehr tief, aber er kann schon kleine Unebenheiten im Boden verdecken. Ich werde rückwärts gehen. Ich habe das leichtere Ende. Du hast es sowieso schon schwer genug. Wenn es dir zu viel wird, sag Bescheid. Wir können uns gern abwechseln.«

»Es wird schon gehen«, sagte Stella, und der kleine Zug setzte sich in Bewegung.

Sie kamen viel langsamer voran, als Stella angenommen hatte. Der Schnee machte den Waldboden glatt und rutschig, besonders an den Hängen, und ein paarmal wäre sie beinahe gestürzt. Als sie nach scheinbar unendlich langer Zeit den Rand der Lichtung erreichten, schmerzten ihr Rücken und ihre Arme von der ungewohnten Last.

»Sollen wir uns abwechseln oder kurz verschnaufen?«, fragte Elizabeth.

»Nein, nein. Lasst uns weitergehen«, erwiderte Stella keuchend. »Wir sind ja schon fast da, und Lynn muss so schnell wie möglich ins Warme!« Sie blickte zum Haus hinüber, das friedlich dastand, die Fenster im Erdgeschoss hell erleuchtet, gerade so, als sei nichts Ungewöhnliches passiert. Rauch stieg aus dem Schornstein auf, und der Schnee auf dem Dach begann bereits zu schmelzen.

»Es hat aufgehört zu schneien!«, stellte Stella erleichtert fest, während sie über die Lichtung eilten.

»Und es ist viel wärmer geworden«, verkündete Will lächelnd. Auch auf seinem Gesicht stand Erleichterung.

»Für Lynn machen die paar Grad keinen Unterschied«, mahnte Elizabeth die beiden.

Sarah kam ihnen jetzt von der Veranda aus entgegengelaufen.

»Oh mein Gott!«, rief sie außer sich. »Wie schlimm

steht es um sie?« Sie löste Stella ohne Umschweife mit dem Tragen ab, und es ging viel schneller voran.

»Das kann ich erst sagen, wenn wir drinnen sind«, erklärte Elizabeth knapp.

Sobald sie im Haus angelangt waren, legten sie Lynn auf ein Lager aus Decken vor den Ofen im Wohnzimmer. Sie war noch immer nicht wieder bei Bewusstsein.

»Sollten wir sie nicht so schnell wie möglich aufwärmen?«, fragte Stella besorgt und kniete sich neben die junge Frau. »In der heißen Badewanne vielleicht?«

Elizabeth schüttelte energisch den Kopf. »Dafür ist sie zu kalt. Wir müssen ganz behutsam vorgehen. Sarah, Stella, helft mir, Lynn auszuziehen. Die Kleidung hält die Kälte in ihrem Körper wie eine Kühltasche. Dann legt euch dicht neben sie und wärmt sie. Ich hole in der Zwischenzeit noch mehr Decken.«

Stella und Sarah taten, wie Elizabeth sie geheißen hatte. Sie legten sich neben Lynn, jede auf einer Seite, und schlangen ihre Arme fest um den Körper der jungen Frau. Erst jetzt wurde Stella bewusst, wie kalt Lynn wirklich war. Ihr unterkühlter Körper entzog Stella die Wärme, als läge sie neben einem großen Eisblock.

»Sie ist so kalt«, sagte sie verzagt.

Sarah warf ihr einen warnenden Blick zu. Stella verstand. Die Kinder standen in der Tür. Sie durften ihnen nicht unnötig Angst machen.

Elizabeth brachte die Decken und legte sie über die drei.

»Stella, ich löse dich jetzt ab. Geh in die Küche und wärme dich am Ofen auf. Sobald dir wieder warm ist, kommst du zurück und tauschst mit Sarah.«

Stella stand widerwillig auf. Sie war so froh gewesen, endlich wirklich etwas für Lynn tun zu können. Auf der anderen Seite war ihr selbst jetzt so kalt, dass sie kaum noch Wärme an die junge Frau abzugeben vermochte. Daher fügte sie sich Elizabeths Anordnung und ging in die Küche. Tief in Gedanken versunken, stellte sie sich vor den Holzofen und rieb sich fröstelnd die Hände. Niklas kam zu ihr, aber sie bemerkte ihn erst, als er sie mit seiner hellen Kinderstimme ansprach.

»Müssen Lynn und das Baby sterben?«, fragte er voller Sorge.

Stella sah ihn bedauernd an. Und plötzlich spürte sie, wie Tränen in ihre Augen stiegen. Sie wollte fort von hier. Weit, weit weg. Sie wollte bei Oliver sein, sicher in seinen Armen liegen und all dies vergessen. Sie sollte nicht hier sein, und Niklas sollte es schon gar nicht. Erst der Mord an Ted und jetzt der tragische Vorfall mit Lynn. Ein kleines Kind sollte so etwas nicht miterleben!

Würden Lynn und das Baby sterben? Stella wusste es nicht. Es gab nur eine Macht, die auf diese Frage eine Antwort kannte.

»Das entscheidet der liebe Gott«, sagte sie leise und strich Niklas sanft über die Wange.

»Dann werden Lynn und das Baby nicht sterben«, sagte Niklas erleichtert. »Der liebe Gott beschützt Mamas und ihre Kinderchen.«

Stella brachte es nicht übers Herz, ihrem kleinen Sohn zu erklären, dass der liebe Gott manchmal Ausnahmen von dieser Regel machte.

Eine Weile später ging sie zurück ins Wohnzimmer und löste Sarah ab.

Stella wusste nicht, wie lange sie neben Lynn gelegen, sie gewärmt und für sie gebetet hatte, bis endlich ein Zittern durch den Körper der jungen Frau lief und ihre Augenlider zu zucken begannen.

»Elizabeth«, wisperte Stella aufgeregt, »sieh doch!«

»Ich sehe es«, erwiderte die Indianerin leise.

Lynn schlug mühsam die Augen auf.

»Mom?«, flüsterte sie. Es war kaum mehr als ein Hauch.

»Ich bin hier«, sagte Elizabeth und strich ihrer Tochter liebevoll übers Haar.

»Mom, ich kann nicht wach bleiben! Alles wird wieder schwarz. Ich habe Angst, Mom!«

»Bleib ganz ruhig, Liebes«, sprach Elizabeth besänftigend auf sie ein. »Bleib ganz ruhig. Alles wird gut werden!«

Aber alles war dann doch nicht gut.

»Ich mache mir Sorgen um das Baby«, sagte Elizabeth eine Weile später leise zu Sarah und Stella. »Wenn es nur Lynn wäre, dann würde ich sie einfach hierbehalten und wieder aufpäppeln. Aber so …«

Sie warf einen kurzen Blick auf Lynn, die in dicke Decken gewickelt auf dem Sofa lag. Sie hatten sie so weit aufwärmen können, dass sie ununterbrochen zu zittern begonnen hatte. Anschließend hatten sie Lynns Körper gerieben, bis das Zittern nachließ, und sie in vorgewärmte Decken gehüllt. Nun endlich war Lynn in einen tiefen Schlaf gefallen.

»Ich denke, dass es besser ist, sie nach Fort McMurray ins Krankenhaus zu bringen. Ich will mich vergewissern, dass mit dem Baby alles in Ordnung ist. Die Verantwortung für sein Leben möchte ich nicht allein übernehmen.«

»Ich kann dich gut verstehen«, meinte Sarah. »Meinst du, ihr Zustand ist stabil genug, um sie zu transportieren?«

»Ja, wenn wir den Wagen vorwärmen und sie in genügend Decken wickeln.«

»Soll Stella oder ich euch begleiten?«

Elizabeth schüttelte den Kopf. »Es wäre mir lieber, wenn ihr beide hierbleiben und auf die Kinder aufpassen würdet. Im Wagen ist nicht genügend Platz, um sie alle unterzubringen, wenn ich Lynn auf den Rücksitz lege. Und unter uns«, fügte sie leise hinzu, »ich glaube, sie sind hier sicherer aufgehoben als im Wartesaal des Krankenhauses.«

»Das machen wir natürlich gern«, erklärte Sarah sofort. »Wann willst du los?«

»Je eher, desto besser.«

»Es ist mir noch immer ein Rätsel, warum Lynn in den Wald gelaufen ist. Sie hätte doch wissen müssen, was sie erwartet. Und warum ist sie nicht rechtzeitig zum Haus zurückgekehrt? Ich meine, sie lebt seit Jahren in diesem harschen Klima und weiß, was einem im Schnee passieren kann«, sagte Sarah nachdenklich.

»Sie schien mir gestern Abend schon ein bisschen verwirrt. Ich habe mit ihr gesprochen und versucht, ihr zu erklären, dass die Geistwesen über uns alle wachen. Offenbar hat sie mich nicht verstanden. Sie muss der Panik zum Opfer gefallen sein. Das habe ich schon oft gesehen.«

15

Sarah und Stella halfen Elizabeth, Lynn in den Kombi zu tragen und es ihr auf dem Rücksitz so bequem wie möglich zu machen. Stella hatte erwartet, dass Lynn protestieren würde, denn sie wusste, dass sie ihre Kinder nicht gern allein ließ. Aber Lynn sagte kein Wort. Als Stella behutsam eine Decke über sie breitete, ihre Hand drückte und ihr alles Gute wünschte, lächelte Lynn nur matt. Sie wirkte unendlich müde und schloss die Augen, sobald sie wieder lag.

Die Kinder drängten sich an Stella vorbei zur Wagentür.

»Komm bald wieder, Mom«, bat Ben und streichelte ihre Hand.

»Werd schnell wieder gesund«, wünschte Amanda.

Will hingegen war älter und erkannte die Ernsthaftigkeit der Situation. Er blickte seine Mutter innig an und nahm ihre Hand in seine.

»Ich hab dich lieb, Mom«, raunte er. »Mach dir keine Sorgen, ich passe auf die Kleinen auf.«

Lynn antwortete nicht, aber ein kleines Lächeln umspielte ihre Lippen, und sie erwiderte Wills Händedruck.

»Ich werde Stan im Laden von Winding River anrufen, sobald ich etwas Genaueres weiß, und ihn bitten, euch zu benachrichtigen!«, rief Elizabeth ihnen zu. »Macht's gut – und Kinder, benehmt euch!«

Einen Augenblick später fuhr der Kombi über die

Lichtung davon. Sarah, Stella und die Kinder winkten ihm nach, solange er zu sehen war, aber der Wagen war schon bald hinter einer Wegbiegung verschwunden.

»Und was wollen wir jetzt Schönes machen?«, fragte Sarah betont heiter.

Will, Amanda und Ben blickten betrübt drein. Stella sah sie bedauernd an. Die Armen. Gestern die Nachricht über Teds Tod, und heute mussten sie nun auch noch um das Leben ihrer Mutter und ihres ungeborenen Geschwisterchens bangen. Stella wusste nicht, wie die drei das verkraften sollten.

»Ich habe Hunger«, stellte Niklas sachlich fest. Immerhin war es schon fast zehn Uhr, und er hatte noch kein Frühstück gehabt.

»Na, da sollten wir sofort für Abhilfe sorgen«, sagte Sarah. »Ihr drei müsst auch am Verhungern sein«, wandte sie sich an Will, Amanda und Ben. »Kommt mit in die Küche. Ich will mal sehen, was wir dort für euch zum Frühstück zaubern können.«

»Ich bin nicht hungrig«, erklärte Ben mit trauriger Miene.

»Ich auch nicht«, fiel Amanda ein.

»Keine Widerrede«, sagte Sarah. »Wollt ihr etwa auch noch krank werden? Ihr müsst bei Kräften bleiben. Eure Mutter und Großmutter brauchen jetzt eure Hilfe. Viel mehr noch als sonst. Kommt, esst wenigstens eine Kleinigkeit.« Sie schob die Kinderschar liebevoll, aber bestimmt aufs Haus zu.

Eine knappe halbe Stunde später stand Sarah in der Küche und spülte das Frühstücksgeschirr ab. Stella war mit den Kindern im Wohnzimmer und las ihnen etwas vor. Sie hatte Karten spielen wollen, konnte die Kinder jedoch nicht dafür begeistern. Und selbst jetzt beim Vorlesen wirkten sie derart gedankenversunken, dass Stella hätte schwören können, dass sie von der Geschichte kein Wort mitbekamen. Aber das machte nichts. Stella war einfach unendlich froh darüber, eine Beschäftigung zu haben – auch wenn ihr niemand zuhörte.

Sie hatte kaum zwei Kapitel gelesen, als Sarah aus der Küche nach ihnen rief.

»Stella, Kinder, es kommt jemand!«

»Ist es Stan vom Laden?«, erkundigte Ben sich hoffnungsvoll.

»Quatsch, wie soll das denn angehen?«, widersprach Amanda. »Grandma und Mom sind doch noch gar nicht am Krankenhaus angekommen!«

Will lief in den Flur und spähte durch die Glasscheibe in der Haustür.

»Es ist ein Polizeiwagen!«, rief er überrascht. »Es ist aber nicht Mike Townsend. Wir sehen uns besser vor.«

»Kein Grund zur Aufregung«, beruhigte ihn Stella. »Euer Freund Mike sagte doch gestern, dass ein paar Polizisten vorbeikommen würden, um Luke zu befragen. Es gehört zu ihren Ermittlungen.«

Der Wagen fuhr denn auch am Wohnhaus vorbei und hinüber zu der Hütte, in der Luke wohnte. Draußen war es inzwischen viel wärmer geworden, und der Schnee schmolz schnell. Die Wagenreifen hinterließen tiefe Spuren im Schneematsch, und man konnte erahnen, dass dort schon sehr bald wieder grünes Gras sichtbar sein würde.

»Siehst du, die Polizei will Luke nur ein paar Fragen stellen«, sagte Stella sichtlich erleichtert.

»Und da soll ich mir keine Gedanken machen?«, fragte Will.

»Du bist aber misstrauisch«, meinte Stella und stieß ihn freundschaftlich an.

Will blieb ernst. »Misstrauen hilft einem zu überleben. Das sagt Luke immer. Und ich stimme ihm zu.«

Stella klopfte ihm beruhigend auf die Schulter. Sie hatte den Jungen nicht aufregen wollen. »Du hast wahrscheinlich recht.«

»Darauf kannst du wetten.«

Sie beobachteten, wie der Wagen vor Lukes Hütte anhielt und zwei Polizisten ausstiegen. Sie gingen jedoch nicht auf die Hütte zu, sondern blieben stehen, wo sie waren, und begannen laut nach Luke zu rufen. Erst als sich auf ihr Rufen hin nichts rührte, ging einer der Männer zur Tür und klopfte an. Einen Moment später verschwand er in der Hütte, kam aber gleich darauf wieder heraus und schüttelte den Kopf.

»Pech gehabt, Luke ist nicht zu Hause«, murmelte Stella und ertappte sich dabei, dass sie diesen Punkt als positiv empfand.

Mittlerweile hatten sich die anderen um Will und Stella gedrängt und spähten ebenfalls gespannt nach draußen.

»Oh, oh«, sagte Ben. »Jetzt kommen sie zu uns!« Er machte sich klein und lief ins Wohnzimmer, um sich zu verstecken. Amanda folgte ihm.

Stella und Sarah sahen den beiden überrascht nach. Lynns Kinder schienen sich vor Polizisten zu fürchten.

Niklas hingegen fand es aufregend, richtige kanadische Polizisten zu sehen, noch dazu ganz aus der Nähe. Er trat dichter an die Tür und stellte sich auf die Zehenspitzen, um einen besseren Blick zu erhaschen.

Der Wagen hielt nun vor der Veranda des Wohnhauses, und die beiden Officer der RCMP stiegen aus. Stella ahnte, dass die Männer sie längst gesehen hatten, und öffnete die Haustür einen Spalt.

»Es tut mir leid, Mrs Crise ist nicht zu Hause!«, rief sie höflich, aber bestimmt und blieb vorsichtshalber auf der anderen Seite der Tür. Es war absurd, aber irgendwie fühlte sie sich unwohl bei dem Gedanken, dass Sarah und sie gemeinsam mit den Kindern mutterseelenallein in dem kleinen Haus saßen, mitten in der Wildnis, und diese Polizisten aufgetaucht waren. Stella wusste, dass die Beamten wegen Luke da waren, aber zu ihm wollte sie keine Stellung beziehen, und sie fühlte, dass Sarah ähnlich dachte. Sie wollten nicht in irgendeine Sache hineingezogen werden, die sie nichts anging. Natürlich hatten sie nichts verbrochen und auch nichts zu verbergen, aber man konnte nie wissen, wie die Dinge sich entwickelten. Stella hoffte jedenfalls sehr, dass die Polizisten jetzt, da sie ihnen gesagt hatte, dass niemand zu Hause war, wieder in ihren Wagen steigen und ein anderes Mal wiederkommen würden.

Aber die Beamten drehten nicht ab. Sie betraten die Veranda und kamen auf die Tür zu. So einfach würde die Sache also nicht ablaufen.

»Niklas, du hältst dich zurück«, mahnte Stella ihren Sohn. Er konnte manchmal überaus neugierig sein – was ja bei Kindern eigentlich zu befürworten war –, aber sie wusste nicht, wie die Beamten diese Neugier auffassen würden. Stella wollte einfach Ärger vermeiden.

»Guten Morgen, Ladies«, grüßte der ältere der beiden Männer. Er war groß und recht übergewichtig, und seine Stimme klang höflich. Aber sowohl Stella als auch Sarah bemerkten, dass in seinen Augen keinerlei Freundlichkeit lag. »Ich bin Officer McGregor, und dies ist mein Partner, Officer Stanton.« Er deutete auf den jungen, untersetzten Mann, der neben ihm stand.

»Guten Tag«, sagten Stella und Sarah.

Niklas stand hinter ihnen und spähte zwischen ihren Beinen hindurch. Will stand in einiger Entfernung in der Wohnzimmertür und beobachtete die Situation schweigend. Amanda und Ben hatten sich irgendwohin verzogen und ließen sich nicht blicken.

»Habe ich richtig verstanden? Weder Mrs Crise noch Mrs Collinson sind zu Hause?«, kam Officer McGregor sofort zur Sache und spähte an Stella vorbei ins Haus. »Können Sie mir dann vielleicht sagen, wo Luke Lumly zu finden ist?«

»Leider nein«, erwiderte Stella. »Kann ich etwas ausrichten?«

»Dazu müsste ich erst wissen, wie Sie mit der Familie Crise und mit Lumly verwandt sind.«

»Überhaupt nicht«, erklärte Stella wahrheitsgemäß und in sachlichem Ton. »Meine Mutter und ich hüten ein und passen auf die Kinder von Mrs Crise auf.«

»Sie sind nicht von hier«, stellte Officer McGregor scharfsinnig und sehr skeptisch fest.

»Das stimmt. Meine Mutter, mein Sohn und ich sind aus Deutschland zu Besuch.«

»Ganz aus Deutschland«, wiederholte Officer McGregor zweifelnd. »Und Sie sind nicht mit der Familie Crise verwandt und mit Luke Lumly auch nicht?«

Offensichtlich war es für ihn schwer zu verstehen, warum jemand vom anderen Ende der Welt anreiste, um einer Handvoll Indianer in der Wildnis einen Besuch abzustatten.

»Ich bin seit vielen Jahren mit Elizabeth Collinson befreundet«, erklärte Sarah bestimmt.

Officer McGregor blickte abwägend von Mutter zu Tochter. Officer Stanton starrte reglos vor sich hin, ohne auch nur mit der Wimper zu zucken.

Stella unterdrückte ihre aufsteigende Unruhe, so gut sie konnte. Sie fühlte sich mehr als unbehaglich.

»Wir haben einige Fragen an Luke Lumly bezüglich des Mordes an Ted Crise«, erklärte Officer McGregor schließlich. »Falls Sie ihn sehen, richten Sie ihm aus, dass er sich unverzüglich auf der Polizeistation in Fort

McMurray zu melden hat. Ein Nichterscheinen wird schwerwiegende Folgen haben. Es ist absolut notwendig, dass Mr Lumly sich diesen Fragen stellt. Sollte er innerhalb der nächsten vierundzwanzig Stunden nicht auf der Wache erscheinen, wird eine Fahndung eingeleitet.« Der Officer sah die beiden Frauen eindringlich an. »Ich muss Sie warnen. Wir haben Anweisung, jeden, der versucht, Luke Lumly zu helfen, festzunehmen. Das Gleiche gilt für Personen, die wissen, wo er sich aufhält, und es nicht melden. Merken Sie sich das gut. Und richten Sie es auch Mrs Collinson und Mrs Crise aus. Besonders Mrs Crise.«

Officer McGregor tippte mit den Fingern an seine Dienstmütze, drehte sich um und marschierte wortlos von der Veranda.

»Sagen Sie uns Bescheid, sobald Sie etwas erfahren, dann wird Ihnen nichts geschehen«, fügte Officer Stanton leise hinzu. Er lächelte flüchtig, nickte ihnen zu und folgte seinem Partner zum Wagen.

Stella schloss die Tür und rieb sich die kalten Arme. Aber es war nicht nur die kühle Luft, die sie frösteln ließ.

Will, Amanda und Ben kamen zu ihnen, und gemeinsam schauten sie dem Wagen nach, wie er über die Lichtung fuhr und schließlich zwischen den Bäumen verschwand.

»Was sagt man dazu?«, murmelte Sarah.

Stella holte tief Luft. Sie war unendlich erleichtert, dass die Polizisten abgefahren waren, aber gleichermaßen verärgert über ihr anmaßendes Verhalten.

»Für diesen Officer McGregor steht bereits fest, wer der Schuldige ist«, sagte sie ärgerlich. »Warum befragt man nicht uns? Wir sind an dem Tag, als Ted ermordet wurde, gleich vormittags nach Winding River gefahren. Erinnerst du dich, Mutti? Wir könnten genauso schuldig sein. Und was ist mit dem Prediger, diesem Reverend Paulson? Er ist an dem Tag auf seinem Weg hierher ebenfalls am Tatort vorbeigekommen. Und Mr Forester auch.«

»Ihr seid keine Indianer«, stellte Will nüchtern fest.

»Ist es das?«, fragte Sarah überrascht. »Haben wir es mit Rassismus zu tun?«

»In jedem anderen Fall würde ich ja sagen«, meinte Will. »Aber hier passt etwas nicht zusammen. Ted war auch ein Indianer. Und normalerweise macht die Polizei um den Tod einer *Rothaut* nicht so viel Wirbel.«

Stella zuckte bei seinen Worten unwillkürlich zusammen. Will war ein Kind. Er sollte nicht so reden. Dass er es tat, verriet Stella, dass es nicht das erste Mal war, dass Will mit diesem Problem konfrontiert wurde – und sie wünschte sich sehr, dass er in seinem jungen Alter noch keine derart schmerzhaften Erfahrungen hätte sammeln müssen. Kinder sollten mit Liebe aufwachsen, nicht mit Hass. Wie sonst sollten aus ihnen jemals ausgeglichene, selbstbewusste Erwachsene werden?

Etwas später saßen Stella und Sarah in der Küche und bereiteten das Mittagessen vor. Die Kinder spielten vor dem Haus auf der Wiese. Die Sonne war herausgekommen, und der Schnee war größtenteils geschmolzen. Die Lichtung wirkte nass und matschig.

»Die Polizei meint es wirklich ernst mit ihrem Verdacht gegenüber Luke«, sagte Sarah, ohne von ihrer Arbeit auszublicken. »Er wird es nicht leicht haben. Jeder, der ihm auch nur auf die kleinste Art und Weise hilft, wird Ärger bekommen. Er ist auf sich allein gestellt.« Sie warf Stella einen eindringlichen Blick zu.

»Was sieht du mich so an?«, fragte Stella und hielt mit ihrer Arbeit inne. »Ich habe keine Ahnung, wo Luke sich aufhält, und selbst wenn ich es wüsste, würde ich mich da nicht einmischen.«

»Du weißt, dass die Karten schlecht für ihn stehen«, fuhr Sarah fort. »Du hättest dem Polizisten eben sagen können, dass wir Luke am Tag des Mordes in der Nähe des Tatortes gesehen haben. Erinnerst du dich? Auf unserem Weg nach Winding River haben wir ihn und Sylvester getroffen. Und wir wissen nicht, woher sie gekommen sind oder wohin sie unterwegs waren. Hast du das mit Absicht verschwiegen? Dann würde die Polizei es wahrscheinlich schon als Hilfestellung auslegen.«

»Ich weiß genau, was das Wort Hilfestellung im strafrechtlichen Sinn bedeutet«, erwiderte Stella. »Ich arbeite in einer Anwaltskanzlei, erinnerst du dich? Und nein, ich habe es nicht mit Absicht verschwiegen. Es ist mir in dem Augenblick einfach nicht eingefallen.«

»Und wenn es dir eingefallen wäre, hättest du den Polizisten dann davon erzählt?«, hakte Sarah nach.

Stella schwieg einen Moment und starrte gedankenversunken vor sich hin. Schließlich meinte sie: »Luke muss wirklich dringend seine Unschuld beweisen, sonst wird er im Gefängnis landen. Die Polizei sucht im Eiltempo nach jemandem, auf den das Schema *Mörder* passt, und ich habe das ungute Gefühl, dass es ihnen nicht darauf ankommt, ob derjenige, den sie sich als Sündenbock ausgesucht haben, tatsächlich der wahre Mörder ist.«

»Stella, warum sollte die Polizei etwas vertuschen wollen? Wer sollte ein solches Interesse an Ted haben? Er war ein ganz normaler Familienvater, und damit hat es sich.«

»Gerade dieser Punkt ist es, der mich stört«, sagte Stella nachdenklich. Dann wechselte sie das Thema. »So, ich bin hier fertig. Ich rufe die Kinder zum Essen.« Sie blickte aus dem Fenster, um zu sehen, wo sich die Kleinen aufhielten. Da entdeckte sie etwas, das sie hatte kommen sehen, seit die Kinder zum Spielen nach draußen gegangen waren. Niklas war auf dem nassen Gras ausgerutscht und hingefallen. Er war über und über mit Dreck und Matsch bedeckt und steuerte geradewegs aufs Haus zu. Auf seinem Gesicht stand ein breites Lächeln. Die anderen Kinder begleiteten ihn.

»Oh, dieses Kind!«, entfuhr es Stella. »Schlimm genug, dass er vollkommen verdreckt ist und ich keine Ahnung habe, wie ich ihn wieder sauber kriegen soll. Aber dass er sich auch noch darüber amüsiert, das ist wirklich die Höhe! Man hat geradezu den Eindruck, als mache es ihm Spaß, von oben bis unten matschverschmiert zu sein!«

Sie lief zur Haustür.

»Oh, Niklas! Hättest du nicht ein bisschen besser achtgeben können?«, tadelte sie ihn.

»Was hast du bloß?«, fragte Niklas gekränkt. »Ich bin doch ein Matsch-Monster! Und so sehen Matsch-Monster nun mal aus!«

»So kannst du jedenfalls nicht ins Haus kommen«, stellte Stella fest. Das war ja eine schöne Bescherung! Dann wandte sie sich an die anderen Kinder. »Wo kann ich Niklas' Kleidung waschen? Und am besten gleich das ganze Kind?«

Die drei lachten.

»Mir passiert so etwas ganz oft«, gab Ben zu. »Mom steckt mich dann auch immer gleich ganz in die Badewanne!«

»Ihr habt eine Badewanne?« Das war in der Tat eine gute Nachricht. Stella hatte sich in Gedanken bereits ausgemalt, wie sie vergeblich versuchte, Niklas und all die dicke Winterkleidung in der Küchenspüle zu säubern.

»Klar haben wir die«, meinte Will. »Komm, ich zeig dir, wo das Badezimmer ist. Aber wenn du Niklas wirklich in die Wanne setzen willst, dann müssen wir noch mehr Wasser auf dem Holzofen in der Küche heiß machen. Der eine Topf reicht da nicht aus.«

»Das kann eine Weile dauern«, sagte Stella zweifelnd.

»Ach was, das geht ganz schnell«, wehrte Will ab. »In einer halben Stunde ist das Wasser warm.«

Also lief Sarah zum Gästehaus und holte ein Handtuch und frische Kleidung für Niklas. Stella bemühte sich unterdessen, ihren Sohnemann aus der verdreckten Jacke und den schmutzigen Jeans zu bekommen, ohne hinterher das ganze Haus saubermachen zu müssen.

Es verging dann doch fast eine Dreiviertelstunde, bis das Wasser warm genug war. Stella und Sarah trugen die großen Töpfe vorsichtig zum Badezimmer und füllten das heiße Wasser in die altmodische freistehende Wanne, die aussah wie in einem Western-Film.

»Können wir zu Hause auch so eine Wanne haben?«, wollte Niklas wissen, während Stella ihm die Haare wusch. »Die ist viel besser als die blöde bei uns.«

»Ist es immer so viel Arbeit, wenn ihr ein Bad nehmen wollt?«, erkundigte Stella sich bei Will, Amanda und Ben, als sie eine halbe Stunde später mit einem frisch gewaschenen und komplett neu eingekleideten Niklas wieder in der Küche eintraf.

»Man muss es nur richtig einplanen«, erklärte Will. »Wir können uns natürlich nicht fünf Minuten vorher überlegen, dass wir baden wollen.«

»Aber diese Schlepperei mit den schwere Töpfen«, bemerkte Stella. »Und ihr seid sechs Personen im Haus – bald sieben, wenn das Baby da ist.«

»Das Baby zählt nicht«, erklärte Ben ernst. »Das kommt erst in die Badewanne, wenn es nicht mehr in das Spülbecken in der Küche passt. Das wird eine Weile dauern. Das weiß ich noch von mir.«

Stella sah ihn abwägend an. Wollte er sie auf den Arm nehmen?

»Komm schon, Stella«, lachte Sarah. »Nun schau nicht so bestürzt drein. Bei uns wurden die Babys früher auch alle in der Küche gebadet. Nicht jeder hatte Geld für luxuriöse Extras wie etwa eine Babybadewanne. Die sind erst in Mode, seit es Plastik gibt.«

»Plastik gibt es immerhin schon seit einigen Jahrzehnten«, murmelte Stella.

Aber ihre Mutter hatte natürlich recht. Es gab so viele Dinge, die sie – wie die meisten Menschen, die in Industrieländern lebten – bisher als selbstverständlich angesehen und über die sie sich keine weiteren Gedanken gemacht hatte. Aber seit den letzten zwei Tagen änderte sich ihre Einstellung dazu immer mehr.

Es war nicht nur der erschütternde Anblick der Ölabbaugebiete gewesen, der ihr die Augen geöffnet hatte – obwohl Stella im Geiste bereits alles überflüssige Plastik aus ihrem Alltag verbannt und auch das Autofahren gedanklich stark reduziert hatte. Auch das einfache Leben der Familie Crise, an dem sie ein wenig hatte teilhaben dürfen, hatte seinen Beitrag dazu geleistet, dass Stella sich zu fragen begann, ob man wirklich all diese modernen Komfortgüter haben musste, die einem heutzutage überall angepriesen wurden. In Lynns Küche gab es keine elektrischen Geräte, in den Zimmern der Kinder keine Gameboys oder Laptops. Die Familie besaß keinen Fernseher, und nur in der Küche gab es elektrisches Licht – und zwar nur dann, wenn der Generator lief, was nur an zwei Stunden pro Tag der Fall war. Im übrigen Haus wurden Petroleumlampen benutzt, die – wie Niklas schon im Gästehaus festgestellt hatte – ein besonders schönes, warmes Licht abgaben. Ja, die Familie hatte nicht einmal ein Telefon!

Und obwohl Stella es sich nicht vorstellen konnte, jemals auf Dauer so zu leben, empfand sie es als bereichernd, den Alltag der Familie Crise für eine Weile miterleben zu dürfen – besonders im Hinblick auf Niklas. Auch musste sie zugeben, dass sie selten so wohlerzogene, vernünftige und umsichtige Kinder getroffen hatte wie Will, Amanda und Ben Crise. Insgeheim fragte sie sich, ob diese Tatsache nicht vielleicht gerade damit zu tun hatte, dass die Kinder nicht all dieses moderne Zeug um sich hatten.

Gegen fünf Uhr saß Sarah allein am Küchentisch und hing ihren Gedanken nach. Die Kinder spielten im Wohnzimmer, und Stella hängte Niklas' ausgewaschene Jacke zum Trocknen im Badezimmer auf. Ein unerwartetes Geräusch ließ sie aufhorchen. Vorsichtig ging sie zum Fenster und spähte nach draußen. Ein alter, verbeulter Pick-up bahnte sich seinen Weg über die Lichtung.

»Stella, Will! Wir haben Besuch!«, rief sie die anderen zu sich.

Will war sofort an ihrer Seite.

»Das ist Stan vom Laden in Winding River. Er hat bestimmt etwas von Mom gehört!«, rief er aufgeregt und stürmte hinaus auf die Veranda.

Amanda und Ben liefen ihm nach. Anspannung stand auf ihren Gesichtern. Was für Nachrichten würde Stan wohl bringen?

Sarah ging zu ihnen. Sie wollte die Kinder nicht allein lassen.

Niklas erschien in der leeren Küche. »Was gibt es denn jetzt schon wieder?«, nörgelte er.

Stella kam gerade aus dem Badezimmer und hörte seine missmutigen Worte. »In den letzten Tagen ist hier viel los gewesen, das weiß ich«, sagte sie besänftigend und nahm ihren Sohn in den Arm. »Aber versuch dich für einen Augenblick in Wills, Amandas und Bens Situation zu versetzen. Ihr Papa ist jetzt beim lieben Gott im Himmel, und ihre Mama ist im Krankenhaus. Die drei sind voller Sorge. Du würdest dich doch auch sorgen, wenn ich im Krankenhaus wäre, oder?«

»Natürlich!«, erwiderte Niklas, ohne zu zögern.

»Na siehst du. Und nun komm. Wir wollen mal hören, ob es gute Nachrichten gibt.«

Aber als sie auf die Veranda kamen, waren die Gesichter der Kinder ernst und finster. Sie wappneten sich offensichtlich für das Schlimmste. Stella warf einen flüchtigen Blick auf den Besucher und erkannte sogleich den Grund dafür. Stan, den Niklas bei ihrem ersten Treffen für den Weihnachtsmann gehalten hatte, lächelte diesmal nicht das kleinste bisschen. Im Gegenteil. Seine Stirn lag in Falten, und seine Finger spielten nervös mit dem Hut, den er in den Händen hielt.

»Ladies, Kinder«, grüßte er und sah zögernd von einem zum anderen, gerade so, als versuche er Zeit zu gewinnen. »Ich habe eine Nachricht zu überbringen.« Er machte eine Pause.

Die anderen, vor allem die drei Crise-Kinder, sahen ihn forschend an. Warum kam er nicht zur Sache? Aber sie sagten kein Wort, sondern warteten schweigend ab.

»Es geht um Lynn. Elizabeth hat mich angerufen und darum gebeten, zu euch zu fahren.« Wieder eine lange Pause.

Jetzt reichte es Sarah.

»Nun sagen Sie schon, was los ist!«, fuhr sie auf. »Denken Sie an die Kinder. Sie sehen doch, wie besorgt sie sind!«

»Ich soll Ihnen bestellen, dass es Lynn gar nicht gutgeht«, erklärte Stan daraufhin hastig. »Sie würde gerne die Kinder sehen. Elizabeth bittet, dass Sie sie so schnell wie möglich nach Fort McMurray bringen.« Er blickte betreten zu Boden und drehte noch immer seinen Hut in den Händen.

Sarah und Stella wechselten erschrockene Blicke. Lynn wollte die Kinder sehen, und Elizabeth gab ihrem Wunsch nach, obwohl es nicht ungefährlich für die Kinder war, in die Stadt zu kommen. Die Situation musste sehr ernst sein!

Ben klammerte sich verstohlen an Amandas Hand, die Augen weit aufgerissen.

»Mom«, murmelte er und blickte hilfesuchend zu Sarah auf.

Etwas schien Sarah unwillkürlich den Hals zuzuschnüren. Sie räusperte sich und wandte sich mit heiserer Stimme an Stan: »Danke, dass Sie gekommen sind.«

Der Mann nickte kurz und stolperte wortlos zurück zu seinem alten Pick-up.

Noch ehe er von der Lichtung gefahren war, war Will auch schon ins Haus gestürmt und mit einem Berg Jacken im Arm wieder auf der Veranda erschienen.

»Worauf warten wir noch?«, rief er aufgebracht. »Mom braucht uns!«

»Wo will er denn hin?«, fragte Niklas, der nicht wirklich verstand, was vor sich ging. »Kann ich mitkommen?«

»Fort McMurray ist kein guter Ort für Kinder«, erklärte Stella ihm bestimmt.

»Aber warum dürfen die anderen dann fahren?«, beschwerte Niklas sich. »Das ist nicht fair!«

»Die anderen fahren, weil es ihrer Mama sehr schlechtgeht. Sie bleiben vielleicht für eine ganze Weile bei ihr – bis es ihr wieder bessergeht. Glaube mir, es ist nicht sehr spannend, viele lange Stunden in einem Krankenhaus zu warten. Wir beide, wir bleiben besser hier, bis die anderen zurück sind.«

»Das denke ich auch«, pflichtete Sarah ihr bei. »Es ist schon recht spät, und Niklas wird bald müde werden. Außerdem ist es nicht absehbar, wie lange wir fort sein werden. Ich werde auf jeden Fall bei den Kindern bleiben. Elizabeth hat keine Zeit, sich um sie zu kümmern, und die Kleinen können schlecht allein im Krankenhaus umherschwirren. Und wer sorgt dafür, dass sie ihre Mahlzeiten bekommen und einen Platz zum Schlafen? Nein, ich bleibe besser bei ihnen.« Sie wandte sich an die drei Crise-Kinder. »Will hat recht. Wir fahren am besten sofort. Stella bleibt mit Niklas hier. Das Einzige, was mir Sorgen bereitet, ist, dass Stella keinen Wagen haben wird. Elizabeth hat den Kombi, wir werden mit unserem Mietwagen unterwegs sein, und euer Pick-up ist noch immer von der Polizei beschlagnahmt.«

»Wir könnten in Winding River Bescheid sagen«, schlug Will vor. »Stan schaut morgen früh bestimmt gern kurz vorbei, um sicherzugehen, dass mit Stella und Niklas alles in Ordnung ist. Und sobald wir etwas Neues wissen, können wir ihn vom Krankenhaus aus anrufen, und er kann Stella benachrichtigen. Stan ist wirklich ein sehr hilfsbereiter Mensch. Er überbringt nur ungern schlechte Nachrichten.« Er schaute die beiden Frauen gespannt an. Es war nicht zu übersehen, wie sehr er es sich wünschte, sich mit eigenen Augen davon zu überzeugen, wie es um seine Mutter bestellt war.

»Wärst du damit einverstanden, Stella?«, erkundigte Sarah sich. »Ich lasse dich wirklich nicht gern ohne ein Fahrzeug hier. Was, wenn es einen Notfall gibt?«

»Natürlich bin ich damit einverstanden. Mach dir keine Gedanken! Und einen Notfall wird es hoffentlich nicht geben. Aber Will, du schließt besser die Haustür ab, bevor ihr fahrt. Ich möchte nicht mit Niklas allein in dem leeren Haus sitzen. Wir machen es uns lieber im Gästehaus gemütlich.«

16

Keine fünf Minuten später winkten Stella und Niklas Sarah, Will, Amanda und Ben nach, die in dem kleinen Mietwagen in Richtung Winding River davonfuhren.

»Komm, lass uns schnell zum Gästehaus hinüberlaufen und das Feuer wieder in Gang bringen«, sagte Stella, als der Wagen um die erste Wegbiegung verschwunden war. »Mir ist vom Herumstehen kalt geworden, und du siehst auch schon ganz durchgefroren aus. Und das, wo du vorhin gerade in der Badewanne gewesen bist!«

»Mir ist aber überhaupt nicht kalt«, erwiderte Niklas.

Stella überhörte seine Worte wohlwollend, nahm ihn entschlossen bei der Hand und lief mit ihm zu dem kleinen Häuschen.

»Nanu, was ist denn das?«, fragte sie verwundert, als sie kurz darauf um die Hausecke bogen. Die Tür des Gästehauses stand weit offen!

»Oma hat bestimmt vergessen, die Tür zu schließen, als sie vorhin mein Handtuch und meine frischen Sachen geholt hat«, meinte Niklas. Ein zufriedener Unterton lag in seiner Stimme. Endlich war mal jemand anderem ein Malheur passiert. Sonst war immer er es, der etwas falsch machte und ermahnt wurde. Diesmal war es ein Erwachsener. Noch dazu die Oma, die meist alles überrichtig machte!

»Das kann ich mir gar nicht vorstellen«, murmelte

Stella. »Wer weiß, wie lange die Tür schon aufsteht. Jetzt ist es drinnen bestimmt eiskalt!«

»Warte!«, rief Niklas, als Stella hineingehen wollte, und zog an ihrem Pulli. »Und wenn nun jemand da drinnen ist?«

»Was meinst du?«, fragte Stella verunsichert.

»Na, vielleicht ist jemand eingebrochen und versteckt sich jetzt im Haus«, erklärte Niklas aufgeregt. Er witterte ein Abenteuer, und das gefiel ihm.

»Wer sollte sich eingeschlichen haben? Wir sind allein auf der Lichtung. Um uns gibt es nur Wildnis«, versuchte sie zu scherzen, aber dann musste sie an Luke denken, der auf einmal spurlos verschwunden war. Vielleicht war er jetzt genauso unbemerkt wieder aufgetaucht und hielt sich im Gästehaus versteckt.

Ach was, verwarf Stella ihre Bedenken im Stillen, *der würde doch in seine eigene Hütte gehen.*

»Dann hat sich vielleicht ein wildes Tier bei uns einquartiert – ein Wolf oder so«, meinte Niklas.

Ein Wolf! Diese Vorstellung war noch beängstigender als der Gedanke an einen im Haus versteckten Luke! Stella bereute sofort, nicht mit nach Fort McMurray gefahren zu sein, obwohl sie den Ort mehr als verabscheute.

»Also, wenn du versuchst, mir Angst zu machen, dann ist es dir gelungen!«, erklärte sie.

»Wir sollten nachgucken gehen«, schlug Niklas begeistert vor.

Stella zögerte. Ihr gefiel die Vorstellung, dass sich jemand oder etwas in ihre Unterkunft eingeschlichen hatte, ganz und gar nicht. Und überhaupt – wie konnte es angehen, dass ihr kleiner Sohn mutiger war als sie selbst?

Sie riss sich zusammen und sah sich nach etwas um, das sie als Waffe einsetzen könnte. Nur vorsichtshalber.

Da, ein dicker Ast lag auf dem Stapel Feuerholz. Stella nahm ihn auf.

»Du bleibst dicht hinter mir«, mahnte sie Niklas. Dann ging sie langsam auf die offenstehende Tür zu.

Nichts rührte sich.

Stella ging weiter und stand jetzt direkt in der Tür. Im Haus schien alles ruhig. Sie wollte gerade aufatmen, als von drinnen ein lautes Krachen ertönte. Entsetzt fuhr sie zusammen und ließ beinahe den Ast fallen, den sie in den Händen hielt.

»Ich glaube, unsere Konservendosen sind runtergefallen«, sagte Niklas leise. Er hatte Stellas Pullover gepackt und spähte vorsichtig an ihr vorbei. Ihm war nun auch mulmig zumute.

»Okay, wer immer Sie sind, kommen Sie sofort aus unserem Haus!«, rief Stella mit heiserer Stimme. Sie wünschte, sie könnte ihre Eulenfigur halten, aber ihre Hände waren voll. Also hielt sie den Ast im Anschlag und bereitete sich im Geiste auf eine Konfrontation vor.

Im Haus war wieder alles still geworden.

»Dies ist meine letzte Warnung!«, rief sie und versuchte mutig zu klingen.

Schweigen.

Entschlossen tat Stella einen Schritt nach vorn. Ihre Knie zitterten, und ihre Handflächen waren feucht von kaltem Schweiß.

Da schoss wie aus dem Nichts etwas schwarz-weiß Gestreiftes genau vor Stella quer durch das Zimmer. Es hielt kurz inne, machte kehrt und rannte an Stella und Niklas vorbei nach draußen.

»Was um Himmels willen war das?«, fragte Stella erschrocken und beobachtete, wie das kleine Tier im Wald verschwand.

Niklas drängte sich an ihr vorbei ins Zimmer.

»Mama, meine Augen! Meine Augen!«, schrie er im selben Augenblick und stolperte rückwärts auf sie zu.

Stella drehte sich zu ihm um. Sofort stieg ihr ein scharfer, widerwärtiger Geruch in die Nase. Er war derart beißend, dass Stellas Augen brannten und heftig zu tränen begannen. Sie hätte sich liebend gern in einen Sack geschälter Zwiebeln gelegt – das wäre angenehmer und wohlriechender gewesen!

»Ein Stinktier!«, keuchte sie und zog Niklas nach draußen an die frische Luft.

»Das Stinktier beißt meine Augen!«, rief Niklas verzweifelt.

Stella beugte sich zu ihm hinunter. Ihre eigenen Augen waren so sehr von Tränen verschleiert, dass sie kaum etwas sehen konnte.

»Hier, reib deine Augen mit meinem Pulli trocken. Vielleicht wird es dann besser.«

Nach ein paar Minuten klärten sich Niklas' Augen, und er beruhigte sich.

»Bleib du hier«, sagte Stella. »Ich gehe ins Haus und öffne das Fenster. Wir müssen unbedingt den Gestank rausbekommen, sonst können wir da nicht rein!«

Mit dem Pulli vor Mund und Nase rannte Stella ins Gästehaus und riss das Fenster auf.

»So, jetzt müssen wir abwarten«, erklärte sie Niklas, als sie kurz darauf zu ihm zurückkehrte.

»Wie lange denn? Mir ist kalt«, erkundigte er sich.

»Ich weiß es nicht«, gab Stella zu. »Eine kleine Weile wird es sicher dauern.«

»Wie lang ist eine kleine Weile?«

Das fragte Stella sich auch, denn fünfzehn Minuten später hatte sich der Gestank immer noch nicht gelegt. Dafür zitterte Niklas am ganzen Körper. Ihr selbst ging es nicht viel besser.

»Wir können nicht länger warten«, überlegte Stella laut. »Du musst unbedingt ins Warme.«

»Können wir nicht ins große Haus gehen?«, fragte Niklas hoffnungsvoll.

Stella schüttelte den Kopf. »Will hat die Tür abgeschlossen. Wir müssten ein Fenster einschlagen, und das würde uns nichts helfen, denn dann käme die Kälte ebenfalls ins Haus.«

Sie überlegte fieberhaft. Sie konnten weder ins Gästehaus noch ins Wohnhaus. Draußen zu schlafen stand außer Frage, dazu war es viel zu kalt. Einen Wagen hatten sie auch nicht. Bis nach Winding River waren es gute zehn Kilometer, das würde Niklas zu Fuß niemals in einem Rutsch schaffen, und tragen konnte sie ihn eine so lange Strecke auch nicht. Sie sah sich suchend um. Die einzige Möglichkeit, die ihnen blieb, war …

»Lukes Hütte!«, rief Niklas. »Wir können in Lukes Hütte! Er ist doch sowieso nicht da!«

»Niklas, man kann nicht einfach in anderer Leute Haus gehen, nur weil sie nicht da sind. Aber du hast recht. Lukes Hütte ist unsere einzige Chance. Hoffentlich ist sie nicht verschlossen.«

»Der Polizist war doch auch da drin. Na los, komm schon!«, rief Niklas.

»Warte! Ich will noch schnell ein paar Sachen aus dem Gästehaus holen«, sagte Stella und kehrte gleich darauf mit ein paar Konservendosen und einer Decke im Arm zurück.

»Den Konserven kann der Gestank nichts anhaben und die Decke ist auch in Ordnung. Sie war für kalte Nächte in der großen Holzkiste neben dem Fenster verstaut. Schließlich müssen wir etwas zu essen haben, und frieren wollen wir auch nicht«, sagte sie betont heiter. »Und nun komm schnell.«

Sie liefen zu der kleinen Hütte hinüber. Als sie sie erreichten, verlangsamten sie ihre Schritte. Die Hütte schien noch immer verlassen, aber Stella wollte nichts riskieren. Sie klopfte zaghaft an die Tür.

Es kam keine Antwort.

Sie klopfte erneut, etwas heftiger diesmal.

»Luke, bist du zu Hause?«, rief sie laut.

»Es ist niemand da«, stellte Niklas sachlich fest und drehte am Türknopf. Ihm war mittlerweile so kalt, dass es ihm egal war, ob er unhöflich erschien oder nicht.

Die Tür sprang auf, und Stella und Niklas traten zögernd ein. Es war wirklich niemand zu Hause, und die kleine Hütte machte in dem fahlen Licht der anbrechenden Abenddämmerung einen recht verlassenen Eindruck.

Lukes Behausung bestand wie das Gästehaus aus mehr oder weniger einem großen Raum. Ein Holzkochofen, ähnlich wie der, der in Lynns Küche stand, nur viel kleiner, befand sich gleich neben einem der Fenster. Unter dem Fenster gab es einen Küchenschrank mit Arbeitsplatte und Spüle. Auf der anderen Seite des Ofens lag eine zusammengefaltete Decke, augenscheinlich Sylvesters Lagerstätte. Daneben gab es einen gemütlich aussehenden Sessel. An der gegenüberliegenden Wand standen ein schmales Bett, das sorgfältig zurechtgemacht war, und eine Kommode. Vor dem einzigen anderen Fenster befanden sich ein Tisch mit einer Petroleumlampe und zwei Stühle. Die hölzernen Möbel erweckten allesamt den Eindruck, als seien sie handgefertigt. Ein paar gerahmte Fotos hingen an den Wänden, offenbar Familienfotos. Stella erkannte Luke nur auf einem, nahm aber an, dass er das Baby und der kleine Junge war, die auf den übrigen Bildern zu sehen waren. Die anderen Personen mussten Lukes Eltern und Großeltern sein.

»Mama, schau mal! Luke hat ein Badezimmer! Das haben wir in unserem Gästehaus nicht.«

»Wir sind ja auch nur zu Besuch. Luke lebt hier«, sagte Stella und ging zu ihm.

Das Badezimmer war kaum größer als eine Abstellkammer. Ein Waschbecken, eine Toilette mit Wasserspülung und eine Badewanne füllten den Raum komplett aus. Ein kleines Fenster ließ etwas Licht ein. Eine Tür gab es nicht, lediglich ein Vorhang grenzte das Bad vom restlichen Haus ab.

»Komm, Niklas«, meinte Stella, nachdem sie alles besichtigt hatten, »lass uns Holz holen und ein Feuer im Ofen machen. Am besten bringen wir gleich genügend Holz rein, dass es für die ganze Nacht reicht. Dann muss ich später nicht im Dunkeln nach draußen.«

Elizabeth saß am Bett ihrer Tochter, hielt ihre Hand und betete. Sie sandte ihre Gebete zu Great Spirit, dem Schöpfer allen Lebens, zu allen hilfreichen Geistwesen und all ihren Ahnen. Ihr Herz war schwer, und auf ihrer Stirn lagen tiefe Sorgenfalten. Immer wieder schweifte ihr wachsamer Blick zu den Monitoren neben dem Bett. Der Arzt ließ nicht nur Lynns Herzschlag überwachen, sondern auch den des ungeborenen Babys. Noch zeigte das Baby keine Anzeichen von Stress, aber der Arzt wollte kein Risiko eingehen.

Lynns Gesicht war blass, ihr Atem flach. Es fiel ihr schwer, die Augen zu öffnen.

»Mom, sind die Kinder da?«, hauchte sie.

Sie fragte seit geraumer Zeit in regelmäßigen Abständen nach ihnen, und Dr. Weston hatte Elizabeth geraten, die Kleinen kommen und ihre Mutter sehen zu lassen.

Er hatte ihr gesagt, dass er nicht mehr weiterwüsste. Lynns Zustand sei kritisch, aber sie sei jung und stark, und eigentlich standen ihre Genesungschancen mehr als gut. Aber die junge Frau lag einfach unbeteiligt da und schien sich in ihr Schicksal gefügt zu haben. Dr. Westons letzte Hoffnung war, so hatte er Elizabeth erklärt, dass Lynn neue Zuversicht schöpfen und den Kampf um ihr Leben wiederaufnehmen würde, wenn sie die Stimmen ihrer Kinder hörte. Er hatte ebenfalls deutlich gemacht, dass bis zum nächsten Morgen unbedingt eine Besserung eintreten müsste, ansonsten sähe er sich gezwungen, einen Kaiserschnitt vorzunehmen, um das Leben des Babys zu retten. Gleichzeitig gab er zu verstehen, dass es nicht abzusehen war, ob und wie Lynn die notwenigen Medikamente für einen solchen Eingriff verkraften würde.

Mit diesen Gedanken im Hinterkopf antwortete Elizabeth nun auf Lynns Frage.

»Noch nicht. Aber ich bin mir sicher, dass sie jede Minute …« Sie hielt inne und horchte auf. »Warte, mein Schatz, ich glaube, ich höre sie. Ich gehe kurz auf den Flur und sehe nach. Ich bin gleich wieder da.«

Sie verließ das Zimmer und zog die Tür leise hinter sich zu. Sie wollte mit den Kindern sprechen, bevor sie zu Lynn hineinstürmten. Sie mussten wissen, wie es um ihre Mutter bestellt war.

Tatsächlich kamen ihr die drei auf dem Flur entgegen. Sarah war bei ihnen.

»Ich danke Great Spirit, dass ihr gekommen seid«, flüsterte sie und umarmte ihre Enkelkinder innig. »Und ich danke dir, Sarah.«

»Wie geht es Lynn?«, erkundigte sich Sarah.

»Nicht gut«, erwiderte Elizabeth leise. »Darum fange ich euch auch hier draußen auf dem Flur ab.« Dann berichtete sie schnell, was der Arzt gesagt hatte. Sie verheimlichte den Kindern nichts.

»Wie können wir Mom am besten helfen, Grandma?«, fragte Will voller Sorge.

»Wenn ihr zu ihr geht, dann versucht euch nicht anmerken zu lassen, wie sehr ihr Zustand euch beunruhigt. Ich weiß, es wird euch schwerfallen, besonders dir, Ben, aber bitte tut euer Bestes. Sprecht mit ihr, einer nach dem anderen, damit sie weiß, dass ihr alle da seid. Aber fragt sie nichts, worauf sie lange antworten muss. Dafür ist sie im Moment einfach zu schwach. Lasst sie wissen, dass ihr sie liebhabt und sie vermisst und dass ihr hofft, dass sie bald nach Hause kommen wird, weil sie dort gebraucht wird. Es muss uns gelingen, ihr wieder etwas Lebensmut einzuhauchen.«

»Wir werden es versuchen, Grandma«, versprach Amanda.

»Eure Mom darf sich auf keinen Fall aufregen«, erklärte Elizabeth. »Also versucht euch ruhig zu verhalten.«

»Ich warte am besten hier draußen«, sagte Sarah.

»Ich danke dir«, erwiderte Elizabeth. Dann fiel ihr auf, dass jemand fehlte. »Wo sind denn Stella und Niklas?«

»Sie sind nicht mitgekommen«, erzählte Sarah. »Niklas wäre hier bestimmt schnell langweilig geworden, und in dieser Stadt kann man ja kaum einen Fuß vor die Tür setzen.«

Elizabeth nickte zustimmend. »Das war sicherlich eine gute Entscheidung. Ich hoffe nur, dass sie allein bei uns zu Hause zurechtkommen.«

»Aber natürlich«, beruhigte Sarah sie. »Was sollte dort schon passieren?«

17

Es war fast einundzwanzig Uhr, als Niklas endlich einschlief. Stella hatte den Ofen angeheizt und reichlich Feuerholz ins Haus geholt. Dann hatte sie die Tür verriegelt und die Petroleumlampe entzündet. Ihr war lange Zeit etwas mulmig zumute gewesen, weil sie ohne zu fragen einfach in Lukes Hütte eingezogen waren. Aber es war schon bald herrlich warm im Haus geworden, und der Schein des Feuers und das Licht der Petroleumlampe schafften eine heimelige Atmosphäre. Stella hatte im Küchenschrank einen Topf gefunden und auf dem Ofen eine große Dose Spaghetti mit Tomatensoße aufgewärmt. Nach dem Essen hatten sie abgewaschen, und Niklas hatte zu Bett gehen sollen. Aber er war von der ganzen Aufregung derart überdreht, dass er einfach nicht hatte zur Ruhe kommen können. Also hatten sie noch ein paar Ratespiele gespielt, einige Geschichten erzählt und beobachtet, wie sich draußen langsam die Nacht über die Wildnis legte.

Nun war Niklas endlich eingeschlafen, und Stella wünschte sich nichts mehr, als sich auch hinzulegen. Aber sie schaffte es einfach nicht, sich dazu zu bringen. Die Dunkelheit starrte zum Fenster herein und rief ihr in Erinnerung, dass Niklas und sie ganz allein auf der Lichtung waren. Allein in der Wildnis. Und diese Tatsache verursachte Stella großes Unbehagen. Noch dazu hatte sie das Gefühl, als beobachteten sie von der anderen Seite des Fensters unzählige unsichtbare Augenpaare.

Stella stand aus dem Sessel auf, in dem sie es sich gemütlich gemacht hatte, und zog die Gardinen zu. Dann setzte sie sich wieder. Sie fühlte sich etwas besser, war aber innerlich immer noch zu aufgewühlt, um schlafen zu können. Nervös trommelte sie mit den Fingern auf der Lehne des Sessels. Sie könnte die Lampe näher holen und etwas lesen. Aber was? Sie hatte nirgends auch nur ein Buch gesehen, und sie wollte nicht in Lukes privaten Dingen herumstöbern. Dann fiel ihr ein, dass sie vorhin, als sie gegessen hatten, den Umschlag, den Jean für Luke hinterlassen hatte, vom Tisch genommen und auf die Kommode gelegt hatte. Sie würde ihn sich einmal näher ansehen.

Es handelte sich um einen einfachen braunen Umschlag, ungefähr in Größe DIN A4, und außer Lukes Namen war nichts darauf vermerkt. Er war nicht zugeklebt. Sie betrachtete ihn einen Augenblick unschlüssig, dann öffnete sie ihn kurzerhand und zog die wenigen Seiten hervor, die Jean für Luke hineingelegt hatte. Sie überflog die handgeschriebenen Zeilen und stutzte entsetzt. Das durfte doch nicht wahr sein! Eilig blätterte sie auf die erste Seite zurück und begann den Inhalt genauer zu lesen.

Sarah saß im Flur gegenüber von Lynns Zimmer auf einer harten Plastikbank und döste vor sich hin. Das kalte Licht der Neonröhren wirkte durch die weißen Wände noch greller und ließ sie vergessen, ob es draußen Tag oder Nacht war und auch, wie lange es her war, dass sie im Krankenhaus angekommen war. Sie schien bereits eine Ewigkeit dort zu sein und zu warten.

Etwas benommen richtete Sarah sich auf und streckte

ihren schmerzenden Rücken. Dann sah sie auf ihre Armbanduhr. Es war beinahe neun Uhr abends.

Gerade überlegte sie, ob sie an Lynns Zimmertür klopfen und sich erkundigen sollte, ob sie nicht für alle etwas zu essen besorgen sollte, da näherten sich hastige Schritte. Sarah erwartete, dass es eine der Schwestern war, aber als sie aufblickte, stellte sie überrascht fest, dass es jemand ganz anderer war.

»Mr Forester!«, rief sie erstaunt und stand auf. »Was machen Sie denn hier?«

»Mrs Ammersbach! Ich habe eben erst von den schlimmen Neuigkeiten erfahren, sonst wäre ich schon eher gekommen. Wie geht es Mrs Crise?«

»Nicht gut, befürchte ich. Dr. Weston hat Mrs Collinson und die Kinder auf das Schlimmste vorbereitet für den Fall, dass sich der Zustand von Mrs Crise bis morgen früh nicht bessert.«

»Gibt es irgendetwas, das ich tun kann? Es hört sich vielleicht dumm an, aber ich fühle mich in gewisser Weise verantwortlich.«

Sarah war verblüfft. »Sie haben doch mit der Sache gar nichts zu tun!«

»Direkt natürlich nicht«, erwiderte Mr Forester. »Aber immerhin hat Ted Crise für die North Corporation gearbeitet, wenn auch nur zur Aushilfe, und ich vertrete die Firma nun mal. Und ich bin mir sicher, dass es Mrs Crise jetzt nur deshalb so schlechtgeht, weil sie durch den Tod ihres Mannes unter Schock steht.« Er rieb sich nervös die Hände.

»Damit haben Sie wahrscheinlich recht«, erwiderte Sarah. »Lynn hat bestimmt unter Schock gestanden, sonst wäre sie heute Morgen nicht einfach so in die Kälte hinausgelaufen und hätte ihr eigenes und das Leben ihres Babys so leichtfertig aufs Spiel gesetzt.«

»Wie schrecklich.« Er klang ehrlich besorgt. »Ist Mrs Collinson bei ihr?«

»Mrs Collinson und die Kinder. Sie weichen nicht von Lynns Seite. Ich habe die Kinder heute Nachmittag extra hergefahren, damit sie bei ihrer Mutter sein können.«

Mr Forester nickte verständnisvoll. »Es ist schon spät. Sollten die Kinder nicht im Bett sein? Und haben sie etwas gegessen, seit sie hier sind? Ich könnte etwas besorgen, wenn Sie möchten. Das Essen in der Cafeteria ist wirklich nicht besonders gut, und Sie sollten nicht alleine auf der Straße unterwegs sein – besonders nicht zu dieser Stunde.«

»Das ist sehr freundlich von Ihnen, Mr Forester. Und ich muss zugeben, dass mein Magen schon seit einer ganzen Weile recht laut knurrt. Ich werde mal nachfragen. Die Kinder sind mittlerweile bestimmt auch sehr hungrig.«

Sarah öffnete behutsam die Tür zu Lynns Krankenzimmer und schlüpfte hinein.

Wenige Minuten später trat sie wieder in den Flur.

»Mrs Collinson und die Kinder wären Ihnen sehr verbunden, wenn Sie ihnen etwas zu essen besorgen würden, Mr Forester«, erklärte sie.

Mr Foresters Miene hellte sich auf. »Sehr schön! Es wird nicht lange dauern.« Er wandte sich schon um, als ihm noch etwas einfiel. »Wo sind denn eigentlich Ihre Tochter und der kleine Niklas? Vertreten sie sich ein wenig die Beine?«

»Sie sind gar nicht mit uns gekommen«, berichtete Sarah. »Das lange Warten ist nichts für Niklas. Die beiden haben es im Gästehaus der Collinsons weitaus bequemer. Also sind sie dort geblieben.«

»Wollen Sie damit sagen, dass die beiden noch auf dem Grundstück der Crises sind? Ohne einen Wagen und ohne jegliche Möglichkeit, von dort wegzukommen? Aber ich war mir sicher, dass ...« Er brachte den Satz nicht zu Ende.

Sarah sah ihn erstaunt an. »Es ist ja nur für eine kurze Weile. Und wir haben auf unserem Weg hierher in Winding River angehalten und Stan im Laden Bescheid gegeben. Er wird die beiden im Auge behalten.«

»Der alte Stan? Da fahre ich besser morgen früh gleich selbst vorbei und sehe nach dem Rechten.«

»Aber das ist doch vollkommen unnötig«, wehrte Sarah ab.

»Nein, nein, lassen Sie nur. Sicher ist sicher.« Dann drehte er sich um, offenbar tief in Gedanken versunken, und ließ sie einfach stehen.

Sarah schaute ihm grübelnd nach. Beinahe wäre es ihr lieber gewesen, Mr Forester wäre heute Abend nicht im Krankenhaus aufgetaucht. Sie wusste nicht, warum, aber der Gedanke, dass er am Morgen Stella und Niklas aufsuchen wollte, während die beiden allein dort draußen waren, gefiel ihr ganz und gar nicht.

Luke hockte vor einem kleinen Lagerfeuer und hielt seine Hände dicht an die Flammen. Sylvester saß neben ihm und lehnte sich an ihn. Luke war dankbar für die zusätzliche Wärme, die das Tier ihm gab. Denn obwohl es über Tag recht warm gewesen und auch der am Morgen frisch gefallene Schnee komplett getaut war, so war es gegen Abend doch wieder sehr kühl geworden – vor allem, wenn man nun schon die zweite Nacht unvorbereitet im Freien verbrachte.

Die Sonne war inzwischen längst untergegangen, und der Wald lag in völliger Finsternis. Alles war still.

Die Nacht hatte nur wenige Stimmen. Hin und wieder knackste irgendwo ein Ast, oder es raschelte im Espenlaub, ein Zeichen dafür, dass ein Tier in der Nähe war. Doch das war alles. Luke störte die Dunkelheit nicht. Im Gegenteil, sie war ihm ein willkommener Freund, der ihm Schutz und Zuflucht gewährte. Luke hatte in seinem Leben zahllose Nächte unter freiem Himmel zugebracht, und die unberührte Wildnis war von allen der sorgloseste Aufenthaltsort gewesen. Die anderen waren keine Vergnügungsausflüge gewesen, sondern bitterer Ernst.

In dieser Nacht jedoch war es selbst für Lukes geschultes Ohr ungewöhnlich leise. Sogar die Nachtvögel schienen sich mit ihrem Geschwätz zurückzuhalten. Luke warf einen flüchtigen Blick auf Sylvester. Er würde es am ehesten merken, wenn sich jemand ihrem Lagerplatz näherte. Doch das Tier lag ruhig neben ihm; es gab also keinen Grund zur Sorge.

Gern hätte Luke sein Feuer geschürt und die Flammen höher schlagen lassen, doch die Gefahr, entdeckt zu werden, war zu groß. Selbst das kleine Lagerfeuer war ein Risiko, obwohl Luke nur trockene Zweige und Äste benutzte, um so wenig Rauch wie möglich zu verursachen.

Luke rührte gedankenversunken in einem Topf, der an einem provisorischen Gestell aus Ästen über dem Feuer hing. Er war dabei, eine Suppe aufzuwärmen. Glücklicherweise hatte er bereits vor langer Zeit vorgesorgt und für den Notfall den Unterschlupf gebaut, vor dem er jetzt saß – man konnte es Macht der Gewohnheit nennen. Und gestern war nun der Notfall tatsächlich eingetreten. Luke wusste nicht, warum, wusste nicht einmal genau, was es war. Aber als Dan Forester am vergangenen Morgen erneut bei den Crises aufgetaucht war, und dann noch Mike Townsend, da hatte sein Gefühl ihm gesagt, dass es besser sei, für eine Weile unterzutauchen. Sein Gefühl war – abgesehen von Sylvesters Instinkten – das Einzige, worauf Luke sich seit langer Zeit verließ. Es hatte ihm mehr als einmal das Leben gerettet, und es war Luke zur Gepflogenheit geworden, seinem Gefühl in jeder Situation zu folgen.

Als Luke nun allein in der dunklen Wildnis saß, streiften seine Gedanken wie von selbst zu Stella Ammersbach. Das taten sie in den letzten Tagen öfter, als es ihm lieb war, und es irritierte ihn. Was war an ihr so anders als an den anderen jungen Frauen, denen er begegnet war? Viele dieser Frauen hatten besser ausgesehen als Stella, besonders die südamerikanischen Schönheiten, die er während seines langen Aufenthaltes in Guyana kennengelernt hatte. Sie hatten ebenmäßigere Gesichter, weiblichere Figuren und einen anziehenderen Augenaufschlag. Er verbesserte sich sofort: Den Augenaufschlag konnte er nicht vergleichen, denn Stella hatte diese feminine Strategie in seiner Gegenwart bisher nie angewandt. Sie hatte überhaupt in keiner Weise mit ihm zu flirten versucht, sondern war ihm gegenüber immer sehr sachlich und direkt gewesen. Nicht, dass Luke sich etwas auf sein Aussehen einbildete, und er hatte auch nicht wirklich damit gerechnet, dass Stella mit ihm schäkern würde. Schließlich war er ein Indianer und sie eine Weiße. Eine solche Verbindung war hier draußen auf dem Lande nicht gern gesehen und mehr als problematisch – eigentlich war sie unmöglich. Trotzdem hatte Luke für einen kurzen Augenblick so etwas wie einen Hoffnungsschimmer verspürt, als er sich vorstellte »was-wäre-wenn«. Und dieser Funke der Hoffnung hatte ihm einen tiefen Stich ins Herz versetzt. Vielleicht, weil er wusste, dass er vergeblich war. Vielleicht, weil er ihm bewusstmachte, dass er mehr an Stella Ammersbach interessiert war, als er es sich selbst eingestehen wollte. Stella war in ihrer ganzen Art sehr natürlich, und ihre Gefühle waren stets klar in ihrem Gesicht abzulesen: Zurückhaltung, Missbilligung, Freude, Sorge – sie alle hatte Luke dort gesehen. Stella versuchte nie, ihre Emotionen zu verbergen – vielleicht gelang es ihr auch einfach nicht. Jetzt wurde Luke klar, dass es gerade diese Tatsache war, die Stella – zumindest in seinen Augen – so anziehend und schön machte. Sie spielte kein Spiel, machte anderen nichts vor.

Luke hing noch immer seinen Gedanken nach, als Sylvester mit einem Mal so ruckartig aufsprang, dass Luke beinahe das Gleichgewicht verloren hätte. Der Hund hob den Kopf und schnüffelte in alle Richtungen, aber er knurrte nicht.

»Was ist los, alter Junge?«, fragte Luke leise und griff vorsichtshalber nach seinem Jagdgewehr. »Bekommen wir Besuch?«

Sylvester rührte sich einen Moment nicht von der Stelle. Dann aber fing er leise an zu winseln und lief ein paar Schritte in den Wald hinein.

»Sylvester, Fuß!«, rief Luke, so laut er es sich traute. Das Tier drehte sich zu ihm um und sah ihn auffordernd an. Aber es kam nicht zurück.

»Verdammt!«, fluchte Luke leise und stand auf. Irgendetwas stimmte nicht. Mit dem Gewehr in der Hand folgte er dem Hund, der nun direkt in die Dunkelheit des Waldes rannte und sich nur hin und wieder umdrehte, um sich zu vergewissern, dass Luke ihm auch hinterherkam.

Stella war nach langer Zeit in dem großen, gemütlichen Sessel eingenickt. Die erschütternden Zeilen, die Jean an Luke geschrieben hatte, hatten sie sehr aufgewühlt. So sehr, dass sie nicht damit gerechnet hatte, in dieser Nacht überhaupt ein Auge zuzumachen. Und dieser Gedanke war ihr eigentlich sehr willkommen gewesen. Dazu kam, dass sie sich in der fremden Umgebung unwohl und nicht wirklich sicher genug fühlte, um sorglos zu schlafen. Sie hatte ausharren, Niklas bewachen und den Morgen abwarten wollen, wenn Stan aus Winding River kam, um nach dem Rechten zu sehen. Dann würden Niklas und sie von hier verschwinden. Sie war nie ängstlich gewesen, wenn sie allein in ihrer Wohnung in Tübingen war, aber hier in der gottverlassenen Wildnis, mit der Erinnerung an all die schrecklichen Ereignisse der letzten Tage – das war zu viel für ihre Nerven!

Irgendwann hatte der Schlaf sie dann doch übermannt. Stella war müde, das ließ sich nicht bestreiten, und die gemütliche Wärme des Holzofens, in dessen unmittelbarer Nähe sie saß, und das goldene Licht der Petroleumlampe hatten das Restliche getan.

Umso erstaunter war Stella, als sie eine Weile später jäh erwachte. Verwirrt sah sie sich um. Alles schien in Ordnung zu sein. Niklas schlief tief und fest in Lukes Bett, das Feuer im Ofen war gut im Gang, und auch die Lampe brannte noch. Warum also war sie aufgewacht? Jetzt, wo sie so schön geschlummert hatte, hätte Stella gerne bis zum Morgen durchgeschlafen.

Sie grübelte einen Moment, dann war sie sich sicher. Es war ein sonderbares Gefühl gewesen, das sie hatte aufschrecken lassen. Eine Art Vorahnung. Sie tastete nach der kleinen Jade-Eule in ihrer Hosentasche und fühlte sich sofort viel ruhiger.

Doch da klirrte es laut, und Stella vernahm einen dumpfen Aufprall. Es folgte ein merkwürdiges *Puff*-Geräusch, das sie nicht zuordnen konnte.

Stella sprang aus dem Sessel auf, um zu sehen, was

geschehen war. Sie erstarrte. Die Fensterscheibe war zerbrochen, und auf dem Boden, in der Mitte des Zimmers, rollte eine Feuerkugel. Die Gardinen waren bereits in Flammen aufgegangen und Stella wusste, dass die restliche Einrichtung folgen würde, wenn sie nicht sofort etwas unternahm. Einen Augenblick lang fühlte sie sich wie gelähmt. Dann riss Niklas' Stimme sie in die Gegenwart zurück.

»Mama, es brennt! Das Haus brennt!«, schrie er. Er saß im Bett und drückte sich ängstlich mit dem Rücken an die Wand.

»Bleib ganz ruhig!«, rief Stella ihm zu und sah sich nach etwas um, mit dem sie die Flammen ersticken konnte.

Die Wolldecke! Sie machte einen Satz auf das Bett zu, weiter kam sie nicht. Die Feuerkugel am Boden zerplatzte und sprühte Funken in alle Richtungen. Der Sessel, der Flickenteppich – überall schlugen Flammen auf. Und sie griffen in rasendem Tempo um sich.

»Niklas!«, schrie Stella angsterfüllt. Die Funken waren nun auch auf das Bett übergesprungen.

»Mama!« Niklas hustete und begann zu weinen. Der Rauch war jetzt beinahe unerträglich.

Stella versuchte verzweifelt zu ihrem Sohn zu gelangen, aber eine Wand aus Feuer versperrte ihr den Weg. Der Rauch brannte in ihren Augen und nahm ihr die Sicht. Die Tür! Sie musste versuchen, zur Tür zu gelangen! Dann könnte sie von draußen mit dem Besen die brennenden Gardinen vom Fenster reißen und Niklas aus dem Inferno befreien.

Hustend erreichte Stella die Tür und schob erleichtert den Riegel zurück.

»Mama!«, rief Niklas wieder.

»Mama kommt!«, schrie Stella über das Tosen der Flammen und riss die Tür auf.

Sie wollte gerade nach draußen stürmen, als ein lauter Knall ertönte und etwas an ihr vorbeizischte. Es schlug dicht neben ihr in den Fußboden ein. Zuerst wusste Stella nicht, was es war, und tat einen weiteren Schritt. Doch da knallte es erneut, und wieder schwirrte etwas an ihr vorbei. Diesmal schlug es auf Kopfhöhe in den Türrahmen ein. Und endlich begriff sie: Es waren Schüsse! Jemand schoss auf sie!

Stella duckte sich instinktiv und flüchtete zurück ins Haus. Was sollte sie nur tun? Das Haus stand in Flammen, und draußen wartete der Lauf eines Gewehres auf sie! Wurde sie von einer Kugel getroffen, war niemand mehr da, um Niklas zu helfen. Blieb sie im Haus, so bedeutete es für sie beide den sicheren Tod.

Panik erfasste sie, und sie begann zu weinen. Sie zitterte am ganzen Körper. In ihrer Hast, Luft zu bekommen, atmete sie zu viel Rauch ein und musste heftig husten. In ihrem Kopf überschlugen sich die Gedanken. Niklas, ihr geliebter, süßer Sohn – er würde sterben. Er würde bei lebendigem Leibe verbrennen! Ihr Herz krampfte sich zusammen.

Dann hörte sie Niklas erneut ängstlich nach ihr rufen, und sie gab sich einen Ruck. Nein, sie durfte es nicht zulassen! Sie durfte nicht aufgeben! Sie musste versuchen, ihn zu retten, selbst wenn sie dabei umkommen würde! Sie richtete sich auf und wollte sich eben in die Flammen stürzen, als jemand sie von hinten an der Schulter packte.

Stella stockte vor Schreck der Atem.

»Schnell, wir müssen weg von hier!«, ertönte eine tiefe Stimme.

»Luke!«, rief sie erleichtert, als sie erkannte, wer ihr zu Hilfe gekommen war. »Niklas! Niklas ist noch da drinnen!«

»Sylvester kümmert sich um ihn. Keine Sorge«, sagte

Luke gelassen. Er blieb dicht bei der Tür und spähte vorsichtig hinaus in die dunkle Nacht.

Stella starrte ihn ungläubig an. Beinahe hatte sie den Eindruck, als sei es normal für ihn, Menschen aus brennenden Häusern zu retteten. Da fiel ihr mit einem Mal auf, dass er ein Gewehr in der Hand hielt.

»Hast du auf uns geschossen?«

»Dann wärst du nicht mehr am Leben«, lautete seine knappe Antwort.

Jetzt drückte sich etwas Großes, Weiches an Stellas Beinen vorbei und sie spürte zwei kleine Arme, die sich um ihre Hüfte legten.

»Niklas!« Sie brach vor Erleichterung in Tränen aus und drückte den Kleinen an sich.

»Mama!«

Luke hingegen tätschelte Sylvesters Kopf. »Danke, alter Junge! Wir müssen von hier verschwinden«, sagte er dann. »Nick, klettere auf meinen Rücken und halt dich gut fest! Ich brauche beide Arme für das Gewehr. Stella, du bleibst dicht hinter mir. Wir müssen versuchen, den Schutz des Waldes zu erreichen!«

Stella wusste nicht, woher sie den Mut oder die Kraft nahm, Luke in die Dunkelheit hinaus zu folgen, aber sie tat es. Ihre Gedanken waren allein bei Niklas. Sie musste ihn in Sicherheit bringen!

In geduckter Haltung eilten sie über die Lichtung. Sylvester lief voran und zeigte ihnen den Weg. Bald hatten sie den hellen Schein des Feuers, der von der brennenden Hütte ausging, hinter sich gelassen. Immer wieder ertönten Schüsse, aber sie schienen nicht in ihre Richtung zu gehen, und Luke erwiderte sie nicht. Stella erkannte schnell den Grund dafür. Die Gewehrläufe blitzten jedes Mal hell auf, wenn eine Kugel abgefeuert wurde. Man konnte es im Dunkeln genau sehen – und gleichzeitig auch, wo die Schützen sich befanden. Stella wusste nun, dass Luke versuchte, ihren Standort geheim zu halten und die Finsternis zu seinem Vorteil zu nutzen.

Sein Vorhaben schien zu gelingen, denn kurze Zeit später erreichten sie sicher den Waldrand und tauchten zwischen den Bäumen unter.

»Langsam, Sylvester«, befahl Luke leise. »Unsere Nasen sind nicht so gut wie deine.« Er hatte das Gewehr jetzt in einer Hand. Mit der anderen stützte er Niklas, der sich noch immer an seinem Rücken festklammerte.

»Okay, Nick?«, erkundigte sich Luke.

»Okay!«, erwiderte Niklas, und mehr noch als sonst lag offene Bewunderung für den indianischen Freud in seiner Stimme.

»Stella, halt dich an Nick fest. Ich will dich unterwegs nicht verlieren«, wies Luke sie an.

Es ging nun viel langsamer voran, und Stella hatte schon bald jegliches Zeitgefühl verloren. Sie hätten bereits stundenlang unterwegs sein können, aber genauso gut auch erst wenige Minuten. Sie wusste es nicht. Zudem verlangte ihr das blinde Folgen in absoluter Finsternis eine Menge Mut und auch sehr viel Energie ab. Sie erwartete, jeden Moment gegen einen Baumstamm zu prallen, über einen großen Stein zu stolpern oder auf einen der Kerle zu treffen, die eben auf sie geschossen hatten. Aber nichts dergleichen geschah.

Stella hoffte, dass der Mond aufgehen möge, erinnerte sich dann aber daran, dass es bald Neumond sein würde und der Mond nur als schwache Sichel zu sehen war. Sein Schein würde ihnen also kaum den Weg erleuchten. Sie musste sich weiter blind auf Lukes und Sylvesters Führung verlassen.

Stolpernd folgte sie ihnen hügelauf und hügelrunter durch die dichtbewaldete, stockdunkle Wildnis. Umso überraschter war sie, als Luke abrupt anhielt und sie unsanft gegen ihn stieß.

»Hier ist mein Lagerplatz«, erklärte er leise.

Sie waren in einer kleinen Senke angelangt. Vor ihnen befand sich eine Feuerstelle, deren Flammen fast erloschen waren, und ein niedriger Unterstand. Luke ließ Niklas von seinem Rücken steigen, lehnte das Gewehr neben sich an einen Baumstamm und legte Holz aufs Feuer. Im nächsten Moment züngelten erneut Flammen zum Himmel empor, und der Lagerplatz war in ein Wechselspiel aus sanftem Licht und tanzenden Schatten getaucht.

»Wow!«, entfuhr es Niklas, als er den Unterstand erspähte, obwohl er am ganzen Körper zitterte, denn er hatte ja nur seinen Schlafanzug an. »Hast du den selbst gebaut?«

Luke lächelte, als Stella ihm die Worte des Jungen übersetzte. »Ja, das habe ich.«

Stella wusste nicht, woher Niklas die Energie nahm, jetzt noch über selbstgebaute Unterstände zu reden. Hatte das schreckliche Ereignis ihn denn kein bisschen mitgenommen? Aber selbst sie musste zugeben, dass Luke sein Handwerk verstand. Es schien bei weitem nicht der erste Unterstand zu sein, den er errichtet hatte. Über ein niedriges Gestell aus dicken Astgabeln und langen, stabilen Ästen hatte er eine grüne Plane gebreitet, die den Wind abhielt. Das Ganze war sorgfältig mit Kiefernzweigen abgedeckt. Die improvisierte Behausung fiel zwischen den Bäumen kaum auf, und Stella wusste nun, wo Luke die vergangenen Tage verbracht hatte.

Luke verlor unterdessen keine Zeit. Er steckte Niklas unter dem Dach aus Plane und Zweigen in einen dicken Schlafsack und befahl Sylvester, sich zu ihm zu legen. Er untersuchte den Jungen mit gekonnten Handgriffen, fühlte seinen Puls und seine Stirn und richtete sich dann erleichtert auf.

»Es fehlt ihm nichts. Er ist nur ein wenig erschöpft«, erklärte er Stella. »Ich mache uns schnell einen Tee. Sylvester wird Nick warm halten, und morgen früh, wenn er ausgeschlafen hat, wird er wieder ganz der Alte sein.« Er suchte nach etwas unter der Plane. »Hier, die legst du dir besser um. Du siehst auch aus, als würdest du mächtig frieren.« Er reichte ihr eine Decke.

Stella hüllte sich dankbar darin ein und beobachtete schweigend, wie Luke einen Topf mit Wasser über das Feuer hängte.

»Du hast uns das Leben gerettet. Ich kann dir nicht genug danken«, sagte sie leise. Diese Tatsache war ihr eben erst wirklich bewusst geworden.

Luke, der neben dem Feuer hockte und sich die Hände wärmte, blickte erstaunt auf.

»Nicht der Rede wert.«

»Sylvester hat mir das Leben gerettet«, mischte Niklas sich ein. »Du hättest ihn sehen sollen, Mama! Er ist durch das Fenster gesprungen, trotz der Flammen und allem, ist zu mir aufs Bett gekommen und hat mich mit sich gezogen. Überall hat es gebrannt, aber Sylvester hatte keine Angst. Kein bisschen! Er wusste genau, wo es einen Weg durch die Flammen gab, und hat mich zu dir gebracht. Er ist der beste Hund auf der ganzen Welt!« Er drückte Sylvester liebevoll an sich.

Der große Hund sah ihn mit seinen treuen Augen an und leckte ihm das Gesicht.

»Ja, Sylvester ist der beste Hund auf der ganzen Welt. Ich werde niemals vergessen, was er für dich – und auch für mich – getan hat. Das war ein knappes Entkommen.« Stella schüttelte sich unwillkürlich, als sie an das Flammenmeer zurückdachte.

Ihr Blick wanderte zu Luke. »Jemand wollte uns töten«, sagte sie leise. »Warum?«

»Sie wollten nicht euch töten«, stellte Luke schlicht fest, »sondern mich.«

18

Elizabeth saß seit Stunden auf dem harten Stuhl in Lynns Krankenzimmer, und seit Stunden gab es keine Veränderung in Lynns Zustand. Dan Forester war gekommen und hatte wie versprochen etwas zu essen gebracht. Sehr gutes Essen von einem chinesischen Restaurant, wie Elizabeth sofort festgestellt hatte, keine billigen Fast-Food-Burger. Dan Forester schien ein großzügiger Mensch zu sein. Er hatte anschließend ein paar Worte mit Sarah gewechselt, die noch immer auf dem Flur ausharrte, und war dann abgefahren. Sarah wirkte seltsam beunruhigt, aber Elizabeth hatte im Augenblick andere Sorgen. Ihr ging es einzig um Lynn.

Im Zimmer war es dunkel, nur der schwache Schein der Nachtlampe spendete ein wenig Licht. Elizabeth blickte auf ihre Armbanduhr. Es war beinahe Mitternacht. Sie rückte den Stuhl noch dichter an Lynns Bett und musterte das Gesicht ihrer geliebten Tochter. Schweiß stand auf der Stirn der jungen Frau, und sie warf unruhig den Kopf hin und her. Elizabeth nahm behutsam die lange, braungolden schimmernde Adlerfeder auf, die in ihrem Schoß lag, und begann erneut zu beten.

Amanda und Ben waren nach den langen, ermüdenden Stunden des Wartens endlich eingeschlafen. Amanda in einem kleinen Sessel, der für Besucher ins Zimmer gestellt worden war, und Ben am Fußende des Bettes. Ihre regelmäßigen, tiefen Atemzüge waren das Einzige, das etwas Ruhe und Harmonie ins Krankenzimmer brachte.

Will hingegen hielt sich mit aller Gewalt wach. Er sagte sich, dass er nicht einschlafen durfte. Täte er das, würde seine Mutter es vielleicht spüren und denken, dass ihm ihr Leben nichts bedeutete. Nein, er musste unbedingt wach bleiben. Er drückte Lynns Hand und sah zu seiner Großmutter hinüber, die auf der anderen Seite des Bettes saß und leise betete. Es gab so viele Dinge, die er sie fragen wollte, so viele Dinge, die seine Mutter betrafen und die er nicht verstand. Aber er spürte, dass jetzt nicht der richtige Zeitpunkt dafür war.

Dann musste er zum hundertsten Mal an Dr. Westons Worte denken. Er hatte gesagt, dass diese Nacht eine entscheidende Besserung bringen musste, sonst ... Will verbot sich, diesen Gedanken zu Ende zu denken. Seine Mutter durfte nicht sterben, sie durfte es einfach nicht! Was sollten sie ohne sie machen? Sie brauchten sie!

»Mom«, flüsterte er immer wieder, als könnten seine Worte sie von ihrer Krankheit befreien. »Bitte bleib bei uns! Bitte kämpfe! Denk an das Baby, denk an uns!«

Will und Elizabeth wachten eine lange Zeit an Lynns Bett, ohne dass sich ihr Zustand besserte. Das Gesicht des Jungen war blass und seine Augen gerötet, aber er hielt tapfer durch.

Plötzlich zerriss ein lauter Schrei die Stille des Krankenzimmers. Sowohl Will als auch Elizabeth sprangen erschrocken von ihren Stühlen auf. Sarah stürzte aufgeregt vom Flur ins Zimmer, und Amanda starrte mit weit aufgerissenen Augen um sich.

Es dauerte eine Weile, bis sie begriffen, was geschehen war. Der kleine Ben musste etwas Schlimmes geträumt haben. Er hatte sich am Fußende des Bettes aufgesetzt, rieb sich verschlafen die Augen und weinte bitterlich.

Die Aufmerksamkeit aller war auf Ben gerichtet. Niemandem fiel auf, was am anderen Ende des Bettes vor sich ging. Will entdeckte es als Erster.

»Mom!«, hauchte er und wusste nicht, ob er lachen oder weinen sollte.

Lynn hatte sich im Bett aufgesetzt, beugte sich zu ihrem jüngsten Sohn vor und strich ihm zärtlich übers Haar.

»Mom ist hier«, sagte sie mit heiserer Stimme. »Hab keine Angst.« Sie wirkte wie im Halbschlaf und schien die anderen nicht zu bemerken.

Ben krabbelte zu ihr und drückte sich an sie.

»Mom«, schluchzte er. »Ich hatte einen schrecklichen Traum.«

»Aber jetzt ist er vorüber, und alles ist gut«, beruhigte ihn Lynn. Dann endlich fiel ihr Blick auf Will, Amanda, Elizabeth und Sarah, die sie fassungslos anstarrten. »Was macht ihr denn hier«, wunderte sie sich und sah sich genauer um. »Wo sind wir?«

»Great Spirit, ich danke dir für Bens bösen Traum!«, flüsterte Elizabeth überglücklich und wischte die Tränen fort, die ihr vor Erleichterung über die Wangen rollten.

Amanda und Will setzten sich vorsichtig zu ihrer Mutter aufs Bett. Amanda umarmte sie innig. Will küsste seine Mutter auf die Wange. Er versuchte sich zusammenzureißen, schließlich war er jetzt der Mann im Haus. Aber die Last, die sich soeben von seinem Herzen gelöst hatte, war einfach zu groß. Etwas beschämt drehte er sich zur Wand und trocknete seine Tränen.

»Ich bin so froh«, sagte er schließlich und umarmte Lynn so fest, dass ihr beinahe die Luft wegblieb.

»Gib acht, Will. Du zerdrückst mich!«, stöhnte Lynn. Dann setzte sie hinzu: »Ich verstehe dies alles nicht.«

»Erinnerst du dich nicht, Mom?«, fragte Amanda. »Du bist nach draußen gelaufen, in den Schnee, und bist dort eingeschlafen. Stella, Will und Grandma haben dich gefunden und nach Hause gebracht.«

»Genau«, pflichtete Ben ihr bei. »Du warst so kalt, wir dachten, du seist erfroren. Wir haben dich eine Weile aufgewärmt, und dann hat Grandma dich ins Krankenhaus gefahren. Das musst du doch wissen!«

Lynn ließ sich behutsam auf ihr Kopfkissen zurücksinken. »Ich kann mich an nichts richtig erinnern. In meinem Kopf ist ein einziges großes Gewirr aus Bildern und Stimmen.«

»Wir haben uns solche Sorgen um dich gemacht. Um dich und das Baby«, sagte Elizabeth, die endlich die Sprache wiedergefunden hatte. »Doch jetzt bist du über den Berg, und alles wird gut werden. Aber sage mir, was hat dich zu uns zurückgebracht?« Sie sah ihre Tochter gespannt an.

»Ich habe Ben schreien hören. Ich wusste, er hatte einen seiner schlimmen Träume, und wollte ihn trösten, so wie ich es immer tue. Ich bin einfach meinem Instinkt gefolgt.«

Elizabeth war tief bewegt. »Es ist die Liebe, die du für deine Kinder empfindest. Sie allein hat dich wieder in diese Welt geholt.«

Stella und Luke kauerten in Decken gehüllt um das kleine Lagerfeuer und versuchten warm zu bleiben. Die Nacht war klar und frostig. Es war bereits weit nach Mitternacht, aber die kältesten Stunden lagen noch vor ihnen – die Stunden kurz vor der Morgendämmerung.

Stella hielt ihre Hände näher ans Feuer. Sie fror, aber daran war nichts zu ändern. Sie mussten bis zum Morgen hier aushalten. Es war nicht sicher, im Dunkeln zur Lichtung zurückzukehren. Sie sah zu Niklas hinüber. Der Kleine war von Kopf bis Fuß in den dicken Schlafsack eingepackt und gerade dabei, wieder einzuschlafen. Sylvester lag treu an seiner Seite und wärmte ihn. Stella seufzte, erleichtert, dass es Niklas nach dem schrecklichen Brand gutging.

Eine Weile hockte sie schweigend da. Sie hatte unzählige Fragen, doch sie wusste nicht, wie Luke auf sie reagieren würde. Und sie hatte noch immer Angst. Nie zuvor in ihrem Leben war sie dem Tod so knapp entkommen wie in dieser Nacht. Insgeheim wusste sie, dass sie nicht nur vor Kälte zitterte, aber das hätte sie vor Luke niemals zugegeben. Sie warf ihm einen flüchtigen Blick zu. Ihm musste genauso kalt sein wie ihr, aber es war ihm nicht anzumerken. Auch schien es ihn nicht zu berühren, dass man erst vor wenigen Stunden auf ihn geschossen und seine Hütte niedergebrannt hatte. Er hockte ruhig und gelassen neben dem Feuer, die Decke um die Schultern gezogen, rauchte eine Zigarette und hing seinen Gedanken nach.

»Es tut mir so leid, dass dein Zuhause abgebrannt ist«, sagte Stella, um die Stille zu durchbrechen. »All dein Besitz, die schönen Familienfotos.«

»Ich bin Schicksalsschläge gewöhnt«, sagte Luke knapp.

Wieder dieses unangenehme Schweigen.

»Die Polizei sucht nach dir.« Stella versuchte unverbindlich zu klingen.

»Ich weiß«, erwiderte er, ohne vom Feuer aufzublicken.

»Oh.«

Luke stieß eine Rauchwolke aus und sah sie verblüfft an.

»Warum wäre ich sonst wohl bei dieser Kälte hier draußen?«

Stella schluckte und zögerte einen Moment. Schließlich sagte sie, den Blick zu Boden gewandt: »Dass du dich hier draußen versteckst, erweckt den Anschein, dass die Polizei mit ihren Anschuldigungen recht hat.« Sie brachte es einfach nicht fertig, ihn direkt zu fragen, ob er etwas mit Teds Tod zu tun hatte. Aber sie musste trotzdem versuchen, sich irgendwie Gewissheit zu verschaffen.

Luke nahm einen weiteren Zug, stieß den Rauch bedächtig aus und erwiderte: »Jemand will mich anschwärzen. Jemand hat gewollt, dass Ted dort gefunden wurde, wo man ihn fand, sonst wäre er einfach irgendwo im Hochmoor gelandet, und niemand hätte je wieder etwas von ihm gehört oder gesehen. Es ist genauestens geplant worden.«

»Und alles passt auch gut zusammen«, stellte Stella fest. Dann fragte sie leise: »Wohin bist du an dem Morgen unterwegs gewesen, als wir dich und Sylvester auf dem Weg nach Winding River getroffen haben? Du bist nicht im Ort erschienen, solange wir dort waren, und auch auf dem Nachhauseweg haben wir dich nicht gesehen. Aber als wir bei Elizabeth und Lynn ankamen, warst du auf einmal schon wieder auf der Lichtung.«

Luke musterte sie kühl. »Ja, es passt alles sehr gut zusammen. Hast du das der Polizei auch gesagt?«

Sie hob den Kopf und sah ihn erstaunt an. »Nein, das habe ich nicht.«

Die Anspannung wich aus Lukes Körper. »Und warum nicht?«

»Ich weiß es nicht«, sagte Stella und errötete leicht. Dann fügte sie schnell hinzu: »Lynn ist übrigens seit heute Morgen schwer krank. Elizabeth musste sie in Krankenhaus bringen.«

»Ich weiß.«

»Woher?«, fragte Stella verdutzt.

Luke lächelte. »Ich habe Augen im Kopf, weiß du.«

»Du hast die Lichtung beobachtet«, stellte sie halb überrascht fest und musste ebenfalls lächeln.

Luke nickte.

Stella wurde wieder ernst. »Zu dumm, dass du Lynn heute morgen nicht bemerkt hast. Dann wäre ihr vieles erspart geblieben.«

»Ich habe eure Fußspuren gefunden«, erklärte Luke betrübt. »Und auch die Stelle, wo Lynn gelegen hat. Zu dem Zeitpunkt hattet ihr sie schon ins Haus gebracht. Aber ich habe mir zusammenreimen können, was vorgefallen ist.«

»Wunderst du dich nicht über ihr Verhalten?«

Luke zuckte mit den Schultern. »Menschen tun viele verrückte Dinge, wenn sie unter Schock stehen oder in Panik geraten. Dagegen ist niemand wirklich gewappnet. Und Teds Tod hat Lynn schwer getroffen, da bin ich mir sicher.«

»Du hast recht. Es hat sie schwer getroffen«, sagte Stella. »Du bist in argen Schwierigkeiten, Luke«, fuhr sie eine Weile später fort. »Du brauchst dringend einen guten Anwalt. Ich kenne mich aus, ich arbeite in einer Anwaltskanzlei. Alleine bist du denen machtlos ausgeliefert.«

Luke lachte bitter auf. »Und welcher Anwalt würde mir, einem Indianer, Glauben schenken? Nein, ich muss versuchen, die Sache selbst aufzuklären und meine Unschuld zu beweisen.«

»Die Unterlagen, die Jean gestern für dich abgegeben hat, hätten dir vielleicht dabei helfen können«, sagte Stella. »Aber ich fürchte, sie sind in Flammen aufgegangen. Lynn hatte sie auf den Tisch in deiner Hütte gelegt.«

Luke horchte auf. »Ja, ich habe gesehen, dass Jean kurz bei euch war. Was hat sie gesagt?«

»Sie sagte, du seist einer heiklen Sache auf der Spur, Krankheitssymptomen, die nördlich von Fort McMurray aufgetaucht sind und mit erhöhten PAV-Werten in Verbindung stehen, die seit einiger Zeit aber auch in der Gegend um Winding River auftreten, und das, obwohl hier in der Nähe kein Ölsand abgebaut wird und es auch keine offiziellen Auffangbecken für die Schlacke gibt.« Sie warf Luke einen unsicheren Blick zu. Würde er ärgerlich werden, weil sie so viele Einzelheiten über die Angelegenheit wusste? Doch er nickte lediglich zustimmend.

»Jean hat Lynn den Umschlag für dich übergeben, und das war es eigentlich auch schon. Nein, warte, ich habe etwas vergessen: Sie sagte noch, dass sie versetzt worden sei. Genaueres weiß ich nicht, nur dass es irgendein Bürojob ist. Ihre Vorgesetzten seien wohl auf sie aufmerksam geworden, weil sie in deiner Sache gezielte Nachforschungen angestellt hätte. Sie sagte – wie war es noch gleich – etwas wie: ihr Leben sei ihr wichtiger als ihr Job. Jemand muss ihr wirklich Druck gemacht haben.«

Luke schwieg einen Augenblick.

»Ich habe gesehen, dass Dan Forester da war, als Jean mit euch gesprochen hat. Was meinst du, hat er das Gespräch mit angehört?«

Stella versuchte sich genau an den Besuch zu erinnern.

»Ich glaube nicht«, erwiderte sie schließlich. »Er stand etwas abseits und hat Geschenke von Jean an die Kinder ausgeteilt. Jean schien sehr darauf bedacht, dass das Gespräch unter uns blieb. Du glaubst doch nicht etwa, dass Mr Forester in die Sache verwickelt ist, oder?«, fügte sie hinzu.

»Würde es dir etwas ausmachen, wenn er es wäre?«, fragte Luke beiläufig.

Stella warf ihm einen überraschten Blick zu und schüttelte dann den Kopf.

»Ich glaube nicht, dass Forester direkt in die Angelegenheit verwickelt ist«, meinte Luke daraufhin. »Aber er arbeitet für die North Corporation, und dieser Konzern versucht sich die Nutzungsrechte für das Reservat zu erschleichen.«

Stella dachte über seine Worte nach.

»Hast du die Papiere gelesen?«

Sie reagierte nicht, so tief war sie in ihre Gedanken versunken.

»Stella, hast du die Papiere gelesen, die Jean für mich dagelassen hat?«, fragte Luke erneut, diesmal eindringlicher.

»Was? – Ja, das habe ich«, gab sie leise zu. »Ich wollte wirklich nicht neugierig sein, aber …«

Luke winkte sofort ab. »Es ist ein Glücksfall, dass du es getan hast. Jean hat eine lange Zeit gebraucht, die Daten zusammenzutragen, und ich weiß nicht, ob ich sie noch einmal bekommen kann. Jean wollte kein unnötiges Risiko eingehen, also vermute ich, dass sie keine Kopien anfertigt hat. So kann ihr niemand etwas nachweisen. Kannst du dich an irgendwelche Einzelheiten erinnern?«

»Es waren sehr detaillierte Informationen, und die ganze Sache ist neu für mich«, sagte Stella nachdenklich. »Aber ja, ich glaube, ich kann mich an das meiste erinnern.«

»Dann leg mal los«, forderte Luke sie auf. Er warf den Rest seiner Zigarette ins Feuer, stand auf und begann langsam auf und ab zu gehen.

»Also, Jean hat bei der Gesundheitsbehörde direkt nachgefragt, ob in Winding River erhöhte PAV-Werte im

Wasser nachgewiesen worden seien. Man sagte ihr, ja, es gäbe geringe Mengen krebserregender Stoffe im Wasser. Diese seien aber nicht auf eine Verseuchung des Wassers durch die Ölindustrie zurückzuführen, sondern entständen in dieser Gegend aufgrund der Ölvorkommen im Boden ganz unweigerlich von alleine, zum Beispiel durch Erosion.« Stella versuchte sich alle Einzelheiten wieder ins Gedächtnis zu rufen. »Jean hat dann eine private Firma beauftragt, das Wasser zu untersuchen; eine Firma, die bereits Analysen für eine kleine Gemeinde nördlich von Fort McMurray vorgenommen hat. Diese Firma hat festgestellt, dass die PAV-Werte im Grundwasser in der Umgebung von Winding River weit über dem Normalwert liegen. Sie hat sogar Vergleiche mit der Gemeinde nördlich von Fort McMurray angestellt und befunden, dass die Werte fast identisch sind.«

»Ich habe es gewusst!«, murmelte Luke aufgebracht. »Die Frage ist nur, woher die Verseuchung des Wassers stammt. Hat Jean darüber etwas geschrieben?«

»Nicht wirklich«, sagte Stella und dachte angestrengt nach. »Sie schrieb, dass es die Langzeiteffekte seien, die gefährlich sind, wenn Menschen derart verseuchtes Wasser täglich und regelmäßig zu sich nehmen, und nicht unbedingt der eigentliche unmittelbare Verzehr des Wassers. Die PAVs rufen also keine sofortigen Vergiftungserscheinungen hervor, sondern lagern sich im Körper ab. Erst nach und nach beginnen sie, Leber, Fettgewebe, Magen-Darm-Trakt und unter Umständen sogar die Fortpflanzungsorgane anzugreifen. Jean schrieb, dass einige der Ältesten in der indianischen Gemeinde nördlich von Fort McMurray ihren Kindern und Enkelkindern mittlerweile davon abraten, Babys zu bekommen, weil sie unter den gegebenen Umständen für sie einfach keine Zukunft mehr sehen.« Sie blickte Luke erschüttert an.

»Ist das nicht schlimm? Die Kinder sind unsere Zukunft. Sie aufzugeben hieße unsere Erde aufzugeben.«

Luke nickte betroffen. Solche Bemerkungen wie die der Ältesten weiter nördlich kamen ihm seit neuestem auch in Winding River zu Ohren, und es schmerzte ihn sehr. Die indianischen Völker waren von jeher darauf bedacht gewesen, das empfindliche Gleichgewicht der Natur zu erhalten und die Erde als Zuhause für kommende Generationen zu sichern. Der weiße Mann hingegen schien – und leider folgten immer mehr Indianer seinem Beispiel – diese Regel absichtlich zu ignorieren und nur zu seinem eigenen Vorteil zu handeln. An die zukünftigen Generationen wurde heute kaum noch gedacht.

»Jean gab dir auch darin recht, dass die Krankheitssymptome, die zur Zeit in erhöhtem Maße in Winding River auftauchen, dieselben sind wie in den Gemeinden weiter nördlich, wo der Verdacht besteht, dass giftige Abfallstoffe der Ölindustrie das Wasser verseuchen. Jean kann sich allerdings auch nicht erklären, wie es zu der Verseuchung in Winding River gekommen sein kann. Wie du schon sagtest, gibt es keine Auffangbecken für Schlacken oder gar aktive Ölsandabbaugebiete in der näheren Umgebung.«

»Wenigstens bis jetzt noch nicht«, stellte Luke mürrisch fest. »Nach dem, was wir von Dan Forester gehört haben, wird sich das wohl sehr bald ändern.«

»Woher kommen denn deiner Meinung nach die erhöhten PAV-Werte im Grundwasser von Winding River?«, hakte Stella nach.

»Ich habe meine Theorien«, antwortete Luke knapp. »Aber es ist besser, wenn du darüber nichts weißt. Es könnte dich unter Umständen in Schwierigkeiten bringen, und das möchte ich vermeiden. Mit den Ölkonzernen ist nicht zu spaßen. Die gehen über Leichen.« Er blieb stehen und atmete tief aus.

»Und was willst du jetzt machen?«, fragte Stella. »Du kannst dich nicht auf alle Ewigkeit hier in der Wildnis verstecken.«

Luke sah sie an, und eine Mischung aus Nachsicht und Mitgefühl lag in seinem Blick. Stella kannte diesen Ausdruck nur allzu gut, denn sie selbst ertappte sich manchmal dabei, Niklas auf diese Weise anzusehen, wenn er eine für sie ganz einfache und eindeutige Sache nicht verstand.

»Manchmal muss man Opfer bringen«, sagte Luke schließlich. »Und überhaupt – es kommt nicht darauf an, *wo* man lebt, ob in einem lausigen Unterschlupf in der Wildnis oder in einer millionenteuren Villa in Beverly Hills. Es kommt allein darauf an, *wie* man lebt, ob man in seinem Leben die richtigen Entscheidungen trifft, den richtigen Weg einschlägt, oder nicht. Und *richtig* hat nichts mit Geld zu tun.«

Stella schwieg einen Augenblick.

»Ich bin deiner Meinung«, erklärte sie dann. »Aber selbst wenn deine Entscheidung richtig gewesen ist – und daran zweifle ich nicht, nachdem ich die Papiere gelesen habe: Du hast keinerlei Beweise dafür, dass irgendwer den Grund und Boden um Winding River mit giftigen Abfallstoffen verseucht.«

»Wie kommst du darauf, dass ich das vermute? Ich habe nichts dergleichen gesagt.«

»Ich habe auch ein paar Theorien aufgestellt«, erklärte Stella und lächelte verlegen.

»Wie dem auch sei, ich werde die Beweise schon irgendwo auftreiben«, sagte Luke.

»Bei der North Corporation?«

Luke antwortete nicht.

»Warum haben diese Leute – wer immer sie auch sein mögen – so viel Respekt vor dir, dass sie versuchen, dir einen Mord in die Schuhe zu schieben und dich umzubringen? Ich meine, du bist nur ein einzelner Mann. Wie viel kann einer allein gegen eine solche Übermacht ausrichten?«

»Ich war nicht immer ein Einsiedler«, erklärte Luke, führte seine Aussage jedoch nicht weiter aus.

»Du bist aber auch nicht hier oben aufgewachsen, richtig? Warum geht dir die Sache so unter die Haut? Aus dem, was ich in den letzten Tagen von dir mitbekommen habe, lässt sich schließen, dass du zumindest eine Weile für einen der Ölkonzerne in Fort McMurray gearbeitet hast. Bist du dabei auf etwas gestoßen, das dich auf den Gedanken gebracht hat, dass dort krumme Geschäfte vor sich gehen?« Sie sah ihn erwartungsvoll an.

»Das sind viele Fragen«, meinte Luke in seiner ruhigen Art. »Ich habe dir bereits erzählt, dass ich aus der Nähe von Victoria auf Vancouver Island stamme. Aber das ist kein Grund dafür, dass mich diese Umweltkatastrophe hier oben im Norden Albertas nichts angeht. Die Sache geht uns alle an. Alle Menschen auf der Welt, die Erdöl und Erdölnebenprodukte benutzen. Außerdem ist ein guter Freund von mir in Winding River kürzlich an Gallengangkrebs erkrankt. Er ist keine vierzig Jahre alt, hat eine liebe Frau und drei kleine Kinder. Und daher geht mich die Sache jetzt umso mehr etwas an.« Er hielt inne und schüttelte bestürzt den Kopf. Dann erinnerte er sich an die anderen Fragen, die Stella ihm gestellt hatte. »Es stimmt, ich habe eine Zeitlang für die North Corporation in Fort McMurray gearbeitet. Aber ein halbwegs sensibler Mensch hält es dort nicht lange aus. Nicht nur wegen der Kriminalität, der Prostitution und des massiven Drogenmissbrauchs in der Stadt. Man muss schon gefühlstot sein, dass einen der Mord an der Natur nicht berührt, wenn man es tagtäglich mit ansieht und mit eigenen Händen dazu beiträgt. Fort McMurray ist in mehr als nur einer Hinsicht die Hölle auf Erden. Viel schlimmer als Orte in der sogenannten Dritten Welt, wo man es vielleicht erwartet hätte.«

Stella wog seine Worte ab. Viel über sich selbst hatte Luke auch jetzt nicht preisgegeben.

»Und wie steht es damit, dass du überall zu Fuß hingehst, aber wenn du das Auto steuern musst, weil dir keine Wahl bleibt, dann fährst du, als hättest du dein ganzes Leben lang nichts anderes getan? Und wie du mit den Wachmännern am Eingang des Camps gesprochen hast … Was ist eigentlich dein Beruf?« Die Worte sprudelten nur so aus Stella heraus. Sie konnte ihre Neugier einfach nicht länger unterdrücken.

Luke starrte in die Dunkelheit. »Na, wenigstens wissen wir jetzt, warum sie meine Hütte abgefackelt haben«, meinte er unverbindlich und ohne auf Stellas Fragen zu antworten. »Um mich und die Unterlagen von Jean loszuwerden. Die Gardinen waren ja zugezogen, und so konnten sie nicht ahnen, dass nicht ich im Haus war, sondern du und Nick. Übrigens, warum wart ihr eigentlich in meiner Hütte?«

Stella zog eine Grimasse. Luke gab einfach nichts aus seinem Privatleben preis, und diese Tatsache irritierte sie. Hätte er nichts zu verbergen, dann würde er ihre Fragen doch beantworten. Gleichzeitig spürte sie, dass seine Absichten absolut ehrlich waren und er nicht versuchte, ihr etwas vorzumachen. Also ging sie auf sein Ablenkungsmanöver ein.

»Das Stinktier war schuld«, sagte sie mit ernster Miene und berichtete kurz, was vorgefallen war.

Luke lachte herzlich über ihre Schilderung. »Mit einem Stinktier ist nicht zu spaßen! Um die macht sogar Sylvester einen großen Bogen! Aber du hast ganz richtig gehandelt. Meine Hütte war der einzige Ort, an den ihr euch zurückziehen konntet. Ich wünschte nur, es wäre an einem anderen Abend gewesen.«

Luke legte ein paar Äste aufs Feuer und setzte sich zu Stella auf den umgestürzten Baumstamm.

»Du siehst durchgefroren aus«, sagte er. »Komm, wenn wir uns dicht nebeneinandersetzen und die Decken um uns legen, dann wird es ein bisschen wärmer werden.«

Stella sah ihn forschend an. Was hatte er jetzt vor? Doch in Lukes dunklen Augen war nichts weiter zu lesen als ein freundschaftliches Angebot. Sie rückte näher zu ihm.

»Es tut mir wirklich leid, dass du und Nick in diese Sache mit hineingezogen worden seid«, erklärte Luke, während er die Decken um sie zog.

»Vergiss es«, sagte Stella leichthin und überraschte sich damit selbst.

»Es sind noch ein paar lange Stunden bis zum Morgengrauen«, meinte Luke. »Erzähl mir etwas – über dich und Nick.«

Stella war verblüfft. So eine Aufforderung hätte sie von jemandem, der selbst bisher keine einzige persönliche Frage beantwortet hatte, nicht erwartet.

»Du hast schwer Eindruck auf Niklas gemacht«, sagte sie vage.

»Erzähl mir etwas, was ich noch nicht weiß«, lachte Luke. »Du bist nicht verheiratet, stimmt's? Hast du einen Freund? Wovon träumst du? Solche Dinge meine ich.«

»Dafür, dass du mir überhaupt nichts von dir erzählst, möchtest du aber ganz schön viel über mich hören«, stellte sie etwas mürrisch fest.

»Was willst du denn von mir wissen?«, sagte Luke

betont ernst. »Ich bin 1976 auf einem Reservat in der Nähe von Victoria auf Vancouver Island geboren worden. Nach dem Highschool-Abschluss war ich eine Zeitlang im Staatsdienst, jetzt lebe ich hier. Ledig, keine feste Freundin, keine Familie. Ich lese gerne, treibe gern Sport, bin Naturliebhaber und interessiere mich für Gewehre. Ich träume davon, die Frau fürs Leben zu finden, von einem kleinen Holzhaus irgendwo in der Wildnis, einer Katze – einen Hund habe ich ja schon – und vielen Kindern. Und nun bist du dran.«

Stella was sprachlos. Sie hätte es nicht für möglich gehalten, dass jemand mit so vielen Worten so wenig aussagen konnte. Auch Lukes unerwartet humorvolle Seite erstaunte sie.

»Was ist los?«, fragte Luke erwartungsvoll. »Habe ich dich mit meinem Wortschwall überwältigt?«

»Das bestimmt nicht. Aber ich frage mich nun ernsthaft, ob du vielleicht schizophren bist und ich besser nichts mit dir zu tun haben sollte.«

Luke lachte so herzlich über ihre Worte, dass es eine ganze Weile dauerte, bis er sich beruhigt hatte.

Stella warf ihm einen halb verwirrten, halb bewundernden Blick zu. Wie gut er aussah, wenn er lachte. Sein Gesicht schien wie verändert, beinahe als sei er ein ganz anderer Mensch. Bisher hatte sie ihn nur als ernsten oder mürrischen Mann gekannt, aber sie konnte nicht bestreiten, dass ihr diese neue Seite an ihm gefiel.

»Schon gut, schon gut«, wehrte sie ab. »Ich werde dir etwas über mich erzählen.« Sie würde es ihm heimzahlen! »Also, ich bin 1983 in Tübingen in Deutschland geboren. Ich bin Anwaltsgehilfin und arbeite in einer angesehenen Kanzlei. Meine Mutter kennst du, mein Vater heißt Günter und ist ebenfalls sehr nett. Ich habe keine Geschwister. Niklas ist fünf Jahre alt. Zu seinem Vater habe ich seit der Schwangerschaft keinen Kontakt mehr. Er weiß nicht einmal, dass der Junge existiert. Niklas ist mein Leben. Deshalb versuche ich seit geraumer Zeit, einen Partner zu finden und Niklas eine richtige Familie zu geben. Aber das ist schwerer, als ich es mir vorgestellt hatte. Seit einem knappen Jahr bin ich mit einem sehr netten Mann zusammen, er heißt Oliver.« Sie blickte etwas verlegen zu Boden. Sie hatte viel mehr von sich preisgegeben, als sie eigentlich gewollt hatte.

»Dieser Oliver – liebst du ihn?«

Stella antwortete nicht gleich. »Wahrscheinlich«, sagte sie schließlich.

»Und er behandelt dich gut?«

»Sehr gut«, gab sie zu.

»Trotzdem heiratest du ihn nicht. Wieso?«

»Es ist kompliziert«, sagte Stella und suchte nach Worten. Dann hielt sie inne. Warum sollte sie sich vor Luke rechtfertigen? Ihr Privatleben ging ihn überhaupt nichts an! Oder war es vielleicht die Tatsache, dass sie einen festen Freund und somit eigentlich nicht das Recht hatte, hier im fernen Kanada mit einem anderen Mann unter einer Decke zu sitzen, der sie verunsicherte?

Luke sah sie abwartend an.

»Oliver ist nicht wie du, Luke, und das ist das Problem. Ich wünschte, er wäre es«, sagte Stella leise. »Er hat einen gutbezahlten Job, sieht gut aus – aber er kommt nicht gut mit Niklas aus. Niklas trifft keine Schuld. Oliver mag einfach keine Kinder.« Es war das erste Mal, dass Stella diesen Gedanken, der sie insgeheim schon eine ganze Zeit lang beschäftigte, laut aussprach. »Noch vor ein paar Jahren habe ich gedacht, meine Wünsche wären leicht zu erfüllen. Ich habe mir nie den Kopf darüber zerbrochen, dass Niklas keinen Vater hat, dachte, ich hätte noch so viel Zeit. Doch jetzt ist Niklas schon fünf, und ich habe ihm immer noch keinen Vater finden können. Ich habe Angst, dass meine Ansprüche ans Leben zu hoch gesteckt sind: Ich wollte einfach einen Mann, der nicht nur mich, sondern auch Niklas liebt und der jeden Abend zu uns nach Hause kommt. Eine richtige Familie eben. Aber vielleicht hoffe ich darauf vergebens.«

Stella sah auf, und ihr Blick traf Lukes. Etwas lag in seinen Augen, das ihn gleichzeitig nah und Lichtjahre entfernt erschienen ließ. Sie spürte, dass er sie verstand, spürte, dass er sie mochte. Doch etwas stand zwischen ihnen wie eine unsichtbare, unüberwindbare Mauer. Sie konnte es sich nicht erklären.

Luke wandte sich ab und räusperte sich betont laut. »Gib deine Hoffnungen und Träume niemals auf, Stella. Nick und du – ihr beide verdient das Allerbeste.«

19

Sarah lag auf der schmalen Bank im Flur des Krankenhauses. Sie hatte sich die Jacke unter den Kopf gelegt und versuchte zu schlafen. Sie war unendlich erleichtert, dass Lynn über den Berg war. Aber durch die ganze Aufregung der vergangenen Stunden war ihr erst jetzt bewusstgeworden, wie müde und erschöpft sie war. Will, Amanda und Ben waren so überglücklich gewesen, dass sie einfach dort eingeschlafen waren, wo sie vorher schon gesessen oder gelegen hatten: Will auf dem Stuhl an Lynns Seite, Amanda im Besuchersessel in der Zimmerecke und Ben zusammengerollt am Fußende des Bettes. Aber für Sarah war es nicht so einfach. Sie musste zumindest irgendwo liegen, um wirklich schlafen und nicht nur vor sich hin dösen zu können. Also hatte sie es sich auf der Bank im Flur so bequem wie möglich gemacht.

Sie war trotz des störenden Neonlichtes endlich eingenickt, als Schritte und laute Stimmen sie aufschrecken ließen. Verschlafen richtete sie sich auf. Die besorgten Angehörigen eines anderen Patienten waren auf dem Flur eingetroffen und wurden von einer Schwester in eines der Krankenzimmer geführt. Ein Mann jedoch blieb zurück. Er setzte sich auf eine der anderen Bänke, etwas abseits von Sarah. Sie runzelte die Stirn. Anscheinend war ihr keine Nachtruhe vergönnt.

Kurz darauf öffnete sich Lynns Zimmertür, und Elizabeth steckte den Kopf in den Flur hinaus.

»Ich wollte nur sehen, ob bei dir alles in Ordnung ist, Sarah«, sagte sie. »Ich hoffe, ich habe dich nicht geweckt?«

»Nein, nein«, wehrte Sarah ab. »Ich konnte ohnehin nicht schlafen. Bei mir ist alles wunderbar. Und bei euch?«

»Lynn und die Kinder schlafen. Ich bin dazu innerlich einfach zu aufgewühlt. Hoffentlich wird es bald hell.«

Sarah nickte verständnisvoll. »Versuch dich ein wenig auszuruhen. Du kannst ein bisschen Erholung brauchen.«

»Ich werde es versuchen. Und danke, dass du hiergeblieben bist.«

»Das versteht sich von selbst«, erwiderte Sarah.

Elizabeth verschwand wieder im Zimmer.

Sarah wollte sich eben erneut hinlegen, als der Mann, der auf der anderen Bank saß, sie ansprach. Er war vielleicht Mitte vierzig, klein und rundlich, trug einen Vollbart, durch den sich viel Grau zog, und hatte ein freundliches Gesicht.

»Entschuldigen Sie, wenn ich ihr Gespräch eben mitgehört habe. Aber das war doch Elizabeth Collinson, oder irre ich mich? Ich kenne ihren Schwiegersohn Ted gut. Es ist bei den Crises doch hoffentlich alles in Ordnung?«

Sarah stand verwundert auf und ging zu dem Mann hinüber. Sie wollte nicht, dass die Kinder durch die Unterhaltung geweckt wurden.

»Ja, das war Elizabeth Collinson«, sagte sie, als sie neben ihm stand. »Leider ist Lynn, Teds Frau, gestern sehr schwer erkrankt. Es ist auch wirklich kein Wunder, nach allem, was sie in letzter Zeit durchgemacht hat. Aber sie scheint das Schlimmste überstanden zu haben.«

»Der arme Ted«, meinte der Mann höflich. »Er hat es

wirklich nicht leicht. Die vielen Kinder, die Geldsorgen und jetzt noch eine kranke Frau. Bitte richten Sie ihm meine besten Wünsche aus.«

»Das würde ich gern«, sagte Sarah leise, »aber Ted ist verstorben.«

»Was?« Der Mann sah sie bestürzt an. »Wann ist das geschehen? Heute Nacht?«

Sarah schüttelte den Kopf. »Vor zwei Tagen schon.«

»Vor zwei Tagen? Das kann nicht sein!«

»Es stimmt, leider«, sagte Sarah. »Ich war dabei, als man Lynn die traurige Nachricht überbracht hat.«

»Sie nehmen mich auf den Arm!«, sagte der Mann, seine Stimme wurde lauter.

»Das würde ich mir nie erlauben!«, entrüstete sich Sarah.

»Aber gute Frau, erzählen Sie mir doch keine Märchen! Ich habe Ted gestern noch gesehen!«

Sarah starrte ihn fassungslos an. Der Mann dachte wohl, er könne sich über sie lustig machen. »Ich finde das nicht witzig«, zischte sie und wandte sich ab. Aber der Mann hielt sie zurück.

»Warten Sie!«, rief er und war nun ganz ernst. »Ist es wirklich wahr, was Sie sagen? Ted soll tot sein?«

»Nicht *soll*«, erwiderte Sarah kühl. »Er *ist* tot.«

»Und ich sage Ihnen, so wahr ich hier stehe, ich habe Ted gestern Mittag mit eigenen Augen gesehen – und er war quietschlebendig!«

Sarah musterte den Mann. Sie war überzeugt, dass er nicht scherzte. Er musste sich ganz einfach irren.

»Sie müssen jemand anderes gesehen haben«, erklärte sie.

»Ich bin mir absolut sicher!«, beteuerte der Mann. »Ich kenne Ted seit Jahren. Ich würde ihn überall wiedererkennen!«

In Sarahs Kopf wirbelten die Gedanken durcheinander. »Wo haben Sie ihn gesehen?«

»Hier in Fort McMurray. An der Tankstelle gegenüber vom North-Corporation-Gebäude. Er saß in einem schwarzen Pick-up der Firma. Ich weiß nicht, wer mit ihm dort war, den Fahrer des Wagens habe ich nicht gesehen. Doch es war ganz eindeutig Ted. Ich schwöre es!«

»Ich weiß nicht, was hier gespielt wird«, sagte Sarah und blickte den Mann eindringlich an. »Aber wenn das, was Sie sagen, wahr ist, dann geht hier etwas nicht mit rechten Dingen zu. Die Polizei hat den Mord an Ted formal aufgenommen und die Ermittlungen eingeleitet. Es steht bereits ein Mann unter Verdacht. Am besten, Sie behalten die Sache für sich, bis wir Genaueres wissen. Darf ich Ihren Namen erfahren?«

»Natürlich. Ich heiße Randy Henderson. Hier ist meine Karte.« Er reichte Sarah seine Visitenkarte. »Sie können mich jederzeit kontaktieren. Ich stehe zu meiner Aussage.«

»Ich danke Ihnen, Mr Henderson«, sagte Sarah und schüttelte seine Hand.

»Bitte wünschen Sie Mrs Crise gute Besserung.«

»Ich werde es ihr ausrichten.«

Sarah verabschiedete sich von Mr Henderson und ging zu ihrer Bank zurück. Ihre Gedanken überschlugen sich. Ted war am Leben? Das konnte doch einfach nicht wahr sein! Und er war in einem Wagen der North Corporation unterwegs gewesen, während niemand von der Firma ihn gesehen haben wollte? Was ging hier nur vor sich? Und noch etwas schoss ihr durch den Kopf: Dan Forester arbeitete für die North Corporation. Er war es gewesen, der angeboten hatte, Ted im Leichenschauhaus zu identifizieren.

Gütiger Himmel, dachte Sarah entsetzt, als ihr das

Ausmaß dieser Tatsache bewusst wurde. *Am Morgen wird Mr Forester nach Winding River fahren, um nach Stella und Niklas zu schauen. Das hat er gestern Abend angekündigt. Und die beiden haben keine Ahnung, dass etwas nicht stimmt!*

Sie erschauerte. Dann fasste sie einen Entschluss: Sobald es draußen hell wurde, würde sie nach Winding River fahren, um Stella und Niklas zu warnen. Und Will, Amanda und Ben würde sie mitnehmen. Jemand musste auch sie fest im Auge behalten, und weder Elizabeth noch Lynn waren im Augenblick dazu in der Lage.

Stella hatte lange nicht einschlafen können. Bei der Kälte war das auch nicht weiter verwunderlich. Oder lag es vielleicht doch an Lukes Nähe? Sie hatten die ganze Nacht über eng beieinander vor dem Feuer ausgeharrt, die beiden Decken straff um sich gezogen. Luke war nur hin und wieder aufgestanden, um Holz nachzulegen. Wenn sie nebeneinandersaßen, hatten ihre Schultern sich berührt und es war diese Berührung, die eine ganze Flut von widersprüchlichen Gefühlen in Stella hervorgerufen und ein magisches Kribbeln durch ihren Körper gejagt hatte. Seit Jahren hatte sie sich nicht mehr so lebendig gefühlt. Wie konnte man schlafen, wenn man sich fühlte, als sei man die Landebahn für Abertausende von Schmetterlingen?

Irgendwann kurz vor dem Morgengrauen war Stella dann doch vor Erschöpfung im Sitzen eingenickt, den Kopf an Lukes Schulter gelehnt. Und so saßen sie noch immer da, als die Nacht dem fahlen Licht der Dämmerung wich.

Luke wusste, er sollte mehr Äste aufs Feuer legen, damit es nicht ausging. Aber er konnte sich nicht dazu bringen, sich zu rühren. Denn sich zu rühren hieße, Stella aufzuwecken, und dann wäre der zauberhafte Augenblick vorbei – und er wusste, er würde nie wiederkommen. Die junge Frau an seiner Seite war für ihn unerreichbar. Sie war ein Traum, der nie wahr werden konnte. Er war ein Indianer, und sie war weiß. Ein Hindernis, zehnmal größer und höher als die Rocky Mountains; mehr noch – es waren Welten, die sie trennten. Welten voller Anfeindungen und Vorurteile – nicht etwa von Stellas Seite oder seiner. Nein, von der Gesellschaft. Eine solche Beziehung würde von allen Seiten angegriffen werden – besonders hier draußen auf dem Land. Und dieser Druck von außen war mehr, als die meisten Menschen aushalten konnten. Er höhlte einen aus, jeden Tag ein Stückchen mehr, bis von der Liebe nichts mehr übrig war. Luke hatte es mehr als einmal mit eigenen Augen gesehen. Nein, mehr als Freundschaft durfte es zwischen Stella und ihm nicht geben. Er durfte ihr nicht sagen, dass er der Mann sein wollte, nach dem sie sich so sehr sehnte. Eine richtige Beziehung würde ihr große Probleme einbringen, ihr weh tun und sie am Ende nur verletzen und traurig machen. Das konnte er nicht zulassen. Nein, eine gemeinsame Zukunft für Stella und ihn gab es nur in einer anderen Zeit, einer Zeit, die hier noch nicht gekommen war, oder in einem anderen Land, wo Mischehen Teil des Alltags waren.

Für einen kurzen Moment wanderten seine Gedanken zurück zu der sonnigen Atlantikküste Guyanas. Vielleicht könnten sie dort glücklich sein. Bestimmt könnte er seinen alten Job zurückbekommen und Stella und Nick mit sich nehmen.

Woran dachte er da nur? Er war aus einem bestimmten Grund hier, er hatte eine Aufgabe zu erfüllen. Er musste den Menschen in Winding River helfen.

Luke seufzte tief und atmete ein letztes Mal den blumigen Duft von Stellas Haar ein. Er würde ihn niemals vergessen. Dann rüttelte er sie sanft wach.

»Stella, wach auf, es dämmert.«

Stella schreckte abrupt auf. »Oh, Luke, es tut mir leid. Ich bin eingeschlafen!«

Luke lächelte sie zärtlich an. Dann räusperte er sich und sagte mit fast schroffer Stimme: »Ich werde dich und Nick zur Lichtung zurückbringen. Der alte Stan aus Winding River wird schon bald auftauchen, um nach euch zu sehen. Ihr seid besser dort, wenn er kommt. Wir wollen keine unnötigen Fragen aufkommen lassen.«

Stella stand auf, verwundert über seinen Ton. Sie streckte ihre müden Glieder und rieb sich fröstelnd die Hände. Es war ein kalter Morgen, und ein unangenehmer Wind war aufgekommen.

»Meinst du, das Gästehaus ist wieder bewohnbar?«

Luke grinste. »Ich denke schon, es sei denn, es ist ein zweites Stinktier eingezogen.«

»Das hoffe ich nicht!«, erwiderte Stella lachend. Dann kroch sie in den Unterschlupf und weckte Niklas. »Niklas, es ist Morgen. Wir können in unser Haus zurück.« Sie küsste ihn auf die Stirn.

»Ich bin noch müde«, murmelte er und rieb sich verschlafen die Augen.

Sylvester horchte bei seinen Worten auf. Er hatte sich die Nacht über kaum bewegt, sondern wie befohlen an der Seite des Jungen ausgeharrt. Aber da Niklas nun offensichtlich wach war, sprang er auf und leckte ihm das Gesicht.

»Sylvester, mein Retter!« Niklas fiel wieder ein, wo er sich befand und warum, und war sofort auf den Beinen. »Können wir nicht noch ein bisschen hierbleiben?«, bettelte er.

»Das geht nicht«, sagte Stella. »Erinnerst du dich?

Stan, der Mann aus dem Laden in Winding River, wird kommen, um nach uns zu sehen. Findet er uns nicht, wird Oma sich Sorgen machen, und das wollen wir doch nicht, oder?«

Niklas gab sich geschlagen, und so stapften sie schon wenige Minuten später durch den Wald. Luke hatte sein Gewehr über die Schulter gehängt und trug Niklas wie schon am Abend zuvor auf seinem Rücken. Diesmal aber war der Junge in eine warme Decke gehüllt.

Es war heller geworden, und sie konnten ihren Weg gut erkennen. Raureif bedeckte den Boden und umhüllte die Zweige und Äste der Bäume. Die Nadeln der Kiefern glichen kunstvollen frostigen Skulpturen.

»Hier sieht es aus wie in der Märchenwelt in meinem Buch«, rief Niklas freudig, doch Luke unterbrach ihn mit einer scharfen Handbewegung.

»Wir müssen sehr leise sein«, erklärte er ihm. »Vielleicht sind die Männer, die letzte Nacht auf uns geschossen haben, noch in der Nähe.«

Stella übersetzte seine Worte für Niklas.

»Sylvester wird sie aufspüren!«, meinte der Junge sorglos. Der Hund lief ihnen denn auch voraus, die Nase dicht am Boden.

Es dauerte nicht lange, bis sie den Rand der Lichtung erreicht hatten. Sie warteten eine Weile im Schutz der Bäume, um zu sehen, ob sich etwas rührte. Erst als Luke davon überzeugt war, dass niemand sonst zugegen war, entließ er Stella und Niklas aus seiner Obhut.

»Es scheint alles in Ordnung zu sein«, erklärte er. »Geht ruhig zum Gästehaus zurück. Ich werde euch von hier aus im Auge behalten – wir wollen keine unangenehmen Überraschungen.«

»Wann sehen wir dich wieder?«, fragte Niklas, als Luke ihm die Hand reichte.

»Ich weiß es nicht«, erwiderte Luke, nachdem Stella ihm die Frage übersetzt hatte. »Aber eines musst du mir versprechen: Sag niemandem, dass du mich gesehen hast oder dass du an meinem Lagerplatz gewesen bist, okay?«

»Wegen der Polizei?« Die Miene des Jungen war voller Sorge.

»Wegen der Polizei und der Kerle, die meine Hütte niedergebrannt haben«, sagte Luke. »Aber mach dir keine Gedanken. Bald wird sich alles aufklären, und dann sehen wir uns wieder.«

Niklas blickte seinen indianischen Freund ernst an.

»Versprochen?«, fragte er.

»Versprochen«, sagte Luke und strich dem Jungen übers Haar. »Und noch etwas: Pass gut auf deine Mama auf, ja?«

»Mache ich«, erklärte Niklas mit vorgestreckter Brust, und ein gewisser Stolz schwang in seiner Stimme mit.

»Dann geht jetzt.«

»Danke für alles«, sagte Stella und zögerte.

Luke hatte das vage Gefühl, als wollte sie ihn umarmen. Aber dann streckte sie ihm doch nur die Hand entgegen.

»Mach dir keine Sorgen. Ich werde euch nicht aus den Augen lassen«, sagte er und hielt ihre Hand länger, als es unbedingt nötig gewesen wäre.

Stella warf ihm einen langen Blick zu. Ihre Augen sprachen Bände, aber ihre Lippen schwiegen. Dann nahm sie Niklas bei der Hand und lief zum Gästehaus hinüber.

Stella sah sich auf der Lichtung um. Es war jetzt taghell, aber Wolken standen am Himmel. Raureif lag in einer dicken Schicht auf den Gräsern und Dächern. Von Lukes Hütte waren nur noch Trümmer übrig, sie war vollkommen niedergebrannt. Rauchfahnen stiegen aus den verkohlten Überresten auf, und es schien, als kokelten die massiven Pfosten, die das Dach getragen hatten, noch immer vor sich hin. Das Wohnhaus stand dunkel und verlassen da, nichts rührte sich. Auch das Gästehaus war genau so, wie sie es am Vortag zurückgelassen hatten, die Haustür weit aufgerissen.

»Komm, jetzt machen wir uns ein schönes Feuer im Ofen und wärmen uns auf«, sagte Stella zu Niklas.

Sie gingen in das kleine Gästehaus und zogen die Tür ins Schloss. Die Ausdünstung des Stinktiers lag noch immer in der Luft, aber es war erträglich. Stella schloss das Fenster und heizte den Ofen an. Niklas zog sich an.

»So, gleich wird es wärmer werden. Dann mache ich uns etwas zum Frühstück«, erklärte Stella zufrieden.

»Mama, schau mal!«, rief Niklas, der nun am Fenster saß und hinausguckte. »Hier ist die kleine Eule, die Luke mir geschenkt hat. Gut, dass ich sie gestern auf unserer Fensterbank vergessen habe, sonst wäre sie jetzt auch verbrannt.«

»Ja, das ist wirklich ein Glück«, stimmte Stella ihm zu und stocherte im Ofen.

»Da kommt ein Wagen!«, verkündete Niklas jetzt und deutete aus dem Fenster.

Stella blickte auf ihre Uhr. Es war kaum halb sieben. Stan war aber sehr früh dran! Sie trat zu Niklas und spähte nach draußen.

»Das ist doch Mr Forester«, stellt sie überrascht fest. Sie nahm Niklas bei der Hand und ging mit ihm vor die Tür. Sie wollte nicht, dass Mr Forester ins Gästehaus kam und das Stinktier roch. Das würde alle möglichen Fragen aufwerfen, die sie nicht beantworten wollte.

Mr Forester parkte seinen Pick-up vor dem Gästehaus und sprang aus dem Wagen. Er schien in Eile.

»Gott sei Dank, es geht Ihnen und dem Jungen gut!«, rief er erleichtert. Dann deutete er auf Lukes abgebrannte Hütte. »Was ist geschehen? Wie ist das passiert?«

»Ich weiß es auch nicht«, erwiderte Stella, bemüht, ein unwissendes Gesicht zu machen. »Die Hütte ist letzte Nacht in Flammen aufgegangen. Es war nichts mehr zu machen.«

»Und Sie waren ganz alleine hier!« Mr Forester fuhr sich aufgebracht durchs Haar. »Was hätte nicht alles geschehen können! Und wie steht es mit Mr Lumly, ist er heil davongekommen?«

»Mr Lumly war nicht in der Hütte«, erklärte Stella vage. »Es ist zum Glück nur ein Sachschaden. Aber Mrs Crise wird es sicher nicht gefallen, wenn sie nach Hause kommt und sieht, dass sie künftig keine Mieteinnahmen mehr haben wird.«

Mr Forester ging nicht auf ihre letzte Bemerkung ein. »Wo ist Mr Lumly denn gewesen? Bei Ihnen vielleicht?«

»Nein, hier im Gästehaus war er nicht.«

Er warf ihr einen skeptischen Blick zu, doch sie verzog keine Miene.

»Haben Sie schon gefrühstückt?«, wechselte er das Thema.

»Nein, noch nicht«, sagte Stella wahrheitsgemäß.

Mr Foresters Gesicht hellte sich sofort auf. »Dann lade ich Sie und Niklas in das kleine Café in Winding River ein. Ich bin früh dran und habe ein bisschen Zeit. Was sagen Sie, hätten Sie Lust?«

Stella wog seine Worte ab. Es stimmte, Luke hatte sie zur Vorsicht gemahnt. Aber Mr Forester schien ehrlich besorgt und sein Angebot rein freundschaftlich. Außerdem musste sie sich eingestehen, dass die Konserven, die sie im Gästehaus vorrätig hatte, nach der langen, kalten Nacht einfach nicht mit einem warmen Frühstück in einem Café mithalten konnten. Vielleicht würde es ihr ja auch gelingen, ein paar hilfreiche Informationen in Erfahrung zu bringen, die halfen, Luke zu entlasten.

»Das ist sehr freundlich. Wir nehmen Ihr Angebot sehr gerne an«, erklärte sie daher kurzerhand.

20

Eine knappe halbe Stunde später saßen Stella und Niklas mit Dan Forester in dem kleinen Café in Winding River und warteten auf ihr Frühstück. Das Café war gut besucht. Auf dem schmalen Parkstreifen vor dem Gebäude standen rund ein Dutzend Autos, und an fast jedem der rustikalen Holztische saßen Gäste. Die meisten Kunden waren Männer, die anscheinend auf dem Weg zur Arbeit waren. Jedenfalls ließen ihre festen Stiefel und die dicke Kleidung darauf schließen.

Stella lächelte zufrieden. Es war schön, endlich wieder im Warmen zu sitzen. Zwar schien draußen mittlerweile die Sonne, und der Tag versprach angenehm milde zu werden. Auch würde das Gästehaus durchgeheizt sein, wenn sie zurückkehrten. Aber nach der langen Nacht im Freien war Stella froh, dass sie hier im Café sofort Wärme hatte. Sie nippte an ihrem Kaffee, froh, dass die Kälte allmählich aus ihrem Körper wich.

Niklas saß neben ihr und schlürfte an einem Becher heißer Schokolade mit Schlagsahne. Dabei kritzelte er in einem dicken Malbuch, das die Bedienung ihnen netterweise gleich beim Reinkommen angeboten hatte, und schien rundum glücklich.

Mr Forester saß Stella gegenüber und erzählte von seiner Arbeit für die North Corporation. Er wirkte ebenfalls sehr zufrieden mit sich und der Welt. Stella ließ ihn reden und warf ab und zu ein »Das ist ja interessant« oder »Ich verstehe« ein, um nicht unhöflich zu erscheinen. Aber trotz Mr Foresters Berichterstattung konnte sie für den Ölsandabbau um Fort McMurray kein Verständnis aufbringen. Erst als er von den »wundervollen neuen Errungenschaften der Ölindustrie« zu sprechen begann, wurde sie hellhörig.

»Die Ölvorkommen im Norden Albertas stehen vom Ausmaß her weltweit an zweiter Stelle, gleich nach Saudi-Arabien«, berichtete er stolz, ganz so, als gehörten ihm die Ölfelder höchstpersönlich. »In den letzten Jahren wurden unzählige neue Arbeitsplätze geschaffen, und die Arbeitslosigkeit in Alberta, British Columbia und den Atlantik-Provinzen ist so niedrig wie nie zuvor.«

Stella schwieg unbeeindruckt.

Ihr Verhalten veranlasste Mr Forester dazu, mit seinen Erläuterungen weiter auszuholen. »Glauben Sie mir, die Ölindustrie wird Kanada wirtschaftlich nach vorn bringen! Konzerne aus aller Welt sind vor Ort und aktiv am Abbau beteiligt, und für die nähere Zukunft ist eine Erdölleitung von Alberta durch British Columbia bis zum Pazifik geplant. Von dort aus kann das Rohöl dann direkt nach China verschifft werden.«

Stella konnte ihm ansehen, wie sehr ihn die Aussicht faszinierte.

»Ich stelle mir das recht riskant vor«, warf sie ein und versuchte ruhig zu bleiben. »Ich meine, all das Öl in Rohrleitungen durch die Rocky Mountains zu transportieren, wo es andauernd Erdrutsche, ja vielleicht sogar Erdbeben, gibt? Was wird aus den Tieren und der Natur, wenn die Pipeline beschädigt wird und das Öl ausläuft?«

Mr Forester machte eine verwerfende Handbewegung. »Das alles wird wissenschaftlich genauestens untersucht und berechnet und mit Hilfe modernster Technologie gebaut werden. Sie dürfen mir glauben, dass das Risiko eines solchen Unglücks so gering wie möglich gehalten werden wird.«

»Aber die Gefahr besteht dennoch«, beharrte Stella.

»Wie in den meisten Industriezweigen lässt sich ein gewisses Restrisiko nicht vermeiden«, gestand Mr Forester lächelnd. »Und ich sehe schon, wohin Ihre Fragen führen. Aber der Ölsand ist wirklich eine grüne Energie und vollkommen umweltverträglich.«

Stella verschluckte sich an ihrem Kaffee. Das konnte doch nicht sein Ernst sein!

»Wie können Sie diese schrecklichen Minengruben, den Kahlschlag der Wälder, die Vergiftung der Flüsse und die Zerstörung des Lebensraumes der Tiere als umweltverträglich hinstellen?«

Mr Forester lächelte sie gutmütig an. »Meine Liebe, Sie haben zu viel Zeit mit Luke Lumly und den Crises verbracht. Ich kann Ihnen versichern, dass jeder Konzern, der eine Lizenz zum Abbau des Ölsands besitzt, dazu verpflichtet ist, die Auswirkungen auf Natur und Tiere so gering wie möglich zu halten. Dafür wird tagtäglich gesorgt. Jeder der Konzerne hat Ausschüsse und besondere Gruppen, die sich ausschließlich mit dem Schutz der Umwelt beschäftigen. Diese Gremien sind verpflichtet, regelmäßig Berichte abzugeben. Und für den Abbau des Ölsands werden nur die modernsten Technologien angewandt. Kanada hat Auszeichnungen für diese Errungenschaften erhalten.«

Stella zog die Stirn in Falten. Es war, wie Luke und Lynn sagten. Die Konzerne hatten ihre eigenen Kommissionen, die die Auswirkungen auf die Umwelt verzeichneten. Und gehörten die Kommissionen nicht zu den Konzernen, so waren es staatliche Einrichtungen, die aber hundertprozentig hinter den Unternehmen standen. Und auf diese Berichte sollten die Bürger sich dann verlassen? Und was sollten diese »modernsten Technologien« sein? Was Stella auf der Fahrt nach Fort McMurray gesehen hatte, wirkte nicht sehr fortschrittlich. Im Gegenteil, es ließ auf mittelalterliche Denkweisen schließen. Warum sonst war Kanada vom Kyoto-Abkommen abgesprungen?

Doch Mr Forester fuhr unbeirrt fort: »Die Landstriche, die beim Ölsandabbau leider doch in Mitleidenschaft gezogen werden ...«

Hier musste Stella wieder husten. »Mitleidenschaft?« Zerstört war das passende Wort – nichts anderes.

»... diese Landstriche müssen per Gesetz nach Abschluss der Arbeiten so wiederhergestellt werden, dass sie für landwirtschaftliche Zwecke nutzbar sind.«

»Für landwirtschaftliche Zwecke? Aber hier gab es vorher unberührte Natur und weitläufige Wälder, durch die frei lebende Tiere streiften. Rinder sind doch nicht dasselbe wie Wölfe und Bären, und Felder nicht dasselbe wie Wälder, die Sauerstoff und Schutz spenden«, warf Stella aufgebracht ein.

»Aber meine Liebe, Sie betrachten das vollkommen falsch«, versuchte Mr Forester seine Ansicht in freundlichem Ton zu rechtfertigen. »Wir tun, was wir können. Doch die Welt braucht nun mal Öl, und wir sind in der glücklichen Lage, es liefern zu können. Oder wollen Sie mir weismachen, dass Sie keinerlei Erdöl- oder Erdölnebenprodukte verwenden?«

Stella schwieg. Dagegen konnte sie natürlich nichts sagen. Sie würde liebend gern auf alles verzichten, das mit Erdöl in Zusammenhang stand, doch es wurden keine wirklichen Alternativen angeboten. Wie sollte sie als Einzelne daran etwas ändern? Sie wünschte sich nichts sehnlicher, als ein superintelligenter Erfinder zu sein.

Dann würde sie eine Energie erfinden, die wirklich umweltfreundlich war, und das Wissen um diese Energie würde sie allen Menschen in der Welt unentgeltlich zur Verfügung stellen. So hätte niemand mehr eine Rechtfertigung dafür, der Natur – und allen Lebewesen in ihr – auch nur ein Haar zu krümmen! Aber sie war nun mal kein superintelligenter Erfinder. Obendrein war ihr durch Mr Foresters Worte klargeworden, dass sie nicht darauf zu hoffen brauchte, bei ihm auf Verständnis – oder vielleicht sogar Hilfe – für Lukes Problem zu stoßen. Wurde Luke an dem Mord an Ted schuldig gesprochen, so war es Mr Forester und seinesgleichen wahrscheinlich ganz recht, denn dann kritisierte sie ein Mensch weniger.

»Warum kommen Sie nicht in den nächsten Tagen mal zu mir nach Fort McMurray«, bot Mr Forester an. »Ich würde mich freuen, Niklas und Ihnen eine Tour durch eine unserer Gruben zu geben und Ihnen den Ablauf des Prozesses aus erster Hand zu erklären. Ich nehme Sie auch gerne im Helikopter mit. Aus der Luft sieht man alles viel besser, und Ihrem Jungen würde das sicherlich gefallen.« Er lächelte wohlwollend.

Stella musterte ihn nachdenklich und kam zu dem Entschluss, dass Mr Forester nicht etwa versuchte, ihr etwas vorzumachen. Nein, er glaubte tatsächlich jedes Wort, das er sagte!

»Das ist sehr freundlich von Ihnen«, murmelte sie. Dann kam zum Glück die Bedienung mit dem Essen.

Niklas machte sich heißhungrig über seinen Teller her. Stella bemühte sich, ungezwungen zu wirken, hatte aber keinerlei Lust, sich Mr Foresters Lobeshymne auf die Ölindustrie noch länger anzuhören, und beschäftigte sich intensiver als unbedingt nötig mit ihrem Omelette.

Falls Mr Forester die Anspannung bemerkt hatte, so ließ er sich nichts anmerken. Er war weiterhin freundlich und zuvorkommend und bestritt den Hauptteil der Unterhaltung.

Als Niklas einige Zeit später aus dem Fenster blickte, entdeckte er etwas sehr Erfreuliches.

»Oma! Da ist Oma!«, rief er und sprang von seinem Stuhl. In Windeseile war er zur Tür gelaufen und stand auf dem Parkplatz.

»Niklas!«, rief Stella und eilte ihm besorgt nach. Was dachte der Junge sich? Er wusste doch, dass er nicht alleine auf die Straße laufen durfte.

Aber als sie draußen ankam, lag Niklas bereits in Sarahs Armen.

»Mutti, wo kommst du denn auf einmal her?«, fragte Stella verwundert und umarmte Sarah.

»Mom geht es besser!«, rief Will und stieg ebenfalls aus. Gleich hinter ihm krabbelten Amanda und Ben aus dem kleinen Mietwagen.

»Kinder, schön, dass ihr wieder da seid! Wir haben euch sehr vermisst! Und Lynn geht es wirklich besser?« Stella schloss die drei in die Arme.

»Viel besser«, erklärte Sarah. »Wenn es so bleibt, dann wird sie das Krankenhaus schon morgen, spätestens übermorgen verlassen dürfen. Sie kann also auf jeden Fall an der Zeremonie für Little Drum teilnehmen. Unter uns gesagt, ich bin davon überzeugt, dass sie für die Zeremonie auch ohne die Erlaubnis des Arztes nach Hause gekommen wäre. Die Einzelheiten erzähle ich dir später. Wir sind jedenfalls wieder da. Elizabeth bleibt bei Lynn, bis sie entlassen wird, und bringt sie dann nach Hause.«

»Ich bin so froh«, sagte Stella erleichtert und bemerkte in ihrer Freude gar nicht, dass nun ein weiterer Wagen vor den Café hielt. Es war der alte, zerbeulte Kombi von Reverend Paulson. Der Reverend stieg aus und ging wortlos an ihnen vorbei.

»Aber woher habt ihr gewusst, dass wir hier sind?«, fragte Stella und blickte erstaunt in die Runde.

»Will hat im Vorbeifahren Mr Foresters Wagen entdeckt, und wir wussten, dass er heute Morgen bei euch nach dem Rechten sehen wollte. Also habe ich vorsichtshalber angehalten.«

»Du hättest keinen besseren Zeitpunkt abpassen können. Ich hatte das …«

Ein lauter Redeschwall unterbrach sie; Reverend Paulson war auf sie aufmerksam geworden.

»Meine armen Lämmchen!« Er drängte sich an Stella und Sarah vorbei und stürzte sich förmlich auf Will, Amanda und Ben. »Unser lieber Mr Forester hat mir von dem weiteren schlimmen Schicksalsschlag berichtet, der euch ereilt hat. Es ist ein Jammer! Erst der Vater und jetzt die Mutter. Der Herr sei ihrer Seelen gnädig!« Reverend Paulson schrie beinahe, so laut redete er. Dabei fuchtelte er wild mit dem erhobenen Arm vor den Gesichtern der Kinder herum. »Das hat man davon, wenn man sich heidnischen Sitten und Ritualen unterwirft und nicht auf die Worte des Herrn hört! Es gibt für Sünder kein Entrinnen, der Tag der Abrechnung kommt für uns alle! Doch ihr, meine Lämmchen, habt Glück. Ihr erhaltet eine zweite Chance! Jetzt, da eure Eltern fort sind, werde ich euch bei einer guten christlichen Familie unterbringen, und ihr werdet so erzogen werden, wie der Herr es vorschreibt!«

Stella und Sarah starrten den Mann fassungslos an. Niklas klammerte sich an Stellas Bein. Er konnte die Worte des Predigers zwar nicht verstehen, aber seine Stimme und seine Gebärden ängstigten ihn. Ben drückte sich erschrocken an Will und versteckte das Gesicht in der Jacke des großen Bruders. Amanda stand das Entsetzen über den wortreichen Überfall deutlich im Gesicht, und sie wich ängstlich einen Schritt zurück. Will blieb stehen, wo er war, doch die Frauen bemerkten, dass auch er blass geworden war.

Stella griff nervös nach der kleinen Jade-Eule, die in ihrer Jackentasche lag. Sobald sie sie berührte, spürte sie, wie die Figur ihr Kraft und Mut gab. Sie erwachte aus ihrer Starre, stellte sich zwischen den Reverend und die Kinder und stemmte die Arme in die Hüften.

»Lynn Crise ist nicht tot. Ganz im Gegenteil! Und Sie sollten sich schämen! Sie wollen ein Mann der Kirche sein? Dass ich nicht lache! Wie können Sie den Kindern nur solche Angst machen? Sie, mehr als alle anderen, sollten einen Hauch von Mitgefühl für Ihre Mitmenschen besitzen!«

»Wie können Sie es wagen …!«, begann der Reverend, aber Stella fiel ihm aufgebracht ins Wort. »Solange Mrs Crise und Mrs Collinson verhindert sind, haben meine Mutter und ich das Sagen, was die Kinder anbelangt. Und ich sage Ihnen: Lassen Sie die drei in Ruhe! Und lassen Sie sich ja nicht auf der Lichtung blicken. Sie sind dort nicht willkommen!«

Stella sah sich um. Warum half ihnen niemand? Die Besucher des Cafés waren zwar von ihren Tischen und Stühlen aufgesprungen und drückten die Nasen an die Fensterscheiben, doch keiner von ihnen kam nach draußen, um den Reverend zurechtzuweisen.

Endlich öffnete sich die Eingangstür, und Sarah rief erleichtert: »Mr Forester, wie schön, Sie zu sehen! Haben Sie vielen Dank, dass Sie Ihr Versprechen eingelöst und sich gleich heute Morgen um Niklas und Stella gekümmert haben.« Sie schüttelte seine Hand und zog ihn hinüber zum Wagen, wo Stella mit Reverend Paulson und den Kindern stand. Mit kühler Miene drängte sie den Reverend zur Seite.

»Wir bringen gute Nachrichten: Mrs Crise ist auf dem Wege der Besserung! Und da habe ich mir gedacht, dass ich die Kinder wieder nach Hause bringe. Die Zeit im Krankenhaus hat sie doch sehr angestrengt, und daheim können sie sich viel besser ausruhen.«

»Da haben Sie sicher recht«, erwiderte Mr Forester höflich. »Und es freut mich zu hören, dass es Mrs Crise bessergeht.«

»Ja, es ist wundervoll!«

»Ihnen wünsche ich einen schönen Tag, Reverend Paulson«, sagte Mr Forester und schüttelte dem Prediger die Hand.

Stella wusste, dass es seine Art war, zu zeigen, dass die Anwesenheit des Reverends nicht länger erwünscht war.

Reverend Paulson drehte sich wortlos um, stieg in sein altes Auto und fuhr davon.

»Ich danke Ihnen, Mr Forester«, sagte Sarah und schüttelte ihm erleichtert die Hand. »Das war wirklich Rettung in der Not. Aber jetzt bringen wir die Kinder lieber nach Hause. Ich kann Stella und Niklas auch gleich mitnehmen, dann müssen Sie nicht den langen Umweg zur Lichtung machen. Oder sind Sie noch beim Essen?«

»Nein, nein, wir waren gerade fertig«, erklärte Stella. »Wir fahren mit euch.«

Sie reichte Mr Forester die Hand. »Es war wirklich sehr nett von Ihnen, Niklas und mich einzuladen. Wir sehen uns bestimmt bald wieder.«

»Bestimmt«, erwiderte Mr Forester. »Und vergessen Sie mein Angebot nicht. Ich zeige Ihnen jederzeit gerne unseren Betrieb.«

»Ich werde darauf zurückkommen!«, rief Stella und stieg auch schon in den kleinen Mietwagen.

Auch die Kinder waren aus ihrer Starre erwacht. Eilig drängten sie sich auf die Rückbank. Sarah startete den Motor und winkte Mr Forester zu. Wenige Augenblicke später hatten sie Winding River, das Café und den etwas perplexen Mr Forester bereits weit hinter sich gelassen.

»Der Mann ist irre«, stellte Sarah fest.

»Grandma sagt, dass Reverend Paulson Probleme mit seiner Persönlichkeit hat und er uns leidtun sollte«, sagte Amanda mit ernster Stimme. »Aber mir macht er trotzdem Angst.«

»Reverend Paulson ist zwar selbst Indianer«, fügte Will erklärend hinzu, »doch aufgewachsen ist er fernab von allem, was indianisch ist. Als Kleinkind wurde er von einer weißen Familie adoptiert. Der Vater der Familie war Pfarrer und erzog Reverend Paulson christlich. Aber Grandma sagt, dass man einen Menschen nur bis zu einem bestimmten Punkt erziehen kann. Seine Anfänge könne man nie völlig ablegen. Sie sagt, Reverend Paulson ist deshalb so fanatisch, weil er seinen indianischen Wurzeln entkommen will, indem er versucht, ein besserer Christ zu sein als alle Weißen zusammen.«

»Das stimmt«, fiel Amanda ein. »Und Mom sagt, dass Reverend Paulson hundertprozentig hinter den Ölkonzernen steht und seiner Gemeinde erzählt, dass es richtig ist, wenn sie dort arbeiten. Dad war ja auch für kurze Zeit bei der North Corporation beschäftigt. Aber Mom und Grandma haben das nicht gut gefunden. Und mal ehrlich, wenn man nach Fort McMurray fährt und sieht, wie die Bäume abgehackt werden und wie die armen Tiere verkümmern, nachdem sie von dem giftigen Wasser getrunken haben, wie kann man dann noch dafür sein?«

Stella und Sarah blickten einander an. Wie recht das Kind hatte. Stella hatte es vollkommen gereicht, einmal an so einem Schlackensee vorbeizufahren und den üblen

Gestank zu riechen. Auch die tote, mondgleiche Landschaft der Gruben musste sie nicht noch einmal sehen. Der Anblick schmerzte sie zutiefst. Sie konnte sich nicht vorstellen, jemals in so einer Mine zu arbeiten – egal, wie viel Geld es einbrachte.

»Das stimmt«, sagte Stella und versuchte zu lächeln.

Die Kinder vertieften sich nun in ein Gespräch untereinander, und Stella ergriff die Gelegenheit, ihre Mutter etwas zu fragen, was sie insgeheim beschäftigte, seit sie losgefahren waren.

»Ist etwas vorgefallen, oder lag es nur an dem wirren Reverend Paulson, dass wir so überstürzt aufgebrochen sind?«, erkundigte sie sich auf Deutsch, damit Will, Amanda und Ben ihre Worte nicht verstanden. »Du bist doch sonst nicht so in Eile.«

»Es ist etwas vorgefallen, das kannst du mir glauben«, sagte Sarah. Sie blickte in den Rückspiegel, um sicherzugehen, dass die Kinder beschäftigt waren. Dann sagte sie leise: »Es besteht die Möglichkeit, dass der Vater der Kinder – ich will den Namen jetzt nicht aussprechen – *nicht* tot ist.«

»Was?«, stieß Stella überrascht aus.

»Nicht so laut«, zischte Sarah mahnend.

»Wie meinst du das, er ist nicht tot? Wie kann das angehen? Die Polizei ermittelt doch wegen Mordes. Sie suchen überall nach dem Verdächtigen, nach L-U-K-E.«

»Ich weiß«, sagte Sarah. »Aber ich habe einen Arbeitskollegen von *ihm* im Krankenhaus getroffen, und er hat mir geschworen, dass er *ihn* gestern Mittag an einer Tankstelle in Fort McMurray gesehen hat – in einem Wagen der North Corporation.«

Stella war einen Moment lang sprachlos. Konnte das wirklich wahr sein? Dann wäre Luke quasi freigesprochen. Aber … Es kam ihr ein anderer Gedanke.

»Mr Forester hat doch gesagt, dass er zum Leichenschauhaus fahren würde, um *ihn* an Lynns Stelle zu identifizieren. Meinst du, er war noch nicht dort?«

»Ich glaube eher, dass der gute Mr Forester uns nicht die Wahrheit sagt«, erklärte Sarah.

»Deshalb bist du gleich heute Morgen zurückgekommen und hast uns so schnell von Mr Forester weggelotst. Du glaubst, er ist in die Sache verwickelt.«

»Die Möglichkeit besteht auf jeden Fall.«

»Hast du mit Elizabeth oder Lynn darüber gesprochen?«

Sarah schüttelte den Kopf. »Ich wollte sie nicht unnötig aufregen und es ihnen erst sagen, wenn wir etwas ganz Konkretes in den Händen haben. Lynn hat schon so viel durchstehen müssen. Stell dir vor, es stimmt nicht und *er* ist doch tot. Nein, das kann man ihr nicht zumuten.«

»Da hast du recht«, murmelte Stella.

»Wir brauchen jemanden, der uns helfen kann«, stellte Sarah fest. Dann setzte sie wie nebenbei hinzu: »Ist L-U-K-E eigentlich in der Zwischenzeit wieder aufgetaucht?«

Stella warf den Kindern einen flüchtigen Blick zu. Sie kümmerten sich nicht um die Erwachsenen. Also begann sie mit leiser Stimme zu berichten, was am vergangenen Nachmittag und in der Nacht geschehen war. Sie versuchte sich so kurz wie möglich zu fassen, ohne dabei wichtige Einzelheiten auszulassen.

Sarah sah sie entsetzt an.

»Gütiger Himmel! Ich wage nicht, es mir vorzustellen!«, flüsterte sie. »Luke hat euch also aus der Feuersbrunst gerettet. Er hätte dabei selbst umkommen können! Ich weiß nicht, wie ich das jemals wiedergutmachen kann. Wir stehen tief in seiner Schuld.« Sie drückte heimlich Stellas Hand, denn sie vermochte nicht in Worte zu fassen, was sie in diesem Augenblick empfand. Sie hätte in der letzten Nacht das verlieren können, was ihr am liebsten war: ihre Tochter und ihren kleinen Enkel. Es war nicht auszudenken!

»Und Luke?«, fragte sie leise. »Was wird er jetzt machen?«

Stella zuckte mit der Schulter. »Luke ist kein Mann von vielen Worten, und er gibt nicht viel von sich preis. Aber er hat gesagt, dass er in der Nähe bleiben und das Haus im Auge behalten würde. Irgendwie beruhigt mich das.«

Sarah lächelte verschmitzt. »Wird er das Haus im Auge behalten oder dich?«

Stella ignorierte ihre Andeutung.

Als sie kurz darauf die Lichtung erreichten, entdeckten Will, Amanda und Ben die verkohlten Überreste von Lukes Hütte. Sie schrien entgeistert auf.

»Ist Luke verletzt?«, fragten sie aufgeregt.

»Macht euch keine Sorgen«, erklärte Stella schnell. Sie war so in ihr Gespräch mit Sarah vertieft gewesen, dass sie vollkommen vergessen hatte, die drei vorzuwarnen. »Luke war nicht in der Hütte. Ihm ist nichts passiert. Aber es war Brandstiftung, so viel steht fest. Ihr Kinder bleibt also bis auf weiteres besser in der Nähe des Hauses, wenn ihr draußen spielt. Wer weiß, was das für Verrückte gewesen sind.«

Sarah brachte kein Wort heraus, so entsetzt war sie über den Anblick. Über den Vorfall zu hören und mit eigenen Augen die Folgen zu sehen, waren zwei vollkommen verschiedene Dinge.

»Üble Dinge gehen hier vor sich, und ich war im Unrecht«, sagte sie leise zu Stella. »Ich hoffe, du verzeihst mir. Ich habe dich und Niklas gebeten, mich nach

Winding River zu begleiten, und euch damit in Gefahr gebracht. Aber nun ist es genug. Gleich morgen werde ich unsere Rückflüge umbuchen. Anschließend rufe ich Günter an und sage ihm Bescheid, dass wir eher als geplant nach Hause kommen. Die Einzelheiten erspare ich ihm lieber, bis wir wieder bei ihm sind, sonst kommt er um vor Sorge.« Dann setzte sie mit fester Stimme hinzu: »Wir reisen ab, sobald Elizabeth mit Lynn aus dem Krankenhaus zurück ist.«

Stella starrte nachdenklich vor sich hin. Üble Dinge gingen vor sich, das stimmte. Sie selbst fühlte es auch. Und gerade deshalb wollte sie ihre neuen Freunde jetzt nicht im Stich lassen.

»Mutti, meinst du nicht, dass dein Entschluss etwas voreilig ist? Ich meine, Elizabeth und Lynn brauchen uns und …«, begann sie.

Doch Sarah schüttelte energisch den Kopf. »Ich werde das Wohlergehen meiner Familie nicht leichtsinnig aufs Spiel setzen. Nein, wir reisen ab. Sobald es geht.«

21

Gedankenversunken betrat Elizabeth das Krankenhauszimmer, in dem Lynn sich befand. Sie hielt einen Becher Kaffee in der Hand, den sie sich in der Cafeteria besorgt hatte. Leise schloss sie die Tür, um Lynn nicht zu stören.

Aber Lynn lag wach im Bett und blickte ihr entgegen. Etwas hatte sie geweckt, und sie hatte nicht wieder einschlafen können. Eine unbestimmte Sorge nagte an ihr. Zuerst hatte sie nicht gewusst, was es war. Doch dann hatte sie an die Kinder denken müssen. Sie waren vor mehr als zwei Stunden mit Sarah nach Winding River aufgebrochen. Dort war doch hoffentlich alles in Ordnung?

»Mom, worüber machst du dir Gedanken?«, fragte sie angespannt, denn sie befürchtete für einen Moment, dass Elizabeths Miene so nachdenklich war, weil sie schlechte Neuigkeiten von zu Hause brachte.

»Es ist nichts«, meinte Elizabeth.

»Etwas bereitet dir Sorgen, das sehe ich«, beharrte Lynn. »Du kannst mir nichts vormachen. Also, raus mit der Sprache!«

Elizabeth drehte unschlüssig den Kaffeebecher in den Händen. Sollte sie Lynn wirklich mit solchen Mitteilungen belasten?

»Als ich eben in der Cafeteria gewesen bin, habe ich in den Nachrichten gehört, dass der Schneefall von vorletzter Nacht die Waldbrände doch nicht gelöscht hat«, erklärte sie zögernd. »Die Feuerwehrleute hatten es zuerst angenommen, aber gestern ist der Brand an drei Stellen wieder aufgeflammt. Es wurde zunächst nichts darüber bekanntgegeben, weil man dachte, die Brandherde seien unter Kontrolle. Doch nun hat sich die Lage verändert. Seit den frühen Morgenstunden weht ein starker Wind, und das Feuer breitet sich schnell aus.«

»Ich hoffe, sie bekommen das Feuer in den Griff«, stellte Lynn erleichtert fest. Wenn es nur das war. Warum regte ihre Mutter sich so auf? Waldbrände gab es in dieser Gegend jedes Jahr – und das mehr als einmal.

»Lynn.« Elizabeth setzte sich zu ihrer Tochter ans Bett. »Einer der Brandherde ist ganz in der Nähe von unserer Lichtung. Die Stellen waren auf der Landkarte markiert.« Sie warf Lynn einen forschenden Blick zu. »Ich habe das Gefühl, ich sollte nach Hause fahren und nach dem Rechten sehen. Aber ich lasse dich nur ungern allein.«

Lynn setzte sich energisch im Bett auf.

»Was machst du da?«, fragte Elizabeth besorgt.

»Ich stehe auf und ziehe mich an«, sagte Lynn mit fester Stimme. »Du hast recht, du solltest zu Hause sein. Schließlich sind Stella und Sarah mit den Kindern alleine dort – und ich werde mit dir kommen!«

»Sei doch vernünftig, Lynn. Du musst dich noch schonen! Und wenn das, was ich eben in den Nachrichten gesehen habe, tatsächlich wahr sein sollte, dann bist du hier viel sicherer aufgehoben!«

Lynn machte eine abwehrende Handbewegung. »Mom, meine Kinder sind da draußen! Ich habe bereits Ted verloren. Meine Kinder lasse ich mir nicht nehmen – nicht, wenn ich es verhindern kann!«

Es war später Vormittag. Stella saß auf der Veranda und sah den Kindern zu, die auf der Lichtung in der Sonne spielten. Aufgrund der Ereignisse der vergangenen Tage traute Stella sich nicht, sie auch nur eine Sekunde lang aus den Augen zu lassen, obwohl im Moment alles ruhig und friedlich wirkte.

Stella seufzte zufrieden. Die Sonnenstrahlen hatten schon gut Kraft, trotz des frischen Windes, der aufgekommen war. Sie lehnte sich zurück, schloss die Augen und lauschte dem Rauschen der Bäume und den Stimmen der Vögel. Was für eine Wohltat dieser angenehm warme Vormittag nach der kalten Nacht im Freien war. Ja, alles könnte so schön sein, wenn nicht …

Ein lautes Motorengeräusch unterbrach ihre Gedanken. Beunruhigt sprang Stella auf und sah sich suchend um. Doch erst als sie bemerkte, dass die Kinder zum Himmel aufsahen, wurde ihr klar, dass das Geräusch nicht von einem Auto, sondern von einem Flugzeug stammte. Sie schirmte ihre Augen ab und blickte ebenfalls nach oben. In diesem Moment brummte ein riesiges Propellerflugzeug über ihren Köpfen hinweg. Es flog so tief, dass Stella glaubte, den Piloten erkennen zu können.

»Fliegen öfters Flugzeuge im Tiefflug über eure Lichtung?«, erkundigte sie sich bei den Kindern. Die vergangenen Tage hatten sie misstrauisch werden lassen.

»Eigentlich nicht«, antwortete Will zurückhaltend. »Aber das hier war auch kein normales Flugzeug. Das war ein Löschflugzeug.«

»Ein Löschflugzeug? Willst du damit sagen, dass es hier irgendwo brennt?«, fragte Stella besorgt.

»Es brennt nicht nur irgendwo«, erklärte Will sachlich, »sondern ganz in der Nähe. Sonst wäre die Maschine nicht so niedrig geflogen. Sie war bereit, Löschmittel abzuwerfen.«

Stella blickte unwohl um sich. Das hatte ihr gerade noch gefehlt! Feuer und Flammen hatte sie in der vergangenen Nacht wirklich genug gehabt. Doch sosehr sie sich auch anstrengte, sie konnte nichts Außergewöhnliches entdecken.

Da näherte sich wieder ein Motorengeräusch. Diesmal war es jedoch ein Wagen, genauer genommen ein Kombi. Er fuhr langsam über die holprige Lichtung, geradewegs auf das Haus zu.

»Grandma ist zurück!«, rief Ben freudig und lief dem Wagen entgegen.

»Ich frage mich, warum sie Mom allein gelassen hat«, wunderte Will sich.

»Mom ist auch da!«, rief Ben. Er hatte durch das Fenster des Wagens gespäht und rannte nun aufgeregt neben ihm her. »Will, Amanda, Mom ist wieder zu Hause!«

Jetzt waren auch Will und Amanda nicht mehr zu halten. Sie liefen dem Wagen entgegen und hatten die Türen geöffnet, kaum dass Elizabeth gehalten hatte. Aufgeregt überschütteten sie die beiden mit Fragen.

»Wo kommt ihr denn mit einem Mal her?«

»Geht es dir wirklich wieder besser, Mom?«

Lynn wehrte lachend ab und zog die drei in ihre Arme.

»Nun lasst mich erst mal aussteigen!«

Elizabeth parkte den Wagen. Ihre Miene war ernst.

»Will, hilf mir, deine Mom ins Haus zu bringen. Sie ist immer noch sehr schwach«, forderte sie ihren Enkel auf.

»Lass nur, ich helfe dir«, sagte Stella. Sie spürte, dass etwas vorgefallen sein musste, sonst hätte Elizabeth Lynn nicht vorzeitig nach Hause geholt. Es war nicht zu übersehen, dass Lynn eigentlich nicht in der Verfassung für eine so lange Autofahrt war.

»Schön, dass du wieder da bist«, wandte sich Stella an Lynn. »Komm, stütz dich auf mich!«

Die junge Frau nahm das Angebot dankbar an. Sie hatte Mühe, sich auf den Beinen zu halten.

»Du bist noch so schwach, du hättest im Krankenhaus bleiben sollen«, sagte Stella beunruhigt.

»Ach was, im Bett liegen kann ich auch zu Hause«, sagte Lynn und versuchte zu lächeln.

Stella spürte, dass Lynn bemüht war, die Ernsthaftigkeit ihres Zustandes zu überspielen, und erwiderte nichts.

Sarah wartete auf der Veranda auf sie, und gemeinsam halfen sie Lynn ins Haus.

»Kinder!«, rief Sarah. »Ihr kommt besser auch rein. Du auch, Niklas!«, setzte sie hinzu, als der Junge nicht reagierte.

»Das wird wieder mal langweilig«, maulte er und zog eine Grimasse. Dann drängte er sich an seiner Großmutter vorbei nach drinnen.

Stella und Elizabeth brachten Lynn nach oben ins Schlafzimmer und halfen ihr, sich aufs Bett zu legen. Die junge Frau war sichtlich erschöpft, aber sie lächelte tapfer.

»Ruh dich eine Weile aus, Kind«, sagte Elizabeth. »Ich koche dir einen Kräutertee, der wird dich wieder zu Kräften bringen. Stella, hilfst du mir bitte? Wir sind gleich wieder da, Lynn.« Mit diesen Worten zog sie die überraschte Stella aus dem Zimmer.

»Warum seid ihr heute schon nach Hause gekommen? Was ist geschehen?«, fragte Stella auf dem Weg zur Küche leise. Ihr war bange ums Herz geworden. Elizabeths Verhalten deutete auf nichts Gutes hin.

»Wegen der Waldbrände, Kind.«

Stella horchte sofort auf. »Ich hatte gedacht, der Schnee vorletzte Nacht hätte alle Brände gelöscht, aber kurz bevor ihr gekommen seid, ist ein Löschflugzeug über die Lichtung geflogen. Will sagte, es flog so niedrig, weil die Brandstelle ganz in der Nähe sein muss.«

»Wir alle dachten, dass die Waldbrandgefahr vorüber sei. Aber Great Spirit hat es anders geplant«, sagte Elizabeth. »Will hat mit seiner Beobachtung recht, einer der Brandherde ist nicht weit entfernt. Und bei diesem Wind … Ich mache mir Sorgen. Aber nun erzähle mir, was mit Lukes Hütte passiert ist und, falls du es weißt, mit Luke selbst.«

Die Kinder spielten im Wohnzimmer und veranstalteten dort einen unglaublichen Lärm, aber in der Küche war es ruhig. Also berichtete Stella Elizabeth von den Ereignissen der vergangenen Nacht, während sie den Tee für Lynn zubereiteten. Nur den Standort von Lukes Lager erwähnte Stella nicht.

Sarah kam aus dem Wohnzimmer und setzte sich zu ihnen.

Elizabeth hörte Stella aufmerksam zu, ohne sie zu unterbrechen. Als Stella geendet hatte, nickte sie zustimmend.

»Luke ist auf etwas gestoßen, auf das er nicht hätte stoßen sollen, und jetzt will man ihn zum Schweigen bringen«, sagte sie nachdenklich. »Jean wird nicht als Gefahr angesehen. Man hat sie auf ihren Platz verwiesen und versetzt, und sie hat sich gefügt. Man wird sie in Ruhe lassen, solange sie nicht aufmuckt. Luke dagegen stellt ein Problem dar. Er lässt sich nicht leicht einschüchtern, und er ist unabhängig: keine Familie, kein Job, kein Haus, kaum Freunde – nichts, woran er hängt und was man als Druckmittel gegen ihn verwenden könnte. Alles, was er besaß, war in der Hütte, und die ist abgebrannt.«

Stella hielt die Jade-Eule in ihrer Hosentasche umklammert. Luke hätte kaum Freunde, hatte Elizabeth gesagt. Aber Luke hatte Sylvester, und Stella war sich sicher, dass er für das Tier durch die Hölle gehen würde; die beiden waren unzertrennlich. Auch Will, Amanda und

Ben betrachteten Luke ganz bestimmt als ihren Freund. Ja, selbst Niklas sah zu ihm auf und ließ nichts auf ihn kommen. Und dann hatte Stella noch die Erinnerung an die kalten, dunklen Stunden, die sie gemeinsam an dem kleinen Lagerfeuer verbracht hatten, und sie wusste, dass auch sie Luke als Freund ansah – sie konnte es nicht verneinen.

Laut sagte sie: »Dass alle seine weltlichen Besitztümer verbrannt sind, hat Luke betroffen gemacht, aber am Boden zerstört war er deswegen nicht. Sein einziger Kommentar dazu war, dass es nicht das erste Mal sei, dass ihn solche Schicksalsschläge treffen.

»Luke ist mir ein Rätsel«, sagte Elizabeth kopfschüttelnd. »Ein wahrer Einzelgänger. Er muss in seinem Leben Schweres durchgemacht haben, das spüre ich. Little Drum spürte es auch. Wir haben oft darüber spekuliert, was es wohl gewesen sein könnte. Anvertraut hat Luke sich uns nie.«

»Mama, draußen riecht es ganz stark nach Rauch!« Niklas steckte besorgt den Kopf zur Tür hinein.

»Warst du etwa draußen?«, fragte Stella streng. »Wir hatten doch abgemacht, dass ihr bis auf weiteres im Haus spielt.«

»Wir waren bloß auf der Veranda«, verteidigte sich Niklas. »Wir haben noch drei große Flugzeuge gesehen – so wie das erste!«

»Drei?«, erwiderte Stella und wiederholte dann für Elizabeth in Englisch: »Die Kinder haben drei weitere Löschflugzeuge gesehen!«

»Ich habe sie gehört«, antwortete Elizabeth ruhig.

Stella sah verwundert zu Sarah hinüber. Sollte sie die Einzige sein, die die lauten Motoren nicht bemerkt hatte? Sarah nickte ihr zu. Ihrer Mutter waren die Maschinen also auch nicht entgangen.

Will erschien in der Küchentür und unterbrach das Gespräch.

»Grandma, ein Wagen kommt. Ich glaube, es ist Chief Tall Bird.«

»Chief Tall Bird? Was will der denn hier?« Elizabeth trocknete sich verwundert die Hände und folgte den Kindern, die bereits auf die Veranda gelaufen waren, um mit eigenen Ohren zu hören, was es für Neuigkeiten gab.

Stella und Sarah eilten ihnen nach. Sobald sie draußen ankamen, stieg ihnen beißender Rauch in die Nase. Zu sehen war der Brand allerdings nicht, denn der Wald versperrte die Sicht.

Ein glänzend roter Pick-up hatte vor dem Haus gehalten. Der Wagen wirkte nagelneu, und die verchromten Teile funkelten in der Sonne. Der Mann, der jetzt ausstieg, sah ganz anders aus, als Stella sich einen Indianerhäuptling vorgestellt hatte. Chief Tall Bird war übergewichtig und hatte ein Gesicht so rund wie ein Fußball. Sein schulterlanges schwarzes Haar war im Nacken zu einem Zopf zusammengebunden. Dazu trug er eine Baseballkappe, die sehr üppig mit bunter Perlstickerei verziert war, eine dunkle Sonnenbrille und Cowboystiefel aus Krokodilleder. Sein Gürtel war mit einer übergroßen silbernen Schnalle, wie man sie von Rodeocowboys kannte, versehen, und die Weste, die er offen über seinem karierten Hemd trug, war über und über mit indianischen Stickereien bedeckt. Eine goldene Armbanduhr funkelte an seinem Handgelenk.

Stella musterte den Mann eingehend und bekam den Eindruck, dass Chief Tall Bird sich nicht zwischen Cowboy- und Indianer-Dasein entscheiden konnte. Warum sonst hätte er sich so reichlich mit Accessoires beider Richtungen ausgestattet? Alles in allem war seine Aufmachung einfach übertrieben und erweckte eher den

Anschein eines Kostüms als einer gewöhnlichen Kleidung.

»Vorzeige-Indianer«, murmelte Will verächtlich.

»Ja, Ottawa-Krieger«, pflichtete Ben ihm sofort bei.

Amanda stieß ihre Brüder an und warf ihnen warnende Blicke zu. Die Jungen verstummten sofort.

»Casey, was führt dich zu uns?« Elizabeth nickte dem Mann grüßend zu. Ihre Stimme zeigte weder Freude, ihn zu sehen, noch Abneigung.

»Elizabeth, ich dachte, du seist mit Lynn in Fort McMurray im Krankenhaus«, stellte der Chief überrascht fest.

»Wenn es so wäre, warum bist du dann hierhergekommen, obwohl niemand zu Hause ist?«

Casey Tall Bird nahm seine Sonnenbrille ab und lächelte Elizabeth einvernehmend an. Stella bemerkte, dass er kleine dunkle Augen hatte, die nie lange an einem Punkt zu verweilen schienen. Auch jetzt sprangen sie ununterbrochen von einem zum anderen. Sie musste zugeben, dass der Chief sie immer mehr an ein Schweinchen erinnerte und immer weniger an einen Indianer.

»Ganz die Alte, was?«, meinte Tall Bird. »Durch und durch misstrauisch.«

Elizabeth erwiderte nichts.

»Ereignisse, wie sie Ted und Lynn widerfahren sind, sprechen sich in unserer kleinen Gemeinde nun einmal schnell herum. Ich habe auch von euren Gästen aus Deutschland gehört«, er nickte Stella und Sarah höflich zu, »und wollte mich nur vergewissern, dass sie gewarnt sind. Die Waldbrände breiten sich schnell aus. Ich habe veranlasst, dass alle Stammesmitglieder das Reservat bis auf weiteres verlassen.«

»Dieses Haus ist alles, was wir haben. Und Lynn ist nicht in der körperlichen Verfassung für einen weiteren langen Transport«, erklärte Elizabeth und sah den Chief fest an. »Wir bleiben.«

»Ich kann dich gut verstehen, Elizabeth. Wirklich. Vielen anderen geht es genauso. Aber du kannst euer Haus nicht ernsthaft über das Wohlergehen und die Sicherheit deiner Familie stellen.«

Casey Tall Bird war ein guter und überzeugender Redner, das musste Stella ihm zugestehen.

»Danke, dass du extra zu uns rausgefahren bist. Aber mein Entschluss steht fest. Wir bleiben hier – heute und in Zukunft. Und wir werden auch nicht verkaufen, falls das der Grund für die unerwarteten Waldbrände sein sollte.« Damit drehte Elizabeth sich um und ging auf die Haustür zu.

Casey Tall Bird setzte verstimmt seine Sonnenbrille auf und rief ihr ärgerlich hinterher: »Du und deine Tochter, ihr würdet besser daran tun, zu verkaufen! Wir bekommen das Grundstück sowieso, mit oder ohne eure Einwilligung. Ich wollte es euch lediglich leichter machen. Aber das hat jetzt ein Ende. Bleibt ruhig hier, bis die Cops kommen und euch abholen!« Er stieg in seinen Wagen und fuhr so aufbrausend davon, dass die Grassoden flogen.

»Ich verstehe das nicht«, sagte Sarah. »Ich dachte, ihr müsstet verkaufen. Sagtet ihr nicht, dass der Stammesrat euch überstimmen kann, obwohl sich das Grundstück in eurem Besitz befindet?«

»Es stimmt, das können sie«, sagte Elizabeth ruhig. »Aber wir können ihnen allerhand Steine in den Weg legen und die Übergabe erheblich hinauszögern. Das passt ihnen natürlich nicht.« Sie zuckte mit den Schultern. »Was soll ich sagen? Es ist die verflixte Politik auf den Reservaten.«

»Meinst du, er hat die Wahrheit gesagt?«, hakte Stella

nach. »Meinst du, er wollte Sarah und mich wirklich vor den Bränden warnen, weil er dich und Lynn noch immer im Krankenhaus glaubte?«

Elizabeth lachte. »Nein, mein Kind. Da steckt etwas anderes dahinter!« Ihr Gesicht verfinsterte sich. »Ich glaube, er wollte die Lage auskundschaften. Vielleicht hoffte er, Luke bei uns aufzuspüren. Ich weiß es nicht.« Sie sah einen Augenblick lang nachdenklich zum Wald hinüber. »Es ist an der Zeit für euch, zu entscheiden, ob ihr wirklich bis Neumond hierbleiben wollt. Es wird Ärger geben, das spürt ihr selbst.«

Stella und Sarah wechselten einen Blick und sahen dann Niklas an, der neben Will, Amanda und Ben stand und die Unterhaltung gespannt verfolgte, obwohl er sie nicht verstand. Natürlich, sie mussten an Niklas' Wohlergehen denken. Doch vorerst schienen sie hier noch sicher zu sein. Und konnten sie es wirklich übers Herz bringen, ein Kind in Sicherheit zu bringen, während drei andere in Ungewissheit zurückblieben? Elizabeth und Lynn würden Will, Amanda und Ben nicht gehenlassen, bis sie selbst die Lichtung verließen. Und das würde nicht allzu rasch geschehen. Elizabeth hatte gesagt, das Haus sei alles, was sie besäßen. Stella konnte ihren Standpunkt verstehen, und sie wusste, dass Sarah ebenso dachte.

Daher war sie nicht überrascht, als ihre Mutter gleich darauf – ganz entgegen ihrer Meinung vom Vormittag – erklärte: »Wir sind für die Zeremonie gekommen, und wir werden bleiben, bis sie vollzogen ist.« Die Dinge lagen jetzt einfach anders.

Elizabeth nickte anerkennend. »Dann holt ihr besser eure Sachen aus dem Gästehaus. Sollten sich die Flammen wirklich bis hierher ausbreiten, werden wir kaum mehr als ein Gebäude gegen sie verteidigen können.«

Elizabeth und Sarah nahmen die Kinder also mit ins Haus und verriegelten die Türen und Fenster. Stella lief unterdessen zum Gästehaus, um ihre Sachen zusammenzupacken und sie zum Wohnhaus hinüberzuschaffen. Zum Glück hatten sie nur wenig Gepäck dabei, lange würde sie also nicht brauchen. Aber das war nicht der Grund, warum Stellas Finger unterwegs nervös mit der kleinen grünen Jade-Eule in ihrer Tasche spielten. Tausend Gedanken gingen ihr durch den Kopf und verunsicherten sie. Vielleicht war ihre Entscheidung hierzubleiben doch voreilig gewesen. Wenn Niklas nun etwas zustieß? Wenn die Waldbrände sich tatsächlich bis zur Lichtung ausbreiteten? Und wo war Luke? Er hatte doch versprochen, sie im Auge zu behalten.

Als Stella das Gästehaus endlich erreichte, waren ihre Hände kalt und ihre Handflächen feucht. Das passierte immer, wenn sie nervös war. Andere Leute begannen zu schwitzen oder an den Fingernägeln zu kauen. Sie bekam klamme Hände.

Stella schüttelte sich leicht, um ihre Gedanken wieder unter Kontrolle zu bringen. Dann öffnete sie die Tür des Häuschens und trat ein. Sie hatte kaum einen Schritt in den Raum getan, als jemand sie von hinten packte, ihr den Mund zuhielt und mit dem Fuß die Tür ins Schloss schob.

Stellas Herz machte einen solchen Satz, dass sie meinte, es würde für immer stehenbleiben, und ihre Augen waren vor Schreck weit aufgerissen. Instinktiv begann sie, wild um sich zu schlagen und auszutreten. Es war ein Reflex, sie hätte es nicht verhindern können, selbst wenn sie es gewollt hätte.

»Stella, ich bin es«, raunte eine tiefe Stimme. »Beruhige dich, sonst kann ich dich nicht loslassen.«

Luke! Stella gab die Gegenwehr sofort auf.

»Wir müssen leise sein. Niemand darf wissen, dass ich hier bin. Wir haben nicht viel Zeit. Verstehst du mich?«, fragte er eindringlich.

Sie nickte. Sagen konnte sie nichts, denn Luke presste noch immer seine Hand auf ihren Mund.

Vorsichtig lockerte er seinen Griff.

»Luke, du hast mir einen solchen Schrecken eingejagt!«, flüsterte sie matt und drehte sich zu ihm um.

»Es tut mir leid«, sagte er sanft und legte seine Hände auf ihre Schultern. »Aber ich konnte kein Risiko eingehen. Ich muss unbedingt mit dir sprechen.«

Stella versuchte wieder normal zu atmen, doch es wollte ihr nicht recht gelingen. Ob es an dem Schock lag, den sie eben bekommen hatte, oder an Lukes unmittelbarer Nähe, vermochte sie nicht zu sagen.

»Hör zu, die Lage ist viel ernster, als ihr annehmt. Ihr könnt niemandem trauen. Und was immer du tust, fahre nicht noch einmal allein mit diesem Forester in der Weltgeschichte herum – vor allem, wenn du Nick bei dir hast. Ich bin beinahe umgekommen vor Sorge.«

Stella konnte nichts erwidern. Ihre Stimme schien ihr auf seltsame Weise abhandengekommen zu sein. Was war nur mit ihr los?

»Verstehst du, was ich sage, Stella?«

»Mit Mr Forester stimmt etwas nicht«, brachte sie endlich heraus.

»Ich weiß.«

»Nein«, unterbrach Stella ihn aufgeregt. »Es ist wegen Ted, weil Mr Forester ihn doch im Leichenschauhaus identifizieren wollte, und nun ist er womöglich noch am Leben!«

Luke starrte sie an. »Was redest du da?« Aber als sie zu einer Erklärung ansetzte, fuhr er ihr dazwischen. »Warte, sag mir zuerst, warum du zum Gästehaus gekommen bist.«

»Elizabeth hat vorgeschlagen, dass wir unsere Sachen zum Wohnhaus bringen und bis auf weiteres dort bleiben – wegen der Waldbrände.«

»Gute Idee. Am besten packst du, während wir reden. Ich möchte nicht, dass jemand argwöhnisch wird.«

Also begann Stella, ihre Sachen zusammenzusuchen. Ihre Hände zitterten ein wenig, doch sie zwang sich zur Ruhe. Gleichzeitig versuchte sie, die Gedanken in ihrem Kopf zu ordnen. Dann berichtete sie Luke mit knappen Worten von dem Mann, den Sarah im Krankenhaus getroffen hatte, und von ihrer Vermutung, dass Mr Forester ihnen nicht die Wahrheit sagte.

»Sie wollen dich für einen Mord zur Rechenschaft ziehen, der womöglich gar nicht begangen worden ist. Und Ted muss irgendwie in die Sache verwickelt sein«, endete Stella. »Aber wie?«

»Vielleicht zwingen sie ihn, für sie zu arbeiten«, überlegte Luke. »Ich weiß es nicht. Vielleicht hat dieser Randy Henderson sich doch geirrt. Das können wir im Augenblick nicht feststellen. Auf jeden Fall ist Vorsicht geboten.«

»Und die Waldbrände? Glaubst du, sie werden die Lichtung erreichen?«, erkundigte sich Stella, während sie Niklas' Koffer schloss.

»Davon kannst du ausgehen«, sagte Luke. »Das ist ja gerade der Plan, der dahintersteckt.«

»Elizabeth hat ähnliche Andeutungen gemacht. Die Brände sind also nicht von alleine wiederaufgeflammt?«

»Den Anschein sollte es erwecken. Und oftmals passiert es auch auf natürliche Weise. Nur diesmal glaube ich, dass es eine andere Ursache hat. Der Schnee hat die Feuer erstickt. Wären sie von selbst wieder entflammt, dann wäre es viel eher geschehen, nämlich bereits gestern, gleich nachdem der Schnee geschmolzen war. Nein, es hat jemand nachgeholfen, da bin ich mir sicher.«

»Du meinst also auch, dass jemand die Feuer absichtlich gelegt hat. Aber warum? Nur damit die North Corporation es einfacher hat, auf dem Reservat die Rechte zum Abbau des Ölsands zu bekommen, nach dem Motto: Nun ist sowieso alles abgebrannt, die Leute brauchen neue Häuser, also können sie auch gleich woanders hinziehen?«

Zu diesen Schlussfolgerungen wäre Luke im Normalfall auch gekommen, aber er hatte noch eine andere Theorie. Eine, die ihn weitaus mehr beunruhigte, nämlich weil sie ihn persönlich betraf.

»Du hast gut geschlussfolgert. Aber bin ich mir sicher, dass mehr dahintersteckt«, erklärte er. »Die Brände waren überall bekannt, und die meisten Leute werden sich über die zeitliche Verzögerung nicht wundern. Warum also nicht die Gelegenheit nutzen und zwei Fliegen mit einer Klappe schlagen? Es wird nicht nur der Wald zerstört und den Umweltschützern somit der Wind aus den Segeln genommen – man holzt ja keine Wälder ab, der Wald war sowieso abgebrannt und so weiter. Ganz nebenbei kann man die Waldbrände sehr schön dazu benutzen, eine bestimmte Person, die seit langem Probleme macht und die sich, nachdem man ihre Hütte niedergebrannt hat, im Schutz der Bäume aufhält, aus ihrem Versteck zu jagen.«

Stella hielt mit dem Packen inne und starrte Luke mit offenem Mund an.

»Du glaubst, sie benutzen die Waldbrände auch, um dich in ihre Hände zu bekommen?«

Luke nickte ruhig und reichte ihr den nächsten Koffer.

»Wie kannst du dann so gelassen dastehen und tun als sei nichts los?«, fuhr sie auf. »Das Feuer breitet sich immer weiter aus. Chief Tall Bird war gerade da, um uns zu warnen! Wo willst du dich verstecken?«

»Das überlass getrost mir«, beruhigte Luke sie. »Wichtig ist jetzt vor allem, dass du dir nichts anmerken lässt. Im Wald wimmelt es seit gestern Abend von Fremden, und sie beobachten auch die Lichtung. Also sei vorsichtig und verhalte dich ganz natürlich, wenn du zum Haus zurückgehst. Und erzähle niemandem, dass wir uns gesehen haben. Auch nicht deiner Mutter, versprochen?« Er sah ihr forschend in die Augen.

»Versprochen.«

Luke drückte ihre Hand und lächelte sie dankbar an. Stella fühlte, wie sie errötete, und es ärgerte sie maßlos. Sie war doch kein Schulmädchen mehr, das bei jedem Lächeln eines gutaussehenden Jungen dahinschmolz!

Sie wandte sich ab, damit Luke ihre Verlegenheit nicht sah, stapelte die Koffer übereinander und ging zur Tür. Sie hatte den Knauf bereits in der Hand, als sie sich noch einmal zu ihm umdrehte.

»Luke, bitte sei vorsichtig.«

Er nickte stumm.

»Stella, warte!«, raunte er dann unvermittelt und war mit einem Sprung bei ihr.

Ein leichtes Zittern durchlief ihren Körper, während sie ihn abwartend, ja beinahe erwartungsvoll anblickte.

Doch es waren keine zärtlichen Worte, die Luke ihr sagen wollte, und sie sich ärgerte sich, dass sie es überhaupt in Erwägung gezogen hatte. Schließlich war sie so gut wie verlobt!

»Stella, ich möchte nicht, dass dir oder Nick etwas passiert, also hör mir gut zu: Behalte die Umgebung fest im Auge. Und sollten sich die Waldbrände – wie wir es vermuten – bis hierher ausbreiten, dann verhaltet euch so, wie ich es dir jetzt erkläre.«

22

Als Stella die Veranda des Wohnhauses erreichte, wartete Sarah dort bereits auf sie. Gemeinsam schafften sie die Gepäckstücke ins Obergeschoß, wo sie niemandem im Weg waren.

»Mutti, geh du ruhig schon runter«, sagte Stella, als sie ihre Arbeit erledigt hatten. »Ich schaue kurz bei Lynn rein.«

»In Ordnung«, erwiderte Sarah und verschwand auf der Treppe.

Stella klopfte unterdessen leise an Lynns Zimmertür.

»Herein«, ertönte Lynns sanfte Stimme matt.

Stella betrat das Zimmer. Die Gardinen waren bis auf einen schmalen Spalt zugezogen und ließen nur wenig Tageslicht ein. Stella zog einen Stuhl ans Bett und setzte sich zu Lynn.

»Wie geht es dir?«, fragte sie. Sie war noch immer sehr besorgt um Lynn, doch sie zwang sich zu lächeln.

»Schon viel besser«, sagte Lynn und erwiderte das Lächeln. Dann setzte sie hinzu: »Stella, es tut mir wirklich leid, dass Niklas und du letzte Nacht so viel durchstehen musstet. Wir hätten hier sein sollen, dann wäre das alles vielleicht gar nicht passiert.«

»Sei nicht albern, Lynn. Dich trifft doch keine Schuld! Es sind diese Irren, die hinter Luke her sind. Sie sind das Problem.«

»Hast du mit Luke gesprochen?«, fragte Lynn nach kurzem Schweigen.

Stella sah zu Boden und schüttelte den Kopf. So brauchte sie wenigstens nichts Unwahres zu sagen.

»Ich hatte gehofft, vielleicht irgendeinen Anhaltspunkt darüber zu finden, wie es zu Teds Tod gekommen ist«, meinte Lynn niedergeschlagen.

Stella beobachtete sie aus dem Augenwinkel und rang mit sich, ob sie ihr von Randy Henderson berichten sollte und davon, dass Ted möglicherweise noch am Leben war. Doch sie brachte es einfach nicht übers Herz, Lynn Hoffnung zu machen, ohne tatkräftige Beweise in der Hand zu haben. War Ted doch tot, dann würde Lynns Schmerz umso größer sein. Nein, das durfte sie ihr nicht antun.

»Ich habe Mom vorhin etwas über die Waldbrände sagen hören«, bemerkte Lynn nun. »Haben sie sich etwa noch weiter ausgebreitet?«

Stella blickte überrascht auf, fing sich aber sofort wieder. Elizabeth hatte Lynn also keine Einzelheiten erzählt. Hatte sie deshalb die Gardinen zugezogen, damit Lynn sich nicht beunruhigte?

»Wir haben nichts weiter gehört«, sagte Stella und versuchte überzeugend zu klingen.

»Du bist keine gute Lügnerin, Stella«, meinte Lynn lächelnd. »Das gefällt mir so gut an dir. Und ich danke dir. Mehr Aufregung kann ich im Moment wirklich nicht brauchen. Behalte die schlechten Nachrichten ruhig für dich.«

Stella grinste verlegen. Dann fragte sie, um das Gespräch auf ein anderes Thema zu bringen: »Glaubst du an Liebe auf den ersten Blick?«

»Natürlich!«, erwiderte Lynn, ohne zu zögern. Dann fügte sie lachend hinzu: »Nur nicht in Kanada.«

»Wieso?«

»Weil bei den Männern hier die Liebe auf den ersten Blick immer nur eine Nacht lang anhält. Ich habe in meinem Leben keinen einzigen Mann kennengelernt, der nicht nur auf das eine aus war – aber natürlich ohne jegliche Verpflichtungen für die Zukunft eingehen zu wollen. Das wäre ja zu viel verlangt! Was meinst du, warum ich so froh war, Ted gefunden zu haben? Als alleinerziehende Mutter mit drei Kindern hatte ich schon gar nicht mehr damit gerechnet, einen Mann zu treffen, der tatsächlich eine Familie heiraten und unterstützen würde. Ted hatte seine Fehler, das weiß ich. Aber er hat für uns gesorgt und das war sehr großzügig von ihm. Großzügiger, als ich erwartet hatte.«

Stella sah betroffen zu Boden.

»Und wie steht es mit dir?«, fragte Lynn interessiert. »Glaubst du an die Liebe auf den ersten Blick?«

»Bisher nicht«, erwiderte Stella leise.

»Es ist Luke, nicht wahr? Du magst ihn.«

»Das ist unwichtig«, meinte Stella und spielte nervös mit der kleinen Eulenfigur, die sie wie immer in ihrer Jackentasche hatte. »Ich bin so gut wie verlobt und …«

»Und Luke ist ein Indianer, der wegen Mordes gesucht wird«, führte Lynn den Satz zu Ende und lächelte sie nachsichtig an. »Nicht alles im Leben kann perfekt sein, Stella. Auch nicht in deinem.«

»Perfekt? Mein Leben ist weit davon entfernt, perfekt zu sein.« Stella lachte auf, und beinahe lag Bitterkeit in ihrer Stimme. »Als ich noch ein Kind war, da war mein Leben vielleicht perfekt. Die Sicherheit eines harmonischen Zuhauses, keinerlei Sorgen darüber, wo das Essen oder die Kleidung oder all die anderen Dinge herkamen, die ich als ganz selbstverständlich angesehen habe. Der blühende Kirschbaum vor meinem Kinderzimmerfenster, so voll weißer Blüten, dass man sonst nichts anderes sah – wie der üppige Schleier einer glücklichen Braut. Das war perfekt.«

»Es ist komisch, an was man sich erinnert, meinst du nicht auch? Du erinnerst dich an blühende Kirschbäume. Alles, woran ich mich aus meiner Kindheit erinnere, ist ein Zuhause, in dem es im Winter zu kalt und im Sommer zu heiß war und in dem es wegen der vielen Kinder, die dort wohnten, so eng war, dass ich meist woanders war. Aber dort war es dann auch nicht besser. Die anderen Häuser im Reservat waren genauso schlecht isoliert und die Familienverhältnisse meist schlimmer als bei uns. Alkohol, Drogen, nichts Vernünftiges zu essen, Unordnung. Die Eltern meiner Freunde kümmerte es nicht, was wir machten. Wenigstens in diesem Punkt hatte ich mehr Glück. Meine Mutter und mein Vater waren immer gut zu uns, auch wenn sie sich wegen des permanenten Geldmangels oft gestritten haben. Schläge hat es bei uns nie gegeben, und dafür bin ich meinen Eltern bis heute unendlich dankbar.«

Stella schluckte. Im Vergleich zu Lynn hatte sie eine Kindheit wie im Paradies gehabt und absolut keinen Anlass, sich auch nur über die kleinste Kleinigkeit zu beschweren. Nachdenklich zog sie die Jade-Eule aus der Tasche und betrachtete sie.

»Was hast du da?«

»Meinen Glücksbringer«, erklärte Stella und hielt Lynn ihre Hand hin, damit sie die Figur in dem dämmrigen Licht besser sehen konnte.

Lynn begutachtete die kleine Eule eingehend, ohne sie anzufassen. Das gehörte sich bei ihrem Volk einfach so. Die Jade-Eule war Stellas Glücksbringer und somit Teil ihrer Privatsphäre. Und Privatsphäre wurde respektiert.

»Die Figur ist sehr schön«, sagte sie schließlich.

»Meine Mutter hat sie mir zur Geburt geschenkt«, erklärte Stella. »Sie hat sie in Victoria gekauft, damals, als sie Little Drum und deiner Mutter begegnet ist.«

Lynn erinnerte sich daran, wie oft Little Drum ihnen, als sie noch Kinder gewesen waren, von den Eulen und ihrer Verbindung zu den Ahnen erzählt hatte und wie oft ihre Urgroßmutter draußen gestanden und mit ihnen gesprochen hatte. Genau wie an dem Tag, an dem Little Drum Sarah im Wald getroffen hatte. Da kam ihr ein Gedanke.

»Dein Name bedeutet *Stern*, nicht wahr?«

»Ja, das stimmt.«

»Weißt du, warum deine Eltern dir diesen Namen gegeben haben?«, erkundigte sich Lynn.

»Da musst du Sarah fragen!«, lachte Stella. »Soviel ich weiß, ist es ihre Idee gewesen. Aber warum interessiert dich das auf einmal? Luke hat mich auch schon danach gefragt.«

Lynn war jetzt ganz ernst. »Hast du dir schon mal Gedanken darüber gemacht, dass es für all die Dinge, die sich in unseren Leben ereignen, einen ganz bestimmten Grund geben könnte?«

Stella lachte erneut, aber diesmal nicht so unbeschwert. »Du klingst wie meine Mutter! Seit Elizabeths Brief bei uns eingetroffen ist, zitiert sie täglich das alte Sprichwort: *Nichts geschieht umsonst auf dieser Welt.*«

»Meinst du nicht, dass sie mit ihren Worten recht hat? Spürst du es nicht, ganz tief in deinem Herzen?«, fragte Lynn eindringlich und setzte dann hinzu: »Es ist gut, dass du dich entschlossen hast zu bleiben.«

Stella sah sie erstaunt an. Lynns Worte klangen beinahe prophetisch, und sie ließen Stella unwillkürlich erschauern. Doch bevor sie etwas erwidern konnte, stürmte Niklas ins Zimmer. Sein Gesicht war kreidebleich.

»Mama, der Wald brennt! Ich habe es gesehen!«

Stella stürzte zum Fenster und schob die Gardinen zur Seite. Tatsächlich, sie konnte die Flammen zwischen den Bäumen emporschlagen sehen! Schwarzgrauer Rauch verdunkelte den Himmel, und der Wind trieb das Feuer genau auf die Lichtung zu. Es war nur noch ein kleines Stück entfernt!

Stella drehte sich zu ihrem Sohn um. Entsetzen stand auf ihrem Gesicht.

»Mama, was wird aus Luke? Er ist doch irgendwo im Wald! Muss er sterben?« In Niklas Augen war die Angst um seinen indianischen Freund zu sehen.

Stella ging zu ihm und nahm ihn in den Arm. »Nein, mein Süßer, Luke wird nicht sterben. Er ist doch ein Indianer und im Wald groß geworden. Er weiß, wie und wann er sich in Sicherheit bringen muss. Du brauchst keine Angst um ihn zu haben.« Sie strich ihm zärtlich übers Haar. Dann traf ihr Blick Lynns, und sie wusste, dass sie ihre Worte von eben nicht übersetzten musste. Lynn hatte verstanden.

»Das Feuer kommt«, hauchte sie matt und setzte sich im Bett auf.

Stella brauchte nur einen Augenblick, um sich zu fangen.

»Du bleibst, wo du bist«, wies sie Lynn an. »Ich weiß, was zu tun ist!« Sie hastete aus dem Zimmer, einen verdutzten Niklas im Schlepptau. Auf der Treppe kamen ihr Sarah und Elizabeth entgegen. Auch in ihren Gesichtern stand Besorgnis.

»Ich habe einen Plan!«, rief Stella ihnen entgegen. »Aber dazu brauche ich Benzin und eure Hilfe!«

»Benzin haben wir nicht, aber im Schuppen hinterm Haus ist Diesel!«, rief Will ihr vom Treppenaufgang zu. Er war ein aufgeweckter Junge und hatte ihren Plan sofort erfasst.

»Gut! Und ein Feuerzeug?« Stella eilte an Sarah und Elizabeth vorbei, die Treppe hinunter. Sie durften keine Zeit verlieren.

»Hab ich in meiner Tasche«, erwiderte Will.

Unten angelangt, drehte Stella sich zu Sarah und Elizabeth um, die noch immer mit Niklas auf den Treppenstufen standen. »Kommt schon! Wir müssen uns beeilen!«

Will war bereits nach draußen zum Schuppen gelaufen. Amanda und Ben standen etwas verloren im Flur.

»Ihr Kinder bleibt im Haus, verstanden? Du auch, Niklas. Hier drinnen seid ihr sicher!« Stella drückte ihren kleinen Sohn fest an sich und gab ihm einen Kuss auf die Wange. »Wir sind gleich wieder da, okay? Ihr könnt uns vom Fenster aus zusehen!«

Stella, Sarah und Elizabeth folgten Will eilig zum Schuppen.

»Will und ich nehmen je einen Kanister mit Diesel und legen auf der Wiese, zwischen dem Haus und dem Waldrand, ein Feuer«, erklärte Stella den anderen ihr Vorhaben. »Der Wind wird die Flammen auf uns zutreiben und das Gras und die Büsche rund ums Haus abbrennen.«

»Bist du wahnsinnig!«, rief Sarah aufgebracht. »Selbst Feuer zu legen, wo der ganze Wald bereits in Flammen steht?«

Aber Elizabeth fiel ihr ins Wort. »Nein, es ist eine gute Idee! Außer dem Gras und den Büschen gibt es nichts in unmittelbarer Nähe, das brennen und dem Haus gefährlich werden könnte. Sobald sie abgebrannt sind, haben wir eine riesige freie Fläche um uns.«

»Wir schaffen eine Sicherheitszone, die groß genug ist, um das Haus vor den hohen Flammen des Waldbrandes zu schützen«, stimmte Will zu. »Das Dach ist aus Blech und nur schwer entflammbar, falls Funken so weit fliegen sollten. Wir haben also eine gute Chance. Doch wir müssen uns beeilen!«

Sarah sah die drei zweifelnd an, wusste aber, dass sie keine Zeit hatte, sich mit ihnen zu streiten. Schon jetzt hing dicker Rauch über der Lichtung, und sie konnte das Knistern und Lodern des Feuers hören. Es war ein beängstigendes Geräusch – wie ein riesiger Heizkessel, der außer Kontrolle geraten war. »Was sollen Elizabeth und ich machen?«, fragte sie daher schlicht.

»Ihr passt auf, dass das Haus kein Feuer fängt«, befahl Stella. »Nehmt Eimer mit Wasser, Decken, was auch immer und erstickt sofort jedes noch so kleine Flämmchen, das versucht, auf das Haus überzuspringen!«

Sie rannten los. Stella und Will mit den Kanistern voll Diesel auf den Waldrand zu, Sarah und Elizabeth zurück zum Haus, um sich dort gegen das Feuer zu wappnen.

Stella und Will hatten etwa die Mitte der Lichtung erreicht, als der Junge unvermittelt aufschrie und entsetzt auf den Wald deutete.

»Stella, das Feuer!«

Die Flammen waren jetzt deutlich durch die Bäume hindurch zu sehen. Der Wald an der Ostseite der Lichtung krachte und knisterte, während er dem Flammenmeer unaufhaltsam zu Opfer fiel. Das Tosen war so laut, dass Stella schreien musste, um sich mit Will zu verständigen, und die Hitze, die ihnen entgegenschlug, war beinahe unerträglich.

»Wir haben keine Zeit mehr«, rief Stella hustend. »Wir müssen unseren Brand hier und jetzt legen! Wir sind weit genug vom Haus entfernt!«

Sie trennten sich und rannten in entgegengesetzte Richtungen. Beim Laufen schütteten sie das Dieselöl aus den Kanistern aus. Als ihr Kanister leer war, warf Stella ihn auf den Boden und rannte zu Will. Ihre Augen tränten von dem beißenden Rauch, und sie konnte kaum klar sehen.

»Komm auf die Waldseite und zünde den Diesel von dort an!«, schrie sie. »Ich weiß nicht, ob wir bei diesem Wind schnell genug zum Haus zurücklaufen können, um dem brennenden Gras zu entkommen! Wir warten hier lieber einen Augenblick und folgen dann den Flammen über die abgebrannte Wiese.«

Sie sprangen über den verschütteten Diesel, und Will entzündete das Gras. Eine kleine Flamme loderte auf, erlosch jedoch gleich darauf wieder.

»Warum brennt das Zeug nicht?«, rief Stella.

»Das Gras ist feucht und der Wind zu stark«, schrie Will.

Er versuchte es noch einmal.

Nichts geschah.

»Was machen wir nun?«, rief Stella entsetzt. »Das Feuer kommt immer näher!«

»Wir müssen es weiter versuchen«, meinte Will und lief auch schon zu einer anderen Stelle.

Stella hatte die Hoffnung beinahe aufgegeben, da endlich fing das Gras Feuer, zögerlich zuerst, doch dann griffen die Flammen immer schneller über.

»Es hat geklappt!«, rief Stella erleichtert und zog den Jungen in ihre Arme.

Gebannt starrten Stella und Will auf den nun lodernden Streifen. Vom Haus aus blickten ihnen Sarah und Elizabeth angespannt entgegen. Ben, Amanda und Niklas hingen aufgeregt am Küchenfenster.

Der Wind ließ die Flammen jetzt aufschlagen und trieb das Feuer mit hoher Geschwindigkeit auf das Haus zu.

Für einen kurzen Augenblick dachte Stella an Luke. War er noch immer im Gästehaus, und würde er dort sicher sein?

Doch die Situation verlangte ihre volle Aufmerksamkeit. Die Hitze in ihrem Rücken wurde immer stärker, aber Stella erlaubte es sich nicht, sich umzudrehen. Sie wusste, der Waldbrand hatte sie beinahe erreicht.

»Los!«, rief sie Will zu, sobald es sicher war, und zog ihn mit sich über die verkohlte, vor Hitze dampfende Lichtung hinüber zum Haus.

Das Grasfeuer hatte das Gebäude unversehrt gelassen und raste nun auf das andere Ende der Lichtung zu.

Da durchschnitt ein lautes Geräusch aus der Luft das Tosen der Flammen. Stella blickte verwundert nach oben. Durch die dichten Rauchschwaden konnte sie ganz deutlich einen Helikopter ausmachen. Er flog tief, viel tiefer, als sie es bei diesem Rauch für möglich gehalten hätte, und eine schlimme Vorahnung überkam sie.

Auch die anderen hatten den Helikopter entdeckt. Sarah und Elizabeth hielten ihn zunächst für eines der Löschflugzeuge. Aber als er über der Lichtung zu kreisen und dann an einer bestimmten Stelle über ihr zum Stillstand zu kommen schien, wurden sie misstrauisch. Sie liefen zur Vorderseite des Hauses und – erstarrten. Vier in Schwarz gekleidete, schwerbewaffnete Männer seilten sich von der Maschine ab.

Sobald die Männer Boden unter den Füßen hatten, nahmen sie ihre Gewehre von der Schulter und schwärmten aus. Zwei von ihnen liefen zum Gästehaus hinüber, die anderen beiden zum Wohnhaus, geradewegs auf Sarah und Elizabeth zu.

»Um Himmels willen«, flüsterte Sarah wie ohnmächtig. Aber die Männer beachteten sie nicht. Sie sprangen an den Frauen vorbei auf die Veranda und stürmten im nächsten Augenblick das Haus.

Stella wurde bleich, als sie die Männer im Haus verschwinden sah. Dann begann sie zu rennen.

Niklas und Ben standen noch immer am Küchenfenster und guckten hinaus.

»Versteckt euch!«, schrie Stella entsetzt und bedeutete den beiden, außer Sicht zu gehen.

Dann waren die Jungen jäh verschwunden. Stella nahm an, dass sie sie verstanden hatten, und wollte gerade aufatmen, als die beiden schwarzgekleideten Männer in der Tür des Hauses erschienen. Sie zerrten einen schreienden Niklas und einen wild um sich strampelnden Ben mit sich.

Stella blieb das Herz stehen. Niklas! Die Männer hatten ihren kleinen Niklas!

Sie stürmte vorwärts. »Niklas!«, schrie sie so laut, dass es selbst über das Tosen des Feuers zu hören war.

Die nächsten Augenblicke erschienen Stella wie eine Ewigkeit. Eine lähmende, schreckliche Ewigkeit, wie sie sie nie zuvor empfunden hatte und die sich wie in Zeitlupe vor der Kulisse des wild wütenden Waldbrandes abspielte.

Sarah und Elizabeth schrien, fuchtelten mit den Armen und versuchten die Männer aufzuhalten. Doch sie wurden wie lästige Insekten zur Seite gestoßen. Vom Gästehaus ertönten mehrere Schüsse. Stella warf sich instinktiv zu Boden, aber Will rannte weiter. Als sie aufblickte, hatten die Männer Niklas und Ben beinahe zu dem Helikopter geschleppt, der inzwischen in der Nähe des Hauses gelandet war. Will hatte die Männer fast erreicht. Stella wusste, was der Junge vorhatte. Sie schrie ihm zu, er solle anhalten, aber er hörte sie nicht. Stella rappelte sich auf und lief hinter ihm her. Doch bevor sie ihn erreichen konnte, hatte Will sich schon auf den Mann geworfen, der Ben festhielt, und schlug auf ihn ein. Der Mann holte ohne zu zögern aus und rammte seinen Gewehrkolben hart an Wills Schläfe. Der Junge sackte bewusstlos zusammen.

Im nächsten Moment schoss ein dunkler Schatten über die Lichtung und warf sich auf den Mann, der Niklas festhielt.

»Sylvester!«, flüsterte Stella erleichtert. Vielleicht würde doch noch alles gut werden.

Da feuerte jemand im Helikopter einen Schuss ab. Der Hund heulte laut auf und stürzte zu Boden. Stella blieb das Herz stehen. Gleichzeitig wusste sie, dass die Rettung der Jungen nun allein von ihr abhing. Sie musste Niklas erreichen, bevor man ihn in den Helikopter zog! Panik überkam sie wie eine bleierne Decke; sie brachte keinen Ton heraus, vermochte keinen Schritt zu tun.

»Mama!«

Niklas' dünne Stimme war kaum zu hören, doch sie schnitt Stella ins Herz, wie kein anderes Geräusch es vermocht hätte.

Sie rannte los, krallte sich an dem Mann fest, der Niklas mit sich zerrte, und hängte sich wie ein Stein an ihn. Der Mann verlor das Gleichgewicht und fiel abrupt zu Boden. Erstaunt lockerte Stella ihren Griff, zögerte aber nicht lange. Sie riss Niklas aus den Armen des Angreifers und drückte das Kind schützend an sich.

Als sie das nächste Mal aufsah, entdeckte sie Luke. Er lief durch den dichten Rauch, ein Gewehr im Anschlag und feuerte auf die angreifenden Männer. Die Schüsse wurden aus dem Helikopter erwidert. Stella drückte Niklas so flach es ging auf den Boden und schirmte ihn mit ihrem Körper ab.

»Bitte verschone Niklas, Gott! Bitte lass ihn leben!«, betete sie verzweifelt.

»Der Rauch ist zu dicht. Wir müssen von hier verschwinden!«, rief jemand aus dem Helikopter, und sofort hob die Maschine ein Stück vom Boden ab.

Stella wollte gerade erleichtert aufatmen, als erneut

Schüsse fielen. Sie blieb still liegen und rührte sich nicht. Beruhigend flüsterte sie auf Niklas ein. Der Junge zitterte am ganzen Körper.

Das Nächste, woran Stella sich erinnerte, war, dass ihr jemand hart in den Rücken trat und Niklas aus ihren Armen riss. Sie schrie vor Schmerz auf, fühlte sich wie gelähmt. Vorsichtig rollte sie sich auf die Seite. Sie sah gerade noch, wie einer der Männer mit Niklas in den Helikopter sprang. Das Gesicht des Kindes war kreidebleich vor Angst.

»Niklas!«, schrie Stella verzweifelt und streckte den Arm nach ihm aus. Sie konnte sich immer noch nicht richtig bewegen.

Da tauchte wie aus dem Nichts Luke auf. Er sprang hinter Niklas her und Stella schöpfte schon Hoffnung. Doch gleich darauf ließ ein lauter Knall sie zusammenfahren. Luke taumelte aus der Maschine und stürzte zu Boden. Einer der Männer wollte ihm nachspringen, wurde aber zurückgehalten.

Stella richtete sich mühsam auf. Ein scharfer Schmerz schoss durch ihren Rücken, aber sie beachtete ihn nicht.

»Niklas!« Sie humpelte auf die Maschine zu, doch es hatte keinen Zweck. Wie ohnmächtig musste sie mit ansehen, wie der Helikopter abhob und im dichten Rauch verschwand.

23

»Niklas.« Stellas Blick war leer, ihre Stimme beinahe tonlos. Sie fiel auf die Knie und brach in Tränen aus. Sie versuchte sich zusammenzunehmen, aber es gelang ihr nicht. Es war, als hätte ihr jemand das Herz aus dem Leib gerissen. Sie fühlte nichts, nahm nichts um sich wahr. Nicht den beißenden Rauch, nicht die Hitze des Waldbrandes, nicht die verbrannte Erde, auf der sie kniete. Es kümmerte sie nicht, wo die anderen waren oder wie es um sie bestellt war. Ihre Gedanken kreisten allein um Niklas, ihren süßen kleinen Sohn. Sie sah ihn im Geiste vor sich, sein Lachen, sein strubbeliges Haar, seine rundlichen Arme. Wie hatte er sie angesehen, als der Mann ihn in den Helikopter gezerrt hatte! Er hatte Angst gehabt, hatte nach ihr geschrien, so wie er es immer tat, wenn er sich vor etwas fürchtete oder sich weh getan hatte. Aber diesmal hatte sie ihn nicht beschützen können. Sie hatte versagt. Ihr Sohn hatte ihre Hilfe gebraucht, und sie hatte versagt! Was würden die Männer mit ihm machen? Welche Ängste er ausstehen musste! Sie schlug die Hände vors Gesicht und schluchzte laut auf.

Sie wusste nicht, wie lange sie so dagesessen hatte, als eine Hand sich auf ihre Schulter legte und jemand sich neben sie kniete.

»Stella, sieh mich an«, sagte eine sanfte, dunkle Stimme.

Sie hob langsam den Kopf. Es war Luke. Er sah sie fast entschuldigend an.

»Stella, ich werde die Jungen zurückbringen. Ich schwöre es!«

Die Bedeutung seiner Worte drang langsam in Stellas Bewusstsein vor. »*Die* Jungen?«, fragte sie leise.

»Sie haben sich auch Ben geschnappt.«

»Gütiger Gott!«, entfuhr es Stella heiser. Erst jetzt dämmerte ihr wirklich, was um sie herum geschehen war. Es war wie ein schrecklicher Alptraum. Die Lichtung glich einem Schlachtfeld. Die Wiese war schwarz und verbrannt, die Bäume am Waldrand standen in Flammen. Ein unglaubliches Tosen erfüllte die Luft, und es war unerträglich heiß. Lynn stand, von Amanda gestützt, in der Haustür. Ihr Gesicht war starr. Sarah und Elizabeth knieten neben Will, der ganz in der Nähe am Boden lag. Blut tropfte aus einer Platzwunde an seiner Stirn. Hilfesuchend tastete Stella nach der kleinen Jade-Eule und hielt sie fest. Sie allein schien ihr Kraft zu geben.

»Luke«, sagte sie leise und wandte sich an ihn. »Was sollen wir ...« Ihr Blick fiel auf seinen Körper. Was sie sah, ließ sie abrupt innehalten. Luke hielt sich die Seite. Seine Hand war mit Blut verschmiert, sein Hemd blutdurchtränkt.

»Oh, mein Gott, du bist verletzt!«, rief sie erschrocken und war sofort an seiner Seite. Der Anblick des Blutes hatte sie aus ihrer Starrheit erwachen lassen.

»Es ist nicht so schlimm, wie es aussieht«, wehrte er ab.

»Aber die Wunde muss versorgt werden«, sagte Stella besorgt.

»Kümmert euch zuerst um Will«, forderte Luke sie auf. »Und beeilt euch. Ich weiß nicht, wie viel Zeit uns bleibt.«

Stella blickte ihn verwirrt an. »Du meinst, diese Kerle kommen vielleicht zurück?«

»Ganz bestimmt sogar«, erwiderte Luke ruhig.

Sarah und Elizabeth verloren keine Zeit. Sie halfen Will auf die Beine. Er konnte laufen, aber sein Kopf schmerzte ihn sehr. Stella ging neben Luke, der absolut keine Hilfe von ihr annehmen wollte. Auf der Veranda trafen sie auf Lynn und Amanda. Das Mädchen schluchzte. Lynn schien gefasst, doch als sie Luke auf die Schulter klopfte, sah Stella, dass ihre Hand zitterte.

Im Haus übernahm Luke das Kommando.

»Legt Will im Wohnzimmer aufs Sofa und wascht seine Wunde mit klarem Wasser. Amanda, du bleibst bei Will für den Fall, dass ihm übel wird. Sein Kopf hat einen harten Schlag abbekommen, und es kann gut sein, dass er eine Gehirnerschütterung hat.«

Amanda setzte sich zu Will aufs Sofa und hielt fürsorglich seine Hand.

Stella, Sarah, Elizabeth und Lynn sahen Luke erwartungsvoll an.

»Was sollen wir bloß machen?«, brach es aus Stella heraus. Verzweiflung stand in ihrem Gesicht.

»Die Kerle werden für eine Weile nicht wiederkommen«, erklärte Luke. »Der Helikopter kann in dem dichten Rauch nicht fliegen. Doch viel Zeit bleibt uns nicht. Wir müssen uns etwas einfallen lassen. Und zwar schnell.«

»Aber«, warf Sarah kläglich ein, »warum haben sie die Jungen überhaupt entführt? Ich verstehe das alles nicht!«

»Druckmittel«, antwortet Luke knapp. »Sie werden die Jungen als Druckmittel einsetzen.«

»Wozu?« Sarah war fassungslos.

Diesmal antwortete Stella. »Damit wir ihnen Luke ausliefern und damit Lynn den Kaufvertrag für das Grundstück unterschreibt.«

»Das denke ich auch«, sagte Luke. Dann blickte er niedergeschlagen zu Boden. »Es tut mir leid. Ich wollte euch nicht in die Sache hineinziehen. Ich hätte ahnen sollen, dass diese Kerle vor nichts haltmachen. Besonders nach letzter Nacht. Sie denken, dass ihr meinen Aufenthaltsort kennt und mich versteckt.«

»Da hast du ganz recht!«, entfuhr es Lynn. »Du und deine Nachforschungen! Jetzt haben sie meinen kleinen Ben!«

»Lynn, Vorwürfe nützen uns nichts«, mahnte Elizabeth, die den Worten der anderen bisher schweigend gelauscht hatte.

Stella hingegen spürte, dass Luke der Einzige war, der ihnen aus ihrer misslichen Lage helfen und Niklas und Ben zurückbekommen könnte. Es musste ihr irgendwie gelingen, auch die anderen davon zu überzeugen!

»Warum besprechen wir alles andere nicht in der Küche? Will braucht so viel Ruhe wie möglich, und wir sollten uns Lukes Wunde ansehen«, stellte sie daher sachlich fest.

Die anderen stimmten zu.

»Wenigstens sind wir und das Haus vor dem Waldbrand sicher«, sagte Sarah betont heiter, als sie in der Küche ankamen. »Die Strategie, das Gras und die Büsche auf der Lichtung abzubrennen, hat wunderbar funktioniert.«

»Das haben wir Luke zu verdanken«, sagte Stella, bemüht, ihre innere Anspannung zu überspielen. »Wo ist überhaupt Sylvester? Ich habe ihn nicht mehr gesehen, seit er uns bei dem Angriff zu Hilfe gekommen ist.«

»Er wurde angeschossen«, erwiderte Luke ruhig.

»Dann müssen wir ihm helfen!«, rief Stella aufgebracht

und wollte schon zur Tür eilen. Seit das treue Tier sie auf dem Parkplatz der North Corporation und dann in Lukes Hütte gerettet hatte, war er für sie wie ein Familienmitglied. Aber Luke hielt sie zurück.

»Er ist im Rauch verschwunden. Wir können nur abwarten. Entweder kommt er wieder oder nicht.« Er blickte starr vor sich hin.

»Das kann nicht dein Ernst sein! Sylvester ist dein Freund, dein Begleiter!«

»Sag mir nichts, was ich schon weiß«, fiel Luke ihr barsch ins Wort. »Und nun sieh nach meiner Wunde.«

Ein Blick in sein Gesicht genügte Stella. Sie verstand nun, dass ihm der Verlust des Hundes näherging, als er es zugeben wollte. Sie erinnerte sich, dass sie das Tier hatte stürzen und fortkriechen sehen. Und es tat ihr sofort leid, dass sie das Thema überhaupt angeschnitten hatte. Warum hatte sie ihn nicht etwas anders gefragt?

»Stella?« Sarahs Stimme brachte sie zurück in die Gegenwart. »Stella hat von solchen Sachen keinen Schimmer. Elizabeth, du siehst dir das besser an.«

Elizabeth stand schon am Holzofen und goss heißes Wasser in eine Schale. »Das haben wir gleich«, meinte sie. »Stella, hilf Luke aus dem Hemd, ja? Ich bin sofort da. Lynn, du setzt dich besser, Kind. Du gefällst mir gar nicht. Ich werde dir gleich eine Tasse Tee kochen.«

Stella und Sarah sahen zu Lynn hinüber. Die junge Frau schien am Ende ihrer Kräfte und gar nicht wirklich anwesend zu sein. Es verwunderte sie nicht. Erst Ted, dann das Unglück im Schnee und nun Ben entführt und Will verletzt auf dem Sofa. Und dann war da ja auch noch das ungeborene Baby. Stella und Sarah erkannten in diesem Augenblick, dass Elizabeth versuchte, die Ernsthaftigkeit der Situation herunterzuspielen, um Lynn zu beruhigen. Nicht auszudenken, sollten zu allem auch noch Komplikationen mit dem Baby eintreten!

»Natürlich«, sagte Stella und hoffte, dass ihre Stimme so positiv klang, wie sie es sich wünschte. Dann wandte sie sich an Luke. »Sieht ziemlich verklebt aus. Ich hoffe, du bist nicht empfindlich.«

Luke grinste. »Keine halben Sachen bitte. Ein kräftiger Ruck am Hemd, und gut ist es.«

Stella sah ihn zweifelnd an. *Ein kräftiger Ruck?*

»Ich glaube, dass ist keine gute Idee. Die Wunde wird wieder anfangen zu bluten.«

»Wenn du es nicht tun willst, dann mache ich es eben selbst«, erklärte Luke leichthin.

»Nein, nein, ich kriege das schon hin«, wehrte Stella ab. »Es ist sicher nicht viel anders, als ein Pflaster abzuziehen. Kurz und schmerzlos.«

Vorsichtig knöpfte sie sein Hemd auf. Mit einem Mal wurde ihr furchtbar schwindlig. Sie wusste nicht, ob wirklich nur der Anblick des Blutes der Auslöser dafür war, aber sie musste die Augen schließen, um sich zu fangen.

»Am besten wird es sein, wenn du das T-Shirt einfach aufschneidest«, meinte Luke. »Das erspart uns eine Menge Unannehmlichkeiten.«

Stella holte eine Schere und tat, wie er sie geheißen hatte. Ihre Hand zitterte leicht, als sie den Stoff zerschnitt, doch sie biss die Zähne zusammen. Jetzt kam der schwierige Teil. Sie blickte Luke fragend an. Er nickte ihr aufmunternd zu. Also zog sie mit einem kräftigen Ruck. Das Hemd war nicht so stark verklebt, wie sie angenommen hatte, und löste sich sofort von der Wunde. Luke zuckte zusammen, machte aber keinen Mucks.

Stella starrte entsetzt auf seinen bloßen Oberkörper. Eine Kugel hatte ihn seitlich zwischen Hüfte und Brustkorb gestreift. Ein paar Zentimeter weiter zur Bauchmitte, und die Kugel hätte ihm die Niere zerfetzt. Jetzt war es lediglich eine Fleischwunde, aber Stella fand, dass es schlimm genug anzusehen war. Die Kugel hatte regelrecht eine Furche in Lukes Seite gerissen. Das angetrocknete Blut klebte dunkel an Lukes Haut, die Wunde hatte bereits begonnen, sich zu schließen. Doch jetzt, da Stella das Hemd auf so heftige Weise entfernt hatte, fing sie erneut an zu bluten. Der Anblick ließ Stella grün im Gesicht werden, und ihre Hände wurden feucht von kaltem Schweiß. Sie konnte nun mal kein Blut sehen, noch nicht einmal, wenn Niklas sich das Knie aufschlug. Aber diesmal stand die Sache anders. Sie musste sich einfach zusammenreißen. Sie brauchten Luke. Sie mussten ihn vernünftig zusammenflicken, damit er ihnen helfen konnte, Niklas und Ben zu befreien!

»Hier, press das auf die Wunde«, meinte sie daher tapfer und reichte ihm ein sauberes Tuch, bemüht, sich ihr Unwohlsein nicht anmerken zu lassen. Dann setzte sie zaghaft hinzu: »Sieht ziemlich fies aus.«

»Ich bin daran gewöhnt«, erwiderte Luke knapp. »Man muss für alles im Leben bezahlen.«

Seine Worte ließen Stella stutzen, doch sie verkniff sich die Frage, die ihr auf der Zunge lag. Stattdessen sagte sie: »Warte, ich helfe dir aus dem Hemd.«

Sie hatte es ihm kaum ausgezogen, als ihr erneut der Atem stockte. Nicht etwa wegen seines muskulösen Oberkörpers, sondern vielmehr, weil seine Brust und sein Rücken von Narben übersät waren – kleinen, runden Narben. Narben von Gewehrkugeln.

»Um Himmels willen!«, entfuhr es ihr so laut, dass Sarah und Elizabeth sie verwundert ansahen. »Woher stammen all diese Verletzungen?« Sie starrte Luke entsetzt an. Als er nichts erwiderte, sagte sie leise: »Ich bin nicht auf den Kopf gefallen. Du verschweigst uns etwas. Ich meine, die Art und Weise, wie du mit gewalttätigen Situationen umgehst, wie du dich mit Gewehren auskennst, wie gekonnt du Auto fährst, wie du im Wald ein Lager aufbaust. Das kommt doch nicht von ungefähr.«

Luke blickte eine Weile schweigend zu Boden. »Vielleicht ist es besser, wenn ihr alles wisst«, sagte er schließlich.

Elizabeth brachte Lynn den Tee, den sie für sie gekocht hatte, und begann dann fachmännisch Lukes Wunde zu säubern.

»Du kannst uns davon erzählen, während ich dich verarzte«, erklärte sie.

»Du hast recht, Stella« begann Luke. »All das kommt nicht von ungefähr. Ich war fünf Jahre lang Mitglied der Joint Task Force 2.«

»Was ist das?«

»Die JTF 2 ist die Spezialeinheit des kanadischen Militärs«, erklärte Lynn sichtlich beeindruckt.

»Das stimmt«, erwiderte Luke. »Ich bin gleich mit zwanzig zum Militär gegangen, und alles lief glatt, bis ich Anfang Dezember 2001 ins südliche Afghanistan geschickt wurde. Amerika hatte dem Terrorismus den Krieg erklärt, und vierzig Mitglieder der JTF 2 waren dazu auserkoren worden, bestimmte Männer gefangen zu nehmen und an die Amerikaner auszuliefern. Die kanadische Öffentlichkeit wusste nichts von unserem Einsatz, und manche behaupten, dass selbst der damalige Premierminister keinen Schimmer davon hatte. Auch in den Medien ist nie über die Aktion berichtet worden, denn zu dem Zeitpunkt waren offiziell nur amerikanische Streitkräfte vor Ort.«

Luke hielt inne. Es fiel ihm augenscheinlich schwer, über die Ereignisse zu sprechen.

»Um es kurz zu machen«, fuhr er fort. »Eines Abends waren mein Kumpel und ich zur Wache eingeteilt. Alles war ruhig. Da wurde ganz unerwartet auf uns geschossen – von unseren eigenen Leuten. Niemand weiß genau, wie es dazu gekommen ist. Es war irgendein Missverständnis. Man hat meinen Kumpel und mich für feindliche Soldaten gehalten. Dan war sofort tot. Ich lebte, aber ich war von einem Dutzend Kugeln durchlöchert. Es waren die Geistwesen, die mich damals gerettet haben. Sie zeigten mir, dass ich auf der falschen Seite kämpfte, und gaben mir eine zweite Chance.«

»War es die Eule, die dir die Nachricht überbracht hat, mein Sohn?«, erkundigte Elizabeth sich mit ruhiger Stimme.

»Ja, es war das zweite Mal in meinem Leben, dass die Eule mir begegnete. Und dieses Mal verstand ich ihre Botschaft. Sobald ich aus dem Krankenhaus entlassen wurde, habe ich dem Militär den Rücken gekehrt.«

»Wieder eine Eule«, murmelte Elizabeth nachdenklich.

»Und dann bist du hier in den Norden gezogen?«, hakte Stella nach.

Luke schüttelte den Kopf. »Nein, dann bin ich in Südamerika gelandet, in Guyana.«

»In Guyana?«, wiederholte Stella ungläubig. Irgendwie klang das für sie wie Verbannung. Aber das konnte sie sich für Luke nicht wirklich vorstellen. Zwar hatte sie ihn als Einzelgänger kennengelernt, der manchmal etwas kurz angebunden war, aber im Grunde hatte er ein gutes Herz. Und dass er sich obendrein noch für das Wohlergehen anderer einsetzte, insbesondere für Niklas', reichte, um das positive Bild, das sie sich von ihm gemacht hatte, zu festigen.

Zu ihrer Überraschung lachte Luke bitter auf. »Manchmal zwingen einen die Umstände eben zu krassen Schritten«, erklärte er. »Bei mir war es ein vermeintlich harmloser Besuch in einer Disco, der eine Kettenreaktion auslöste, aus der es kein Entrinnen gab. Es kam so: Ich war unendlich froh darüber, aus der Armee entlassen worden zu sein. Froh darüber, dass ich noch am Leben war und noch einmal neu anfangen durfte. Doch ich war jung. Anstatt mich allein über mein Glück zu freuen, bin ich mit ein paar Freunden in eine Disco in Vancouver gegangen, um zu feiern. Ich trinke nie Alkohol, daher kann ich mich genau daran erinnern, wie alles passiert ist.«

Er hielt kurz inne, und Stella merkte, dass er innerlich mit sich kämpfte, sich fragte, wie viel er über sich preisgeben sollte. Gleichzeitig spürte sie, dass die Worte beinahe wie eine Erleichterung für ihn waren. Wahrscheinlich hatte er bisher nur mit wenigen Menschen darüber gesprochen.

»Gleich beim Reinkommen war mir eine hübsche blonde Frau aufgefallen«, fuhr er zögernd fort. »Aber erst nach einer ganzen Weile konnte ich den Mut aufbringen, sie zum Tanzen aufzufordern. Ihr müsst meine Freude verstehen, als sie ja sagte. Normalerweise werden Indianer nur geduldet, solange sie unter ihresgleichen sind. Und normalerweise würdigen hübsche blonde Frauen uns Indianer keines Blickes. Da aber stand ich nun an meinem großen Tag, und eine schöne Weiße hatte zugestimmt, mit mir zu tanzen. Mein Glück war perfekt.«

Stella bemerkte, wie Lynn bei Lukes Worten ein wenig in sich zusammensank, als wüsste sie genau, was folgen würde.

»Einem ihrer weißen Freunde hat das nicht gepasst, und er und seine zwei Kumpel kamen zu uns herüber, um mich *dreckigen Indianer* auf meinen Platz zu verweisen.

Ich muss dazu sagen, dass es nicht nur irgendwelche jungen Weißen gewesen sind, sondern drei Eishockeyspieler der Vancouver Canucks.«

Lynn schlug entsetzt die Hände vors Gesicht, und Elizabeth schüttelte den Kopf.

Stella sah sie verwundert an.

»Eishockeyspieler werden in Kanada wie Halbgötter verehrt«, erklärte ihr Luke. »Die Frauenwelt liegt ihnen zu Füßen. Was ist dagegen ein kleiner Indianer? Diese Klassentrennung trage ich schon seit der Kindheit mit mir herum. Ein Eishockeyspieler, dem alle hinterherlaufen und Honig um den Bart schmieren, ist für uns Indianer ein Bild des Unerreichbaren. In dem Augenblick also, als die drei mir freundlich nahelegten, dass ich mit meinesgleichen tanzen solle, hätte ich sofort klein beigeben und mich verkriechen sollen. Aber an dem Tag tat ich es nicht – obwohl meine Freunde und sogar die hübsche Blonde mich darum baten. Es war mein perfekter Abend, der einzige solche Abend in meinem ganzen bisherigen Leben, und diese Typen wollten ihn mir vermiesen. Ich wich nicht von der Stelle. Sie beschimpften mich mit allen nur erdenklichen Beleidigungen. Als das nichts half, fingen sie an, mich zu schubsen. Drei gegen einen.«

Wieder dieses bittere Lachen, das Stella ins Herz schnitt.

»Mit einem Mal bin ich so wütend geworden, wie ich es noch nie im Leben gewesen war. Der gesamte Ärger und Frust meiner Kindheit und Jugend, der sich durch solche unfairen, rassistischen Behandlungen in mir aufgestaut hatte, kam an die Oberfläche. Und diesen Frust habe ich an den drei Eishockeyspielern ausgelassen. Sie waren viel kräftiger gebaut als ich, aber ich habe sie halb totgeprügelt.« Er schüttelte den Kopf. »Ich muss nicht ganz bei Trost gewesen sein. Auf jeden Fall wusste ich, dass ich so schnell wie möglich aus der Disco verschwinden musste. Indianer gelten in Kanada im Allgemeinen als Unruhestifter, und da die meisten Richter Weiße sind, wird in Fällen, bei denen Indianer beteiligt sind, nicht lange gefackelt. Besonders nicht, wenn sie Idole der Gesellschaft verprügelt haben. Und ich wollte unter keinen Umständen im Gefängnis landen. Zuerst hatte ich angenommen, dass Gras über die Sache wachsen würde. Aber die drei Kerle konnten ein paar Monate lang nicht Eishockey spielen, und das hat die Canucks letztendlich den Stanley Cup, also die Meisterschaft, gekostet. Da war nichts mehr zu machen. Ich wurde polizeilich gesucht, und mir drohte lange Haft. Ich wusste damals, ich musste untertauchen, und das auf dem schnellsten Weg.«

Stella sah ihn entsetzt an. Eine Gefängnisstrafe, nur weil Luke sich gegen die drei Männer verteidigt hatte! Was war das nur für ein Rechtssystem?

»Wie bist du der Haft entkommen?«, fragte sie gespannt.

»Das habe ich meinem Freund Terry zu verdanken«, erklärte Luke.

»Dem Terry, der jetzt so schwer erkrankt ist?«

»Genau dem«, sagte Luke und setzte seinen Bericht fort. »Wie ich vor einigen Jahren erfahren habe, hätten Terry und ich uns den ganzen Aufwand sparen können, denn das Verfahren gegen mich wurde aufgrund von Zeugenaussagen einige Monaten später eingestellt. Aber das wusste ich damals nicht. Doch zurück zu Sache: Terry und ich waren für ein paar Jahre gemeinsam bei der JTF 2. Terry ist lange vor mir aus dem Militär ausgestiegen, aber wir blieben trotzdem in engem Kontakt. Ich wusste, dass er damals in Guyana als Bodyguard für den dortigen Präsidenten tätig war. Er hatte mich wiederholt aufgefordert, ihm zu folgen und mit ihm zusammenzuarbeiten. Er sagte, sie suchten nach gutem Personal. Ich hatte sein Angebot nie wirklich in Erwägung gezogen. Irgendwie klang es zu fremdartig. Aber nach dem Vorfall in der Disco in Vancouver habe ich zugestimmt.«

Sein Blick schweifte durch den Raum, und es schien, als kehre er in Gedanken noch einmal nach Guyana zurück. »Terry verschaffte mir auf der Stelle ebenfalls einen Job als Bodyguard des Präsidenten. Der Job und das Land waren wie ein Traum für mich. Ihr müsst verstehen, in Georgetown – der Hauptstadt Guyanas – gibt es fast ausschließlich Menschen mit dunklerer Hautfarbe und dunklen Haaren. Sie sind ein Gemisch aller möglichen Rassen. Und während ich in meinem Heimatland Kanada seit meiner Geburt als »niedrig« eingestuft worden war, weil ich Indianer bin, fiel ich in Guyana kein bisschen auf. Zum ersten Mal in meinem Leben fühlte ich mich wie ein unsichtbarer Mensch, der sich überall frei bewegen konnte, ohne aufgrund seines Aussehens irgendwo anzuecken. Dazu hatte ich einen gutbezahlten und angesehenen Job und lebte in einem Land voller Wärme und Sonne, inmitten leuchtender Farben und lebensfroher Menschen und mit Aussicht auf Dschungel, Meer und Strand. Kein Rassismus – wenigstens nicht mir gegenüber –, kein Schnee, keine Kälte, keine weiße Mehrheit.«

Die anderen starrten ihn ungläubig an. Schließlich äußerte Stella das, was sie alle dachten. »Warum, um alles in der Welt, bist du dann nach Kanada zurückgekehrt? Es klingt, als hättest du dein Paradies auf Erden gefunden.«

»Ich hätte es selbst nicht für möglich gehalten«, sagte er ruhig. »Doch manchmal geschehen Dinge, die man nicht vorhersehen kann. Terry erkrankte an Malaria, kehrte nach Kanada zurück, heiratete und zog hier nach Winding River. Nachdem er fort war, verhinderte ich ein Attentat auf den Präsidenten und rettete ihm das Leben.

Daraufhin beschloss der Präsident, mich überall dorthin mitzunehmen, wohin er reisen musste. Letztendlich auch zu einer panamerikanischen Konferenz in Ottawa. Dort hatte ich einen Traum, der mir deutlich machte, dass ich in mein Heimatland zurückkehren sollte. Der Traum war so wirklich, und ich spürte, dass es mir schlecht ergehen würde, sollte ich versuchen, ihn zu verdrängen.« Er seufzte tief bei dem Gedanken an diese verhängnisvolle Reise.

»Manchmal muss man ein Opfer bringen, um anderen zu helfen. Ein solches Opfer wurde mir damals abverlangt. Es war größer und schwerer zu erbringen, als ich es mit Worten beschreiben kann. Endlich war ich glücklich, hatte den Platz in der Welt gefunden, wo ich wirklich hinpasste – und dann sollte ich all das einfach so aufgeben und hinter mir lassen.«

»Aber du hast es getan«, flüsterte Stella teilnahmsvoll.

»Ja«, erwiderte Luke. »Ich habe es getan. Obwohl ich lange Zeit nicht wusste, wozu es hatte sein müssen. Ich kannte niemanden mehr in Kanada außer Terry. Also bin ich in seine Nähe gezogen. Für eine Weile habe ich für die North Corporation gearbeitet, doch das war nichts für mich. Dann habe ich erfahren, dass zwei weitere ehemalige JTF-2-Kumpel von mir als Wachpersonal in Fort McMurray arbeiten. Aber auch der Job sagte mir nicht zu. Es dauerte eine ganze Weile, bis mir klarwurde, warum der Traum mich nach Hause geholt hatte und dass es hier in Winding River eine Aufgabe für mich gibt – Menschen, Geister und Natur, die meine unmittelbare Hilfe brauchen. Das ist wichtiger als mein Komfort oder meine persönlichen Vorlieben.«

Stella war nun klar, wie viel Luke daran lag, den Leuten in Winding River zu helfen, und wie viel er dafür riskierte. Sein Freund war erkrankt und viele andere Menschen ebenfalls. Luke hatte sein Paradies aufgegeben, um herauszufinden, was und wer das Grundwasser um Winding River verseuchte, und um diesem Jemand das Handwerk zu legen, bevor er noch mehr Unheil anrichten konnte. Dabei war er zumindest einem Ölkonzern in die Quere gekommen. Und sollte es den Öl-Leuten nun gelingen, ihm Teds angeblichen Tod in die Schuhe zu schieben, so würde er den Rest seines Lebens im Gefängnis verbringen und nie nach Guyana zurückkehren.

Elizabeth hatte Lukes Wunde jetzt fachmännisch verbunden, und er setzte sich zu Lynn an den Tisch.

»Trink diesen Tee. Er wird bei der Wundheilung helfen«, forderte Elizabeth ihn auf, und in ihrer Stimme klang eine gewisse Sanftheit mit. Auch sie hatte verstanden.

»Danke – für alles«, erwiderte Luke leise.

Stella war noch immer aufgewühlt über das, was sie eben von Luke gehört hatte. Nachdenklich ging sie in der Küche auf und ab.

»Was ist mit deiner Familie?«, wollte sie wissen. »Leben deine Eltern noch immer auf Vancouver Island? Stehen sie hinter dir, oder haben sie dich verstoßen, weil du damals beinahe im Gefängnis gelandet und sozusagen nach Guyana geflüchtet bist?«

Sarah warf ihrer Tochter einen mahnenden Blick zu. Solche Fragen gehörten sich einfach nicht. Aber Stella schenkte ihr keine Beachtung. Sie sah Luke abwartend an.

Luke musste über Stellas Anteilnahme lächeln.

»Meine Eltern sind bei einem Autounfall ums Leben gekommen, als ich sechs Jahre alt war«, erklärte er. »Seitdem bin ich allein, ein Einzelgänger. Und so ist es bis heute geblieben. Zwar bin ich bei Pflegeeltern aufgewachsen, aber es ist mir nie gelungen, ein herzliches Verhältnis zu ihnen aufzubauen. Ich hatte immer das

Gefühl, dass keiner von ihnen mich wirklich verstand. Sie konnten einfach nicht nachvollziehen, was ich durchgemacht hatte.«

Die anderen schwiegen betroffen.

»Ich werde die Nacht, in der meine Eltern gestorben sind, niemals vergessen. Sie hat die Weichen für mein übriges Leben gestellt«, setzte er leise hinzu, und für einen Augenblick schien er in seiner Erinnerung zu weilen. »Die Dunkelheit und dieser schreckliche Nebel. Er schien wie aus dem Nichts zu kommen ... eine weiße, undurchdringliche Wand, die alles verschluckte, was ihr in die Quere geriet.« Er schüttelte nachdenklich den Kopf. »Es war mehr als unheimlich. Ich habe so etwas seit jener Nacht nie wieder erlebt.«

Stella lief ein kalter Schauer über den Rücken, und sie bekam eine Gänsehaut. Was für eine unheimliche Geschichte und was für ein schreckliches Unglück für Luke! Sie verstand nun, warum er ihr im Lager im Wald gesagt hatte, dass er harte Schicksalsschläge gewohnt war.

Sie blickte in die Runde, um zu sehen, wie die anderen Lukes Worte aufgenommen hatten. Lynn saß mit ausdrucksloser Miene am Tisch und starrte vor sich hin. Elizabeth nickte wortlos und schien ein inneres Zwiegespräch zu führen. Und Sarah – Stella erschrak, als sie in das Gesicht ihrer Mutter sah! Sarah war kreidebleich und hatte den Blick fest auf Luke gerichtet. Es war, als hätte sie ein Gespenst gesehen!

»Mutti?«, hauchte sie, und erneut jagte ihr ein Schauer über den Rücken.

Doch Sarah hörte sie nicht. Die Augen noch immer fest auf Luke gerichtet, wandte sie sich mit bebender Stimme an ihn. »Ist es eine Nacht im September gewesen? Im September 1982?«

»Ja«, sagte Luke leise und erwiderte ihren Blick.

24

Man hätte in der Küche eine Stecknadel fallen hören können, so still war es geworden. Stella sah ihre Mutter fassungslos an. Unzählige Fragen stiegen in ihr auf, aber sie konnte sie nicht in Worte fassen.

»Der Unfall damals«, stotterte Sarah. »Der Junge, der überlebt hat … das bist du gewesen.« Sie war noch immer verwirrt, aber in Lukes Gesicht stand ein wissendes Lächeln.

»Was du sagst, ergibt keinen Sinn, Mutti«, stieß Stella schließlich ungeduldig aus. »Wovon sprichst du?«

»Es war an dem Abend vor mehr als dreißig Jahren, als ich Elizabeth und Little Drum im Wald getroffen habe«, begann sie stockend. »Ich habe dir von dem schrecklichen Nebel in jener Nacht schon oft erzählt, Stella. Der Nebel, der wie aus dem Nichts auftauchte und alles hinter einer dichten, weißen Wand verborgen hielt – bis es zu spät war. Genau wie Luke es beschrieben hat. Ich bin glimpflich davongekommen; die Hirschkuh hat ihr Leben für mich geopfert. Und dadurch hatte ich das große Glück, auf Little Drum und Elizabeth zu stoßen, die mich mit ihren weisen Worten auf den richtigen Weg schickten und mich davon überzeugten, dass es das einzig Richtige war, das Baby, das in meinem Leib wuchs, auszutragen. Und dieses Baby warst du, meine Süße. Doch all das ist nichts Neues für dich.«

Sie spielte nervös mit ihren Fingern und fuhr fort: »Nachdem ich mich von Elizabeth und Little Drum verabschiedet hatte und wieder auf dem Highway nach Victoria angelangt war, verzog sich der Nebel genauso schnell, wie er gekommen war. Und als ich das Hotel erreichte, war ich mir kaum noch sicher, ob ich alles nur geträumt hatte oder ob es tatsächlich geschehen war. Ich musste mir die Beule an meinem Mietwagen ansehen, die der Zusammenstoß mit dem Hirsch verursacht hatte, um mich davon zu überzeugen, dass ich keine Halluzinationen gehabt hatte. In derselben Nacht – und davon habe ich bisher niemandem erzählt – hatte ich einen schrecklichen Traum, aus dem ich schweißgebadet aufgewacht bin. In dem Traum sah und fühlte ich undurchdringliche Dunkelheit. Dann schoss etwas wie ein Blitz vom Himmel, lautlos, bedrohlich. Es war ein großer Vogel – eine riesige Eule, mit unheimlichen, leuchtend gelben Augen. Das Bild wechselte, und ich sah einen kleinen Jungen, die Augen weit aufgerissen, das Gesicht verzerrt in Todesangst. Die Flügel des Vogels legten sich um das Kind, und beide verschwanden in der Nacht.«

Luke war blass geworden. »Das ist haargenau, was ich gesehen und wie ich mich gefühlt habe, als ich nach dem schrecklichen Unfall im Wrack des Autos lag, halb ohnmächtig und voller Angst. Die Eule kam und rettete mich«, flüsterte er.

Stella hielt den Atem an. Was für ein außergewöhnlicher Zusammenhang – beinahe gruselig.

»Das ist noch nicht alles«, fuhr Sarah leise fort. »Als ich am nächsten Morgen in die Hotellobby kam, erzählte mir einer der Angestellten, wie viel Glück ich am vergangenen Abend gehabt hätte. Durch den Nebel seien viele Unfälle geschehen, von denen einer in einer schrecklichen Tragödie geendet hätte. Eine junge Familie sei verunglückt. Beide Eltern waren tot, nur der sechsjährige Sohn hätte wie durch ein Wunder überlebt. Da wusste ich, was mein Traum bedeutete: Ich hatte von dem verunglückten Jungen geträumt. Es gab irgendeine Verbindung, die ich mir bis heute nicht erklären konnte und über die ich mit niemandem gesprochen habe, aus Angst, dass man mich auslachen oder für verrückt erklären würde. Aber du warst dieser Junge, Luke, und nun haben wir uns getroffen.«

Stella vermochte nichts zu sagen. Sie saß mit offenem Mund da und staunte über die Neuigkeiten. Ihre Gedanken aber begannen schneller und schneller zu kreisen. Es war ihr, als fügten sich immer mehr Teile zu einem geheimnisvollen Ganzen zusammen.

Nun ergriff Elizabeth das Wort: »Little Drum erzählte mir oft, dass die Eule ihr an jenem Morgen nicht nur mitgeteilt habe, dass sie an dem Tag jemanden, der in Not war, treffen würde. Die Eule sagte ihr auch, dass sich an jenem Tag viele wichtige Dinge ereignen würden. Dinge, die für die Zukunft bedeutend seien. Little Drum hat mir nie mehr als das gesagt. Aber jetzt bin ich mir sicher, dass die Botschaft der Eule auch den Tod von Lukes Eltern und sein Überleben beinhaltet hat. Und jetzt haben wir uns alle wiedergetroffen. Auf Little Drums Wunsch hin.«

»Eine Eule. Kann das womöglich …«, überlegte Sarah laut und hielt kurz inne, bevor sie langsam weitersprach. »Kann es sein, dass ich mich deshalb so zu dem Eulenbild hingezogen gefühlt habe?«

»Welches Eulenbild?«, fragte Luke hellhörig.

»Als ich am Morgen nach dem Nebel durch die Lobby des Hotels ging – es war gleich nachdem der Angestellte mir von dem Unfall deiner Familie erzählt hatte –, fiel mir im Schaufester der Kunstgalerie ein wunderschönes

Gemälde auf. Na, eigentlich war es gar nicht so schön. Es war recht düster, sogar ein bisschen gruselig, aber etwas hat mich auf magische Weise angezogen. Das Bild zeigte eine Nachtszene. Eine mondlose Nacht. Der Himmel war dunkel, und es waren unzählige Sterne zu sehen. Auf den Ästen eines Baumes im Vordergrund des Gemäldes saß eine Eule. Man konnte eigentlich nur ihre Umrisse erkennen. Ihre Umrisse und diese durchdringenden, unheimlichen gelben Augen, die einem wie die Strahlen zweier Taschenlampen entgegenblickten.« Sie schüttelte sich, um die Gänsehaut loszuwerden, die ihr über den Körper jagte.

»Ich wusste nur eines: Ich musste das Bild haben – koste es, was es wolle. Aber das Gemälde war schon anderweitig verkauft. Ich konnte es nicht erstehen.«

»Und darum hast du die kleine Eule aus Jade gekauft«, fügte Stella mit zittriger Stimme hinzu. »Die Eule, die du mir zur Geburt geschenkt hast und die ich seitdem immer bei mir trage.«

Durch die Worte ihrer Mutter nahm die Geschichte, die sie schon so oft gehört hatte und die Stella genau zu kennen glaubte, eine ganz neue Dimension an.

»Ja, seit dem Tag fühlte ich mich von Eulen jeglicher Art angezogen.«

»Und du hast Stella den Namen Stella gegeben, weil …?«, erkundigte Luke sich leise.

»Wegen der Sterne auf dem Eulenbild«, erklärte Sarah ohne Zögern. »Diese Sterne hatten es mir angetan – ich kann nicht erklären, wie oder warum. Aber sie sind mir nicht mehr aus dem Kopf gegangen.«

Stella sah ihre Mutter überrascht an. »Das hast du mir nie gesagt. Warum nicht?«

»Ich dachte nicht, dass es von Bedeutung sei.«

»Aber du, Luke, du dachtest, es sei wichtig, habe ich

recht? Deshalb hast du mich an dem Morgen vor deiner Hütte gefragt, ob ich wüsste, was mein Name bedeutet. Du hast eine Verbindung geahnt. Darum wolltest du auch wissen, wie alt ich bin.«

»Das stimmt«, antwortete er. »Die Eule und ihre spirituelle Kraft scheinen für uns alle eine wichtige Rolle zu spielen. Ich sagte vorhin, dass mir die Eule zum zweiten Mal in meinem Leben begegnet ist, als ich in Afghanistan gewesen bin. Das erste Mal kam sie zu mir in der verhängnisvollen Nacht im Nebel, als meine Eltern starben. Ich sah meine Eltern in die Welt der Ahnen überwechseln und dachte, ich würde auch sterben. Ich hatte panische Angst. Da kam eine riesige Eule angeflogen … mit diesen großen, runden gelben Augen, die wie Sonnenstrahlen durch die Dunkelheit leuchteten. Genau so wie in deinem Traum, Sarah, und wie auf dem Gemälde, das dich so angezogen hat. Die Eule breitete ihre Schwingen über mich, während ich in dem Autowrack zwischen Leben und Tod hing. Sie beschützte mich, ließ alle Ängste weichen und rettete mich. Seitdem ist die Eule mein Schutzzeichen. Doch das wurde mir erst in Afghanistan wirklich bewusst, als sie mir ein zweites Mal das Leben rettete.«

»Aber was hat es mit den Sternen auf sich?«, fragte Sarah unschlüssig.

»Diesen Zusammenhang verstehe ich auch noch nicht«, warf Stella ein.

Elizabeth, Luke und Lynn sahen die beiden erstaunt an, als sei es die eindeutigste Sache der Welt.

»Die Sterne sind die Seelen der Verstorbenen, unsere Ahnen, die über uns wachen«, ergriff Lynn das Wort. »Sie sind nur bei Nacht zu sehen. Und es ist bei Nacht, dass die Eule wach und aktiv ist. Es ist die Zeit, in der sie Verbindung zu den Ahnen aufnimmt. Und wenn die Eule uns Menschen eine Botschaft zu vermitteln hat, so tut sie es in der Nacht oder kurz vor dem Morgengrauen. In den Geschichten unseres Volkes oder auf Gemälden wird die Eule deshalb meist im Dunklen und mit vielen Sternen gezeigt. Wenn Little Drum mit ihr kommuniziert hat, dann war es immer zu diesen Tages- beziehungsweise Nachtzeiten.«

Sarah schwieg, und auch Stella war ein wenig verunsichert. Das Gehörte hatte sie beeindruckt, aber die ganze Geschichte klang trotzdem sehr weit hergeholt. Dennoch – sie hatte großen Respekt vor den Worten ihrer indianischen Freunde. Und sie musste eingestehen, dass die Kraft und Weisheit der Eule ihr eigenes Leben und das ihrer Mutter in beinahe unsichtbarer, aber sehr einschneidender Weise berührt hatte. Stella selbst war am Leben, weil die Eule Little Drum damals in den Wald geschickt hatte, wo sie Sarah getroffen und ihr Rat gegeben hatte. Und sie trug ihren Namen dank der Verbindung der Eule zu den Ahnen, die sich auf dem Gemälde widerspiegelte, das ihre Mutter damals in der Kunstgalerie im Hotel in Victoria gesehen hatte. Die Eule war zu ihrem Glücksbringer geworden, zu ihrem Beschützer, den sie immer bei sich trug. Und Sarah hatte eine Tochter und einen Enkel – allein dank der Eule. Dann war da noch Luke. Sein Leben war zweimal durch die Eule gerettet worden. Stella zweifelte keinen Augenblick an seinen Worten. Und Little Drum, die weise alte Indianerin, pflegte regelmäßig den Rat der Eule einzuholen und ihren Weisheiten zu lauschen. Die Beweise waren unwiderlegbar. Stella blieb nichts anderes übrig, sie musste die Macht der Eule und der Ahnen anerkennen.

»Es war also tatsächlich für keinen von uns ein Zufall, was in dieser nebligen Nacht vor über dreißig Jahren passiert ist«, gestand Sarah dann auch ein. »Aber wie konnte Little Drum damals von meiner Schwangerschaft wissen? Und was war mit deinem Brief, Elizabeth, der mich genau an Stellas dreißigstem Geburtstag erreichte und in dem du schriebst, Little Drum bäte mich und meine Tochter, an der Zeremonie teilzunehmen? Ich hatte Little Drum nie wieder gesprochen. Mein Baby hätte genauso gut ein Junge sein können. Wie hat sie das wissen können? Und das Geburtsdatum erst?«

»Die Geistwesen wissen viele Dinge, die uns Menschen verborgen sind«, sagte Elizabeth. »Wir dürfen ihre Kraft nicht unterschätzen. Und Little Drum stand in enger Verbindung zu ihnen.«

Stella sah ihrer Mutter an, dass sie den Worten der Indianerin nur schwer Glauben schenken konnte. Stella selbst überkam ein Schauer, als ihr Herz verstand, was Elizabeth ihnen zu vermitteln versuchte.

»Nichts geschieht umsonst auf dieser Welt«, flüsterte sie und erinnerte ihre Mutter damit an die Worte, die sie selbst seit dem Eintreffen von Elizabeths Brief so oft benutzt hatte.

Sarah nickte. Sie hatte den Hinweis verstanden. Doch dann wurde sie fast ärgerlich. »Das ist ja alles schön und gut. Aber was nützt uns all das jetzt? Was hilft es unseren beiden kleinen Jungen, die entführt worden sind und jetzt wer weiß was ausstehen müssen? All das Gerede um die Kraft der Eule und um Geistwesen bringt uns keinen Schritt weiter. Wir verlieren nur unnötig Zeit!«

Elizabeth legte beruhigend ihre Hand auf Sarahs Arm. »Hab keine Angst. Alles hat seine Zeit. Es war wichtig, diese Dinge zu besprechen. Und jetzt, da wir vieles klarer sehen, ist die Zeit gekommen, uns um Niklas und Ben zu kümmern. Doch vorher möchte ich dir noch sagen, Sarah, dass die Geister dir und deiner Familie sehr wohlgesinnt sind. Das spüre ich ganz deutlich. Du bist eine gute Frau. Du hast den Geistwesen Dank und Respekt erwiesen, indem du ihre Botschaft angenommen und dein Baby behalten hast. Besonders aber, indem du deine Tochter ihnen zu Ehren Stella genannt hast. Wie gesagt, die Gunst der Geistwesen ist mächtiger, als wir oftmals annehmen. Und sie werden uns auch jetzt nicht im Stich lassen. Du wirst sehen.«

Stella fand nicht, dass die Dinge jetzt viel klarer für sie waren. Im Gegenteil, sie fühlte sich regelrecht verwirrt – in jeglicher Hinsicht! In ihrem Kopf schwirrten Geistwesen und Eulen, Bilder von haushohen Flammen und bewaffneten Männern wild durcheinander und ergaben keinen wirklichen Sinn. Vor ihrem inneren Auge sah sie Niklas' angsterfülltes Gesicht, als man ihn in den Helikopter gezerrt hatte, und Lukes blutverschmierten Körper mit all den neuen und alten Wunden. Sie suchte im Geiste nach einem Bild von Oliver, versuchte ihn nahe bei sich zu halten. Aber es wollte ihr nicht gelingen. Stattdessen fühlte sie Lukes starke Arme um sich, als er sie vorhin draußen gehalten hatte, und die Wärme seines Körpers, als sie ihm aus dem Hemd geholfen hatte. Und nun wurde ihr klar, dass ihr Herz auf einer anderen Bahn lief als ihr Verstand. Schuldbewusst schlug sie die Augen nieder. Es konnte nicht sein, *durfte* nicht sein! Luke war ein Indianer und sie eine *Weiße*. Ihm hatten wegen einer solchen Verbindung fünf Jahre im Gefängnis gedroht. Nicht auszudenken, dass sie ihn durch ihre Zuneigung möglicherweise in eine ähnliche Lage bringen könnte. Dass sie die Schuld daran treffen könnte, dass Luke womöglich ins Gefängnis käme, nur, weil er sie vielleicht beschützen wollte. Sie würde es nicht zulassen. Niemals! Und außerdem – Luke wurde gesucht. Nicht nur von der Polizei, sondern auch von den Leuten, denen er das Handwerk legen wollte. Nein, eine solche Verbindung würde ihnen beiden nur das Herz brechen. Sie musste es stoppen, bevor es zu weit ging – um des Heils ihrer beiden Seelen willen.

Ein lauter Aufprall auf der Veranda riss sie jäh aus ihren Gedanken und ließ sie unwillkürlich zusammenzucken.

»Was war das für ein Geräusch?«, rief Amanda ängstlich aus dem Wohnzimmer.

»Bleibt, wo ihr seid, und verhaltet euch ruhig«, erwiderte Luke. Er bedeutete den Frauen, in Deckung zu gehen, und schlich vorsichtig zur Haustür.

Stella, Sarah, Elizabeth und Lynn kauerten auf dem Küchenfußboden und lauschten. Stellas Herz schlug schnell. Sie drückte Lynns Hand und lächelte ihr aufmunternd zu. Doch eigentlich versuchte sie nur, ihre eigene Angst zu unterdrücken. Die Frauen warfen sich beunruhigte Blicke zu und wagten nicht, sich zu bewegen. Sie alle dachten dasselbe: Was, wenn die Männer aus dem Helikopter zurückgekommen waren und das Haus angriffen?

Sie hörten, wie Luke leise die Haustür öffnete. Dann folgte Stille. Stella schloss die Augen. Ihr Körper war bis aufs äußerste gespannt. Mit einem Mal fiel die Tür ins Schloss, und Luke erschien wieder in der Küche.

»Das ist für uns abgegeben worden«, sagte er und hielt einen ansehnlichen Stein in der Hand, an den ein Stück Papier gebunden war. »Per Luftexpress.«

Die Frauen verstanden ihn nicht.

»Jemand hat den Stein mit der Notiz auf die Veranda geworfen«, erklärte er. »Ich habe gerade noch gesehen, wie ein Typ auf der anderen Seite der Lichtung in einen Wagen gesprungen und weggefahren ist.«

Stella war sofort an Lukes Seite. »Eine Nachricht? Was steht drauf? Geht es um Niklas und Ben?«

Die Frauen drängten sich nun alle um Luke, und auch

Will und Amanda kamen aus dem Wohnzimmer zu ihnen in die Küche.

»Will, du solltest nicht aufstehen«, sagte Lynn.

»Mir geht es gut, Mom, und ich will wissen, was los ist«, wehrte der Junge ab.

»Lass die beiden hierbleiben«, sagte Luke. »Die Nachricht geht uns alle an.« Er löste das Papier vom Stein und faltete es auseinander. Schnell überflog er die wenigen Zeilen. Dann sah er stirnrunzelnd auf.

»Lass dich nicht bitten«, ermahnte Stella ihn. »Sag schon, was sie wollen!«

»Ihr braucht euch keine Sorgen zu machen«, erklärte Luke ruhig. »Sie wollen zwei Dinge. Erstens, dass ich ihnen ausgeliefert werde, und zweitens, dass Lynn dieses Grundstück auf Casey Tall Bird überschreibt. Das ist alles. Sobald dies geschehen ist, werden sie die Jungen freilassen. Wir haben eine Stunde Zeit, dann wird an der Mündung der Einfahrt ein Wagen auf Lynn und mich warten.«

»Und das nennst du keine Sorgen?«, fuhr Sarah auf. »Ich werde jetzt nach Winding River fahren und die Botschaft anrufen, schließlich ist Niklas deutscher Staatsbürger. Die werden sich schon um diese Kerle kümmern!«

»Mutti, bitte ...«, versuchte Stella sie zu beruhigen. Aber Luke legte seine Hand auf ihren Arm.

»Sarah, hör mir gut zu. Du kennst diese Art von Männern nicht. Die Kerle schrecken vor nichts zurück! Du willst die Jungen lebend wiedersehen, oder?«

Sarah nickte stumm.

»Dann überlass es mir, die beiden zu befreien. Ich verspreche dir – euch allen –, dass ich euch Nick und Ben unversehrt zurückholen werde.« Er fuhr sich aufgebracht durchs Haar und setzte dann leise hinzu. »Ich hätte euch in Sicherheit bringen sollen, als noch Zeit dafür war. Es ist meine Schuld, dass die Jungen diesen Kerlen in die Hände gefallen sind!«

»Du hast getan, was du für richtig hieltest«, sagte Stella.

»Es war eine falsche Entscheidung«, sagte Luke. »Und die Jungen müssen nun dafür bezahlen! Aber nicht lange, das schwöre ich.«

»Luke, du kannst dich unmöglich diesen Verbrechern stellen!«, rief Will. »Ihnen ist nicht zu trauen! Wer sagt, dass sie Ben und Niklas wirklich freilassen werden, sobald sie haben, was sie fordern? Schaust du dir nie Filme an?«

»Will hat recht«, warf Lynn ein. »Wir brauchen einen Plan, und wir brauchen dich, Luke!«

Die Blicke aller ruhten gespannt auf Luke. Sie wussten, ohne ihn hatten sie keine Chance.

Luke sah von einem zum anderen. Dann schlug er mit der Faust auf den Tisch und schüttelte ärgerlich den Kopf. Stella strich ihm beruhigend über den Rücken. Als er eine Weile später wieder aufblickte, wirkte er erneut ruhig und gefasst.

Die anderen atmeten erleichtert auf.

»Ja, wir brauchen einen Plan. Aber was wir noch viel mehr brauchen, ist Zeit. Bevor ich auch nur daran denken kann, die Jungen zu befreien, muss ich euch in Sicherheit bringen, und dafür ist die Frist, die sie uns gesetzt haben, viel zu knapp. Selbst wenn man uns mehr Zeit einräumen würde, würde es schwierig sein, euch hier herauszubringen. Der Waldbrand tobt noch immer, und ich bin mir sicher, dass man uns von der Straße aus beobachtet. Wahrscheinlich sind dort Scharfschützen postiert, so wie in der Nacht, als meine Hütte niedergebrannt wurde.« Er begann, nachdenklich auf und ab zu gehen.

»Das ist alles schön und gut«, meinte Lynn in ihrer

sanften Art. »Aber selbst wenn es uns gelingen sollte, mehr Zeit zu gewinnen und uns irgendwo in Sicherheit zu bringen, und dir, die Jungen irgendwie zu befreien – diese Kerle werden uns nie in Ruhe lassen.«

»Wir brauchen Beweise, um ihnen das Handwerk zu legen«, stimmte Luke zu. »Ansonsten ist alles vergebliche Mühe.«

»Diese Typen, die die Jungen entführt haben, arbeiten für die North Corporation?«, hakte Stella nach.

»Ja«, erwiderte Luke. »Aber es ist nicht allein die North Corporation. Der Konzern ist nur eines von vielen Unternehmen, die dazu benutzt werden, die schmutzigen Gelder der Hintermänner zu waschen. Es sind die Leute, denen die North Corporation gehört, die hinter allem stecken. Und die sind nicht so ohne weiteres in die Finger zu bekommen; sehr schattenhafte Figuren, die sich im Hintergrund halten und für die Öffentlichkeit so gut wie unsichtbar sind.«

»Wir müssen Great Spirit und die Geister um Hilfe bitten«, sagte Elizabeth bestimmt. »Wir müssen beten. Und wir haben keine Zeit für große Zeremonien.«

Sie setzen sich an den Küchentisch, und Luke zündete eine Zigarette an. Sobald sie brannte, reichte er sie an Elizabeth weiter und steckte eine weitere an. Er fing Stellas fragenden Blick auf und erklärte: »Unser Volk benutzt von jeher Tabak, um Verbindung zu den Geistern aufzunehmen und unseren Gebeten mehr Kraft zu verleihen. Eigentlich dient dafür eine bestimmte Zeremonie, in der die heilige Pfeife geraucht wird. Aber dazu ist, wie Elizabeth schon sagte, keine Zeit. Ihr braucht den Rauch der Zigaretten nicht zu inhalieren. Lasst sie einfach vor sich hin brennen, während ihr euer Gebet sprecht. Der Tabakrauch allein reicht aus.«

Stella erkannte an Lukes Miene, dass sie auf keine weiteren Erklärungen zu hoffen brauchte. Und es stimmte, die Zeit drängte. Sie warf Sarah einen flüchtigen Blick zu und sah, dass ihre Mutter bereits begonnen hatte zu beten. Sie hielt die Zigarette in ihren gefalteten Händen und hatte die Augen niedergeschlagen. Stella beschloss, es ihr nachzumachen. Sie wusste nicht, wie die Indianer beteten, aber sie hatte die Art zu beten, die sie als kleines Kind gelernt hatte, nicht vergessen. Sie faltete die Hände, schloss die Augen und sagte still immer wieder den einen Satz: *Lieber Gott, bring Niklas und Ben unversehrt zu uns zurück. Hilf Luke, sie zu befreien.*

Sie wiederholte den Satz, bis Luke neben ihr aufstand.

»Elizabeth, ich muss dich jetzt um etwas bitten, was sehr gefährlich ist«, sagte Luke. »Aber es ist unsere einzige Chance.«

»Was soll ich tun?«

»Ich möchte, dass du nach Ablauf der Stunde zu dem vereinbarten Treffpunkt gehst und der Kontaktperson erklärst, dass du eine Frist von drei Tagen brauchst.«

»Aber Luke, darauf werden sich die Typen nie einlassen«, warf Stella ein.

»Sie *müssen* sich darauf einlassen«, sagte Luke bestimmt. »Elizabeth muss die Sache einfach plausibel genug vermitteln.«

»Und wie soll ich das anstellen?«, fragte Elizabeth.

»Du sagst ihnen, dass Lynn durch Bens Entführung einen Rückfall erlitten hat und nicht in der Lage ist, das Bett zu verlassen«, erklärte Luke. »Und wegen mir sagst du ihnen, dass niemand hier weiß, wo ich mich befinde. Dass ich irgendwo in der Wildnis untergetaucht bin. Der Rauch ist noch immer so dicht, ich glaube nicht, dass mich vorhin jemand in dem Durcheinander erkannt hat. Sag ihnen, du müsstest nach mir suchen, aber dazu muss erst der Waldbrand nachlassen. Sag, dass ich mich bestimmt stellen werde, sobald ich weiß, dass die Jungen gefangen genommen wurden.«

»Es könnte klappen«, sagte Sarah hoffnungsvoll.

»Ich werde es auf jeden Fall probieren«, sagte Elizabeth.

»Es besteht die Gefahr, dass sie dir nicht glauben«, sagte Luke, »und ich weiß nicht, was sie dann mit dir machen.«

»Das Risiko nehme ich auf mich.«

»Die Stunde ist fast um«, stellte Sarah fest. »Du solltest besser aufbrechen.«

Elizabeth nickte und stand auf. Sie blickte die anderen fest an, dann drehte sie sich wortlos um und verließ das Haus.

»Es *muss* ganz einfach klappen«, sagte Stella und drückte die Jade-Eule in ihrer Hosentasche.

»Wir wissen noch immer nicht, wie wir hier heraus- und in Sicherheit gelangen sollen«, meinte Lynn matt.

»Eines nach dem anderen«, sagte Luke. »Erst einmal müssen wir sehen, ob die Kerle auf unseren Vorschlag eingehen.«

Er stand am Fenster und lugte hin und wieder vorsichtig nach draußen. Die anderen saßen am Küchentisch und unterhielten sich leise. Die Zeit schien sich endlos hinzuziehen.

»Elizabeth kommt zurück«, berichtete Luke schließlich und verließ seinen Posten am Fenster.

Stella sprang auf und wollte in den Flur laufen.

»Bleib hier und verhalte dich ruhig«, mahnte Luke.

Stella setzte sich wieder, rutschte aber nervös auf ihrem Stuhl hin und her.

Ein paar Minuten später erschien die Indianerin dann endlich bei ihnen in der Küche. Alle sahen sie gespannt an.

»Sie haben unseren Vorschlag angenommen«, berichtete Elizabeth und ließ sich erschöpft auf einen Stuhl fallen.

Stella, Sarah und Lynn stießen Freudenrufe aus und fielen ihr um den Hals. Da verließ Luke plötzlich die Küche. Die Stimmen der Frauen verstummten sofort.

»Was ist los?«, fragte Stella besorgt.

»Shhh«, machte Luke und lauschte.

Da hörte Stella es auch. Ein leises Kratzen, als machte sich jemand an der Haustür zu schaffen. Sofort krampfte sich ihr Magen zusammen. Hatte man Elizabeth vielleicht verfolgt?

Niemand sagte ein Wort. Sie hörten, wie Luke in den Flur ging und die Haustür öffnete und gleich darauf leise Schritte.

»Sylvester!«, rief Amanda und sprang vom Tisch auf.

Will folgte ihr. »Du lebst, du Guter! Ich dachte schon, die Kerle hätten dich erwischt!«

Die Frauen starrten den Hund, der so plötzlich in der Küche aufgetaucht war, ungläubig an.

»Er blutet! Luke, er ist verletzt!«, rief Amanda nun aufgeregt. Sofort beugten sich alle zu dem Tier hinunter.

»Lass mal sehen, alter Junge«, murmelte Luke und untersuchte Sylvesters Wunde. Schließlich setzte er sich erleichtert auf. »Außer einem Streifschuss am Kopf scheint ihm nichts zu fehlen. Der Aufprall der Kugel hat ihn wahrscheinlich eine Weile benommen gemacht. Das ist alles. Und als er sich wieder gefangen hatte, ist er zu uns zurückgekommen.« Dann klopfte er dem Hund beruhigend auf die Flanke. »Das wird schon wieder, mein Alter!«

»Komm her, Sylvester, ich verarzte dich schnell«, sagte

Elizabeth und verband ihm mit gekonnten Handgriffen den Kopf.

Als sie fertig war, musste Stella lächeln. Sylvester sah sehr süß aus mit der weißen Bandage.

Luke tätschelte das Tier liebevoll. Dann richtete er sich nachdenklich auf.

»Sylvester hat mich auf eine Idee gebracht: Der Wald steht in Flammen, die restlichen Bewohner des Reservats wurden evakuiert. Es bleibt uns nur ein Weg, um von hier zu verschwinden.«

Lynn erahnte Lukes Idee. »Durch den Sumpf«, flüsterte sie tonlos.

»Durch den Sumpf? Bist du verrückt?«, stieß Stella aus. »Habt ihr mir nicht erst neulich erklärt, dass dort alles spurlos verschwindet? Wie sollen wir da unversehrt durchkommen?«

»Sylvester wird uns führen«, erklärte Luke ruhig. »Seine Nase und sein Instinkt täuschen ihn nie. Solange wir ihn bei uns haben und ihm folgen, sind wir sicher.«

»Aber im Sumpf gibt es kaum Deckung«, warf Sarah zweifelnd ein. »Und wir dürfen Lynns und Wills Zustand nicht vergessen – von deinem ganz zu schweigen, Luke. Ihr seid der Strapaze eines langen Fußmarsches nicht gewachsen. Lass uns eine Weile warten.«

»Wir dürfen keine Zeit verlieren«, entgegnete Luke. »Im Moment schützt uns der dichte Rauch vor den Blicken unserer Feinde. Diesen Vorteil müssen wir nutzen! Mehr Deckung werden wir nicht bekommen. Und was Lynn und Will angeht – ihr beiden müsst es einfach irgendwie schaffen. Es bleibt uns keine Wahl. Ihr müsst in Sicherheit gebracht werden. Und zwar sofort!«

»Macht euch um uns keine Sorgen«, sagte Will mit entschlossener Miene. »Mom und ich, wir halten schon durch!«

Stella warf dem Jungen einen anerkennenden Blick zu. Zu Luke sagte sie: »Und was wird geschehen, wenn wir in Sicherheit sind? Was hast du dann vor?«

»Dann werde ich mich mit ein paar von meinen alten JTF-2-Kumpeln in Verbindung setzen und einige Gefallen einlösen. Zwei oder drei von ihnen arbeiten derzeit als Sicherheitsbeauftragte in den Gruben und Camps um Fort McMurray.«

25

Der Helikopter landete, und Niklas und Ben wurden unsanft aus der Maschine gezerrt und in einen alten, verlassenen Bürocontainer geschoben. Die Tür wurde mit einem lauten Knall hinter ihnen zugestoßen, dann war alles still. Sie waren allein.

Niklas zitterte am ganzen Körper. Hilfesuchend klammerte er sich an Ben, der ihm mit seinen acht Jahren wie ein großer Junge erschien.

Aber Ben fühlte sich im Augenblick ganz und gar nicht groß, sondern entsetzlich klein und machtlos. Doch er war der Ältere der beiden, und die Älteren mussten auf die Jüngeren aufpassen. Das sagte seine Mutter jedenfalls immer zu Will und Amanda. Zu Hause war Ben der Jüngste. Hier mit Niklas war er der Ältere, der Aufpasser. Also nahm er Niklas bei der Hand und zog ihn in eine Ecke. Dort kauerten sie sich auf den Boden und warteten ab.

»Bist du verletzt?«, erkundigte sich Ben und versuchte mutig zu klingen, aber seine Stimme stockte.

Niklas sah ihn mit großen Augen an. Wie sehr wünschte er sich, Bens Worte zu verstehen, mit ihm zu reden! Aber er konnte es nicht.

Ben machte ein schmerzverzerrtes Gesicht und deutete auf Niklas. Da verstand er. Er schüttelte den Kopf. Dann deutete er fragend auf Ben. Auch der schüttelte den

Kopf. Nein, verletzt waren sie nicht. Aber was würde aus ihnen werden? Niklas wusste nur eines: Er wollte zu seiner Mama! Er versuchte tapfer zu sein, doch die Tränen übermannten ihn. Er schlang die Arme um die angezogenen Knie und verbarg sein Gesicht.

Ben war ebenfalls nach Weinen zumute. Aber es ließ es nicht zu. Er hatte in dem Handgemenge seinen großen Freund Luke gesehen. Luke würde nicht zulassen, dass man ihnen weh tat. Luke würde kommen und sie befreien! Und das versuchte er auch dem kleinen Niklas zu vermitteln.

»Luke«, sagte er leise und stieß Niklas leicht an. Und als der Junge fragend den Kopf hob, wiederholte Ben lächelnd: »Luke.«

Jetzt begann auch Niklas zu lächeln. Luke! Luke würde sie befreien. Natürlich würde er das! Er war schließlich ein großer, starker Indianer – genau wie in den Filmen, die Niklas mit seinem Opa angesehen hatte. Dort befreiten die furchtlosen Krieger immer die Kinder, die von den Bösewichten gefangen genommen worden waren.

Niklas suchte in seiner Jackentasche nach der kleinen Holzeule, die Luke geschnitzt und ihm geschenkt hatte. Sie war seitdem sein Talisman. Er holte sie hervor und hielt sie Ben hin. Wenn sie die Figur zusammen festhielten, beschützte sie vielleicht sie beide.

Luke lief in geduckter Haltung über die rauchverhangene Lichtung. Sylvester war an seiner Seite. Die anderen folgten ihnen, bemüht, ein Husten zu unterdrücken. Die dicken Rauchschwaden umhüllten sie wie ein dichter Schleier und ließen sie beinahe unsichtbar werden. Trotzdem war Luke äußerst vorsichtig. Er nutzte alles, was sich ihm bot, als Deckung und ging kein unnötiges Risiko ein.

Stella blickte sich immer wieder um. Es war ihr, als beobachteten unzählige Gestalten sie aus den Schatten des Rauchs, und dieses Gefühl verursachte ihr Unbehagen. Lauerte ihnen tatsächlich irgendwer auf, oder bildete sie es sich nur ein?

Endlich erreichten sie den Rand des Sumpfes, und Stella atmete erleichtert auf.

»Von jetzt an wird Sylvester die Führung übernehmen«, erklärte Luke. »Was auch immer geschieht: Bleibt dicht beieinander. In diesem Rauch kann man sich leicht aus den Augen verlieren. Hier, dieses Seil befestige ich an Sylvesters Halsband. Daran halten wir uns fest. So kann niemand unterwegs abhandenkommen.«

Sie bildeten also eine lange Reihe und ergriffen das Seil. Dann folgten sie Sylvester in den Sumpf.

Schon nach wenigen Metern war die Lichtung nicht mehr zu erkennen. Der Rauch schien sie verschluckt zu haben. Jetzt gab es nur noch hohes Schilf, langes Gras und algenbefallenes Wasser. Der Boden war so feucht, dass jeder Tritt einen tiefen Abdruck hinterließ, und der klebrige Matsch zog kaltblütig an den Schuhen. Stella graute bei dem Gedanken, einen falschen Schritt zu machen und in dem schleimig-grünen Scheinboden zu versinken. In dem stehenden, modrig riechenden Wasser gab es bestimmt Blutegel und wer weiß was sonst noch alles. Stella erlaubte sich nicht, den Gedanken fortzuführen. Sie erlaubte sich auch nicht, sich auszumalen, was geschehen würde, wenn man sie entdeckte. Sie musste ganz einfach stark bleiben – für Niklas!

Stella blickte sich um. Hinter ihr gingen Will und Lynn, gefolgt von Amanda, Sarah und Elizabeth. Auch auf ihren Gesichtern zeigte sich Anspannung. Ein falscher Schritt genügte, um zu versinken. Sie versuchte, an etwas anderes zu denken.

Weiter und weiter drangen sie in den Sumpf vor. Stella hatte keine Ahnung, welche Richtung sie eingeschlagen hatten oder wie lang die Strecke war, die noch vor ihnen lag. Der Rauch kratzte in ihrem Hals und brannte in ihren Augen. Doch das war bei weitem nicht das Schlimmste. Mit jedem Schritt wurde es schwieriger, die Beine zu heben und die Füße aus dem zähen Matsch zu befreien. Für Lynn und die Kinder musste es noch viel kräftezehrender sein als für sie selbst, und Stella fragte sich, wie lange sie noch durchhalten konnten.

Von Sylvester jedoch war sie maßlos beeindruckt. Der Hund wählte seine Schritte, ohne zu zögern, und folgte zielsicher einem für Menschenaugen unsichtbaren Pfad, der sich schnurstracks durch das sumpfige Land zog. Man hätte meinen können, das Tier sei dort jeden Tag unterwegs.

Kurz darauf spürte Stella, wie hinter ihr etwas am Seil zog. Im nächsten Augenblick rief Amanda verängstigt: »Mom!«

Stella und Luke drehten sich hastig um. Hatte man sie etwa entdeckt? Doch dann fiel ihr Blick auf Lynn. Die junge Frau stecke knöcheltief im Morast fest und versuchte vergeblich, sich zu befreien.

»Schnell, helft mir, sie herauszuziehen!«, forderte Luke die anderen auf. »Aber passt auf, wo ihr hintretet!«

Langsam und vorsichtig zogen sie Lynn aus dem Schlamm. Sie wagten es nicht, sich schnell zu bewegen oder zu heftig zu ziehen, denn sie ahnten, dass man sehr schnell eine Kettenreaktion auslösen konnte, die sie alle im Sumpf feststecken ließ. Wer würde ihnen dann helfen?

Lynns Gesicht war blass und ausdruckslos. Sie hatte so viele schreckliche Geschichten über den Sumpf gehört, dass es sie fast gelähmt hatte, als sie spürte, wie sie tiefer und tiefer in den Morast sank. Erleichtert darüber, dass noch einmal alles gutgegangen war, setzte sie sich auf den feuchten, aber an der Stelle festen Boden, holte tief Luft und hielt sich erschöpft den großen, runden Bauch.

»Ich danke euch«, stammelte sie.

»Hast du dir weh getan?«, erkundigte Stella sich besorgt.

»Nein, nein«, wehrte Lynn ab. »Ich habe mich bloß erschreckt.«

»Wir haben unser Ziel beinahe erreicht«, sagte Luke. »Lasst uns weitergehen, bevor noch mehr geschieht.«

»Aber Luke, Lynn muss sich einen Augenblick ausruhen. Sieh sie dir an! Sie kann in diesem Zustand nicht weitergehen«, warf Sarah ein.

»Lass gut sein, Sarah«, erwiderte Lynn und stand umständlich auf. »Luke hat vollkommen recht. Wir müssen weiter.«

Der kleine Zug setzte sich abermals in Bewegung. Alle wählten ihre Schritte noch bedachtsamer, und jeder wünschte sich, dass sie den Sumpf bald hinter sich lassen würden. Der Rauch verdichtete sich wieder und hing wie Nebelschwaden über ihnen. Sie konnten kaum sehen, wohin sie traten. Amanda begann zu husten. Glücklicherweise schien der Boden endlich etwas fester zu werden.

»Wir sind da«, verkündete Luke wenig später und deutete nach vorn.

Stella starrte angestrengt durch den grauen Dunst, konnte aber nichts erkennen. Erst als sich die Schwaden etwas verzogen, entdeckte sie ein kleines Haus. Es schien mitten im Sumpf zu stehen.

»Wer lebt denn hier, in dieser Moorlandschaft?«, wunderte sie sich.

»Du irrst dich«, sagte Luke. »Wir haben den Sumpf

schon seit einiger Zeit hinter uns gelassen. Und das Haus gehört meinem Freund Terry, der seit kurzem an Gallengangkrebs erkrankt ist.«

»Oh«, sagte Stella.

Da öffnete sich auch schon die Tür des Hauses, und ein kleiner stämmiger, kahlköpfiger Mann erschien auf der Schwelle. Er winkte die Gruppe zu sich.

»Schnell, schnell! Bevor euch jemand sieht!«

Sie eilten ins Haus, und Terry schloss die Tür hinter ihnen.

»Emily und die Kinder?«, fragte Luke knapp und sah sich um.

»Ich habe sie an einen sicheren Ort gebracht, sobald ich hörte, dass die Polizei nach dir sucht.«

»War jemand hier und hat sich nach mir erkundigt?«, wollte Luke wissen.

»Nein. Die meisten Leute in der Gegend nehmen an, dass ich nicht zu Hause, sondern zur Behandlung im Krankenhaus bin.«

Luke atmete erleichtert auf. »Ich bin froh, dass du hier bist und das Haus nicht verlassen hast. Wegen der Waldbrände, meine ich.« Er fuhr sich durch das wirre Haar. »Ich hab's vermasselt, Terry. Die Kerle haben sich Ben und Niklas, die Söhne von Stella und Lynn, geschnappt. Ich muss sie unbedingt befreien. Aber vorher müssen die anderen in Sicherheit gebracht werden. Und dabei brauche ich deine Hilfe.«

Terry klopfte ihm beruhigend auf die Schulter. »Du kannst dich auf mich verlassen.«

»Es wird gefährlich werden«, gestand Luke.

»Ich habe nichts mehr zu verlieren«, erwiderte Terry leise. »Die Ärzte geben mir nur noch ein paar Monate. Und mir ist ein kurzer Abschied lieber als ein langer – wenn du verstehst, was ich meine.«

Luke nickte schweigend. »Ich danke dir.« Dann wandte er sich an Lynn und die Kinder. »Ruht euch einen Augenblick aus, während Terry und ich besprechen, wie wir euch am besten von hier fortbringen und wohin.«

Lynn, Will und Amanda setzten sich dankbar auf das kleine alte Sofa im Wohnzimmer. Alle drei sahen sehr erschöpft aus. Stella bewunderte Lynn abermals für ihre Kraft und innere Stärke. Welchen Strapazen sie so kurz vor der Geburt trotzte. Es war bemerkenswert! Und Will mit seiner Kopfverletzung. Der Junge war zäh wie eine Eiche!

Doch der lange Marsch durch das unwegsame Gelände hatte nicht nur den Menschen zugesetzt. Er hatte auch an Sylvesters angeschlagenen Kräften gezehrt. Der treue Hund lag müde und hechelnd zu Stellas Füßen. Sie beugte sich zu ihm hinunter und streichelte ihm liebevoll den Kopf.

»Das hast du toll gemacht, Sylvester«, lobte sie ihn. Dann wanderte ihr Blick zur anderen Seite des Zimmers, wo Luke und Terry miteinander sprachen. Gerade fragte Terry: »Wie viel Zeit bleibt uns?«

»Keine zweiundsiebzig Stunden«, erwiderte Luke.

Die beiden diskutierten einige Minuten miteinander, aber Stella konnte ihre leisen Worte nicht verstehen. Schließlich ging Terry aus dem Haus, und Luke wandte sich an die anderen.

»Hört gut zu! Terry wird gleich seinen Pick-up vor dem Haus parken. Die Ladefläche ist über und über mit Heuballen beladen. So hat es nach außen hin jedenfalls den Anschein. Darunter aber gibt es einen versteckten Verschlag aus Sperrholz, groß genug, dass wir alle sitzend darin Platz haben. Je kürzer wir den Verschlag öffnen und unser Versteck offenbaren, desto besser. Auf Terrys Zeichen hin laufen wir gleich, so schnell es geht, vom

Haus zum Wagen hinüber und klettern in das Versteck. Irgendwelche Fragen?«

»Wohin bringt er uns?«, wollte Sarah wissen.

»Zu einer sehr abgelegenen Ranch in der Nähe von Edmonton«, erwiderte Luke. »Dort hat Terry auch seine Familie untergebracht. Er versichert mir, dass die Leute absolut vertrauenswürdig sind und dass niemand hier von seiner Verbindung zu ihnen weiß.«

Ein leises Motorengeräusch ertönte und ließ Luke aufhorchen. Er spähte aus dem Fenster. »Da ist Terry schon. Macht euch bereit.«

Wenige Minuten später saßen sie zusammengekauert in dem Sperrholzverschlag auf der Ladefläche des Pickups. Der Boden war mit Decken und Kissen ausgelegt, und eine kleine Glühbirne spendete schummriges Licht. Stella machte es Lynn so bequem wie möglich und setzte sich neben sie. Terry startete den Motor, und der Wagen holperte langsam in Richtung Highway.

»Mir ist unheimlich«, sagte Amanda ängstlich. »Wenn wir nun hier drinnen ersticken?«

»Das wird nicht passieren«, erklärte Luke bestimmt und lächelte die Kleine an. »Terry ist ein Profi. Schau, er hat hier vorn ein paar Luftschlitze eingebaut. Aber das bedeutet auch, dass wir sehr leise sein müssen, falls wir angehalten werden.«

»Angehalten werden?«, wiederholte Stella. »Meinst du, es wurden Straßensperren errichtet?«

»Wir müssen damit rechnen.«

Stella lehnte sich entmutigt gegen die Sperrholzwand. Gerade hatte sie gedacht, dass sie bis auf weiteres in Sicherheit sein würden. Das Versteck auf der Ladefläche des Pick-ups war einfach genial. Aber Lukes Worte brachten ihren Puls erneut zum Rasen. Sie glaubte kaum, dass ihre Nerven noch mehr aushalten konnten.

Aber sie mussten es. Denn kaum waren sie eine Viertelstunde unterwegs, da bremste Terry den Wagen ganz unerwartet ab und hielt an. Von draußen wurden Männerstimmen laut.

»Wohin geht es denn?«

»Nach Fort McMurray. Muss da Heu abgeben, für ein paar Tiere, die evakuiert worden sind.«

»Und Sie sind allein?«

Stellas Herz schlug ihr bis zum Hals. Panisch sah sie sich zu den anderen um, aber sie wirkten ebenso entsetzt wie sie selbst. Elizabeth und Sarah hatten den Kopf gesenkt und schienen zu beten. Amanda verbarg ihr Gesicht in Lukes Hemd. Und Will hatte die Hände in Sylvesters dickes Fell gekrallt. Nur Luke wirkte unberührt. Stella wusste nicht, wie er es fertigbrachte. Wenn man sie nun fasste? Was würde dann aus Niklas und Ben werden?

Lynn spürte ihre Anspannung und drücke ihre Hand. Stella lächelte vage. Wenn nur Sylvester jetzt nicht bellte!

Aber ihre Sorge war unbegründet. Sylvester wusste, was von ihm erwartet wurde, und gab keinen Laut von sich.

Im nächsten Moment klopfte jemand laut auf das Dach des Pick-ups, und der Wagen rollte an. Terry hupte kurz und rief seinen versteckten Mitfahrern leise zu: »Das ist noch mal gutgegangen. Und hier ist auch schon die Highway-Auffahrt!«

Auf der Ladefläche des Pick-ups wurden erleichterte Seufzer laut. Stella fühlte sich derart befreit, dass sie es gerne jemandem mitgeteilt hätte. Aber Terrys Pick-up war alt und brummte laut. Der Geräuschpegel auf der Ladefläche war jetzt, da sie auf dem Highway fuhren, so enorm, dass man hätte schreien müssen, um sich zu verständigen. Und nach Schreien war ihr im Augenblick überhaupt nicht zumute. Doch es war auch ohne Worte zu erkennen, dass es den anderen ähnlich erging. Stella konnte es an ihren entspannten Mienen sehen.

Die Fahrt schien sich ewig hinzuziehen. Amanda nickte an Lukes Schulter ein, und auch Lynn schien in eine Art Halbschlaf gefallen zu sein. Ihr Kopf war auf ihre Brust gesunken, und sie schreckte nur ab und zu auf, wenn es ihr zu ungemütlich wurde. Stella hätte es ihr gerne bequemer gemacht, aber das war bei den beengten Platzverhältnissen nicht möglich. Also zog sie Lynn näher zu sich, damit sie sich an sie lehnen konnte. Mehr konnte sie nicht tun. Allein Sylvester schien das Sitzen auf der Ladefläche nichts auszumachen.

Stella blickte zu Luke hinüber. Er saß ernst und nachdenklich da, Amanda an seiner Schulter, und für eine Sekunde wünschte Stella sich nichts mehr, als mit dem Mädchen zu tauschen. Doch sie rief sich sofort zur Ordnung. Oliver wartete in Deutschland auf sie. Und überhaupt – für solche Dinge war jetzt wirklich nicht der richtige Zeitpunkt. Noch weniger als in den Tagen zuvor. Stella versuchte an etwas anderes zu denken. Aber wohin ihre Gedanken auch wanderten, sie schienen nichts Unverfängliches oder Positives zu finden.

Scheinbar unendlich lange Zeit später verlangsamte Terry das Tempo. Der Pick-up bog vom Highway ab und fuhr über eine holprige Nebenstraße. Amanda und Lynn wurden durch das Geruckel wach.

»Ich glaube, wir sind jetzt bald am Ziel«, sagte Luke aufmunternd.

Und tatsächlich – schon wenige Minuten später kam der Wagen zum Stehen.

»Tut mir leid, dass es so lange gedauert hat«, entschuldigte sich Terry, als er den Verschlag öffnete. »War mal wieder wahnsinnig viel Verkehr. Aber jetzt könnt ihr aussteigen!«

Das Tageslicht, das so jäh in das Versteck fiel, war nach dem schummrigen Licht der kleinen Lampe so grell, dass Stella die Augen tränten. Auch die anderen blinzelten benommen. Langsam und vorsichtig kletterten sie vom Wagen.

Stella streckte ihre müden Glieder und versuchte sich zu orientieren. Die Sonne kam gerade hinter ein paar Wolken hervor und stand schon tief am Himmel. Es musste früh am Abend sein. Die Luft war klar und rein. Kein bisschen Rauch war zu sehen oder zu riechen. Stella besah sich die nähere Umgebung. Sie befanden sich inmitten einer hügeligen Graslandschaft, in der vereinzelt Nadelbäume wuchsen. Der Anblick erinnerte Stella sofort an einen Wildwestfilm. Unmittelbar vor ihnen lag ein imposantes zweistöckiges Blockhaus mit rotem Dach und einer einladenden Veranda.

Die Haustür öffnete sich, und ein älteres Ehepaar erschien. Der Mann war hochgewachsen und hatte kurzes, graues Haar. Seine Frau war kleiner, schlank und hatte ein freundliches Gesicht.

»Terry, wir hatten nicht damit gerechnet, dich so schnell wiederzusehen!«, rief er erstaunt. »Ist etwas passiert?«

»Alles in Ordnung«, erwiderte Terry. Er ging zu den beiden hinüber und wechselte leise ein paar Worte mit ihnen. Kurz darauf winkte er die anderen zu sich.

»Darf ich euch meine Freunde Kristy und Ed vorstellen? Bei ihnen seid ihr gut aufgehoben. Kristy, Ed, dies ist mein alter Kumpel Luke Lumly.«

»Wir sind Ihnen zu großem Dank verpflichtet«, sagte Luke und reichte Kristy und Ed die Hand. Er stellte die anderen vor und fügte dann hinzu: »Ich möchte nicht aufdringlich erscheinen, aber Lynn und die Kinder sind sehr erschöpft und sollten sich, wenn es geht, etwas ausruhen.«

»Aber natürlich«, sagte Kristy. »Bitte folgen Sie mir ins Haus.«

Unterwegs wandte sich Terry an Ed. »Wie geht es meiner Familie?«

»Warum fragst du sie nicht selbst?«, antwortete er lachend, und Terry verschwand in einem der kleineren Blockhäuser, die in einigem Abstand zum Ranchhaus standen.

»Ed, ich müsste dringend ein paar Telefonate erledigen«, bat Luke nun.

»Dort drüben in meinem Büro ist ein Telefon. Sie sind dort ganz ungestört.«

»Danke«, meinte Luke und verschwand im Büro, gefolgt von Sylvester.

Stella hörte, wie Ed sich im Wohnzimmer mit Elizabeth und Sarah unterhielt, verspürte aber das Verlangen, einen Augenblick allein zu sein. Sie setzte sich auf einen der rustikalen Holzstühle, die in dem großzügigen Eingangsbereich des Blockhauses standen, und versuchte, Ruhe in ihre Gedanken zu bringen. Sie schrak auf, als jemand unerwartet neben ihr auftauchte. Es war Luke, der seine Telefonate beendet hatte. Stella sah ihn überrascht an. Sie hatte anscheinend länger dagesessen, als sie angenommen hatte.

»Geht es dir nicht gut, Stella?«, fragte er besorgt.

»Ich bin okay. Hast du etwas erreichen können?«, setzte sie gespannt hinzu.

»Ich habe mit ein paar ehemaligen Kollegen von der JTF 2 gesprochen. Sie werden sich umhören, aber das wird eine Weile dauern. Jetzt heißt es erst einmal Geduld haben.«

»Aber Luke …«, begann Stella.

Doch Luke hob abwehrend die Hand. »Ich weiß, was du sagen willst. Wir müssen etwas unternehmen, müssen versuchen, Nick und Ben zu befreien. Und das werden wir auch. Aber dazu müssen wir wissen, wohin man sie gebracht hat. Daran arbeiten meine Kumpel jetzt. Sobald sie etwas wissen, werden sie uns benachrichtigen. So lange müssen wir warten.«

»Wenn diese Kerle nun …«

»Quäl dich nicht mit Gedanken über Dinge, die du im Moment nicht ändern kannst. Aber sei versichert: Die Kerle werden den Jungen kein Haar krümmen. Nicht bevor die Frist abgelaufen ist.«

»Und wenn wir sie bis dahin nicht finden?«

»Wir werden sie rechtzeitig finden, Stella. Ich verspreche es dir.«

Stella ließ entmutigt den Kopf sinken. Noch nie in ihrem Leben hatte sie sich derart hilflos gefühlt wie in diesem Augenblick. Wie sollte sie es fertigbringen, hier herumzusitzen und nichts zu tun, während ihr kleiner Niklas diesen Kerlen gnadenlos ausgeliefert war? Er musste Todesängste ausstehen. Wie sollte sie das jemals wiedergutmachen?

Entschlossen schüttelte sie den Kopf. Sie musste an etwas anderes denken.

»Ich verstehe nicht, warum diese Typen so hinter dem Reservat her sind«, sagte sie schließlich, hauptsächlich, um sich abzulenken. »Dass sie dich erwischen wollen, das verstehe ich. Aber was wollen sie mit dem Land? Lynn und du, ihr habt mir erzählt, dass es in der Gegend überall Öl gibt und dass alle Lizenzanfragen genehmigt werden. Warum also dieser Aufwand? Warum gehen sie nicht einfach woandershin? Wildnis gibt es hier ja weiß Gott genug.«

»Du betrachtest die Sache vom falschen Standpunkt aus«, meinte Luke. »Sieh es mal so: Das Gebiet, auf dem das Reservat liegt, ist jetzt günstigerweise abgebrannt. Der Chief sagt daher: Hey, warum siedelt der Staat die Stammesmitglieder nicht woanders an, irgendwo, wo das Land nicht verbrannt ist? Die Häuser müssen eh neu gebaut werden. Der Staat sagt: Na klar, kein Problem. Dann genehmigt der Chief die Lizenz der Ölfirma und vergisst, den Erlös für die Lizenz auf das Konto des Stammes zu überweisen. Das ist ein bisschen illegal, aber wer fragt schon nach? Niemand weiß so recht, was im Reservat passiert, jetzt, da die Stammesmitglieder ganz woanders wohnen.«

»Willst du damit sagen, dass Chief Tall Bird in dieser ganzen Sache mit drinhängt? Auch in der Entführung von Niklas und Ben?«, sagte Stella entsetzt.

»Jeder ist sich selbst der Nächste«, erwiderte Luke trocken. »Und Tall Bird liegt sehr viel am Geld. Ansonsten hätte er es bei dem belassen, was er ohnehin schon bekommt.« Er sah Stella vielsagend an.

Was er ohnehin schon bekommt. Stella überlegte eine Weile. Dann ging ihr ein Licht auf. »Er wird dafür bezahlt, dass er den Mund hält und die Typen giftige Abfallstoffe in dem Sumpfgebiet, das zum Reservat gehört, versenken lässt.«

»Genau. Das Zeug verschwindet auf Nimmerwiedersehen. Aber es vergiftet das Wasser, die Tiere, die Erde – und die Menschen«, sagte Luke bitter. »Doch niemand kümmert sich darum, wenn ein paar Indianer krank werden. Niemand außer mir und Jean.«

»Aber Luke, ich verstehe nicht, warum der Staat nicht eingreift oder sich die Kanadier nicht für die Erhaltung ihrer Boden- und Naturschätze einsetzen!«

Luke sah sie fast nachsichtig an. »Dem Staat sind die

Hände gebunden. Hat dir noch nie jemand erklärt, dass es immer jemanden gibt, der der Regierung sagt, wo es langgeht? Mächtige Leute, die im Verborgenen bleiben, unsichtbar, und die alle Fäden in den Händen halten – überall auf der Welt?«

Stella schwieg entgeistert.

»Und der Bevölkerung kann man ihre Einstellung auch gar nicht verübeln«, fügte Luke hinzu. »Sie bekommen Lügen aufgetischt, die es ihnen unmöglich machen, ein gerechtes Urteil zu fällen. Sie wurden in eine Situation gebracht, in der sie keine Wahl haben. Ich meine, sobald die meisten Leute etwas im Fernsehen gesehen oder in den Nachrichten gehört haben, ist es für sie Fakt – egal, ob es wahr ist oder nicht. Das ist das Gefährliche an unserer modernen Gesellschaft. Die Menschen vergessen, für sich selbst zu denken. Sie überlassen es den Medien.«

Es fiel Stella schwer, Lukes Worten Glauben zu schenken. Aber etwas in seiner Stimme, etwas in seinem Blick sagte ihr, dass er es todernst meinte und gute Gründe für seine Ansichten hatte.

»Und was ist mit den indianischen Gemeinden? Sie wenigstens müssten doch den Wert der Natur erkennen«, warf sie matt ein.

»Natürlich«, erwiderte Luke. »Viele indianische Gemeinden und Stämme sprechen sich offen gegen den Raubbau am Land aus. Sie stellen Anti-Öl-Kampagnen auf die Beine, versuchen die Menschen darüber aufzuklären, was hier wirklich geschieht und was für Auswirkungen es auf uns alle und die Umwelt hat. Einige Stämme haben den Staat sogar verklagt, weil sie die alten Landrechtsverträge verletzt sehen. Und ich bin ganz ihrer Meinung. Immerhin sichern die Verträge den um Fort McMurray ansässigen Indianern das Nutzungsrecht des Landes für die Jagd und für die Bewahrung der alten

Sitten und Gebräuche bis in alle Ewigkeit zu. Trotzdem werden Lizenzen für den Ölsandabbau in ebendiesen Landstrichen vergeben, ohne dass die dort ansässigen Indianer überhaupt gefragt werden. Wo bleibt da das Recht?« Er hielt kurz inne.

»Aber es gibt natürlich auch eine Menge Indianer, die den Abbau des Ölsands öffentlich unterstützen«, fügte er dann hinzu. »Viele von ihnen werden dafür bezahlt, dass sie sich positiv über die Ölindustrie äußern. Einige Indianer, wie Casey Tall Bird, profitieren finanziell erheblich davon, und sie wollen immer mehr und mehr haben. Sie würden nie etwas Negatives über die Auffangbecken und die zerstörte Landschaft sagen. Und wieder andere sind, wie die meisten Kanadier, die in und um Fort McMurray arbeiten, einfach froh, einen vernünftigen Job zu haben, der es ihnen ermöglicht, ihre Familie zu ernähren. Sie haben sich entweder so weit von ihren indianischen Wurzeln entfernt, dass sie nichts Schlechtes in der Zerstörung der Natur sehen, oder sie tun so, als bemerkten sie nicht, an was für einer Gewalttat sie da beteiligt sind.«

Stella war tief betroffen. Aber das lag nicht nur an Lukes Worten. Es lag auch daran, dass sie erst jetzt wirklich und wahrhaftig erkannte, mit was für einer Sorte Mensch sie es zu tun hatten und in welcher Gefahr Niklas und Ben tatsächlich schwebten.

26

Nach ihrem Gespräch mit Luke ging Stella ins Obergeschoß, um nach Lynn und den Kindern zu sehen. Lynn war sehr blass gewesen, als sie auf der Ranch eingetroffen waren, und Kristy hatte darauf bestanden, dass sie und die Kinder sich für eine Weile in den Gästezimmern des Hauses ausruhten.

Die Tür des Zimmers, in dem sich die Kinder hingelegt hatten, war nur angelehnt. Stella schob sie einen Spaltbreit auf und spähte hinein. Die beiden lagen auf dem großen Bett, eine kuschelige Wolldecke über sich gezogen, und schliefen friedlich.

Lächelnd lehnte Stella die Tür wieder an und steckte den Kopf ins nächste Zimmer, wo Lynn sich aufhielt. Zu ihrer Überraschung saß die junge Frau wach im Bett und sah aus dem Fenster.

»Komm ruhig herein«, sagte sie leise, als sie Stella bemerkte.

»Ich wollte nur sehen, wie es dir und den Kindern geht«, sagte Stella verlegen und betrat das Zimmer. »Will und Amanda schlafen.«

»Das ist gut«, antwortete Lynn, aber sie schien nicht wirklich bei der Sache zu sein.

Stella setzte sich zu ihr.

»Du darfst dir nicht so viele Sorgen machen. Luke hat versprochen, dass er die Jungen zurückbringt, und ich glaube ihm.« Sie legte ihre Hand auf Lynns Arm und fügte nachdrücklich hinzu: »Denk an dein Baby.«

»Ich weiß, du meinst es gut, Stella. Aber ich bin nun mal Bens Mutter, und Mütter können nicht aus ihrer Haut. Auch du nicht. Du versuchst deine Angst um Niklas zu verbergen, aber ich kann den Schatten sehen, der auf deiner Seele liegt.«

Tränen wallten in Stellas Augen auf. Sie versuchte, sie zurückzuhalten, versuchte stark zu sein, doch sie konnte es nicht. Gerade wollte sie sich beschämt abwenden, als sie bemerkte, dass auch Lynn Tränen über die Wangen liefen. Weinend fielen sich die jungen Frauen um den Hals. Es waren stille Tränen. Still, weil sie sie vor den Augen der anderen zu verbergen suchten. Trotzdem verschafften sie ihren Herzen wenigstens für einen kurzen Moment Erleichterung – weil sie ihre Angst miteinander geteilt hatten.

»Ich danke dir«, sagte Lynn schließlich und löste sich aus der Umarmung.

Stella wischte sich die Tränen fort. »Ruh dich eine Weile aus«, flüsterte sie. »Es wird dir guttun.«

Mit diesen Worten stand sie auf und verließ das Zimmer. An der Tür drehte sie sich noch einmal um und lächelte zaghaft.

»Ich danke dir auch, Lynn. Du bist mir eine wahre Freundin.« Dann zog sie die Tür leise ins Schloss.

Als Stella über die offene Galerie im Obergeschoss ging, sah sie, dass Luke unten im Wohnzimmer abseits von den anderen stand und mit Elizabeth sprach. Kurz darauf schaute er unvermittelt nach oben und entdeckte Stella. Er entschuldigte sich bei Elizabeth und kam ihr entgegen.

»Stella, ich würde gern etwas mit dir besprechen«, bat er.

»Ist etwas passiert – mit Niklas und Ben?«, fragte sie erschrocken, als sie seine ernste Miene bemerkte.

»Nein, nein. Es geht um etwas anders«, beruhigte er sie schnell. »Komm, setzen wir uns einen Moment hier auf die Treppe.«

Stella nahm erwartungsvoll neben ihm Platz.

»Es ist an der Zeit, dass ich mich auf die wichtige Aufgabe vorbereite, die vor mir liegt. Es wird nicht einfach werden, Niklas und Ben aus den Händen dieser Kerle zu befreien.« Er räusperte sich und sprach dann langsam weiter. »Bei meinem Volk ist es Sitte, sich mit Fasten auf eine solch große Aufgabe vorzubereiten. Während des Fastens bitten wir die Geister nicht nur um einen klaren und scharfen Verstand, sondern auch darum, dass sie uns einen Weg aufzeigen, wie wir die Aufgabe, die sich uns gestellt hat, erfüllen können.«

Stella blickte ihn verwirrt an. Warum erzählte er ihr all das?

Luke lächelte wissend. »Du bist sehr klug, Stella. Natürlich hat es einen Grund, warum ich dir davon erzähle. Es ist Sitte, dass mindestens ein, besser aber zwei sogenannte Hüter den Fastenden begleiten. Du musst wissen, derjenige, der fastet, tut das an einem ungestörten Ort in der Natur. Er zeichnet einen Kreis auf den Boden und darf diesen nicht verlassen, bis das Fasten beendet ist. Der Kreis wirkt gleichzeitig als Schutzzone, der sich während des Fastens niemand nähern darf. Das Fasten umfasst sowohl den Verzicht auf Essen als auch den Verzicht auf Wasser, und der Fastende darf keinerlei Waffen bei sich haben. Er trotzt den wilden Tieren und den Elementen mit nur einer Decke als Schutz. Die Aufgabe der Hüter besteht darin, den Fastenden aus sicherer Entfernung im Auge zu behalten, damit ihm oder ihr nichts passiert. Die Hüter bleiben in der Nähe, dürfen aber nicht in Sichtweite kommen. Es ist sehr wichtig, dass der Fastende ungestört und allein ist.«

Eine Gänsehaut überkam Stella, denn sie ahnte, worauf Luke hinauswollte.

»Normalerweise würde ich nur jemanden, der sich mit der Zeremonie gut auskennt, bitten, diese Aufgabe zu übernehmen«, fuhr er fort. »Elizabeth wird einer der Hüter sein. Aber sie ist müde von den Strapazen. Deshalb würde ich gerne noch jemanden dabeihaben. Lynn kann ich nicht fragen, denn sie ist zurzeit nicht in der Verfassung, eine Nacht im Freien zu verbringen. Darum bitte ich dich, der zweite Hüter zu sein.«

Stella fühlte sich sehr geehrt, aber sie hatte auch Zweifel, ob sie dem gewachsen sein würde.

»Hast du so ein Fasten schon einmal gemacht?«, erkundigte sie sich skeptisch.

»Ja. Bevor ich nach Afghanistan aufgebrochen bin, habe ich vier Tage und Nächte in der Wildnis gefastet und gebetet«, erklärte Luke ernst.

»Vier Tage ohne Wasser und Nahrung!«, rief Stella überrascht.

»Das ist noch gar nichts«, erwiderte Luke. »Es wird erzählt, dass die Ahnen, die vor unendlich langer Zeit gelebt haben, oft eine ganze Woche auf diese Art gefastet haben. Manchmal sogar bis zu drei Wochen.«

»Drei Wochen?«

»Es war etwas Besonderes. Die Ahnen, die so lange fasteten, waren auf der Suche nach magischen Kräften, mit denen sie ihr Volk beschützen konnten. Solche Kräfte können immer für Gutes, aber auch für Böses eingesetzt werden und die Person, die auf der Suche nach derartigen Kräften war, musste erst einmal beweisen, stark genug zu sein, um sie besitzen zu dürfen – sowohl körperlich als auch geistig. Um eine so lange Zeit allein, ohne Wasser und Nahrung, bei Hitze und eisiger Kälte, den wilden Tieren hilflos ausgeliefert in der Wildnis auszuharren, braucht man nicht nur einen gesunden Körper, sondern auch sehr viel Vertrauen und geistige Stärke.«

Stella konnte nichts erwidern. Der Gedanke allein war unvorstellbar für sie.

Luke lachte leise. »Nun schau mich nicht so entsetzt an. Wir stehen ja ziemlich unter Zeitdruck, also muss ein Eilfasten ausreichen. Von einer Morgendämmerung bis zur nächsten. Vierundzwanzig Stunden.«

»Vierundzwanzig Stunden? Luke, denk doch an die Jungen! Wir haben eine Frist von nur zweiundsiebzig Stunden. Und da willst du vierundzwanzig Stunden opfern, um zu fasten?«

Luke sah sie ernst an. »Ohne das Fasten wirst du die Jungen nicht lebend wiedersehen. Ich muss die Geister um Rat fragen. Es gibt keinen anderen Weg.«

»Aber ...«

»Glaube mir, wenn es einen schnelleren, sichereren Weg gäbe, dann würde ich ihn nehmen. Doch es gibt keinen. Du musst mir vertrauen. Bitte, Stella.«

»Luke, ich kann das nicht! Ich kann nicht einfach einen ganzen Tag in der Wildnis sitzen und Niklas ...«

»Wenn Nick dir am Herzen liegt, dann hilf mir! Ich brauche deine Hilfe!« Er sah sie eindringlich an, suchte nach Worten, um ihr die Wichtigkeit der Zeremonie deutlich zu machen. »Bevor die Weißen an die Küste von British Columbia kamen, gab es Lachse im Überfluss. Sie stellten den Wohlstand meines Volkes dar. Es ging uns damals sehr gut. Denn ein Volk, das sich keine Gedanken darüber machen muss, wie es seine Angehörigen ernährt, ist reich. Doch dann kamen die Weißen mit ihren Gesetzen und kommerziellen Fischverarbeitungsfabriken, und innerhalb weniger Jahre war der Lachsbestand so weit dezimiert, dass mein Volk auf die Nahrungsversorgung durch die neuen Siedler angewiesen war. Nachdem es schwieriger wurde, Geld mit dem Lachsfang zu machen, wandten sich die Weißen den anderen Reichtümern unseres Landes zu: den Wäldern, dem Gold und dem Öl. Sie rodeten die uralten Baumbestände, ohne Rücksicht auf ihr Alter und ihre spirituelle Kraft, und wühlten in der Erde auf der Suche nach der größten aller Goldadern. Und dann begannen sie die Erde abzutragen und das Öl abzubauen. Unser Wohlstand war Vergangenheit.« Er hielt kurz inne.

»Seitdem sind wir ein erobertes Volk«, fuhr er schließlich fort. »Und Kanada ein pures Abbauland, das man aufreißt, rodet und verkauft. Wir Indianer sind zu Fremden in unserem eigenen Land geworden – so kommt es mir jedenfalls oft vor. Alles, was uns geblieben ist, um unsere Identität zu bewahren, sind unsere Sprache und unsere Zeremonien. Unsere Ahnen leben weiter, solange es uns gelingt, diesen Teil unserer Identität beizubehalten. Little Drum wusste das. Sie war eine sehr bemerkenswerte Frau. Sie sprach oft mit den Ahnen – so auch an jenem Tag, an dem sie deine Mutter im Wald traf.«

»Durch die Eule, die kurz vor Morgendämmerung zu ihr kam«, flüsterte Stella.

Luke nickte. »Der Rat der Ahnen ist sehr kostbar und sehr weise. Wir benötigen ihn, um die Jungen zu befreien.«

Stella begriff, was Luke ihr zu verstehen geben wollte – wenn auch vielleicht nicht mit ihrem Verstand, so doch mit ihrem Herzen.

»Ich werde die zweite Hüterin sein«, sagte sie und sah Luke fest an. »Es ist mir eine große Ehre.«

Stella hatte in der Nacht kaum ein Auge zugetan. Ihre Gedanken waren bei Niklas und Ben gewesen, wie in fast jedem Moment seit der Entführung. Erst kurz vor dem Morgengrauen fiel sie in einen unruhigen Halbschlaf, aus dem Elizabeth sie jedoch schon wenig später wieder weckte.

Der Morgen dämmerte kaum, als sich Luke, Stella und Elizabeth zu Pferd auf den Weg machten. Sylvester lief munter neben ihnen her. Terry hatte ihnen für das Fasten zu einem bestimmten Platz auf der Ranch geraten, nicht nur, weil er einsam gelegen und kaum besucht war, sondern auch, weil es dort eine kleine Quelle gab. Quellen, so hatte Elizabeth Stella erklärt, waren aufgrund ihrer lebenspendenden Eigenschaften immer besondere und heilige Orte und somit genau richtig für Lukes Vorhaben.

Gestern bei ihrer Ankunft hatte Stella die Lage und die Umgebung der Ranch nur ganz nebenbei wahrgenommen, doch als sie das Gelände jetzt durchritten, staunte sie über das neue Landschaftsbild, das sich ihr zeigte. Eine weitläufige, hügelige Grasebene erstreckte sich nach allen Seiten, wie ein wogendes grünes Meer, und hier und da standen vereinzelte Kiefernwäldchen. Die Luft war kühl und klar, und mit jedem Atemzug bildeten sich kleine Wolken vor ihrem Gesicht. An den langen Grashalmen hingen dicke Tautropfen, fast wie nach einem Regen. Die Pferde schnaubten fröhlich, gerade so, als gefalle ihnen der frühmorgendliche Ritt ausgesprochen gut.

Stella tätschelte liebevoll den Hals der braunen Quarter-Horse-Stute, auf der sie ritt. Sie liebte Pferde. Und hätte ihr Ausflug nicht einen solch beängstigenden Hintergrund, so hätte sie sich gefühlt wie in einem wunderschönen Wildwestfilm und den Ausritt in vollen Zügen genossen. Die unendliche Weite und die raue Schönheit des Landes sprachen etwas tief in ihrem Herzen an.

Doch der Ritt hatte nun mal einen sehr ernsten Hintergrund, und daher lag ein Schatten auf Stellas Gemüt. Zwar roch sie den herrlichen Duft von Pferd und Leder, spürte die kraftvollen Schritte der Stute unter sich und sah, wie der leichte Morgenwind sanft durch die Mähne des Tieres strich, aber sie konnte diese Dinge nicht genießen.

Wenn dies alles vorüber ist und ich Niklas wiederhabe, schwor sie sich in Gedanken, *dann werde ich ihm all dies hier zeigen: die Prärie, die Pferde, dieses Gefühl von Freiheit.*

Elizabeth und Luke waren an diesem Morgen ebenfalls nicht sehr gesprächig, und Stella war froh, als sie den Hügel, der ihr Ziel war, erreichten.

Luke saß ab und reichte Elizabeth die Zügel seines Pferdes. Dann löste er die Decke, die er hinter sich am Sattel festgeschnallt hatte, und wandte sich an die Frauen.

»Ich mache mich jetzt auf den Weg. Das Fasten muss noch vor Sonnenaufgang beginnen. Terry sagte, dass sich die Quelle ganz oben auf dem Hügel befindet. Dorthin werde ich gehen. Sylvester, du bleibst hier«, befahl er dem Hund.

»Wir sehen uns morgen früh«, erwiderte Elizabeth ernst. »Möge Great Spirit mit dir sein und dich leiten.«

Stella saß von ihrem Pferd ab und streckte Luke zögernd die Hand entgegen. »Viel Glück.«

Luke ergriff ihre Hand, aber er schüttelte sie nicht. Stattdessen hielt er sie mit beiden Händen und sah Stella so eindringlich an, dass ihr beinahe schwindlig wurde.

»Mach dir keine Sorgen. Alles wird gut werden«, sagte er leise. Dann drehte er sich um und wanderte den Hang hinauf.

Stella und Elizabeth warteten eine Weile ab und folgten Luke schließlich bergauf. Die Pferde und Sylvester nahmen sie mit. Ein gutes Stück unterhalb der Kuppe hielt Elizabeth an. Die Stelle bot Gras für die Pferde und einige Bäume als Windschutz für die Frauen. Zudem gab es ganz in der Nähe einen kleinen Bachlauf, der sich laut gurgelnd bergab schlängelte.

»Hier werden wir unser Lager aufschlagen«, erklärte Elizabeth. »Wir sind Luke nahe genug, um ihm im Notfall helfen zu können, aber dennoch außer Sichtweite. So soll es sein.«

Stella wollte lieber nicht nachfragen, mit was für Notfällen sie rechnete. Außerdem schien Elizabeth nicht sehr gesprächig. Sie zeigte Stella, wie man den Pferden Hobbel, eine Art von Fußfesseln, anlegte, damit sie grasen, aber nicht weglaufen konnten, und packte dann die Lebensmittel und Schlafsäcke aus, die sie mitgebracht hatten. Stella half ihr, so gut es ging. Auch ihr war nicht nach reden zumute.

Es wurde ein seltsamer Tag für Stella. Das Wetter war wunderschön. Sobald die Sonne aufgegangen war, erwärmte sie das Land und alle Pflanzen und Lebewesen, die auf ihm wuchsen und lebten. Aber Elizabeth schien ihren eigenen Gedanken nachzuhängen, und so verbrachte Stella die meiste Zeit schweigend und ohne menschliche Gesellschaft. Nur Sylvester war stets bei ihr.

Stella saß im Gras, den Rücken gegen einen Baumstamm gelehnt, und blickte auf die weitläufige Graslandschaft, die sich vor ihr ausbreitete. Seit Niklas' Geburt hatte sie nie einen ganzen Tag für sich allein gehabt, doch nun kam ihr die neue Freiheit wie ein Fluch vor. Sie hatte sich oft nach einem solchen Tag gesehnt, einem Tag, an dem sie tun und lassen konnte, was sie wollte. Doch nun, da der Tag überraschend gekommen war, wollte sie nichts anderes als bei Niklas sein.

Die Stunden schienen sich endlos hinzuziehen, und Stella hatte oftmals das Gefühl, als sei sie es, die fastete, und nicht Luke. Die Stille brachte sie fast zum Wahnsinn. Zwar war es eigentlich gar nicht still; der Bach plätscherte leise vor sich hin, der Wind rauschte sanft in den Bäumen, und die Vögel schienen außerordentlich gesprächig. Aber das waren nicht die Laute, die Stella hören wollte. Sie wollte Niklas' herzliches Lachen hören und seine ewigen Fragen über Gott und die Welt. Das Warten kam ihr vor wie eine Folter.

Als die Sonne sich senkte, entfachte Elizabeth ein kleines Lagerfeuer, darauf bedacht, dass der Rauch nicht in die Richtung wehte, in der Luke sich befand. Dann rief sie Stella zu einer kalten Mahlzeit.

Stella war nach einem ganzen Tag des Alleinseins erleichtert, wieder jemanden zum Sprechen zu haben. Aber die Indianerin war noch immer in ihre eigenen Gedanken versunken. Also wechselte Stella zunächst Sylvesters Kopfverband. Sie hoffte, dass Elizabeth nach einer Weile ihr Schweigen brechen würde. Doch nichts geschah. Schließlich setzte Stella sich ans Feuer und aß ihr Abendbrot. Sie war froh, die wärmenden Flammen zu haben, denn der anbrechende Abend brachte die Kühle zurück.

Endlich begann Elizabeth zu sprechen.

»Die Situation, in der wir uns alle jetzt befinden – Sarah und du, Lynn und ich, Luke, die Kinder –, hat eine Ursache: Menschen, die zu viel haben wollen und die nicht dankbar sind für all die Dinge, die Great Spirit ihnen jeden Tag aufs Neue schenkt. Sie sind habgierig.« Sie starrte in die Flammen, ganz so, als spräche sie mit dem Feuer und nicht mit Stella.

»Das Einzige, was die Situation für Niklas und Ben und unser Reservat jetzt retten und zum Guten wenden kann – und das gilt eigentlich ebenso für die Situation, in der die ganze Welt sich momentan befindet –, ist das Erbringen einer Opfergabe. Luke versteht das. Deshalb sucht er den Rat der Ahnen.«

Elizabeth bemerkte Stellas Verwunderung.

»Little Drum hat mir die Kraft einer Opfergabe einmal folgendermaßen erklärt«, sagte sie lächelnd. »Man hat bestimmte Ängste, welche auch immer es sein mögen, doch man überwindet sie. Das ist ein großes Opfer. Man akzeptiert seine Aufgabe im Leben und erfüllt sie mit ganzem Herzen, weil es anderen hilft – selbst wenn es nicht das ist, was man sich erträumt hat. Auch das ist ein großes Opfer. Ein sehr großes, Stella. Und diese Entscheidungen, diese Taten, diese Opfer bringen Konsequenzen mit sich. Die Geistwesen sehen, dass wir willig sind, unser Bestes geben – und noch mehr. Und im Gegenzug helfen sie uns.«

Die Indianerin schüttelte betrübt den Kopf.

»Früher war dieses Nehmen und Geben zwischen Mensch und Geistwesen üblich. Heute versteht kaum jemand etwas von der Kraft, von der Macht eines solchen Opfers. Aber ich kann nur immer wieder betonen, dass es das Einzige ist, was uns jetzt noch helfen kann. Uns allen. Der Welt.«

Stella sah sie verunsichert an. Es kam ihr fast so vor, als hätte Elizabeth eine Art Vision gehabt, als spräche jemand durch sie und nicht sie selbst, und ihr wurde etwas unheimlich zumute.

»Kann ich etwas opfern?«, fragte sie zögernd.

Elizabeth schüttelte den Kopf. »Luke erbringt heute das große Opfer für uns, indem er fastet. Alles, was wir tun können, ist, ihm zu helfen. Als Hüterinnen.«

Stella rutschte unruhig auf dem Schlafsack hin und her. Luke. Wie es ihm wohl gerade erging? Wie fühlte er sich wohl, ohne Nahrung und Wasser, ohne Waffe oder

Schlafsack, ohne licht- und wärmespendendes Feuer, ganz allein im Dunkel der Nacht?

»Woran denkst du?«, fragte Elizabeth.

»Daran, wie Luke sich jetzt fühlen muss«, erwiderte Stella leise.

»Luke ist ein besonderer Mensch. Little Drum hat das sofort erkannt, ohne von seinem Schicksal zu wissen. Schon als kleiner Junge hat man ihm alles genommen, was ihm Sicherheit und Beständigkeit gab. Man hat ihm alles genommen, was er kannte. Sogar seine Familie. Seitdem ist er ein Einzelgänger, fernab von Menschenmengen, fernab von einem normalen Dasein. Das hat ihn verändert, geformt, hat ihm zu dem gemacht, was er heute ist. Seit dem Tod seiner Eltern ist er nicht mehr derselbe. Er hatte einen schweren Weg, und er hat ihn gehasst. Aber das große Opfer, das er erbringen musste, war keine Strafe, sondern ein außerordentliches Geschenk. Wäre Luke heute nicht, wer er ist, so hätte unser Stamm niemanden, der sich für sein Wohlergehen einsetzt und sich gegen die bösen Mächte stellt.«

Sie sah gedankenversunken in die Flammen.

»Eines Tages – sehr bald schon – wird Luke der Mann sein, der er hat werden sollen, und sein großes Opfer wird ihm die Freiheit schenken. Freiheit und Glück.«

Stella stiegen bei diesen Worten Tränen in die Augen. Nicht nur wegen Lukes schwerem Lebensweg, sondern auch, weil sie in diesem Augenblick erkannte, dass sie es sein wollte, die ihn glücklich machte. Sie wollte ein Teil seines Lebens sein. Seine Familie. Mit Niklas.

Diese Erkenntnis und das Wissen, dass ihre Liebe nie sein durfte, waren es, die Stella in dieser Nacht kein Auge zu tun ließen. Sie wechselte sich mit Elizabeth mit der Wache ab, ohne es wirklich zu merken. Es war kalt und dunkel, und selbst der Wind in den Bäumen hörte sich nicht mehr so gutwillig an wie bei Tage. Hin und wieder knackte und raschelte es ganz furchterregend im Unterholz, aber Stella hatte keine Angst. Sie fühlte sich wie losgelöst, so, als sei es nicht sie, die dort an dem Berghang in der Wildnis Wache hielt, sondern jemand ganz anderes. Und wann immer Elizabeth die Wache übernahm und sie schlafen sollte, lag sie wach da und starrte in die Flammen des Lagerfeuers.

Erst als die Morgendämmerung die Prärie in fahle Schatten tauchte, fiel Stella in einen unruhigen Schlaf. Doch sie schreckte schon kurze Zeit später wieder auf. Kerzengerade und mit weit aufgerissenen Augen saß sie in ihrem Schlafsack und starrte gen Himmel. Ein großer Schatten schwebte in lautlosem Flug dicht über ihr Schlaflager hinweg.

Luke saß auf der Kuppe des Hügels in dem schützenden Kreis, den er mit einem Stock in den Boden geritzt hatte. Manchmal stand er auf und ging langsam auf und ab, um sich warm zu halten. Die Decke, die er um sich geschlungen hatte, schien hauchdünn in der Kälte der Nacht. Immer wieder blickte er in den mondlosen Nachthimmel, hoffte auf ein Zeichen, eine Antwort auf seine Gebete.

Jede Minute des vergangenen Tages hatte er gebetet und versucht, alle anderen Gedanken aus seinem Kopf zu verbannen. Luke wusste, sein Kopf musste leer sein, um die Stimmen der Geister zu vernehmen. Doch nun neigte die Nacht sich ihrem Ende zu, und er hatte noch immer keine Antwort auf seine Bitten erhalten, kein Zeichen, das ihm den Weg wies.

Luke versuchte die missmutigen Gedanken, die in ihm aufstiegen, zu unterdrücken. Er durfte nicht undankbar sein. Er würde genau die Antwort erhalten, die die Geister ihm zugedacht hatten. Und wenn ihm kein offensichtliches Zeichen geschickt werden würde, dann hatte auch das seinen Grund. Er stand erneut auf, ging ein paar Schritte und setzte sich wieder. Das erste fahlgraue Licht der Morgendämmerung zeichnete sich am Horizont ab. Bald würde es an der Zeit sein, zu Elizabeth und Stella zurückzukehren. Luke hob noch einmal den Kopf zum Himmel, schloss die Augen und bat die Ahnen um Beistand.

»Great Spirit und all ihr Ahnen, bitte zeigt mir den Weg«, sprach er laut aus.

Da glitt ein großer Schatten über ihn hinweg und ließ sich in der Krone einer Ponderosa-Kiefer nieder. Der Flügelschlag war lautlos, doch Luke spürte die Luftwirbel, die er verursachte. Dann durchbrach ein langgezogener, tiefer, beinahe klagender Laut die Stille des anbrechenden Morgens, und Luke wusste mit Sicherheit, wer ihm einen Besuch abstattete. Die Eule war abermals zu ihm zurückgekehrt. Die Ahnen hatten ein Zeichen gesandt.

Ben ging zu Niklas, der bewegungslos am Fenster des Baucontainers stand und nach draußen starrte. Ein neuer Morgen brach an, und Ben wusste, dass Niklas auch in der letzten Nacht kaum Schlaf gefunden hatte. Immer wieder war er atemlos und schweißnass aufgeschreckt. Er hatte schlimme Angstträume, die ihn nicht zur Ruhe kommen ließen.

»Du musst etwas essen«, erklärte Ben und hielt dem Jungen einen der Müsliriegel hin, die man ihnen am Vortag gebracht hatte.

Niklas schüttelte ablehnend den Kopf.

»Dann komm rüber zu unserem Bett und versuch etwas zu schlafen. Es wird langsam hell draußen. Tagsüber sind deine Träume nicht so schlimm wie in der Nacht.«

Niklas verstand Bens Worte nicht. Er sah aus dem Fenster, weil er hoffte, dass Mr Forester an diesem Morgen kommen würde. Er war gestern dort gewesen. Ganz in ihrer Nähe. Ben und er hatten so laut geschrien, dass ihnen beinahe schlecht geworden war, aber Mr Forester hatte sie nicht gehört. Das war auch eigentlich nicht weiter verwunderlich, denn die Einfahrt zur Grube lag weit unter ihnen, und die großen Maschinen machten enormen Krach. Trotzdem war es einen Versuch wert gewesen, und Niklas würde es auch heute wieder versuchen, selbst wenn es aussichtslos erschien. Natürlich war es jetzt noch sehr früh am Morgen, viel zu früh für Mr Forester. Aber Niklas wollte ihn unter keinen Umständen verpassen. Wenn er denn kam.

Ben musterte Niklas unsicher. Er wusste nicht, was er tun oder sagen sollte. Er wusste einzig und allein, dass Niklas übermüdet und am Ende seiner Kräfte war.

»Schhhh«, machte Niklas jetzt.

Ben sah ihn verwundert an.

Niklas legte die Hand an sein Ohr und ahmte einen Vogel nach. »Ich glaube, ich habe etwas gehört. Einen Vogelschrei«, versuchte er Ben zu erklären.

Ben verstand seine Gesten. Die Jungen lauschten angespannt, aber alles blieb still. Kein Laut war zu hören.

Tränen stiegen in Niklas' Augen. Ben bemerkte es und legte schnell seine Hand auf die Schulter des Jungen. Dabei fiel ihm auf, dass der Kleine noch immer die geschnitzte Eule festhielt, die Luke ihm geschenkt hatte.

»Luke wird kommen und uns hier herausholen«, sagte Ben, so fest er konnte. »Du wirst sehen!«

27

Stella und Elizabeth räumten die Schlafsäcke und Lebensmittel gleich bei Anbruch der Dämmerung zusammen. Anschließend machte Elizabeth sich daran, an einer Stelle etwas weiter bergab die Schwitzhüttenzeremonie vorzubereiten. Für Stella hieß es wieder einmal zu warten.

Als die Indianerin eine Weile später zu ihr zurückkehrte, hatte Stella Neuigkeiten.

»Da kommt Luke!«, rief sie erleichtert und sprang auf. Gerade wollte sie ihm entgegenlaufen, als Elizabeth sie zurückhielt.

»Das Ritual des Fastens ist erst nach dem Besuch der Schwitzhütte abgeschlossen«, erklärte sie. »Bis dahin wird so wenig wie möglich gesprochen – vor allem mit Luke.«

Stella konnte ihre Enttäuschung kaum unterdrücken, aber sie wusste, sie musste sich an die Regeln der alten Zeremonien halten. Zu viel stand für sie alle auf dem Spiel.

Sie wartete also schweigend ab, bis Luke sie erreicht hatte. Zu ihrer Überraschung würdigte er sie keines Wortes, nicht einmal eines Blickes. Lediglich an Elizabeth wandte er sich knapp.

»Ist alles bereit?«

»Alles ist vorbereitet«, erklärte sie. »Kommt mit mir.«

Stella und Luke folgten der Indianerin schweigend, Sylvester an ihrer Seite. Sie gingen an dem Ufer des kleinen Bachlaufes entlang, der sich zwischen den Bäumen bergab schlängelte, durchquerten ein Wäldchen und gelangten schließlich an eine kleine Lichtung. In ihrer Mitte stand ein merkwürdiges Etwas, wie ein großer, runder Buckel, der aus dem langen Gras ragte und mit Decken und Planen abgedeckt war. Davor knisterte ein Lagerfeuer, das mittlerweile beinahe ganz heruntergebrannt war. Eine fast feierliche Atmosphäre lag in der Luft, es war die Ahnung, dass hier bald etwas Besonderes stattfinden würde.

Das muss die Schwitzhütte sein, dachte Stella.

Als sie die Hütte erreichten, ging die Sonne auf und tauchte die Lichtung in ein goldenes Licht. Stella atmete dankbar auf, denn trotz der Bewegung war ihr noch immer kalt.

»Da es das erste Mal ist, dass du an einer solchen Zeremonie teilnimmst, erkläre ich dir kurz, wie sie ablaufen wird«, sagte Elizabeth jetzt zu ihr. »Die Schwitzhüttenzeremonie ist, wie gesagt, Teil des Fastens. Sie soll dem Fastenden helfen zu verstehen, was er während des Fastens erlebt oder gesehen hat, denn es ist oft nicht einfach, die Zeichen, die uns von den Geistern gesandt werden, richtig zu deuten.« Sie machte eine Pause, um sich zu vergewissern, dass Stella ihrer Erklärung folgte.

»In der Mitte der Schwitzhütte befindet sich eine Kuhle im Boden. Dort werden heiße Lavasteine hineingelegt. Auf die Steine wird Wasser gegossen, so dass sich sehr viel Dampf bildet. Da der Eingang der Schwitzhütte während der Zeremonie verschlossen ist, kann der heiße Dampf nicht entweichen. Außerdem ist es im Inneren stockdunkel. Das ist sehr wichtig. Im Verlaufe der Zeremonie werden dann verschiedene Kräuter verbrannt, um die Geistwesen zu befragen.«

»Ein ganz ähnliches Prinzip wie eine Sauna«, meinte Stella. »Nur dass bei der Sauna statt der spirituellen Klärung die körperliche Reinigung im Vordergrund steht.«

»Das stimmt. Deine Aufgabe besteht nun darin«, fuhr Elizabeth fort, »das Feuer zu hüten und die Steine heiß zu halten. Bei Bedarf wirst du die Steine mit Hilfe der Mistgabel dort drüben in die Hütte reichen und in die Grube legen.«

Sie sah Stellas zweifelndes Gesicht und musste schmunzeln. »Keine Angst, mein Kind, es ist nicht so kompliziert, wie es sich anhört. Aber nun sollten wir beginnen.«

Elizabeth und Luke gingen nacheinander hinter ein hohes Gebüsch und kamen kurz darauf nur mit großen Handtüchern bekleidet wieder hervor. Elizabeth schlug die Decke zurück, die den Eingang der Schwitzhütte verdeckte, und verschwand im Inneren. Luke reichte ihr eine Schöpfkelle und einen Eimer mit Wasser hinein und folgte ihr dann.

»Bring jetzt die erste Ladung Lavasteine«, forderte Elizabeth Stella aus dem Inneren der Hütte auf.

Die Steine waren in die Glut des Lagerfeuers eingebettet, und Stella hatte Bedenken, ob sie sie wirklich so einfach dort herausholen könnte. Aber mit Hilfe der Mistgabel und Elizabeths Anweisungen lief alles glatt. Stella legte die Steine in die Mulde in der Mitte der Schwitzhütte, kehrte nach draußen zurück und zog die Decke fest über den Eingang. Dann setzte sie sich neben das Feuer und wartete.

Warten. Das schien seit geraumer Zeit das Einzige zu sein, was sie tat.

Stella wusste nicht, wie lange sie neben dem Feuer ausharrte. Die Sonne stieg schnell höher, und es wurde angenehm warm. Ein leichter Wind wehte und brachte die Kiefern zum Singen. Stella konnte sich nicht daran erinnern, jemals so viel Zeit gehabt zu haben, dem Wind in den Bäumen zu lauschen. Und je länger sie zuhörte, desto mehr fühlte sie sich zu der Melodie hingezogen. Sie war lieblich und beruhigend. Gleichzeitig sprach sie so verlockend von Abenteuer und ungezügelter Freiheit, dass Stella beinahe Fernweh bekam.

Dreimal rief Elizabeth aus dem Inneren der Schwitzhütte nach ihr, und dreimal legte Stella heiße Steine nach. Dann endlich war die Zeremonie beendet, und Elizabeth und Luke traten aus dem Dunkel der Hütte. Beide wirkten ruhig und gelassen.

Stella sah ihnen gespannt entgegen, aber keiner der beiden sprach ein Wort. Erst als sie wieder angekleidet waren, wandte Elizabeth sich an Luke.

»Dies ist für dich. Ich habe es lange Zeit mit mir herumgetragen und mich immer gefragt, wozu. Nun weiß ich es.« Sie reichte ihm ein kleines Lederbündel, das mit einem schmalen Lederriemen zugeschnürt war.

Luke öffnete den Riemen und faltete das Bündel behutsam auseinander. Stella blickte neugierig über seine Schulter. Gleich darauf stellte sie verwundert fest, dass kein Gegenstand in dem Bündel zu finden war, sondern dass das Lederstück selbst das Geschenk darstellte. Auf der Innenseite war es nämlich nicht gegerbt, sondern hatte noch das Haar des Tieres. Das kurze Fell glänzte schneeweiß in der Sonne und wirkte weich wie Seide.

»Das Fell eines Schneehasen«, stellte Luke überrascht fest.

»Die Geister haben mir gesagt, dass es dir gehören soll«, erklärte Elizabeth. »Gib gut darauf acht.«

»Ich danke dir für dein großzügiges Geschenk«, sagte Luke in der förmlichen und höflichen Art, wie es bei seinem Volk üblich war, wenn man ein Geschenk erhielt.

»Es ist gut«, erwiderte Elizabeth ebenso förmlich.

Damit war das Thema für sie erledigt, und sie wandte sich sachlicheren Dingen zu. »Ihr reitet besser zurück zur Ranch. Es gibt viel zu tun. Ich werde unterdessen hier aufräumen und das Feuer löschen und komme dann nach.« Als Stella Einwände erheben wollte, setzte sie hinzu: »Ich weiß, du hast ein gutes, hilfsbereites Herz, Stella. Aber hier gibt es für dich nichts weiter zu tun.«

Also verabschiedeten Stella und Luke sich von Elizabeth und machten sich gemeinsam mit Sylvester zu der Stelle auf, wo sie die Pferde zurückgelassen hatten.

Sie gingen eine Weile schweigend nebeneinanderher. Stella wollte Luke etwas sagen, etwas ganz Bestimmtes, aber sie wusste nicht, wie sie es anstellen sollte. Oder besser gesagt, sie traute sich nicht.

»Heute bei Morgendämmerung ist eine Eule zu mir gekommen«, sagte Luke schließlich in die Stille hinein.

»Das war das Zeichen, nicht wahr?«, fragte Stella leise. »Das Zeichen, das die Ahnen dir geschickt haben? Ich habe ihren Ruf gehört. Und ich glaube, ich habe sie auch gesehen. Nur ein lautloser Schatten.«

»Bei unserem Volk muss es immer einen Zeugen geben, jemanden, der bestätigt, was man während der Zeremonie sieht oder hört. Schön, dass du mein Zeuge bist«, sagte Luke lächelnd.

Stella blieb wie angewurzelt stehen. Es war ihr ein Gedanke gekommen. Ein vager Gedanke, aber ein sehr wichtiger.

»Die Eulenmedizin«, hauchte sie. »Du hast von den Ahnen die Eulenmedizin bekommen.« Sie sah Luke gespannt an.

»Du hast recht«, erwiderte er überrascht. »So hat es auch Elizabeth gedeutet, als ich ihr in der Schwitzhütte davon erzählt habe. Wie ich sehe, seid ihr Frauen eine ganze Ecke schlauer als ich.« Er versuchte zu scherzen, aber Stella war nicht nach Scherzen zumute. Ihre Gedanken waren ihr eben so herausgerutscht. Sie erinnerte sich daran, was Luke ihr vor scheinbar unendlich langer Zeit vor seiner Hütte über Menschen erzählt hatte, die Träger der Eulenmedizin waren: Sie können sehen und hören, was andere zu verbergen suchen, und sind besonders hellhörig für die Stimmen der Ahnen. Aber konnte es wirklich wahr sein? Dann siegte ihr Herz über ihren Verstand. Warum eigentlich nicht? Es waren genau diese Gaben, genau diese Fähigkeiten, die sie brauchten, um die Jungen zu befreien.

»Elizabeth sagte noch etwas anderes, und ich denke sie hat recht«, fuhr Luke fort. »Sie glaubt, dass ich die Eulenmedizin schon seit meiner frühen Kindheit besitze. Seit der Nacht des Unfalls. Ich habe sie all die Jahre hindurch bloß verdrängt. Allein in Zeiten absoluter Not, in der sich mein Verstand ausgeschaltet hatte, konnte die Eulenmedizin ihre Kraft zeigen.«

»Es war die Eule, die dir in Afghanistan das Leben gerettet hat«, flüsterte Stella.

Luke nickte. »Die Ahnen bitten mich nun, mit dem Weglaufen aufzuhören und endlich der Mann zu sein, der zu werden ich schon vor meiner Geburt auserkoren worden bin.« Er lachte leise auf. »Das ist schwieriger, als es sich anhört. Und jetzt bleibt mir kaum mehr Zeit. Aber die Eule hat mir Zuversicht geschenkt. Sie kam genau vor Anbruch des neuen Tages. Ich sehe das als Zeichen dafür, dass ich an der Schwelle meines neuen Ichs stehe – obwohl es mir selbst bisher nicht bewusst gewesen ist. Und diese Tatsache gibt mir Hoffnung und Kraft für die Aufgabe, die mir bevorsteht.«

Schweigend gingen sie weiter. Stella dachte über Lukes Worte nach und fragte sich unwillkürlich, ob diese Wandlung möglicherweise auch die Tür für eine weitere öffnen könnte. Für eine Wandlung in der Bereitschaft, eine Beziehung einzugehen – zu ihr. Aber sie traute sich nicht, diesen Gedanken vor ihm auszusprechen.

Einen kurzen Augenblick später erreichten sie die Pferde, die genüsslich in der Sonne grasten. Sie sattelten zwei von ihnen und luden Decken, Schlafsäcke und so viel von der restlichen Ausrüstung auf, wie sie unterbringen konnten. Luke wollte schon aufsitzen, als er Stellas gedankenversunkenes Gesicht bemerkte.

»Worüber grübelst du nach?«, fragte er. »Wegen Nick brauchst du dich nicht zu sorgen. Ich habe dir gesagt, dass ich ihn dir wiederbringe.«

»Es ist nicht wegen Niklas«, murmelte Stella.

»Was ist es dann? Willst du es mir anvertrauen?« Er kam zu ihr herüber und legte ihr freundschaftlich die Hand auf die Schulter.

Seine unerwartete Nähe verunsicherte Stella so sehr, dass sie errötete.

»Luke, ich ...«, begann sie heiser, dann brach ihre Stimme ab. Sie konnte kein weiteres Wort herausbringen. Stattdessen schaute sie zu ihm auf und sah ihm unverwandt in die Augen. All ihre widersprüchlichen Gefühle, ihre Ängste und Hoffnungen, ihre unerfüllten Wünsche und die tiefe Liebe, die sie für ihn empfand, waren in ihrem Blick zu lesen. Sie offenbarte ihm Einsicht in ihre Seele, versuchte nicht, ihm etwas zu verheimlichen, hätte es auch nicht gekonnt, selbst wenn sie es gewollt hätte.

Lukes Blick wurde sanft. Er streckte die Hand aus und streichelte ihr liebevoll über die Wange.

»Stella, wie lange habe ich mich danach gesehnt, dass eine Frau mich so ansieht, wie du es jetzt tust. Kein Mann kann sich mehr erhoffen. Und ich wünschte, ich könnte dir sagen, dass meine Gefühle für dich genauso stark sind. Aber so einfach wie in einem Roman ist es im wirklichen Leben nun einmal nicht.«

Stella schlug die Augen nieder und sah tief getroffen zu Boden.

»Sieh mich an.« Luke legte seine Hand unter ihr Kinn und hob es an. »Was wäre ich für ein Mann, wenn ich dir in dieser vertrackten Situation, in der wir uns im Augenblick befinden, sagen würde, dass du mir sehr viel bedeutest? Ich meine, ich weiß nicht einmal, ob ich lebend da herauskomme. Und selbst wenn ich überleben sollte – welche Aussichten hätte eine solche Beziehung? Du eine hübsche, weiße junge Frau und ich der einsame, griesgrämige Krieger.«

Als sie noch immer nichts erwiderte, setzte er hinzu: »Liebe ist eine komische Sache. Und sie umfasst nicht immer nur zwei Menschen, die nur ihre eigene kleine Welt sehen. Liebe kann viel mehr, kann allumfassend sein. Liebe für das Land und die Tiere, die Pflanzen und Geister, die auf ihm leben. Liebe für unsere Mitmenschen. Sie alle gilt es zu beschützen, nicht nur unsere eigene kleine Welt.« Er sah sie bittend an. »Verstehst du? Ich könnte dir nichts bieten. Nicht das, was du dir wünschst.«

Stella machte sich von ihm los.

»Das eine muss das andere doch nicht ausschließen«, sagte sie leise. Dann stieg sie auf ihr Pferd und ritt zurück zum Wohnhaus. Sie hatte all ihren Mut aufbringen müssen, um Luke ihre Gefühle zu offenbaren. Sie musste eine Weile allein sein, um sich zu fangen.

Luke sah ihr wehmütig nach. Die Worte, die er ihr gesagt hatte, taten ihm selbst genauso weh. Aber es hatte sein müssen. Er durfte sie nicht an sich binden, nicht jetzt, da so viel auf dem Spiel stand. Was, wenn er nicht lebend zurückkäme? Und überhaupt, er musste sich auf die vor ihm liegende Aufgabe konzentrieren. Sonst nichts.

Stella wusste, dass ihre Mutter sich darüber wunderte, dass sie allein zum Ranchhaus zurückkehrte, und auch darüber, dass sie ungewohnt still war. Aber Sarah fragte sie nicht, was vorgefallen war, und dafür war Stella sehr dankbar.

Luke traf kurz nach ihr ein. Er würdigte sie keines Blickes und wirkte zudem seltsam verschlossen. Auch mit den anderen sprach er kaum ein Wort. Stattdessen verschwand er sofort im Büro. Stella nahm an, dass er erneut telefonierte.

Als Luke kurz darauf wieder auftauchte, wechselte er ein paar Worte mit Terry. Dann wandte er sich an die anderen, die sich gespannt im Wohnzimmer versammelt hatten.

»Es geht los! Ein Kumpel von mir glaubt, den Aufenthaltsort der Jungen ausfindig gemacht zu haben. Er wird sie im Auge behalten, bis ich dort bin. Terry wird in der Zwischenzeit hier bei euch bleiben und aufpassen, dass euch nichts geschieht.«

»Wann fährst du los?«, wollte Will wissen.

»Sofort«, erklärte Luke. »Ich habe einen weiten Weg vor mir, und ich will keine Zeit verlieren.«

Er verabschiedete sich von allen, auch von Ed und Kristy. Terry wartete in der Eingangshalle auf ihn. Stella hörte, wie die beiden miteinander sprachen.

»Viel Erfolg, alter Junge«, sagte Terry. »Und mach dir keine Sorgen. Ich werde gut auf deine Freunde aufpassen!«

»Bis später«, meinte Luke und klopfte seinem Freund zum Abschied auf die Schulter.

Er wandte sich bereits zur Tür, Sylvester wie immer an seiner Seite, als Stella ihm überstürzt nacheilte. Sie konnte ihn nicht einfach so gehen lassen und ihn vielleicht nie wiedersehen! Und es war ihr egal, was die anderen dachten!

»Bitte sei vorsichtig!«, flüsterte sie, als sie dicht vor ihm stand, und sah ihn fast flehend an.

Luke erwiderte ihren Blick. Dann zog er sie überraschend in seine Arme und drückte sie an sich.

Stella erwiderte seine Umarmung, wie sie noch nie zuvor in ihrem Leben eine Umarmung erwidert hatte. Sie liebte Luke, das wusste sie jetzt. Aber es war zu spät. Sie musste ihn gehen lassen, würde ihn vielleicht nie wiedersehen. Sie schmiegte sich an ihn, versuchte sich jede Einzelheit genau einzuprägen: den Druck seiner starken Arme, den besonderen Geruch, der von ihm ausging, sein langes Haar zwischen ihren Fingern, die Wärme seines Körpers. Sie wollte sich eine Erinnerung schaffen. Eine Erinnerung an Luke. Es war alles, was ihr blieb. Das Gefühl, das sie überkam, war so intensiv, so schmerzhaft, dass ihr schwindelig wurde, aber gleichzeitig so schön, so friedlich, so vollkommen, dass sie wünschte, es würde niemals enden.

Stella wusste nicht, wie lange sie eng umschlungen vor den Augen aller dastanden. Und es war ihr egal. Für sie war es eine kleine Ewigkeit, die sie sich, solange es ging, erhalten wollte. Gleichzeitig sandte sie all ihre Liebe, all ihre Kraft an Luke, in der Hoffnung, dass es ihm Mut und Stärke gab. Mut und Stärke, um Niklas und Ben zu befreien, Mut und Stärke, um lebend aus der Sache herauszukommen. Ja, Luke sollte leben – auch wenn es für sie keine gemeinsame Zukunft gab. Stella wünschte sich einzig und allein, dass er gesund und glücklich war. Sein Glück würde auch sie glücklich machen.

Dann geschah etwas Seltsames. Für einen Moment hatte Stella den Eindruck, als hätte sie genau diesen Augenblick, genau diese Umarmung mit Luke schon einmal erlebt. Es war ein bizarres Gefühl, und es mischte sich mit der Ahnung, dass etwas nicht in Ordnung war. Sie wusste nicht, was es war, aber irgendetwas stimmte nicht, irgendetwas lief verkehrt – das spürte sie ganz deutlich!

Doch da löste Luke sich aus der Umarmung, drehte sich wortlos um und ging nach draußen.

Verwirrt und aufgewühlt sah Stella ihm nach. Sie fühlte sich wie benommen. Sarah kam zu ihr und legte schweigend ihren Arm um sie.

»Manche Menschen kennt man sein ganzes Leben, ohne sie wirklich zu kennen. Und andere kennt man nur eine sehr kurze Zeit, aber es fühlt sich an, als kenne man sie seit einer Ewigkeit«, sagte Stella leise.

»Verhält es sich für dich so bei Luke?«, fragte Sarah. »Du meinst ihn schon unendlich lange zu kennen?«

Stella nickte verlegen.

Zu ihrer Überraschung gab ihre Mutter ihr an dieser Stelle keinen abgedroschenen Rat, sondern sagte etwas völlig Unerwartetes.

»Dann begeh nicht denselben Fehler, den ich gemacht habe!«

»Wie meinst du das?«, fragte Stella erstaunt.

»Ich habe noch nie darüber gesprochen«, sagte Sarah zögernd und räusperte sich. »Aber du sollst eines wissen, egal, was du von mir hältst: Dein Vater, Günter, ist nicht meine große Liebe. Ist es nie gewesen. Das Schicksal hat mir als junge Frau einen seltsamen Streich gespielt. Heute weiß ich, dass es kein Zufall war, dass alles so kommen musste, wie es gekommen ist. Aber damals habe ich eine lange Zeit gebraucht, um mich damit abzufinden.«

Stella hing gebannt an jedem Wort, das ihre Mutter sagte.

»Wir haben nicht viel Zeit«, sprach Sarah rasch weiter. »Es war ein Mann namens Philip, der mein Herz gestohlen hatte. Aber er war ein armer Musiker, und ich hatte hohe Ziele. Ich wollte meine Karriere nicht aufgeben, nur um für den Rest meines Lebens jeden Pfennig umdrehen zu müssen.« Sie sah Stella fest an. »Ich habe ihn verlassen – für meine Karriere. Dann habe ich deinen Vater kennengelernt. Es war nicht die große Liebe, aber eine gute Partie. Und bevor ich es mich versah, war ich schwanger und musste mich erneut zwischen Karriere und Familie entscheiden.«

»Und dann bist du nach Vancouver geflogen und hast Little Drum und Elizabeth getroffen und dich dazu entschlossen, dein Baby zu behalten«, flüsterte Stella.

»Es war schon komisch«, sagte Sarah. »Da war ich nun, ohne Karriere und mit einem Baby, das nicht von meiner großen Liebe stammte. Wie oft habe ich mich damals gefragt, warum ich nicht bei Philip geblieben, warum ich so egoistisch gewesen bin.«

»Warum bist du nicht zu ihm zurückgekehrt?«, fragte Stella erschüttert. »Wenn er dich wirklich geliebt hat, hätte er dir bestimmt verziehen.«

»Ich hatte meine Chance vertan. Ich blicke nicht gerne auf Vergangenes zurück. Die Zukunft liegt nicht hinter dir, sondern vor dir. Aber das ist meine Sache.« Sie sah sich hastig um. »Du musst dich beeilen, wenn du Luke einholen willst.«

»So einfach ist es nicht«, sagte Stella. »Ich habe mit Luke über meine Gefühle gesprochen. Er empfindet nicht dasselbe für mich. Außerdem steht einer Beziehung zwischen ihm und mir einfach zu viel im Wege.«

»Ich glaube, du irrst dich, mein Kind«, erwiderte

Sarah bestimmt. »Erinnerst du dich an das Schild, das du in dem kleinen Trödelladen in Winding River gekauft hast? *True Happiness Awaits the Adventurous Heart.* Lass dein Herz voller Abenteuerlust sein, kämpfe für dein wahres Glück! Lass nichts unversucht, sonst wird es dir später einmal sehr leidtun. Und nun geh!« Sie schob Stella zur Tür.

»Aber Mutti, wie stellst du dir das vor?« Da fiel ihr Blick durchs Fenster nach draußen. Luke war noch nicht abgefahren! Er stand neben einem blauen Minivan, den er sich augenscheinlich von Ed geliehen hatte, und sprach mit dem Rancher. Stellas Herz machte einen Sprung. Sie wusste nun, was sie zu tun hatte! Sie würde nicht einfach hier sitzen und das Schicksal für sie bestimmen lassen. Sie würde ihr Leben selbst in die Hand nehmen!

»Lenk die beiden ab«, zischte sie ihrer Mutter zu, während sie zur Haustür eilte. Dann hielt sie abrupt inne, kehrte zu Sarah zurück und umarmte sie innig. »Danke, Mutti.«

Sarah lächelte ihr aufmunternd zu. Sie wusste, sie schickte ihre einzige Tochter in eine gefahrvolle Situation. Aber alle Gefahren waren nichtig im Vergleich zu der nagenden Frage *Was wäre gewesen, wenn …*, die sie selbst sich in den vergangenen dreißig Jahren so oft gestellt hatte. Entschlossen lief sie in die Küche und öffnete das Fenster. Sie sah gerade noch, wie Ed Luke mit den Worten »Das wirst du brauchen«, eines seiner Gewehre reichte.

»Du bist ein wahrer Freund«, erwiderte Luke und klopfte dem Rancher dankbar auf die Schulter.

»Entschuldigt bitte die Störung«, rief Sarah ihnen zu. »Ich bin auf der Suche nach Lynn. Habt ihr sie vielleicht gesehen?«

Die Männer drehten sich verwundert zu ihr um.

»Tut mir leid. Hier ist sie nicht«, sagte Luke.

Stella aber nutzte diesen Augenblick der Ablenkung, um ungesehen in den Minivan zu schlüpfen.

28

Sylvester erhob keine Einwände, als Stella in den Wagen sprang. Flink kletterte sie über die Rückbank in den Kofferraum und verhielt sich mucksmäuschenstill. Die hinteren Fenster des Minivans waren abgedunkelt und von außen nicht einsehbar, und so stieg Luke in den Wagen ein, ohne etwas von ihrer Anwesenheit zu ahnen. Er startete den Motor und fuhr los.

Nach einer Weile ließ das Holpern nach, und Stella nahm an, dass sie den Highway erreicht hatten. Aber in welche Richtung sie unterwegs waren, konnte sie nicht sagen. Sie traute sich auch nicht, sich zu bewegen und aus dem Fenster zu schauen. Sie lag einfach still da und wartete ab.

Schon bald ließ das eintönige Motorengeräusch sie müde werden. Stella döste vor sich hin und überlegte, wann sie das letzte Mal nachts vernünftig geschlafen hatte, doch es wollte ihr einfach nicht einfallen. Sie wusste einzig, dass es ihrem Körper sehr lange vorkam, seit er wirkliche Rast und Erholung bekommen hatte. So wurde sie denn auch mit jeder Umdrehung der Wagenräder schläfriger und schläfriger, und ehe sie es sich versah, war sie eingeschlafen.

Erst als der Minivan ruckartig zum Stillstand kam, schreckte Stella auf. Sie rieb sich verschlafen die Augen und wunderte sich, dass ihre Arme und Beine so verkrampft waren. Dann erinnerte sie, wo sie war und warum. Vorsichtig blickte sie aus dem Wagenfenster. Sie befanden sich auf einem unbefestigten Weg inmitten eines dichten Waldes. Hier wuchsen jedoch keine majestätischen Ponderosa-Kiefern mehr, sondern wieder schlanke Espen und Weißfichten. Stella schloss daher, dass sie in die Umgebung von Fort McMurray zurückgekehrt waren. Die Sonne stand hoch am Himmel, es musste um die Mittagszeit sein. Ansonsten konnte sie nichts erspähen.

Gerade überlegte Stella, was sie als Nächstes tun sollte, als Luke den Motor abstellte und ausstieg.

»Komm, Sylvester! Jetzt werden wir uns mal ein bisschen umsehen«, rief er und griff nach dem Gewehr, das Ed ihm geliehen hatte.

Stella hörte, wie Sylvester elanvoll aus dem Wagen sprang.

Gleich schließt Luke den Wagen ab!, dachte sie panisch. Kurzentschlossen sprang sie auf die Rückbank des Minivans und klopfte zaghaft an die Scheibe.

Luke fuhr herum, das Gewehr im Anschlag. Stella stockte der Atem und sie wich erschrocken vom Fenster zurück.

»Was in aller Welt machst du hier?«, brauste Luke auf und riss die Wagentür auf.

Stella fing sich sofort und streckte das Kinn vor.

»Ob du es glaubst oder nicht, du brauchst Hilfe. Und da du nie zugestimmt hättest, mich mitzunehmen, habe ich mich eben versteckt«, erklärte sie mit entschlossener Stimme.

Luke fuhr sich aufgebracht durchs Haar. »Das ist ja eine schöne Bescherung! Und du, Sylvester, warum hast du nichts verlauten lassen, hm?«, setzte er murmelnd hinzu. Dann wandte er sich wieder an Stella: »Mitkommen kannst du auf keinen Fall! Und es bleibt keine Zeit für lange Diskussionen. Tu, was ich dir sage, und bleib im Wagen, bis ich zurück bin!«

»Wo sind wir eigentlich?«, erkundigte Stella sich, bevor er die Tür zuschlagen konnte.

»Ganz in der Nähe des Ortes, an dem die Jungen gefangen gehalten werden«, erwiderte Luke kurz angebunden.

»Warum bist du dann allein? Wo sind deine Kumpel von der JTF 2?«

»Meine Kumpel haben die Lage ausgekundschaftet und Nick und Ben ausfindig gemacht. Mehr kann ich von ihnen nicht erwarten. Dies ist schließlich nicht ihr Kampf.« Lukes Stimme klang ungehalten. »Bleib hier«, wiederholte er. Dann schloss er die Wagentür und verschwand mit Sylvester zwischen den Bäumen.

»Bleib hier«, äffte Stella beleidigt nach. Sie ließ sich in den Sitz zurückfallen und überlegte, ob sie es wagen sollte, Lukes Anweisung zu ignorieren und ihm zu folgen. Da machte sie eine Bewegung am Waldrand aus. Sofort rutschte sie tiefer in den Sitz, um nicht so leicht gesehen werden zu können, und spähte vorsichtig nach draußen.

Es waren Luke und Sylvester!

Sie atmete erleichtert auf. Doch schon im nächsten Augenblick überkam sie Angst. Warum waren die beiden so schnell zurück? War etwas vorgefallen, etwas mit den Jungen?

Hinter Luke und Sylvester tauchte jetzt die Gestalt eines weiteren Mannes aus dem Dunkel des Waldes auf. Er trug Tarnkleidung und hielt ein Gewehr mit Zielfernrohr in der Hand. Die beiden Männer wechselten ein paar schnelle Worte, dann klopfte Luke dem anderen auf die Schulter, hob grüßend die Hand und kam mit Sylvester zum Wagen zurück.

»Was ist los?«, fragte Stella angespannt, sobald er hinter dem Steuer saß.

»Schlechte Nachrichten. Sie haben die Jungen vor einer knappen Viertelstunde woandershin gebracht«, erklärte er und startete den Motor.

»Was?«, entfuhr es Stella entsetzt. »Und was sollen wir jetzt machen?«

»Wir folgen ihnen«, erwiderte Luke und deutete auf ein Minifunkgerät, das er an seinem Ohr befestigt hatte. »Mein anderer Kumpel, Matt, ist ihnen bereits auf den Fersen. Er wird uns sagen, wie wir fahren müssen.«

Luke verlor keine Zeit. Er nahm sofort Verbindung zu Matt auf. »Matt, ich bin am ehemaligen Versteck. Wie geht es weiter?« Er lauschte konzentriert. »Verstanden. Halte mich auf dem Laufenden.«

»Wohin haben sie die beiden gebracht?«, fragte Stella vom Beifahrersitz aus ängstlich. »Und warum?« Die Sache gefiel ihr ganz und gar nicht. Wozu der plötzliche Sinneswandel der Entführer?

»Ich weiß es nicht«, antwortete Luke. »Sie haben ihr Ziel noch nicht erreicht.«

Stella spürte, dass auch Luke Bedenken hatte. Aber da er von sich aus nichts weiter sagte, hakte sie nicht nach.

Eine halbe Stunde später folgten sie noch immer der unsichtbaren Fährte der Jungen, die für sie nur durch die Anweisungen von Lukes Kumpel Matt zu finden war. Weiter und immer weiter fuhren sie durch die Wildnis.

Mein Gott, wo bringen sie die beiden bloß hin?, fragte sich Stella im Stillen und klammerte sich nervös an ihre Eulenfigur. Sylvester leckte ihr mitfühlend die Hand.

»Sie haben angehalten!«, verkündete Luke eine Weile später und stieg aufs Gaspedal. »Gleich haben wir sie!«

Aber als sie die angegebene Stelle endlich erreichten, kam ihnen jemand entgegengelaufen. Das Gesicht des Mannes war düster.

»Das ist Matt«, erklärte Luke.

»Er sieht nicht gerade glücklich aus«, stellte Stella fest.

Matt, ein stämmiger junger Mann mit kurzgeschorenem braunem Haar, erreichte kurz darauf den Minivan und wandte sich durch das offenstehende Fahrerfenster an Luke. »Ich weiß nicht, was hier vor sich geht. Die haben eine ganze Truppe von bewaffneten Männern dort unten. Scheint mir ein bisschen viel Aufwand, nur um ein paar Jungen zu bewachen. Bist du dir sicher, dass es sich nicht noch um etwas anderes handelt? Ansonsten würde ich annehmen, dass man dich erwartet.«

»Und du irrst dich nicht?«, erkundigte sich Luke. Seine Miene war verschlossen. »Profis?«

»Nein, sieht eher wie Hinterwäldler aus«, erklärte Matt, »aber sie sind bis an die Zähne bewaffnet.«

Wir werden alle sterben, ging es Stella durch den Kopf und ihr wurde schummrig vor Augen. Gleichzeitig wurde ihr bewusst, dass sie diesen Gedanken in den vergangenen Tagen bereits mehrere Male gehabt hatte.

»Wie viele sind es?«, wollte Luke wissen.

»Ungefähr zehn«, berichtete Matt.

Luke überlegte einen Augenblick. »Ich werde mir die Sache mal aus der Nähe ansehen«, meinte er schließlich. »Kannst du mich führen?«

»Sicher. Aber zu weit sollten wir uns nicht heranwagen. Vor allem nicht mit ihr.« Matt deutete mit einer leichten Kopfbewegung auf Stella.

»Ich warte im Wagen«, bot sie hastig an. Aber Luke schüttelte den Kopf.

»Zu gefährlich. Wir bleiben zusammen. Sonst muss ich womöglich am Ende drei statt zwei Menschen aus den Händen dieser Typen befreien. Sylvester kann hierbleiben und den Wagen bewachen.« Er griff nach Eds Gewehr und wandte sich an den Hund: »Du passt hier schön auf, alter Junge, verstanden?«

Sylvester wedelte mit dem Schwanz. Natürlich verstand er.

Einen Augenblick später eilten Luke und Stella hinter Matt her durch den Wald. Der junge Mann ging mit leisen, aber schnellen Schritten und schien genau zu wissen, wo sein Ziel lag. Er zögerte kein einziges Mal.

Nun verlangsamte Matt seine Schritte. Er gab Luke ein Zeichen, das Stella nicht verstand, aber Luke bedeutete ihr, von nun an besonders vorsichtig zu sein. Sie kam seiner Aufforderung sofort nach. Gleich darauf erkannte sie den Grund für Lukes Vorsicht: Sie hatten den Rand des Waldes erreicht. Aber es war keine natürliche Baumgrenze, die da vor ihnen lag. Der Wald war an dieser Stelle gerodet und ein enormes Loch ausgebaggert worden. Ein tiefer Abgrund erstreckte sich unmittelbar vor ihnen und breitete sich grau und tot, wie eine riesige Wunde in Mutter Erde, bis zum Horizont aus.

Stella erschauerte, als ihr klarwurde, was sie sah. Sie befanden sich an einem der Gebiete, in denen Ölsand abgebaut wurde. Oder zumindest war er hier einmal abgebaut worden. Der Betrieb schien eingestellt worden zu sein, denn nirgends waren die riesigen Minenfahrzeuge oder Arbeiter zu entdecken.

Luke drückte Stella wortlos hinter einen Busch und schlich näher an den Abgrund heran. Sie beobachtete, wie er vom Schutz eines Baumstammes aus auf das Treiben in der Grube hinunterspähte. Einige Minuten später gab er schließlich das Zeichen zum Rückzug.

»Und, hast du etwas entdecken können, das uns weiterhilft?«, fragte Stella ihn, als sie wieder am Wagen angelangt waren.

»Matt hat recht«, stellte Luke sachlich fest. »Dort unten wimmelt es nur so von Bewaffneten.«

»Wie viele hast du gezählt?«, fragte Matt.

»Neun«, erwiderte Luke. »Einschließlich der beiden, die im Wald auf Wache waren.«

Matt grinste. »Du hast sie auch gesehen? Müssen Großstadtkrieger sein. Die haben zwischen den Bäumen herausgeragt wie Steinpilze.«

Luke musste ebenfalls grinsen, wurde aber sofort wieder ernst. »Da unten ist ganz schön was los. Sie verladen allerhand Fässer auf Lastwagen.«

»Das ist mir auch aufgefallen«, meinte Matt.

»Die Jungen befinden sich in der kleinen Holzhütte am Rand der Grube, richtig?«

»Mit Wachen.«

Luke nickte nachdenklich. »Wir brauchen auf jeden Fall noch Charlie, wenn wir die Jungen da herausbekommen wollen. Neun gegen zwei ist mir zu waghalsig. Geht etwas schief, werden die Kinder dafür bezahlen müssen.«

»Wann kann dieser Charlie hier sein?«, mischte Stella sich ungeduldig ein.

»Charlie ist der Mann, den wir vorhin dort getroffen haben, wo sie die Jungen zuerst festgehalten haben. Eine gute Stunde wird es wohl dauern.«

»Aber irgendetwas müssen wir doch tun – jetzt, sofort!«, ereiferte sich Stella.

»Wir tun, was wir können«, erwiderte Luke gelassen. Dann wandte er sich an seinen Kumpel: »Matt, du fährst zurück zu Charlie und versuchst Verstärkung zu organisieren. Stella und ich werden unterdessen die Jungen im Auge behalten.«

»Wird gemacht, Luke«, sagte Matt und lief auch schon zu seinem Wagen.

»Warum schickst du ihn weg?«, fragte Stella entgeistert. »Jetzt haben wir am Ende womöglich gar keine Hilfe!«

Luke sah sie ernst an. »Ich möchte dich nicht beunruhigen, aber ich habe das unbestimmte Gefühl, dass man uns erwartet. Deshalb sind dort unten so viele bewaffnete Kerle versammelt. Ich weiß nicht, wie, aber diese Typen haben Wind davon bekommen, dass wir ihnen auf der Spur sind. Wer könnte ihnen den Hinweis gegeben haben?«

Stella sah ihn entsetzt an. »Du meinst, jemand hat uns verraten?«

»Hast du eine andere Erklärung?«

Stella lehnte sich an den Minivan. Ihre Hände zitterten. »Luke, wer könnte das getan haben?« Ihre Stimme war leise und heiser. »Das Leben der Jungen steht auf dem Spiel und ...«

»Ich weiß es nicht«, sagte Luke. »Und für Spekulationen bleibt uns keine Zeit. Wir müssen uns an die Fakten halten. Fakt ist erstens, dass sich die beiden dort unten befinden, zweitens, dass mindestens neun bewaffnete Männer sie bewachen, und drittens, dass dort eine Menge Fässer verladen werden.«

»Was für Fässer?«, fragte Stella.

»Unzählige Metallfässer werden auf eine ganze Kolonne von Lastwagen verladen.«

Stellas Augen weiteten sich, als sie Lukes Befürchtungen verstand. »Du meinst, das sind die Giftstoffe? Und die Typen planen, sie irgendwo unerlaubt zu entsorgen – so wie sie es in Winding River getan haben?«

Luke nickte. »Winding River ist übrigens keine halbe Fahrstunde von hier entfernt.«

»Mein Gott! Was sollen wir nur machen? Um die Jungen unbehelligt dort herauszuholen und die Lastwagen aufzuhalten, bräuchten wir Zauberkräfte!«, stieß Stella verzweifelt aus.

Im nächsten Moment verspürte sie einen starken Luftzug und den beinahe lautlosen Schlag von Flügeln. Unwillkürlich zuckte sie zusammen und griff nach Lukes Arm.

»Was war das?«, fragte sie angespannt.

»Schau, dort drüben in der Kiefer!«, flüsterte Luke ehrfürchtig, ohne sich zu bewegen.

»Wo?« Stella sah sich suchend um.

»Keine hastigen Bewegungen«, mahnte Luke sie und drehte sich etwas zur Seite. Dann deutete er vorsichtig zu einer hohen Kiefer, die keine dreißig Meter von ihnen entfernt stand. In der Krone des Baumes saß ein riesiger Vogel. Sein Gefieder war eine Mischung aus Braun, Schwarz und Grau, und sein Kopf unterschied sich in der Größe kaum von dem Rest seines Körpers. Das Bemerkenswerteste an ihm aber waren die beiden Federbüschel, die wie Ohren von seinem Kopf abstanden, und seine großen gelben Augen, die niemals blinzelten.

Während Stella ihn musterte, beugte der Vogel den Kopf und schaute – so schien es ihr jedenfalls – direkt auf sie hinunter. Sein Blick war so durchdringend, dass Stella sich wie versteinert vorkam.

»Was ist das?«, fragte sie kleinlaut.

»Ein Virginia-Uhu«, erklärte Luke leise. »Sie sind im Norden Albertas sehr selten. Ich selbst habe erst zweimal in meinem Leben eine solche Eule gesehen.«

Stella wusste sofort, was er meinte. Es war die gleiche Eule, die damals in dem Autowrack und dann in Afghanistan zu ihm gekommen war und die ihm beide Male das Leben gerettet hatte.

»Ich dachte, Eulen schlafen bei Tag«, flüsterte sie, ohne den Blick von dem Tier zu wenden.

»Diese Eule hat sehr, sehr große spirituelle Kräfte, Stella. Wird sie gebraucht, dann zeigt sie sich – auch wenn es zoologisch eher untypisch ist.«

Die Eule stieß nun ein paar laute, tiefe »Uhu«-Rufe aus.

»Sie will uns etwas sagen«, flüsterte Stella beeindruckt.

»Das glaube ich auch«, meinte Luke. »Und sie erinnert mich an etwas. An eine alte Legende, von der mir meine Mutter erzählt hat, als ich klein war.«

Stellas Interesse war sofort geweckt. Sie liebte Geschichten aus vergangenen Zeiten. »Bitte erzähl mir davon.«

Luke lächelte sie nachgiebig an. »Jetzt ist zwar eigentlich nicht der richtige Zeitpunkt dafür, aber wenn es dich so sehr interessiert, will ich mal nicht so sein. Also, laut der Legende gab es vor langer Zeit – in den *alten Tagen*, wie wir sie nennen – Menschen, die es verstanden, eine bestimmte Zeremonie zu vollziehen, die sie in direkte Verbindung zu den Ahnen und somit auch zu dem reichen Wissensschatz, den sie besaßen, bringen konnte. Ich habe dir schon erzählt, dass die Eule nur für die Menschen als Todesbote gilt, die ihre Kraft nicht verstehen. Für andere, und dazu zähle ich mich genauso wie Little Drum und ihre Familie, stellt sie die Verbindung zu den Ahnen her und zu deren unerschöpflichem Wissen. Daher war die Eule die Schlüsselfigur besagter Zeremonie, die Vermittlerin zwischen Mensch und Ahnen. Die Zeremonie wurde denn auch Sterneneulen-Zeremonie genannt.«

Stella war hellhörig geworden. »Oh, Luke! Vielleicht könnte diese Zeremonie uns helfen!« Sie klammerte sich an jeden Strohhalm, der sich ihr darbot. Sie mussten Niklas einfach retten!

»Die Zeremonie ist seit langer, langer Zeit nicht mehr abgehalten worden, Stella. Niemand weiß mehr genau, wie sie vollzogen wird.«

»Aber du hast die Eulenmedizin!«, entfuhr es Stella.

»Stella, ich weiß, wie du dich fühlst, aber …«, wehrte Luke ab.

»Erzähl mir mehr von der Legende, Luke!«, forderte sie ihn flehend auf. »Bitte!«

Luke warf einen Blick auf die Eule, die noch immer auf ihrem Platz in der Krone der Kiefer saß, und gab sich geschlagen.

»Also gut, wenn du es denn unbedingt hören willst«, meinte er und begann zu erzählen. »Die Legende stammt ursprünglich von der Westküste Kanadas, von wo auch meine Familie stammt. Bei uns heißt sie *Im Mond der Sterneneule.*«

»Was für ein wunderschöner Name«, flüsterte Stella beeindruckt.

»Das finde ich auch«, sagte Luke. Dann fuhr er mit seiner Erzählung fort. »Die Zeremonie der Sterneneule wurde das erste Mal ausgeführt, lange bevor der erste weiße Mann die Westküste Kanadas erreichte. Sie kam in einer Vision zu einer alten Indianerin. Die Ahnen zeigten der Frau nicht nur, wie sie Verbindung zu der Welt der Geister, der Welt der Ahnen, aufnehmen konnte, sondern auch, wie sie eine Tür öffnen konnte, die es den Ahnen ermöglichte, von ihrer Welt in unsere zu gelangen. Die meisten Menschen haben eine sehr beschränkte Vorstellung davon, was ein Ahne wirklich ist und wo er wandelt«, fügte Luke hinzu. »Die meisten Menschen wissen nur sehr wenig über ihre Vorfahren. Überleg nur, wie viele derer, die vor dir kamen, du noch beim Namen kennst.«

Stella dachte einen Moment nach, dann schüttelte sie

den Kopf. Nach ihren Großeltern erinnerte sie sich kaum an Namen aus ihrer Familie. Genau genommen hatte sie sie nie gekannt. Aber das war ihr bis eben nie wirklich bewusstgeworden.

»Unsere Ahnen sind wie die Sterne am Himmel – unzählig«, fuhr Luke fort. »Und weit, ganz weit zurück, haben wir alle dieselbe Mutter. Rot, weiß, schwarz, gelb – wir alle sind miteinander verwandt. Verliert man dieses Bewusstsein der Zusammengehörigkeit, dann vergisst man auch, dass alles miteinander verbunden ist. Nicht nur die Menschen untereinander – wir alle sind auch mit den Tieren, Pflanzen und Steinen verbunden, mit den Zeremonien der alten Tage und den Erinnerungen aller, die vor uns lebten und die nach uns kommen werden. Unsere Ahnen wussten davon. Sie sprachen mit den Tieren und lebten im Einklang mit der Natur. Der heutige Mensch hat dieses Wissen, dieses Bewusstsein verloren. Die meisten von uns stolpern mehr oder weniger durchs Leben und stellen dabei allerhand Annahmen auf – ohne sich wirklich auszukennen.«

»Aber was genau bedeutet *Im Mond der Sterneneule?*«, fragte Stella, als Luke eine längere Pause einlegte.

Luke überlegte einen Augenblick, dann versuchte er zu erklären. »Früher haben die Menschen die Zeit nach den Phasen des Mondes und der Sonne berechnet, haben sich also nach den Voll- und Neumonden und den Jahreszeiten gerichtet, nicht nach Tagen, Monaten oder Jahren auf einem Kalender, so wie wir es heutzutage überwiegend tun. *Im Mond der Sterneneule* bedeutet also so viel wie *Die Zeit der Sterneneule*. Die Sterne sind unsere Ahnen, die über uns wachen, und die Eule ist unsere Verbindung zu ihnen. Die Legende besagt auch, dass der alten Indianerin die Zeremonie in einer mondlosen Nacht geschenkt wurde, weil man nur dann all die Sterne und somit all die Ahnen wirklich deutlich sehen kann. Die Zeremonie wurde daher auch später immer nur in einer stockdunklen, wolkenlosen Nacht durchgeführt, in der einzig das Licht der Sterne die Erde erhellte. Wie du siehst, sind die Legende und die Zeremonie in einer ganz bestimmten Mondphase entstanden. Das *Mond* im Namen der Legende hat also eine Doppelbedeutung.« Luke hielt inne und sah nachdenklich auf die Eule im Baum.

»Weißt du«, fuhr er schließlich fort, »viele unserer Zeremonien wurden nach der Ankunft des weißen Mannes verboten, für so lange Zeit verboten, dass sie in Vergessenheit gerieten und nur noch in unseren Legenden weiterleben. Selbst so kraftvolle Zeremonien wie die der Sterneneule. Aber Little Drum sagte mir einmal, dass nichts jemals wirklich vergessen ist, weil die Ahnen es erinnern. Und ich glaube, sie hat damit recht. Sie sagte mir auch, dass sie fest daran glaubt, dass eines Tages jemand einen Weg finden wird, um wieder auf solche Weise mit den Ahnen zu sprechen und die Menschen wieder so mit ihnen zu verbinden, wie es unseren Vorfahren in den alten Tagen möglich gewesen ist. Und dann würden die Ahnen kommen und unser Volk von dieser Art Leben, wie man es uns heute aufzwängt, befreien.« Er wandte sich Stella zu, und es schien, als kehre er von einer langen Reise zurück.

»Das ist es, was wirklich das Schlimmste an diesem ganzen verdammten Ölsandabbau ist«, sagte er mit fester Stimme. »Die spirituelle Zerstörung. Niemand spricht davon. Die Zerstörung der Natur, des Lebensraums der Tiere ist ja auch schon schlimm genug. Aber mit der Natur und den Tieren verschwinden auch die Geistwesen und mit ihnen unsere Chance, abermals mit den Ahnen und ihrer Weisheit in Verbindung zu treten.«

Stella sah betroffen zu Boden, denn sie konnte Lukes

Gedanken gut nachvollziehen. Aber in ihr war etwas erwacht, und es musste ihr gelingen, es in Worte zu fassen. Es war eine Idee, eine verrückte Idee, doch sie durften nichts unversucht lassen.

»Wenn ich es richtig verstehe, dann wäre es für uns alle, für die gesamte Welt, von Nutzen, wenn wir wieder die Möglichkeit hätten, eine Verbindung zu den Geistwesen, eine Verbindung zu den Ahnen aufzunehmen. Und viele, wenn nicht sogar alle schrecklichen Dinge, die auf dieser Welt geschehen, könnten durch ihre Hilfe unter Umständen aufgehalten werden.«

»Das stimmt.«

»Luke«, rief Stella aufgeregt, »die Eule ist aus gutem Grund gekommen, und du weißt es! Wir müssen die Zeremonie der Sterneneule zu neuem Leben erwecken! Wir müssen mit den Ahnen sprechen und sie bitten, uns zu helfen!«

»Stella, es ist bloß eine Legende«, sagte er und sah sie nachsichtig an.

»Und woher stammen Legenden?«, hakte Stella voll Eifer nach.

»Von Menschen, denen etwas Einschneidendes und Besonderes widerfahren ist und die es überlebt haben und es für andere wörtlich wiederholen, damit diese anderen für ihr eigenes Leben daraus lernen können – und um ihren Mitmenschen Hoffnung in harten Zeiten zu geben«, erklärte Luke bedächtig.

»Für uns sind die Zeiten im Augenblick ziemlich hart«, sagte Stella sanft und blickte zu ihm auf.

»Stella, ist dir klar, dass du nicht nur nach einer Zeremonie verlangst, sondern auch nach einem spirituellen Erlebnis? Vergiss nicht, es war in einer Vision, in der die Indianerin aus alten Tagen die Zeremonie der Sterneneule geschenkt gekommen hat. So etwas kann man nicht bestellen! Visionen sind ganz besondere Gaben, und sie kommen meist sehr unerwartet. Alles muss passen, bevor eine Vision überhaupt zu einem kommen kann: Es muss der richtige Zeitpunkt und richtige Ort sein; die Ahnen der Person und die Lebensumstände müssen stimmen.« Luke sprach schnell, suchte nach Worten, um Stella seine Bedenken zu erklären. »Es ist genau so, wie wenn eine Frau und ein Mann sich verlieben und ein Kind geschenkt bekommen. Verstehst du, was ich sagen will?«

»Der Zeitpunkt ist richtig, Luke!«, rief Stella ungeduldig. »Denk doch nur daran, was alles geschehen ist, damit wir heute hier stehen und über die Legende und die Zeremonie sprechen können! Unsere Vergangenheit, deine Eulenmedizin, die wahrhaftige Eule dort drüben im Baum! Ich bin keine Indianerin, aber so viel kann selbst ich sehen! Wovor hast du Angst, Luke?« Sie sah ihn forschend an. »Willst du es nicht wenigstens versuchen? Wenn nicht für mich, dann für Niklas und Ben!«

Luke starrte schweigend zu Boden. Als er endlich zu ihr aufblickte, war der grimmige Ausdruck in sein Gesicht zurückgekehrt.

»Ich wüsste nicht einmal, wo ich anfangen sollte«, murmelte er verstimmt.

»Dann werde ich dir helfen«, erklärte Stella leise und schob ihre Hand in seine. »Frag die Eule dort oben im Baum, sie wird es dir sagen.«

29

Stella behielt recht. Die Eule sagte Luke sehr genau, was er tun sollte, nicht mit Worten, aber durch eine Art mentale Übermittlung. Er sollte die Zeremonie der Sterneneule zurück ins Leben rufen. Noch in dieser Nacht. Und er sollte sich, so schnell es ging, auf den Weg machen, um sich an geeigneter Stelle vorzubereiten.

»Die Eule ließ mich wissen, dass die Zeremonie nur an einem Meer oder einem großen See durchgeführt werden soll«, erklärte er Stella. »Und natürlich muss es wie in den alten Tagen Nacht sein, bevor sie beginnen kann.«

»Aber Luke«, warf Stella zweifelnd ein. »Was wird aus den Jungen? Ich allein werde ihnen keine große Hilfe sein.«

»Du wirst ihnen gar keine Hilfe sein«, sagte Luke bestimmt. »Denn du wirst mich begleiten.«

»Was?« Stella war entgeistert. »Wir können Niklas und Ben doch nicht einfach aus den Augen lassen! Wenn ihnen nun etwas passiert, während wir fort sind? Bis heute Nacht ist es noch eine lange Zeit!«

»Du hast recht«, meinte Luke. »Wir müssen eine andere Lösung finden.«

»Matt und Charlie müssten bald zurück sein«, warf Stella ein. »Vielleicht könnten sie die Jungen im Auge behalten. Die Frist läuft erst morgen früh ab. Bis dahin sollten Niklas und Ben noch sicher sein.«

»Nicht Matt und Charlie. Nicht allein«, erwiderte Luke nachdenklich. »Es wäre am besten, wenn wir jemanden hätten, der neutral ist, aber gleichzeitig verlässlich und dessen Wort bei den Behörden etwas zählt.«

»Und wo sollen wir diese wunderbare Person auf die Schnelle finden?«

»Bei der RCMP«, meinte Luke ruhig.

»Bei der RCMP? Willst du mich auf den Arm nehmen?«

»Keineswegs. Ich denke an meinen guten Freund Mike Townsend. Ich glaube, du hast ihn schon kennengelernt.«

»Der indianische Polizist, der zu Elizabeth und Lynn kam, um dich zu warnen, dass nach dir gesucht wird«, meinte Stella. Sie erinnerte sich noch gut an ihn, und er schien nett und freundlich. Trotzdem hatte sie Zweifel. Immerhin ging es um die Leben der Jungen. »Ist er auch wirklich vertrauenswürdig?«

»Absolut«, erklärte Luke.

»Und wie sollen wir ihn hier draußen benachrichtigen?«, erkundigte Stella sich.

»Der Minivan ist mit einer Antenne und einem Verstärker ausgestattet. Siehst du, da vorne am Armaturenbrett. Mit ein bisschen Glück müsste dein Handy damit Empfang bekommen.«

Also kramte Stella ihr Handy aus der Handtasche und übergab es an Luke. Als er gleich beim ersten Versuch ein Signal bekam, war sie mehr als sprachlos.

»Wir sind hier mitten im Wald, genau wie auf der Lichtung bei Lynn und Elizabeth. Wenn es so einfach ist, warum besorgen sie sich nicht ebenfalls eine Antenne, um Telefonanschluss zu haben?«

»Vielleicht, weil sie keinen Telefonanschluss haben wollen?«

Stella nahm seine Worte resigniert zur Kenntnis. Alles,

was zählte, war, dass sie Mike Townsend zu ihnen in die Wildnis bekamen und dass die Jungen beschützt waren, solange Luke und sie nicht in der Nähe sein konnten.

»Mike wird in einer Dreiviertelstunde hier sein«, verkündete Luke, nachdem er sein Gespräch beendet hatte. »Wir werden aufbrechen, sobald er eintrifft.«

»Und wo genau befindet sich unser Ziel?« Stella war die ganze Sache noch immer nicht geheuer.

»Wir fahren zum Deer Lake«, sagte Luke. »Es ist der größte See in der Umgebung. Dort werden wir das Dunkel der Nacht abwarten.«

In dem geräumigen Wohnzimmer des Ranchhauses herrschte eine entspannte Atmosphäre. Es war spät am Abend, und draußen wurde es bereits dunkel. Einige Stehlampen und Tischleuchten verbreiteten ein warmes Licht. Lynn lag ausgestreckt auf dem Sofa und ruhte sich aus. Ihre Hände streichelten liebevoll das Baby in ihrem Bauch. Sarah saß mit Will und Amanda am Wohnzimmertisch und spielte Karten. Terry war kurz zum Gästehaus gegangen, wo Ed und Kristy seine Familie untergebracht hatten, damit sie etwas mehr Privatsphäre genießen konnten.

Alles schien friedlich, aber Elizabeth fand keine Ruhe. Sie stand etwas abseits am Fenster und starrte hinaus in die Abenddämmerung. Etwas nagte an ihr, etwas war da, das ihr nicht behagte. Aber sie konnte nicht mit Gewissheit sagen, was es war. Zum x-ten Mal ließ sie ihren Blick durch das Zimmer gleiten. Sarah, Will und Amanda waren in ihr Spiel vertieft, und Lynn döste auf der Couch vor sich hin. Kristy hingegen wirkte etwas nervös. In regelmäßigen Abständen blickte sie zu der hölzernen

Standuhr hinüber, ganz so, als warte sie auf etwas. Aber Elizabeth glaubte zu wissen, was die Ranchersfrau beunruhigte. Rusty, ihr treuer Quarter-Horse-Wallach, war am Nachmittag erkrankt. Was war es also, das Elizabeth argwöhnisch und unruhig machte?

Einen Augenblick später ging die Haustür auf, und Ed rief aus dem Flur nach seiner Frau.

»Kristy, Rusty geht es immer noch nicht besser. Vielleicht sollten wir doch den Tierarzt verständigen. Sieh ihn dir lieber noch mal an!«

»Ich komme sofort, Ed«, rief Kristy. Sie entschuldigte sich bei ihren Gästen und eilte hinaus.

Elizabeth atmete auf. Sie hatte mit ihrer Vermutung also recht gehabt.

Gerade überlegte sie, ob sie zum Stall hinübergehen und ihre Hilfe anbieten sollte, als ein Knall wie ein lauter Donnerschlag die Abendstille durchschnitt. Zunächst rührte sich niemand. Auf einer Ranch war es zu jeder Tageszeit laut. Aber gleich darauf folgten ein weiterer Knall und noch einer.

Lynn fuhr so erschrocken auf, dass sie aus Versehen vom Sofa rollte. Keine Sekunde zu früh. Mit dem nächsten Knall zersprang die Fensterscheibe. Etwas sauste durch das Wohnzimmer und schlug an der gegenüberliegenden Wand in die große Standuhr ein.

»Schüsse! Geht in Deckung und rührt euch nicht!«, schrie Elizabeth entsetzt. Sie stürzte sich auf die Kinder und riss sie zu Boden.

»Um Gottes willen«, rief Sarah. »Was ist denn los?«

»Ich befürchte, man hat uns gefunden«, flüsterte Elizabeth mit bleichem Gesicht.

Stella und Luke hatten den Wagen am Ende eines alten Forstweges abgestellt, weil der Deer Lake nur zu Fuß zu erreichen war. Luke hatte das Gewehr bei sich, das Ed ihm geliehen hatte, und Stella ihre Handtasche, denn Luke hatte ihr geraten, keine Wertgegenstände im Wagen zu lassen. Nun saßen sie am Ufer des Deer Lake und beobachteten, wie der Abend langsam über der Wildnis einbrach. Sie mussten die Nacht abwarten, bevor sie mit der Zeremonie beginnen konnten. Sylvester lag still neben ihnen, behielt die Umgebung aber wachsam im Auge.

Der See war umringt von dichtbewaldeten Hügeln, deren Silhouetten sich immer mehr in lange Schatten verwandelten. Das nördliche Ufer des Sees grenzte an das große Sumpfgebiet, das sich in unmittelbarer Nähe von Winding River an das Reservat anschloss und durch das sie am vergangenen Tag gewandert waren, um zu Terrys Haus zu gelangen. Eine leichte Brise wehte und versetzte die Wasseroberfläche in Bewegung. Ein paar Vögel zwitscherten in den Bäumen, und weiter draußen auf dem See sprang ab und zu ein Fisch aus dem Wasser. Ansonsten war alles still. Es gab hier weder Häuser noch Straßen noch sonst irgendetwas »Zivilisiertes«.

Luke hatte ein Büschel Sweetgrass mitgebracht, das er zwischen ihnen auf einem Stein entzündet hatte. Anschließend war er in ein stilles Zwiegespräch mit den Geistwesen verfallen und saß nun bewegungslos und mit geschlossenen Augen neben ihr.

Stella hatte es ihm gleichtun wollen. Aber sie konnte sich einfach nicht konzentrieren. Immer wieder wanderten ihre Gedanken zu Niklas und Ben und zu den Ereignissen der vergangenen Tage. Mehr als einmal wünschte sie sich, nie nach Kanada gekommen zu sein, und noch öfter wünschte sie sich, sie hätte wenigstens so viel Verantwortungsbewusstsein gehabt, um Niklas zu Hause in Tübingen und somit in Sicherheit zu lassen.

Sie seufzte tief. In dieser Nacht würde Neumond sein. Es war die Nacht, für die sie mit Sarah und Niklas nach Kanada gereist war, die Nacht, in der die Zeremonie für Little Drum hätte stattfinden sollen. Nun würde eine ganz andere Zeremonie abgehalten werden, und Stella kam sich ziemlich hinters Licht geführt vor. Von all diesem war wirklich nicht die Rede gewesen, als sie der Reise zugestimmt hatte! Niemand hatte etwas von einem Mord und Drohungen, von Giftstoffen im Grundwasser und übermächtigen Ölkonzernen gesagt und schon gar nichts davon, dass man – mehrfach – versuchen würde, sie umzubringen, und schließlich auch noch ihren unschuldigen Sohn entführte! Aber wäre sie nicht hierhergekommen, dann hätte sie auch Luke nie kennengelernt. Ob dieses Treffen eher ein Glücksfall oder mehr ein Fluch war, darüber konnte Stella sich im Augenblick nicht schlüssig werden.

Auf jeden Fall blieb ihr im Moment wieder einmal nichts weiter übrig, als zu warten, und sie hasste es! Aufs Neue wurde ihr bewusst, dass sie noch nie so viel und so lange gewartet und gebetet hatte wie in den vergangenen Tagen. Wann würde es bloß endlich dunkel werden?

Aber wie in jeder Nacht, so kam auch in dieser letztlich die Dunkelheit. Der Wind legte sich, es wurde merklich kühler, und die ersten Sterne zeigten sich am Himmel. Stella begann zu frösteln und rückte näher an Sylvester, damit er sie ein bisschen wärmte.

Da endlich begann Luke sich zu rühren.

»Wir benötigen ein paar Dinge für die Zeremonie«, stellte er fest.

»Was für Dinge?«, fragte Stella.

»Bei meinem Volk ist es üblich, sich entsprechend den

verschiedenen Zeremonien das Gesicht zu bemalen, um den Gebeten und Handlungen mehr Nachdruck zu verleihen. Ich weiß nicht, was für eine Bemalung für diese bestimmte Zeremonie ursprünglich üblich war, aber während des Betens eben habe ich ein Bild vor mir gesehen, und ich fühle, dass es die richtige Wahl ist. Allerdings bräuchte ich dafür zwei verschiedene helle Blautöne, und ich kenne keine Pflanze in dieser Gegend, aus der sich diese Farben herstellen lassen. Jedenfalls nicht auf die Schnelle.«

»Ich verstehe«, sagte Stella nachdenklich. »Und was brauchst du sonst noch?«

»Es ist Sitte, zu Beginn einer jeden Zeremonie eine kleine Opfergabe darzubringen«, erklärte Luke. »Etwas, das die Wesen, die einem während der Zeremonie helfend zur Seite stehen, gütig stimmt. In unserem Fall ist das die Eule. Am besten wäre etwas, das sie gerne frisst, also zum Beispiel eine Maus oder ein Hase oder Ähnliches.« Er zog das kleine Bündel hervor, das er nach der Schwitzhüttenzeremonie von Elizabeth geschenkt bekommen hatte. »Mir ist jetzt klar, warum mir dies hier gegeben wurde.«

»Das Schneehasenfell!«, rief Stella erstaunt. »Wie konnte Elizabeth das wissen?«

»Sie hat es nicht gewusst«, erwiderte Luke. »Erinnerst du dich? Sie sagte, sie hätte es schon eine ganze Weile mit sich herumgetragen, ohne den Grund dafür zu kennen. Sie selbst wusste nicht, warum, aber die Geistwesen wussten es.«

»Phantastisch«, flüsterte Stella. Dann erinnerte sie sich an etwas, und sie begann hastig in ihrer Handtasche zu kramen. »Aha, hier ist es!«, meinte sie schließlich und reichte Luke triumphierend eine flache Dose. »Ich weiß genau, warum ich das mit mir herumschleppe. Niklas zuliebe!«

Luke öffnete die Dose argwöhnisch, dann begann er zu schmunzeln. »Lidschatten. Ich hätte nicht gedacht, dass du so etwas benutzt – noch dazu in solchen Farben!«

»Lass die Scherze«, wehrte Stella ernst ab. »Das Zeug ist doch nicht für mich! Das ist Niklas' sogenannte Kriegsbemalung. Ich musste ihm versprechen, sie mitzunehmen – für alle Fälle. Vergiss nicht, er ist ein großer Indianerfan und meint, dass ein richtiger Indianer den ganzen Tag mit Kriegsbemalung herumläuft. Davon konnte ich ihn leider nicht abbringen.«

Luke grinste. »Na, ich bin ihm jedenfalls dankbar. Jetzt haben wir alles, was wir benötigen! Eigentlich bräuchten wir auch ein Feuer«, fügte er hinzu, »aber der Rauch würde uns vielleicht verraten. Daher muss es heute ohne gehen.«

Er begann mit seinen Vorbereitungen. Stella lieh ihm ihren kleinen Handspiegel und ihre Notfalltaschenlampe und beobachtete fasziniert, wie er sich das Gesicht geschickt mit Niklas' Farben bemalte. An seinen gekonnten Handgriffen sah sie, dass er es nicht zum ersten Mal tat.

Zunächst färbte Luke sich das gesamte Gesicht hellblau. Stella fand, dass es beinahe gespenstisch aussah. Auf diesen Untergrund trug er in etwas dunklerem Hellblau Wellenlinien auf, die senkrecht von seiner Stirn bis zu seinem Kinn verliefen. Dann legte er die Dose mit den Farben zur Seite.

Stella verstand jetzt, dass die Bemalung das Wasser und die Wellen darstellten, und blickte ihn respektvoll an. Sie war gespannt, was als Nächstes geschehen würde.

»Der Hase gibt sein Leben, damit andere Tiere leben können«, erläuterte Luke und nahm das Schneehasenfell auf. »Er ist bei meinem Volk ein Zeichen von Aufopferung für andere und für Demut. Und so möchte ich der mächtigen Eule mit diesem Fell zeigen, dass ich nichts bin im Vergleich zu ihr und dass ich sie demütig um Hilfe bitte.«

Stella lief bei seinen Worten ein Schauer über den Rücken. Sie hatte noch nie jemanden getroffen, der etwas so wunderbar und gleichzeitig so seltsam beschrieb und erklärte wie Luke. Seine Art, die Dinge zu sehen, gefiel ihr mehr und mehr.

»Komm«, forderte Luke sie auf, »setz dich zu mir. Sieh zum Himmel hinauf und erinnere dich an das, was ich dir vorhin über die Eule und die Sterne und die Ahnen erzählt habe. Bitte sie um Hilfe.«

Stella setzte sich schweigend zu ihm und blickte gen Himmel. Ihre Augen weiteten sich vor Erstaunen. Sie hatte nicht bemerkt, dass es inzwischen tatsächlich Nacht geworden war. Denn obwohl der Himmel mondlos und pechschwarz war, ging gleichzeitig ein unbeschreiblich sanftes Strahlen von ihm aus, das von der stillen Wasseroberfläche des Sees reflektiert wurde und die Welt auf mystische Weise silbern leuchten ließ.

Es dauerte eine Weile, bis sie begriff, dass es das Licht von Abermillionen von Sternen war, das sich auf dem Wasser spiegelte und die Wildnis in solch elfenhaften Glanz tauchte.

Gebannt starrte Stella nach oben. Das silberbestückte Dunkel schien mit jeder Sekunde gewaltiger zu werden. Die Luft war so klar, dass die Sterne zum Greifen nah schienen. Sogar die Milchstraße konnte sie in ihren schönsten wolkenartigen Feinheiten erkennen. Es war ein überwältigender Anblick, der Stella alles andere vergessen ließ.

Vage erinnerte sie sich daran, dass es an der Zeit war, ein Gebet zu sprechen. Flüsternd wandte sie sich an die Sterne, die ihr alle genauestens zuzuhören schienen.

Sie hatte ihre Bitte kaum beendet, als ein zartes, grünliches Schimmern am Himmel erschien. Es vermischte sich mit einem wunderschönen Lila, begann zu pulsieren und sich zu drehen, ja fast zu tanzen. Es weitete sich mehr und mehr aus, bis es das ganze Firmament einnahm. Eine Gänsehaut lief Stella über den Rücken. Es war ihr, als schickten die Ahnen eine direkte Antwort auf ihr Hilfegesuch. Sie sah Luke an, der dicht neben ihr saß, und spürte, dass er genauso empfand.

»Aurora borealis«, flüsterte er.

Wieder jagte ein Schauer über Stellas Körper. Aurora borealis, die Nordlichter. Sie hatte von ihnen gehört, hatte sogar Fotos davon betrachtet. Aber nie im Leben hätte sie gedacht, dass es sie so tief berühren würde, sie mit eigenen Augen zu sehen.

Stella konnte sich nicht stattsehen an dem Farbenspiel. Noch nie hatte sie etwas so Schönes, etwas so Atemberaubendes erblickt. Sie hätte die ganze Nacht am Ufer des Sees sitzen und den Nordlichtern zusehen können.

Nun begann etwas sich zu verändern. Eine seltsame Stille legte sich über den See und über alles, das ihn umgab. Eine Stille, die die Realität in weite Ferne rücken ließ. Gleichzeitig vermeinte Stella einige Laute viel deutlicher zu hören als sonst. Auch schien es wärmer zu werden.

Stella richtete sich auf und lauschte. Sie vernahm das ferne Rauschen des Windes in den Baumwipfeln und die Stimmen der wilden Tiere so eindeutig und klar, als stünde sie direkt neben ihnen. Die Rufe der Nachtvögel, das Heulen der Kojoten und das Lied des Windes vermischten sich zu der schönsten Symphonie. Das ständige Geschnatter der Menschheit verblasste im Vergleich dazu, schien rau und tonlos.

Luke spürte es auch. Er griff nach ihrer Hand und drückte sie. Dann half er ihr wortlos auf die Beine. Hand in Hand gingen sie in das seichte Uferwasser, Sylvester an ihrer Seite, und blickten nach oben. Der tiefdunkle Horizont war noch immer von dem irrealen Flimmern der Nordlichter durchzogen. Und noch immer leuchteten unzählige Sterne am Firmament, dessen silberner Glanz sich im Wasser spiegelte. Die Zeit schien stillzustehen.

Sie sahen die Eule erst, als sie unmittelbar über ihren Köpfen hinwegglitt. Lautlos schwebte sie auf Augenhöhe vor ihnen und flog dann langsam am Seeufer entlang. Ihr großer Schatten schwebte einer Vorahnung gleich über dem Wasser.

Luke und Stella folgten ihr. Das Wasser umspielte ihre Knöchel und war viel wärmer, als sie es erwartet hatten. Ein wohliges Gefühl stellte sich in ihren Herzen ein. Es war der zeitlose, ewige Rhythmus der Erde und der Ahnen. Sie blickten einander an – verwundert, erstaunt, ehrfürchtig. Dann überkam sie ein neues Gefühl: das Gefühl, nicht allein zu sein.

Mit angehaltenem Atem drehten Stella und Luke sich um. Im nächsten Augenblick rissen sie verwundert die Augen auf. Sie befanden sich an der Spitze eines riesigen lebendigen Dreiecks; es folgte ihnen die schier unendliche Zahl derer, die vor ihnen die Welt durchschritten hatten.

Gleich hinter ihnen stand Little Drum. Stella erkannte sie sofort, obwohl sie sie nie persönlich getroffen hatte, denn Sarah hatte sie in ihren Erzählungen immer genauso beschrieben, wie Stella sie jetzt vor sich sah.

»Ich bin froh, dass ihr gekommen seid«, wandte Little Drum sich nun an sie. »Macht euch keine Sorgen, ihr werdet finden, wonach ihr sucht.« Sie lächelte den beiden aufmunternd zu.

Stella und Luke wussten nicht, was sie antworten sollten. Sie ließen ihre Blicke über die anderen Gestalten gleiten in der Hoffnung, noch jemanden wiederzuerkennen.

Doch keines der Gesichter kam ihnen wirklich bekannt vor. Gleichzeitig waren sie ihnen aber auch nicht fremd. Hier und da bemerkten sie bekannte Züge, eine Augenpartie vielleicht oder den Schwung der Lippen.

Aber sie sahen auch Menschen, von denen sie nicht auf Anhieb gedacht hätten, dass sie mit ihnen verwandt seien. Stella entdeckte einen Jungen mit dunkler Haut. Seine Kleidung und sein Haar erinnerten sie an einen Löwen. Und Luke fiel ein Mädchen mit glänzend schwarzem Haar und einem runden, freundlichen Gesicht auf, das mit bunten Vogelfedern geschmückt war.

»Wir sind alle miteinander verbunden«, hatte Luke ihr zu erklären versucht. Nun verstand Stella seine Worte – nicht nur mit ihrem Verstand, sondern auch mit ihrem Herzen! Sie lächelte zufrieden, im Einklang mit sich und der ganzen Welt. Sie war auf unerklärliche Weise glücklich und ohne Sorgen. Es gab nur den Augenblick, nur das Jetzt – sonst nichts.

Stella entdeckte nun auch Ted in der Menschenmenge und begriff, dass er in die Welt der Ahnen übergewechselt sein musste. Es wunderte sie, ihn hier zu sehen, aber es stimmte sie nicht traurig. Sie nahm es einfach zur Kenntnis.

Jetzt drängte sich ein Mann zu ihnen durch. Es war Terry! Es kam Stella seltsam und irgendwie verkehrt vor, dass sie ihn hier antraf. Er hätte stattdessen irgendwo anders sein und einer wichtigen Aufgabe nachgehen sollen. Aber auch diesmal ließ sie ihre Gedanken einfach weiterziehen, denn sie wusste, dass die Ahnen sich seiner annehmen würden.

Terry wandte sich an Luke. Seine Stimme klang hohl, ohne wirkliche Fülle, aber sie war dennoch sehr nachdrücklich.

»Luke, ich habe dich enttäuscht. Ich konnte deine

Freunde nicht beschützen. Aber ich bitte dich trotzdem: Stell sicher, dass es meiner Familie gutgeht. Ich kann mich nicht mehr um sie kümmern, und sie brauchen jetzt jemanden, der sie auf ihren neuen Weg bringt. Ich flehe dich an, hilf mir! Du wirst es nicht bereuen. Im Gegenzug werde ich dir beistehen, wenn du die Jungen befreist. Ich verspreche es!«

Luke sah ihn forschend an. Sein Kopf war wie leer, und er konnte keinen klaren Gedanken fassen.

»Ich werde mich um sie kümmern«, sagte er schließlich.

Sobald er die Worte gesprochen hatte, wandten sich von allen Seiten Menschen mit flehenden Gesichtern an ihn. Und alle boten ihm im Austausch Unterstützung bei der Befreiung der Jungen an. Jetzt wurde Luke klar, wer diese hilfesuchenden Menschen waren. Bei seinem Volk wurden sie *die Vergessenen* genannt. Es waren Menschen aller Art, die eines gemeinsam hatten: Ihre Existenz, ihr Leben und Leiden, ihre Errungenschaften und Aufgaben waren in Vergessenheit geraten. Niemand erinnerte sich an sie. Und so irrten sie als verlorene Seelen in einer Welt umher, die zwischen der unseren und der der Ahnen lag, und sie konnten ihr nicht entkommen. Dabei wollten sie so gerne Ruhe und Frieden finden.

»Ich werde euch helfen«, gelobte Luke tief berührt. »Euch allen!« Entschlossen wandte er sich um und nahm wieder seinen Platz als Anführer der Gruppe ein. Er ergriff Stellas Hand, und gemeinsam folgten sie der Eule, die noch immer vor ihnen herflog und ihnen den Weg wies.

30

Die Tür der Wellblechhütte flog auf, und der Strahl einer starken Taschenlampe durchschnitt die Dunkelheit.

»Raus mit euch beiden!«, rief eine barsche Männerstimme.

Niklas und Ben schreckten verängstigt aus ihrem Schlaf auf. Schutzsuchend drückten sie sich gegen die schmutzige Wand der Hütte und versuchten vergeblich, ihre Augen vor dem grellen Licht abzuschirmen. Im nächsten Augenblick zog jemand sie unsanft auf die Beine.

»Los, bewegt euch!«

Schlaftrunken taumelten die Jungen nach draußen und kletterten auf die Rückbank eines Pick-ups, so wie die Männer es ihnen befahlen. Niklas klammerte sich bange an Ben.

»Wohin bringen sie uns?«, fragte er leise, als der Wagen losfuhr. »Und warum mitten in der Nacht?«

Ben verstand ihn nicht, aber er konnte sich denken, was Niklas' Worte bedeuteten. Ihm gingen dieselben Fragen durch den Kopf.

»Keine Angst, alles wird gut werden«, flüsterte er, aber ihm war genauso unwohl zumute wie Niklas. Und weil er wusste, dass Niklas ihn nicht verstehen konnte, steckte er seine Hand in Niklas' Jackentasche und zog die kleine Eule heraus, die Luke dem Jungen geschenkt hatte. Er legte sie Niklas in die Hand und hoffte, dass er begriff.

Der Pick-up fuhr durch die dunkle Nacht. Kein Mond stand am Himmel, nur unzählige leuchtende Sterne. Ben spähte aufmerksam aus dem Fenster. Er versuchte irgendeinen Anhaltspunkt zu finden, wohin sie fuhren. Aber alles, was er ausmachen konnte, war, dass der Pick-up über eine unbefestigte Straße durch einen Espenwald rollte.

Langsam zogen faszinierende Grün- und Lilatöne am Himmel auf. Ben konnte sie durch das Rückfenster deutlich sehen. Nordlichter! Er hielt den Atem an. Nordlichter waren ein gutes Zeichen, sagte seine Großmutter immer. Sie brachten Botschaften von den Sternen, den Ahnen, hinab zur Erde. In diesem Augenblick wusste er, dass Hilfe unterwegs war.

»Niklas, schau«, flüsterte er und deutete aufgeregt aus dem Fenster. Dann drückte er die Eule in Niklas' Hand.

Und Niklas verstand.

Stella und Luke erreichten die Spitze einer kleinen Landzunge, als sie plötzlich Stimmen und das laute Brummen von Motoren hörten. Die Geräusche klangen so hart und waren so störend im Vergleich zu den feinen Tönen, die sie in den vergangenen Minuten vernommen hatten, dass sie beide ruckartig und ein wenig verärgert stehen blieben. Wo kam der Lärm mit einem Mal her? Eben waren sie doch noch mutterseelenallein in der Wildnis gewesen. Wer störte den wundervollen Zauber, in dem sie sich befanden?

Was auch immer es sein mochte, weder Luke noch Stella wollten etwas mit dieser groben Welt, aus der die störenden Geräusche stammten, zu tun haben. In schweigendem Einvernehmen drehten sie sich um, um dorthin zurückzukehren, wo sie bis eben noch gewesen waren. Doch niemand stand mehr hinter ihnen. Der Zauber war gebrochen, die Ahnen waren verschwunden!

Erst jetzt wurde Luke und Stella wirklich bewusst, *wo* sie in den letzten Minuten geweilt hatten und um wie vieles friedlicher die Welt der Ahnen war im Vergleich zu ihrer eigenen.

»Das ist wirklich eine sehr kraftvolle Zeremonie«, hauchte Stella, irritiert über den raschen Wechsel.

»Kraftvoller, als wir es uns vorzustellen vermögen«, flüsterte Luke. »Sieh nur, wo wir sind!«

»Wo denn?«

»Direkt an dem Sumpfgebiet, das an Winding River und das Reservat grenzt«, sagte Luke und konnte es selbst kaum glauben.

Stella sah sich verwundert um. »Es war mir nicht bewusst, dass wir so weit gelaufen sind«, sagte sie erstaunt.

Dann fiel ihr mit einem Mal auf, dass nur noch die Sterne am Himmel leuchteten. Die Nordlichter waren verschwunden. Auch der Wind hatte zugenommen, und es war wieder ungemütlich kalt geworden. Der Zauber der anderen Welt war endgültig verschwunden.

Stellas Gedanken klärten sich, und ihr fiel wieder ein, wen sie in der Welt der Ahnen gesehen hatte.

»Ted ist tot«, flüsterte sie aufgewühlt. »Es besteht kein Zweifel mehr. Ich habe ihn unter den Ahnen erkannt. Und noch etwas, Luke, Terry war auch dort.« Sie versuchte nicht daran zu denken, was diese Tatsache noch bedeutete, nämlich dass die Sicherheit von Sarah, Elizabeth, Lynn und den Kindern bedroht war.

»Ich weiß«, erwiderte Luke ruhig. »Ich habe die beiden auch gesehen.«

»Ist dir klar, was das bedeuten könnte?« Stella gelang es kaum, ihre aufsteigende Panik zu unterdrücken.

Luke blickte sie eindringlich an und nickte schweigend. »Jemand hat uns verraten, Stella. Und die anderen sind in großer Gefahr.«

Neben ihnen begann Sylvester leise zu winseln. Luke beugte sich zu dem Tier hinunter und tätschelte ihm den Kopf.

»Dich hätte ich beinahe vergessen, alter Junge!«, murmelte er. »Aber du hast ganz recht, der Lärm kommt von dort drüben.« Dann wandte er sich wieder an Stella. »Wir müssen sehr vorsichtig sein. Wir wissen nicht, wen wir dort drüben antreffen werden. Ich wünschte, ich hätte das Gewehr bei mir. Aber ich habe es am Seeufer liegen gelassen, als wir der Eule gefolgt sind.«

»Sollen wir zurückgehen und es holen?«, fragte Stella besorgt.

»Der Weg ist zu weit. Komm mit mir und sei so leise wie möglich.«

Stella nickte wortlos. Sie hatte sich noch nie an irgendjemanden herangeschlichen, schon gar nicht nachts in der Wildnis. Aber seltsamerweise verspürte sie keine Angst. Im Gegenteil, sie fühlte sich mental sehr stark, und sie war sich jedes noch so leisen Geräusches, jeder noch so kleinen Bewegung bewusst. Sie spürte, dass dies etwas mit der Zeremonie zu tun haben musste, denn Furchtlosigkeit gehörte sonst gar nicht zu ihren Stärken. Aber was konnte es hier draußen schon Großartiges geben? Den Sumpf, den See, die Wildnis. Vielleicht ein Camp mit ein paar betrunkenen Holzfällern. Außerdem waren ja Luke und Sylvester bei ihr. Also schob sie alle Bedenken beiseite und folgte den beiden durch die Nacht.

Ein kleines Wäldchen trennte das Sumpfgebiet, aus dem sie die Motorengeräusche und die Stimmen gehört hatten, vom See und verhinderte, dass Luke und Stella erkennen konnten, wer oder was sich da in ihrer Nähe befand.

Luke schlich lautlos durch die Bäume. Stella hielt sich dicht neben ihm. Sie erschauerte. Hier im Wald war es viel dunkler als am Seeufer, weil die immergrünen Zweige der Nadelbäume das Licht der Sterne abblockten. Auf der anderen Seite des Wäldchens entdeckten sie einen Lichtschein, der so hell war, dass er von einer starken Quelle stammen musste. Luke verlangsamte seine Schritte und ermahnte sie, besonders vorsichtig zu sein.

Endlich teilten sich die Bäume. Stella blieb wie angewurzelt stehen und starrte entgeistert auf das offene Sumpfgebiet, das sich vor ihnen ausbreitete.

Luke zog sie schnell hinter ein dichtes Gebüsch und grummelte ärgerlich vor sich hin. Wie leicht hätte das Licht sie erfassen und ihre Anwesenheit verraten können!

»Luke«, flüsterte Stella aufgeregt, aber er bedeutete ihr, sofort still zu sein.

Der Grund dafür war nur allzu deutlich. Unmittelbar vor ihnen standen Lastwagen in einer langen Reihe. Es waren mindestens zehn. Sie waren vollbeladen mit großen Fässern. Die Fahrer saßen noch in den Kabinen, die Scheinwerfer waren an, und die Motoren liefen. Sie warteten augenscheinlich darauf, weiterfahren zu können. Aber wohin? Neben den Lastern gingen drei grimmig aussehende Männer auf und ab und spähten aufmerksam in das Dunkel der Nacht. Sie waren mit Baseballschlägern bewaffnet.

»Gar nicht gut«, flüsterte Luke. »Die sind nicht zum Kaffeetrinken hier.«

»Sind das etwa die Lastwagen, die wir vorhin dort gesehen haben, wo man die Jungen gefangen hält?«, fragte Stella.

»Es sieht ganz so aus, als wollten sie sich ihrer Ladung hier im Sumpf entledigen«, murmelte Luke erbost, während er fieberhaft nachdachte. »Die Fahrer mitgezählt sind es mindestens dreizehn Männer. Zu viele, um es allein mit ihnen aufzunehmen. Und wir haben nicht einmal eine Waffe.«

»Es geht los«, rief eine der Wachen jetzt. »Der erste Laster kann anrollen!«

Der LKW, der an der Spitze der Warteschlange stand, fuhr langsam an und folgte einem der Wachmänner im Schritttempo tiefer in den Sumpf hinein.

»Wir müssen näher ran«, flüsterte Luke und schlich auch schon durch den Wald. Stella folgte ihm zögernd.

»Sieh dir das an. Sie haben mit Seilen einen sicheren Fahrweg abgesteckt«, erklärte Luke leise. »Er endet dort drüben, wo der Mann in Trenchcoat und Gummistiefeln steht. Er scheint der Boss zu sein.«

Stella spähte vorsichtig über seine Schulter. Der LKW hielt genau, wo Luke es vorhergesagt hatte.

»Was machen die Kerle da?«

»Der Laster fährt seinen Kran aus«, sagte Luke. »Gleich werden sie mit dem Abladen beginnen.«

Einer der Helfer sprang denn auch auf die Ladefläche und hakte ein großes Netz an den Kran. Er gab dem Fahrer ein Zeichen, und das Netz schwang in die Höhe. Es enthielt mindestens zehn Fässer. Stella schätzte, dass jedes um die 200 Liter fasste. Auf ihren Seiten waren leuchtend gelbe Schilder aufgemalt, die schwarze Totenköpfe zeigten. Der Kran schwang langsam zur Seite und ließ seine Last über dem Sumpf ab.

Entsetzt beobachteten Stella und Luke, wie die Fässer mit den Giftstoffen langsam, aber sicher in dem zähen Morast versanken.

»Hast du einen Fotoapparat?«, flüsterte Luke. »Wenn

wir die Kerle schon nicht aufhalten können, dann sollten wir uns wenigstens Beweismaterial beschaffen.«

»Der liegt in Lynns Küche«, meinte Stella entschuldigend. Sie war unermesslich wütend auf die Typen, die hier skrupellos die Umwelt verseuchten. Zwar hatte Luke ihr von seinem Verdacht erzählt und sie hatte ihm auch geglaubt. Aber jetzt mit eigenen Augen zu sehen, wie Fass um Fass mit hochgiftigen Abfallstoffen im Sumpf versenkt wurde – das machte Stella krank!

Im nächsten Augenblick jedoch entdeckte sie etwas, das sie noch viel schwerer traf. Auf ein Zeichen des Bosses erschienen zwei schwarzgekleidete, schwerbewaffnete Männer – und jeder von ihnen zehrte ein zappelndes Bündel mit sich.

»Niklas! Ben!«, hauchte Stella mit stockendem Atem.

»Bringt sie hierher, Leute! Und dann holt den Rest der Gefangenen«, rief der Boss.

»Sofort, sir, Mr Palmer, sir«, erwiderten die beiden im Militärstil. Sie waren anscheinend Mr Palmers Bodyguards.

»Entsorgen«, befahl Mr Palmer gefühlskalt und machte eine Kopfbewegung in Richtung Sumpf.

Die Jungen schrien auf vor Furcht und traten wild um sich. Stella konnte ihre angsterfüllten Gesichter deutlich erkennen.

»Nein!«, entfuhr es ihr aus voller Kehle, und sie sprang auf.

Luke zog sie sofort in den Schutz des Dickichts zurück und hielt seine Hand vor ihren Mund.

»Leise!«, ermahnte er sie.

Ehe sich die Kerle nach ihnen umsehen konnten, ertönte ein lautes Hupen, und ein Pick-up raste an den Lastern vorbei zu der Stelle, an der sich die Jungen befanden. Mr Palmer sprang erschrocken aus dem Weg und landete im Schlamm. Die Tür des Pick-ups flog auf, und ein Mann sprang heraus.

»Was denken Sie, was Sie hier tun, Palmer!«, schrie der Mann aufgebracht. »Ich leite die North Corporation in dieser Region, nicht Sie. Lassen Sie die Kinder auf der Stelle frei!«

Stella erkannte die Stimme sofort und machte sich von Luke los. Es war Mr Forester! Er gehörte nicht zu diesen Kerlen, er versuchte die Jungen zu retten!

»Mr Forester, bitte helfen Sie uns!«, schrien Niklas und Ben verzweifelt. Da war Mr Forester auch schon an ihrer Seite und entriss sie den Armen der überraschten Leibwächter.

»Keine Angst, Kinder. Alles wird ...« Weiter kam er nicht. Ein lauter Knall durchschnitt die Nacht, und Mr Forester sackte reglos zu Boden.

Stella zuckte unwillkürlich zusammen. Mit laut klopfendem Herzen blickte sie zu den Jungen hinüber. Sie waren blutbespritzt und starr vor Schreck.

»Sie haben ihn umgebracht«, stammelte sie bleich und wandte sich zu Luke um, doch er war nicht mehr neben ihr. Auch Sylvester war verschwunden.

Trotzdem war sie nicht allein. Dichter, undurchdringlicher Nebel war unvermittelt vom See her aufgezogen und breitete sich schnell bis tief in den Sumpf aus. Schon konnte Stella die Lastwagen nicht mehr erkennen. Nur das Licht der Scheinwerfer schimmerte gespenstisch durch die weiße Nebelbank.

»Luke?« Es war mehr ein Hauch als ein gesprochenes Wort.

Da ertönte Mr Palmers harte Stimme: »Weiter, weiter!«, und eilige Schritte wurden laut.

Sarah, Elizabeth, Lynn, Will und Amanda kauerten neben einem der Lastwagen. Man hatte ihnen die Hände hinter dem Rücken gefesselt. Sie konnten nicht sehen, was weiter vorne vor sich ging, aber sie hörten die Schreie und den Schuss. Dann kam der Nebel, plötzlich und unheimlich und dicht wie eine Wand.

»Der Nebel ist wieder da!«, flüsterte Sarah erschrocken. Sie fühlte sich mit einem Mal um dreißig Jahre zurückversetzt, an den Abend, als sie Little Drum und Elizabeth im Wald getroffen hatte.

»Das ist ein gutes Zeichen«, versuchte Elizabeth sie zu beruhigen. Dann wandte sie sich leise an Lynn. »Nimm die Kinder und verschwinde von hier. Niemand wird euch bei diesen Sichtverhältnissen bemerken.«

»Aber Mom ...«, begann Lynn.

»Geh!«, flüsterte Elizabeth. »Sarah und ich werden uns um die Jungen kümmern.«

Lynn warf ihrer Mutter einen letzten Blick zu, dann kroch sie mit Will und Amanda in Richtung See davon.

»Mama!«

Niklas' verzweifelte Stimme erweckte ungeahnte Energie in Stella – und ungeahnten Mut.

»Mama kommt, Niklas!«, schrie sie und stürzte sich rückhaltlos in den Nebel. Sie hielt auf den Lichtschimmer zu, von dem sie annahm, dass er von dem Laster stammte, den die Männer eben entladen hatten. Dort hatte sie die Jungen zuletzt gesehen, dort war ihr Ziel. Sie kümmerte sich nicht darum, wie gefährlich es war, sich zwischen all den bewaffneten Männern im Nebel zu bewegen. Sie dachte einzig und allein an Niklas und an die Angst, die er ausstehen musste. Sie musste ihm irgendwie helfen!

Ein Mann tauchte neben ihr auf, lautlos wie ein Gespenst. Er versuchte sie zu fassen. Doch bevor Stella ausweichen konnte, fiel der Mann zu Boden, gerade so, als hätte ihm jemand ein Bein gestellt. Schnell eilte sie weiter.

Luke schlich vorsichtig durch den Nebel, Sylvester dicht an seiner Seite. Er wusste, dass die Ahnen den Nebel geschickt hatten, um ihnen zu helfen. Und er hatte seine Chance sofort genutzt. Er musste die Jungen erreichen, bevor es zu spät war.

»Finde Nick und Ben«, flüsterte er Sylvester zu. »Schnell!«

Der treue Hund lief los, und Luke eilte ihm nach.

Der Nebel streckte seine wallenden Arme nach allen Seiten aus. Mal waren sie so dicht, dass Luke die Hand vor Augen nicht sehen konnte. Mal lüfteten sie sich für einen kurzen Augenblick, gerade so weit, dass Luke erkennen konnte, was unmittelbar vor ihm war.

Als der Nebel sich das nächste Mal kurz lichtete, fand Luke sich ganz unerwartet direkt vor einer Männergestalt wieder. Ohne zu zögern, packte er zu und nahm sein Gegenüber in den Schwitzkasten.

»Luke, verdammt!«, röchelte der Mann.

»Mike!«, rief Luke überrascht und ließ von dem Polizisten ab. »Wie kommst du denn hierher?«

»Bin ihnen gefolgt«, erklärte Mike Townsend mit zusammengebissenen Zähnen. Er hustete ein paarmal und warf Luke einen seltsamen Blick zu. »Mann, du siehst zum Fürchten aus!«

Luke stutzte einen Moment. Dann fiel ihm ein, dass er noch immer die Gesichtsbemalung trug, die er für die Zeremonie angelegt hatte. Er lachte leise auf.

»Luke, der Mann, der euch verraten hat, heißt Ed«, fuhr Mike eilig fort. »Dein Freund Terry ist tot, und die anderen sind gefangen genommen worden!«

»Woher weißt du das alles?«

»Ich habe es mit eigenen Augen gesehen. Dieser Ed hat Elizabeth, Lynn, die Kinder und Stellas Mutter bei der Grube abgeliefert. Gefesselt. Ich bin nahe genug herangeschlichen, um zu hören, was gesprochen wurde.« Er legte seine Hand auf Lukes Schulter. »Und noch etwas. Das Gewehr, das Ed dir geliehen hat, funktioniert nicht.« Er krümmte sich schmerzhaft zusammen und stützte sich auf Luke.

»Mike, was ist los?«, fragte Luke.

»Ich habe mich mit den Baseballschläger-Typen angelegt. Zwei von ihnen konnte ich ausschalten. Der dritte ist mir entwischt. Aber vorher haben sie mir noch gut zugesetzt.«

Luke zog seinen Freund hinter ein großes Gebüsch in Sicherheit und untersuchte ihn hastig.

»Du bist übel zugerichtet, Mike. Aber ich habe Schlimmeres gesehen. Du bleibst hier und rührst dich nicht. Keine Heldenaktionen, verstanden? Ich hole dich, sobald alles vorbei ist.« Er wollte schon weitereilen, doch Mike hielt ihn zurück.

»Luke, dieser Ed ist irgendwo ganz in der Nähe. Und nimm dich vor Palmer in Acht. Er ist ein skrupelloser Kerl.«

»Sind Matt und Charlie auch hier?«, erkundigte Luke sich noch.

»Wir sind in getrennten Wagen gefahren«, sagte Mike. »Aber sie müssten jede Minute eintreffen.«

Luke nickte und eilte wortlos weiter.

»Niklas, Niklas!«, rief Stella immer wieder und wunderte sich schon, warum sich die beiden bewaffneten Leibwächter und die Typen mit den Baseballschlägern gar nicht darum zu kümmern schienen. Da vernahm sie ein merkwürdiges, lautes Surren. Sie blieb stehen und drehte sich in die Richtung, aus der das Geräusch kam.

»Runter!«, zischte jemand dicht neben ihr, und eine starke Hand legte sich um ihren Knöchel und zog an ihr.

Stella verlor den Halt und stürzte zu Boden. Im nächsten Augenblick schlug die Gewehrkugel in einen Baumstamm ganz in der Nähe ein.

»Ich habe keinen Knall gehört«, stotterte Stella erschrocken. Erst jetzt sah sie, wer sie gerettet hatte.

»Mr Forester!«, flüsterte sie überrascht.

Er hatte seine Hand auf die Schusswunde in seiner Brust gepresst und flüsterte jetzt stockend: »Stella, ich habe von alledem nichts gewusst, das musst du mir glauben. Ich hätte nie zugelassen, dass sie euch oder den Kindern etwas antun.« Er schnappte nach Luft.

»Ich weiß«, sagte sie mit Tränen in den Augen und schenkte den Schüssen, die jetzt von allen Seiten ertönten, keine Beachtung. »Ich habe gesehen, wie Sie gekommen sind – und wie man Sie niedergeschossen hat. Ich danke Ihnen.«

»Stella, hör mir jetzt gut zu. Teds Pick-up ist an der Grube … der nächstgelegenen North-Corporation-Grube … ich habe ihn dort gesehen. Eigentlich sollte er doch bei der Polizei sein … Deshalb bin ich überhaupt erst hellhörig geworden.« Er rang nach Luft. »Sie haben die Polizisten bestochen. Nicht Mike Townsend, aber die anderen … Sag Luke, er soll Teds Wagen sicherstellen. Dann kann er beweisen, dass Ted nicht dort ermordet worden ist, wo man den Pick-up gefunden hat, sondern in der Grube. Sag ihm …« Seine Stimme brach ab.

Stella wusste, warum. Dan Forester lag im Sterben. Der Gedanke allein ließ sie zittern. Sie hatte noch nie jemanden sterben sehen, wollte es auch jetzt nicht.

»Die Reifen ... kein Schlamm vom Sumpf an den Reifen ... nur Sand von der Grube.« Mr Foresters Atem ging schwer.

Stella legte ihre Hand auf seine. »Ich werde es ihm sagen«, flüsterte sie. Doch es war zu spät. Dan Forester war tot.

31

Luke folgte Sylvester weiter durch den Nebel. Er konnte sich auf das Gespür des Hundes hundertprozentig verlassen, das wusste er. Aber im Augenblick verstrich die Zeit für seinen Geschmack einfach zu langsam. So weit konnten die Jungen doch nicht mehr entfernt sein!

Einige Meter weiter blieb Sylvester stehen und knurrte leise. Luke hielt sofort inne. Vorsichtig spähte er durch die dichte Nebelwand. Nichts.

Dann machte er den Schatten eines Mannes aus. Er hielt einen Baseballschläger in der erhobenen Hand. Dem würde Luke es zeigen – seinen Freund Mike so zuzurichten!

Luke pfiff leise durch die Zähne. Der Wachmann drehte sich um und entdeckte ihn. Wütend stürmte er auf Luke zu und schwang den Baseballschläger wild um sich. Luke wich ihm gekonnt aus. Er nutzte die Unerfahrenheit des Mannes. Als er erneut ausholen wollte, entriss er ihm die Waffe und versetzte ihm mit dem Griff des Schlägers einen harten Hieb an die Stirn. Der Mann taumelte und wich zurück. Er fing sich jedoch rasch wieder und warf sich auf Luke. Luke, der nicht damit gerechnet hatte, dass der riesige Kerl nach dem kräftigen Schlag noch weiterkämpfen würde, verlor in seiner Überraschung das Gleichgewicht und ließ den Schläger fallen. Die beiden rollten auf dem Boden, rangen miteinander. Luke versuchte den Faustschlägen des anderen auszuweichen. Gleichzeitig tastete er auf dem Boden nach dem Baseballschläger. Aber er war außer Reichweite. Luke wusste, er musste sich etwas anderes einfallen lassen – und zwar schnell! Mit der Hand suchte er nach einer Waffe, irgendeiner. Sein Gegner saß auf seiner Brust und schlug erbarmungslos auf ihn ein.

Endlich. Lukes Hand erfasste einen handgroßen Stein. Instinktiv hob er ihn auf und versetzte dem Mann einen tödlichen Schlag an die Schläfe. Der Kerl fiel leblos von ihm ab.

Elizabeth überlegte fieberhaft, was zu tun war. Jetzt, da Lynn, Will und Amanda in Sicherheit waren, musste sie sich und Sarah irgendwie von den Fesseln befreien. Sie mussten Ben und Niklas zu Hilfe eilen! Ihr Blick fiel auf eine leere Bierflasche. Jemand hatte sie achtlos auf den Boden geworfen.

»Bleib hier!«, flüsterte sie der Freundin zu.

»Sei vorsichtig!« Sarahs Gesicht war blass. Wenn Elizabeth nun von einer verirrten Kugel getroffen wurde? Was sollte sie dann machen?

Elizabeth kroch behutsam zu der Flasche hinüber. Als sie sie erreicht hatte, drehte sie sich auf den Rücken und ergriff sie geschickt mit ihren gefesselten Händen.

»Mach schnell!«, rief Sarah leise und blickte sich unbehaglich um.

Elizabeth krabbelte zu Sarah zurück. Es schien eine Ewigkeit zu dauern.

»Wir müssen die Flasche irgendwie zerschlagen«, raunte Elizabeth.

»Hier, an der Tür des Lasters. Beeil dich!«

Elizabeth schlug die Flasche entzwei. Dann forderte sie Sarah auf: »Dreh dich mit dem Rücken zu mir!«

Sarah tat wie geheißen. Elizabeth fühlte mit den Fingern wo die Fesseln saßen, dann begann sie, sie vorsichtig mit einer großen Scherbe zu zerschneiden. Sie spürte, dass das scharfe Glas der Freundin die Hand verletzte, aber darauf konnte sie jetzt keine Rücksicht nehmen. Das Leben der Jungen war wichtiger als ein paar kleine Schnittwunden.

»Schnell, jetzt du«, flüsterte Sarah, als die Seile endlich von ihren Handgelenken abfielen.

Elizabeths Fesseln zu durchtrennen war viel einfacher, weil Sarah sehen konnte, was sie tat.

Elizabeth rieb sich die steifen Arme. »Ben und Niklas sind irgendwo dort drüben!«, sagte sie mit fester Stimme. »Bleib dicht neben mir und behalte den Kopf unten!«

»Ben, Ben!« Niklas' Rufe waren kaum zu hören, denn Mr Palmers Leibwächter hielt ihm erneut den Mund zu. Verzweifelt versuchte der Junge, sich aus dem Griff des Mannes zu befreien, aber es war vergebens. Der Mann war einfach zu stark.

Der Nebel, der wie aus dem Nichts aufgetaucht war, hatte eine ziemliche Verwirrung gestiftet, so viel stand fest. Der Boss der Männer, dieser Mr Palmer, hatte seit einiger Zeit keinen Laut mehr von sich gegeben. Aber selbst Niklas mit seinen fünf Jahren war klar, dass die Gefahr längst nicht vorüber war. Um sie herum fielen noch immer Schüsse; es hörte sich an wie in einem Kriegsgebiet. Und nun war der Nebel auch noch so dicht geworden, dass er Ben kaum mehr erkennen konnte!

Eben hatte Niklas kurz die Stimme seiner Mutter gehört. Sie war hier, suchte nach ihm. Wie erleichtert er gewesen war! Aber sie war nicht zu ihm gekommen, hatte ihn nicht gefunden. Wie sollte sie es auch, in diesem Nebel?

Als er wieder aufblickte, sah er einen Schatten durch die Luft springen – direkt auf ihn zu. Niklas schrie auf, aber niemand hörte es. Der mysteriöse Schatten traf den Kerl, der Niklas festhielt, wie eine Kanonenkugel. Er stürzte zu Boden, den hilflosen Jungen zog er mit sich.

Nun ertönte ein tiefes Knurren.

»Sylvester!«, rief Niklas erleichtert und versuchte sich loszumachen. Aber der Mann lockerte seinen Griff nicht. Mit dem Gewehr schlug er hart nach dem Hund.

Er traf. Sylvester heulte laut auf, ließ aber nur für den Bruchteil einer Sekunde von dem Mann ab. Dann stürzte er sich wütend und zähnefletschend erneut auf ihn. Seine Zähne gruben sich tief in den Arm des Mannes und zerrten an ihm.

Der Mann schrie schmerzerfüllt auf, und endlich gelang es Niklas, sich zu befreien. Schutzsuchend kroch der Junge auf allen vieren hinter ein großes Gebüsch. Er hörte Sylvester noch ein paarmal laut knurren und den Mann schreien. Dann war die Stimme nicht mehr zu hören.

Als jemand kurz darauf eine Hand auf Niklas' Schulter legte, fuhr der Junge erschrocken herum.

»Luke!«

»Ich bin so froh, dass ich dich gefunden habe, Nick!«, flüsterte Luke und drückte das Kind an sich.

»Sylvester hat mich befreit! Ich wusste, dass ihr kommen würdet!« Niklas strahlte seinen indianischen Freund an. Und weil Luke ihn nicht verstehen konnte, zog er die kleine Holzeule aus der Hosentasche und hielt sie ihm hin.

Luke lächelte. »Du wusstest, dass ich nach euch suchen

würde, hm? Darauf kannst du dich verlassen. Immer.« Dann wurde er wieder ernst. »Nick, wo ist Ben? Ben?«

»Da drüben. Irgendwo da drüben!« Der Junge deutete in die Richtung, wo er seinen Freund zuletzt gesehen hatte.

»Warte hier.« Luke unterstrich seine Worte mit einer eindeutigen Geste, damit Niklas ihn verstand, und verschwand im Nebel.

Elizabeth und Sarah bewegten sich langsam und in geduckter Haltung durch den Sumpf. Sie hatten sich an den Händen gefasst, um einander nicht zu verlieren. Sarahs Herz pochte schnell. Wo waren die Jungen nur? Sie irrten nun schon seit scheinbar unendlicher Zeit durch den Nebel und hatten noch immer kein Anzeichen von ihnen entdeckt. Sarahs Magen krampfte sich zusammen. Wenn Niklas etwas zustieß – sie wusste nicht, wie sie es verwinden sollte. Niklas und Stella waren ihr ganzes Leben, ihre ganze Freude. Dagegen bedeutete ihr ihre eigene Sicherheit rein gar nichts.

Jetzt drang ein unerwartetes Geräusch an ihr Ohr; das gefährliche Knurren eines Hundes. Eine Welle der Hoffnung stieg in ihr auf. Aber konnte es wirklich wahr sein? Es würde bedeuten, dass auch Luke und vielleicht sogar Stella in der Nähe waren.

»War das Sylvester?«, flüsterte sie.

»Ja, da bin ich mir sicher«, sagte Elizabeth. »Wir müssen den Jungen ganz nah sein.« Sie blieb stehen, legte die Hand an den Mund und stieß einen langgezogenen Laut aus. Es klang wie der Ruf einer großen Eule.

»Hier, hier! Ich bin hier!«, ertönte Bens Stimme wie aus dem Nichts.

»Schnell, dort drüben!« Elizabeth und Sarah hasteten durch den Nebel. Im nächsten Moment stießen sie gegen eine Gestalt. Der Zusammenstoß ließ sie aufstöhnen.

»Grandma, Grandma!« Ben hatte den Eulenruf seiner Großmutter erkannt, konnte sich aber nur bedingt verständlich machen, weil sein Bewacher ihm immer noch den Mund zuhielt.

Die Frauen stürzten sich auf den Bodyguard und schlugen auf ihn ein. Sie kratzten und traten und zerrten an ihm, bis er seinen Griff lockerte. Sobald Ben frei war, packte Elizabeth ihren Enkel und Sarah an der Hand und zog die beiden mit sich, fort von dem Gegner. Sie wusste, die Gefahr war noch nicht vorüber. Der Leibwächter hatte noch immer sein Gewehr.

Der Mann fluchte laut und begann wahllos in den Nebel zu schießen. Kugeln schlugen neben Ben und den Frauen in die weiche Erde ein, während sie verzweifelt versuchten, sich in Sicherheit zu bringen.

Da riss jemand sie ganz unerwartet zu Boden und zog sie hinter ein paar Espen in Deckung.

»Luke!«, rief Sarah überrascht, als sie ihn erkannte. »Wo ist Stella? Ist sie bei dir?«

»Sie ist in der Nähe. An einem sicheren Ort«, sagte Luke. Dann setzte er eilig hinzu: »Nehmt Ben und Niklas und lauft zum See. Versteckt euch zwischen den Bäumen und Felsen, bis ich komme und euch hole. Verstanden?«

»Niklas ist bei dir?«, fragte Sarah hoffnungsvoll.

»Gleich dort drüben hinter dem nächsten Gebüsch.«

Sarah atmete erleichtert auf.

Luke wollte sich wieder auf den Weg machen, als Elizabeth ihn zurückhielt.

»Was hast du vor?«, fragte sie. »Wir haben die Jungen. Lass uns von hier verschwinden!«

»Ich komme bald nach«, erwidert Luke hastig. »Ich

muss erst noch diesen Palmer erwischen! Er allein weiß, wer hinter all dem hier steckt. Seine Aussage kann Teds Tod aufklären, Licht in die unerklärten Krankheitsfälle in Winding River bringen und mich bei der Polizei entlasten. Er darf nicht entkommen!«

»Du hast recht«, meinte Elizabeth, aber in ihrer Stimme lag Sorge. »Pass auf dich auf, Luke!«

Er drehte sich schon um, als ein Ruf ihn erstarren ließ.

»Niklas!«

Auch Sarah und Elizabeth blieben wie angewurzelt stehen.

»Du hast doch gesagt, Stella sei an einem sicheren Ort?«, fuhr Sarah Luke aufgeregt an.

Doch bevor er antworten konnte, ertönte Stellas Stimme erneut, näher diesmal. »Niklas!«

»Stella!« Sarah sprang auf und lief in den Nebel.

»Verdammt!«, fluchte Luke und fuhr sich aufgebracht durchs Haar. »Kommt schnell!«, flüsterte er und zog Elizabeth und Ben hastig zu dem Busch hinüber, hinter dem Niklas sich versteckt hielt. Der Junge wartete dort, wie verabredet. Sylvester war bei ihm.

»Hier ist Nick«, raunte Luke Elizabeth zu. »Und nun lauft zum See. Sylvester wird euch beschützen. Beeilt euch! Ich werde Sarah und Stella holen und euch anschließend dort treffen.« Er nickte ihr zu, ein letzter Gruß. Dann war er auch schon in den dichten Nebelschwaden verschwunden.

Stella hörte Sylvesters aggressives Knurren und glaubte für einen Moment auch Niklas' Stimme auszumachen. Beides kam aus einer Richtung, in der sie die Jungen nie vermutet hätte. Konnte sie sich derart getäuscht haben?

Aber wo Sylvester war, da war sicherlich auch Luke nicht weit, und Luke hatte sich aufgemacht, um die Jungen zu befreien. Davon war Stella überzeugt. Also änderte sie ihre Richtung und wandte sich dorthin, von wo das Knurren und die Stimme gekommen waren.

Sie bewegte sich langsam und vorsichtig, denn sie konnte in dem dichten Nebel so gut wie nichts sehen. Kein Wunder, dass ihre Mutter sich vor dreißig Jahren auf Vancouver Island verfahren hatte! War der Nebel damals auch nur annähernd so schlimm gewesen wie in dieser Nacht, so war es erstaunlich, dass Sarah überhaupt beim Hotel angekommen war.

Gewehrschüsse durchrissen erneut die unheimliche, gedämpfte Stille des Nebels. Stella warf sich zu Boden und wartete ab. Gut, dass die Kerle mit den Gewehren nicht mehr sehen konnten als sie!

Und während sie abwartend dalag, wurde ihr mit einem Mal bewusst, dass der Nebel nicht zufällig so jäh aufgezogen war. Die Ahnen und die Vergessenen hatten ihnen Hilfe versprochen. Dies war ihre Hilfe. Genau wie in der lange vergangenen Nacht auf Vancouver Island, als der Nebel sowohl Lukes als auch ihr eigenes Leben in eine andere Bahn gelenkt hatte.

Mit neuer Energie lief Stella weiter. Sie hielt sich geduckt – nur für alle Fälle.

Doch schon nach ein paar Schritten stieß sie hart gegen eine Person, die genauso im Nebel verborgen gewesen war, wie sie selbst. Und wie Stella, schreckte auch diese andere Person auf, vollkommen überrascht über den Zusammenprall.

»Ed, was machst du denn hier?«, flüsterte Stella erstaunt, als sie den Mann erkannte.

32

Ed drehte sich langsam um. Er wirkte überaus nervös. Es war dieser Ausdruck in seinem Gesicht, der Stella daran denken ließ, dass sie Terry vorhin unter den Ahnen gesehen hatte. Er war tot. Und Ed – er sollte doch auf der Ranch bei den anderen sein. Etwas stimmte nicht. Fast im selben Augenblick bemerkte sie das Gewehr in seiner Hand. Hatte er eben geschossen?

»Ed, wo sind meine Mutter und die anderen? Was ist geschehen? Warum bist du hier?«, fragte sie hastig.

Ed antwortete nicht, sondern ließ den Kopf hängen.

»Ed, sag doch etwas!«, forderte sie ihn leise auf.

»Es tut mir leid«, murmelte der Rancher.

»Ich verstehe nicht …«

»Die anderen sind in Sicherheit«, sagte Ed. Diesmal klang seine Stimme lauter und entschlossener, ganz so, als wolle er sich selbst von ihrer Wahrhaftigkeit überzeugen.

»Glaub ihm kein Wort. Er ist ein Verräter!«, ertönte eine Frauenstimme.

»Lynn!«, rief Stella überrascht.

Doch ehe sie sich darüber wundern konnte, wo die Freundin mit einem Mal herkam, da hatte Lynn sich auch schon, hochschwanger, wie sie war, auf Ed gestürzt.

Der Rancher nahm keine Rücksicht auf ihren Zustand. Er schwang herum und schlug Lynn hart mir dem Gewehr in den Rücken. Die junge Frau stöhnte schmerzerfüllt auf und fiel reglos zu Boden.

»Du Schweinehund!«, schrie Stella.

Ohne zu überlegen, warf sie sich auf Ed und trommelte auf ihn ein. Doch der Rancher holte einfach aus und schlug ihr mit voller Wucht ins Gesicht. Benommen taumelte Stella zurück.

»Ed, gibt es ein Problem?«, rief eine Männerstimme aus dem Nebel.

»Nein, Mr Palmer«, erwiderte der Rancher.

Stellas Augen weiteten sich vor Entsetzen. Ed arbeitete für diesen Mr Palmer? Er war es gewesen, der sie verraten und Terry in den Tod geschickt hatte! Sie war wie versteinert. Sie alle hatten ihm vertraut, ihm und seiner Frau. Die beiden waren so verständnisvoll und hilfsbereit gewesen. Und dabei hatten sie sie die ganze Zeit über hinters Licht geführt. Dass jemand ihr etwas vormachen konnte, war kein großes Kunststück. Aber dass die beiden auch Luke hatten täuschen können, das überraschte Stella.

Der Gedanke an Luke jagte einen kalten Schauer durch ihren Körper. Luke! Er wusste nicht über Ed Bescheid. Sie musste ihn warnen!

Im nächsten Moment schoss Eds Hand durch den Nebel. Sie war alles, was Stella sah. Eine körperlose Hand, die nach ihr griff. Entsetzt wich sie zurück. Doch das war ein Fehler. Ihr Fuß sank tief in den Schlamm. Erschrocken machte sie einen Schritt nach vorn. Da packte Ed sie und zerrte sie mit sich. Er hielt sie vor seinen Körper, seinen Arm um ihren Hals gepresst. Sie bekam kaum Luft.

Stella riss mit beiden Händen an dem Arm, der sie umklammerte, versuchte sich irgendwie zu befreien. Aber sie schaffte es nicht. Ed hielt sie eisern fest und schleppte sie immer weiter durch den Nebel. Ihr wurde schummrig vor Augen, und sie schnappte nach Luft. Stella wusste, sie brauchte Hilfe. Doch es war niemand da, der ihr hätte beistehen können.

»Bitte helft mir!«, sagte sie flüsternd, an die Ahnen gerichtet. »Ich brauche Hilfe!«

Niklas' Gesicht tauchte vor ihrem inneren Auge auf. Niklas, wie er nach dem Spielen im Garten ins Haus gelaufen kam, mit vom Wind zerzaustem Haar, geröteten Wangen und strahlenden Augen. Und sie hörte sein Lachen, dieses unbeschwerte, helle Kinderlachen. Und sie wurde wütend.

»Zum Teufel mit dir, Ed!« Sie rammte ihm mit voller Wucht den Ellenbogen in den Solarplexus, trat ihm so fest sie konnte auf den Fuß und versetzte ihm mit der Faust einen harten Schlag auf die Nase.

Ed ließ von ihr ab, vollkommen perplex über ihre unerwartete Stärke.

Stella nutzte ihre Chance. Sie holte aus und trat dem Angreifer mit aller Macht in den Unterleib.

»Das ist für Lynn«, zischte sie.

Schmerzerfüllt ließ Ed das Gewehr fallen und krümmte sich zusammen. Er tat ein paar Schritte zurück, stolperte über einen Felsbrocken und fiel kopfüber in den Morast.

Stella stand wie angewurzelt da. Sie war erstaunt über ihre Handlung und noch mehr über die Stärke, die hinter ihren Hieben gesteckt hatte. Und sie hatte das seltsame Gefühl, als hätte jemand sehr Kräftiges ihre Hand in seine genommen und ihre Schlagkraft um ein Vielfaches verstärkt.

Sie schüttelte den Kopf, bemüht, einen klaren Gedanken zu fassen. Schließlich bückte sie sich hastig und hob Eds Gewehr auf. Erst jetzt bemerkte sie, dass nur noch Eds Beine aus dem Schlamm herausragten. Der Rest seines Körpers war bereits im Morast verschwunden. Stella sah zu, wie der Sumpf den Rancher immer mehr verschlang. Es tat ihr nicht leid. Wortlos drehte sie sich um und eilte zu der Stelle, an der sie Lynn vermutete.

Die junge Frau lag noch immer reglos am Boden.

»Oh, mein Gott, Lynn!« Stella fiel neben ihr auf die Knie.

»Es geht gleich wieder«, murmelte Lynn. »Die Jungen, hol unsere Jungen!«

Stella war hin- und hergerissen. Sie konnte Lynn unmöglich einfach so hier liegenlassen, aber auf der anderen Seite befanden sich die Jungen in großer Gefahr. Kurzentschlossen zog sie Lynn hinter einen Felsbrocken.

»Hier, nimm das Gewehr«, flüsterte sie. »Ich bin gleich wieder da!«

»Stella!« Lynn packte sie am Ärmel.

»Ja?«

»Pass auf dich auf!«

»Und du auf dich«, erwiderte Stella heiser. Dann machte sie sich wieder auf die Suche.

Luke schlug die Richtung ein, in die er Sarah hatte laufen sehen, und fluchte leise. Hoffentlich fielen Stella und Sarah nicht auch noch diesem Palmer in die Hände. Palmer war ein harter Mann, dem niemand zu widersprechen wagte und der von dem Gelingen seiner Pläne felsenfest überzeugt war. Er fühlte sich sicher. Die Jungen waren ihm im Nebel entwischt, schön. Also schickte er seine Männer aus, um sie zu finden. Aber noch glaubte Palmer, überlegen zu sein. Wer konnte ihm hier schon ins Gehege kommen, außer Luke? Und Luke war allein.

Luke blieb stehen und lauschte. Wo waren Stella und Sarah nur? Während er horchte, erinnerte er sich an das, was Elizabeth ihm in der Schwitzhütte gesagt hatte. Sie sagte, er sei Träger der Eulenmedizin. Stella hatte das auch behauptet, und die Zeremonie am See hatte es bewiesen. Nun musste nur noch er selbst daran glauben. Wirklich daran glauben. Er musste Vertrauen in sich selbst und in die Kraft der Eule finden – tief in seinem Herzen. Jetzt in diesem Moment. Und er musste sich von diesem Vertrauen leiten lassen.

Trägern der Eulenmedizin wurde eine besondere Hellsichtigkeit und Hellhörigkeit nachgesagt und eine fast prophetische Gabe. So hatte er es Stella vor ein paar Tagen wenigstens erklärt. Und wenn er nun selbst Inhaber der Eulenmedizin sein sollte – er verbesserte sich sofort: er *war* Träger der Eulenmedizin –, dann konnte er all ihre Besonderheiten zu seinem Vorteil nutzen.

Luke atmete tief ein und entspannte sich. Ein seltsames Kribbeln überkam ihn, und er begann zu lächeln. Er konnte in dem Nebel zwar nichts sehen, doch er konnte etwas fühlen, nämlich die Energien, die von den Menschen ausgingen, die sich in seiner Umgebung aufhielten. Und mit Hilfe dieser Energien würde es leicht für ihn sein, sie zu finden.

Langsam ging er weiter. Er musste die Stelle, an der die Fässer entladen worden waren, fast erreicht haben. Stella und Sarah waren, das spürte er, ganz in seiner Nähe. Aber er spürte noch etwas anderes. Palmer.

»Habt ihr die Jungen?«, ertönte Palmers Stimme denn auch augenblicklich durch den Nebel.

»Nein, sir, aber es kann sich nur noch um Minuten handeln, sir«, erwiderte jemand.

»Du bleibst in der Nähe. Verstanden?«, rief Palmer.

»Sehr wohl, sir«, sagte der andere Mann.

Luke tat ein paar vorsichtige Schritte vorwärts. Er stand jetzt unmittelbar hinter einem von Palmers Leibwächtern. Lautlos und blitzschnell, wie eine Eule auf der Jagd, legte Luke seinen Arm um den Hals des ahnungslosen Mannes und zog ihn zu Boden. Mit einem gekonnten Handgriff, so wie er es beim Militär gelernt hatte, brach er ihm das Genick.

Luke schob den bewegungslosen Körper von sich und sprang ein paar Sätze nach vorn. Vielleicht gelang es ihm, Palmer zu packen, bevor Stella und Sarah ihm in die Hände fielen.

Der Nebel lichtete sich kurz, und Luke sah Palmer deutlich vor sich. Er hielt den Atem an. Würde Palmer seine Anwesenheit bemerken?

Doch bevor Palmer Luke entdecken konnte, ertönte ein lautes Gebrüll aus der entgegengesetzten Richtung. Es war der Brunftschrei eines Elches, der sich schnell näherte.

Palmer hörte das Gebrüll ebenfalls, und für einen Augenblick galt seine ganze Aufmerksamkeit allein dem Elch. Als er sich wieder umwandte und Luke hätte entdecken können, hatte der Nebel sich bereits wieder so sehr verdichtet, dass man nicht mehr als die Hand vor Augen sah.

Eine bessere Gelegenheit würde sich ihm nicht bieten. Luke wusste genau, wo Palmer sich aufhielt.

Lautlos stürzte er sich auf seinen Gegner. Mit einem einzigen Handgriff entriss er ihm die Waffe. Blitzschnell packte er Palmer am Hals und drückte ihm den Pistolenlauf an die Schläfe.

»Ein einziger Laut, und du bist tot, mein Freund«, zischte er.

Palmer zuckte unweigerlich zusammen, als er Lukes blaubemaltes Gesicht genau vor seinem entdeckte, doch er erholte sich schnell von seinem Schreck.

»Lumly!«, murmelte er ärgerlich. »Ich hätte damit rechnen sollen.«

Luke musterte seinen Gefangenen argwöhnisch. Irgendetwas kam ihm auf unheilvolle Weise bekannt vor.

»Rodney? Rodney Jefferson?«, fragte er überrascht.

»Lt. Rodney Jefferson, um es genau zu nehmen«, erwiderte Palmer. »Aber das ist lange her. Heute bin ich nur noch unter dem Namen Palmer bekannt. Doch wie ich sehe, erinnerst du dich an mich.«

»Leider«, zischte Luke. »Du warst schon damals in Afghanistan ein Schweinehund! Doch nun raus mit der Sprache. Warum wolltet ihr mir den Mord an Ted Crise in die Schuhe schieben?«

»Das weißt du doch längst«, sagte Palmer ruhig.

»Ich will es von dir hören.«

»Du bist dem illegalen Endlager unseres Giftmülls auf die Spur gekommen. Die Entsorgung im Sumpf hier spart uns eine Menge Geld.«

»Aber Chief Tall Bird ist sicher auch nicht billig«, erwiderte Luke mürrisch.

»Das stimmt. Aber immer noch viel billiger als die Unsummen für die Klärungsprozesse«, erwiderte Palmer gelassen. »Was versuchst du hier eigentlich, Lumly? Damit kommst du niemals durch. Ich habe Kontakte nach ganz oben.«

»Ich will meinen Namen reinwaschen«, sagte Luke. »Und Mrs Crise verdient es zu erfahren, wie ihr Mann wirklich ums Leben gekommen ist. Ted ist nicht am Wegrand ganz in der Nähe seines Hauses ermordet worden, stimmt's?« Als Palmer nicht sofort antwortete, presste Luke den Lauf der Pistole stärker an seine Schläfe.

»Schon gut, schon gut«, lenkte Palmer ein. »Der Wagen ist erst anschließend dorthin geschafft worden. Wir haben die Polizisten bestochen. Ted ist in der Grube umgebracht worden, bevor er seine Schicht angetreten hat. Wir haben ihn in eine Falle gelockt. Es war nichts Persönliches. Ted war derjenige, der dran glauben musste, damit unser Plan, dich auf Eis zu legen, funktionieren konnte.«

»Und Randy Henderson, der Ted noch nach seinem Todestag gesehen haben will?«

»Er ist gut dafür bezahlt worden, ins Krankenhaus zu gehen und der leichtgläubigen Freundin von Mrs Collinson die Geschichte aufzuschwatzen. Hat ausgezeichnet geklappt.«

Luke hatte bei der Armee gelernt, seine Emotionen auszuschalten. Er ließ sich durch Palmers Worte nicht beirren.

»Wozu sollte das gut sein?«, hakte er nach.

»Der Verdacht sollte auf Forester fallen. Wir befürchteten, dass diese Stella Ammersbach sich in ihrer Sorge um dich vielleicht Dan Forester anvertrauen würde.«

»Und ihr dachtet, dass er ihr glauben könnte, weil er sie mag. Sehr abgebrüht«, führte Luke den Gedanken zu Ende.

»Forester war eine Schwachstelle. Du weißt, wie hinderlich so etwas ist.«

»Stecken Matt und Charlie mit in der Sache drin?«

»Diese Grünschnäbel?« Palmer lachte auf. »Für die ist dieses Geschäft nichts. Die können höchstens Plätzchen auf dem Flohmarkt verkaufen!«

Luke ignorierte diese Worte. »Nun zum Wichtigsten, Palmer. Du arbeitest nicht auf eigene Faust. Wer steckt dahinter? Die North Corporation?«

Palmer lachte erneut auf. »Die North Corporation ist ein kleiner Fisch im Vergleich zu den Leuten, für die ich arbeite!«

»Namen, Palmer!«

Noch während Luke die Worte sprach, kam Bewegung in den Nebel. Die wallenden langen Arme wogten auf und ab, gerade so, als seien sie lebendig, und der dichte Dunst begann sich aufs Neue zu lüften. Durch die wirbelnden Schwaden und das helle Licht der Scheinwerfer sah Luke etwas, das sein Herz stillstehen ließ: Stella. Und ganz in ihrer Nähe, für sie nicht sichtbar, stand Palmers anderer Leibwächter versteckt hinter einem Busch. Noch hatte er sie nicht entdeckt.

Doch jetzt blickte Stella auf und erkannte Luke. Ein Lächeln erschien auf ihrem Gesicht, und sie tat ein paar Schritte auf ihn zu. In dem Moment bemerkte auch der Leibwächter sie. Er riss sein Gewehr herum und zielte auf sie.

»Bleib, wo du bist, Stella!«, schrie Luke, die Pistole noch immer an Palmers Schläfe.

Der Schütze schwang sofort herum und zielte wieder auf Luke. Er wagte jedoch keinen Schuss, weil Luke Palmer wie einen Schild vor sich hielt.

Nun entdeckte auch Stella den Schützen. »Luke, Vorsicht!«, schrie sie und stürzte auf den Leibwächter zu.

»Stella, nein!«, rief Luke. Doch der Mann hatte sein Gewehr bereits herumgerissen und auf Stella gefeuert.

Luke war lange genug beim Militär gewesen, dass er in lebensgefährlichen Situationen wie dieser rein mechanisch handelte und allein seinem Überlebensinstinkt folgte. Er nahm die Pistole von Palmers Kopf, schlug ihm mit dem Griff hart an die Schläfe und setzte ihn außer Gefecht. Er brauchte ihn lebend. Dann nahm er den Schützen ins Visier und feuerte zwei Schüsse auf ihn ab. Der Leibwächter stürzte leblos zu Boden.

33

Stella stand wie angewurzelt da. Sie hatte Lukes Warnruf gehört und auch den Schuss, der dicht neben ihr abgefeuert worden war, aber sie konnte sich nicht von der Stelle bewegen. Ihr Körper schien wie gelähmt und gehorchte ihr nicht. Sie schloss die Augen in Erwartung dessen, was nun unvermeidbar folgen musste.

Plötzlich rief jemand ihren Namen. Die Stimme kam ihr sehr vertraut vor, doch sie konnte sie nicht zuordnen. Ihr Kopf war leer. Gleich darauf sprang eine Gestalt vor sie und klammerte sich an ihre Schulter.

»Mutti!«, hauchte Stella benommen. Dann bohrte sich die Gewehrkugel auch schon in ihren Unterleib. Ihr Schmerzensschrei echote durch die Stille der Nacht und wurde allein von Lukes verzweifelter Stimme übertönt.

Stella sackte zu Boden und zog Sarah mit sich, die wie ein bleiernes Gewicht an ihr hing. Sie konnte nicht mit Gewissheit sagen, was als Nächstes geschah. Ein riesiger Tumult schien um sie herum auszubrechen. Die Nebelfetzen, die noch immer über dem Sumpf hingen, verzerrten jedes Geräusch bis zur Unkenntlichkeit und dämpften die grellen Scheinwerfer, bis sie nicht nur die Landschaft, sondern auch Stella und Sarah in ein irreales, beinahe gespenstisches Licht hüllten.

»Mutti?«, flüsterte Stella mit stockender Stimme. »Mutti, ich bekomme keine Luft. Du wirst mir zu schwer.« Doch sie erhielt keine Antwort. Sarah blieb liegen, wo sie war, schwer wie Blei, und rührte sich nicht.

Eine schlimme Ahnung überkam Stella. Sie streckte die Hand aus und rüttelte Sarah an der Schulter. »Mutti! Mutti, sag doch etwas!«

Immer noch keine Antwort.

Panik erfasste Stella, und sie begann zu zittern. Mit letzter Kraft schob sie Sarah von sich. Sie fiel reglos von ihr ab. Stella tastete nach der Hand ihrer Mutter und wandte ihr den Kopf zu. Der Anblick ließ sie zusammenfahren. Sarahs Unterleib war blutüberströmt, ihre Augen geschlossen. Sie atmete ruckartig.

»Oh Gott, Mutti!« Stellas verzweifelter Aufschrei verebbte in dem lärmenden Aufruhr, der um sie herum tobte. Unter starken Schmerzen gelang es ihr, sich aufzurichten und sich neben Sarah zu knien. Die Tatsache, dass sie selbst verletzt war, nahm sie gar nicht richtig wahr.

»Mutti! Mutti, geh nicht fort! Ich brauche dich!«, schluchzte sie und klammerte sich wie besessen an Sarahs Hand.

Sarah erwiderte den Händedruck, nur ganz leicht, und öffnete langsam die Augen.

»Das Schild, das du gekauft hast«, flüsterte sie mit stockender Stimme.

Das Schild? Stella wusste in ihrer Verwirrung zunächst nicht, wovon ihre Mutter sprach. Dann fiel es ihr ein. »Das Schild aus dem Trödelladen? *True Happiness Awaits the Adventurous Heart*?«

Sarah nickte. »Sei voll Abenteuerlust, hab keine Angst«, hauchte sie und schnappte nach Luft. Sobald sie wieder atmen konnte, fügte sie hinzu: »Kämpfe für dein Glück, meine Stella. Lass es dir von niemandem nehmen.«

Dann schlossen sich ihre Augen für immer.

Stella stieß einen dumpfen Klagelaut aus, dann brach sie laut schluchzend über dem leblosen Körper ihrer Mutter zusammen. Erst als Lukes starke Arme sich um sie schlossen, ließ sie von ihr ab.

»Luke«, murmelte sie kaum hörbar.

»Du lebst!«, rief er erleichtert und drückte sie an sich.

»Mutti«, flüsterte Stella verzweifelt.

Luke beugte sich hastig über Sarah und fühlte nach dem Puls.

»Sie hat ihre lange Reise angetreten«, sagte er betroffen und strich Stella einfühlsam über die Wange. Dann setzte er bewegt hinzu: »Ich weiß, dass Worte nicht viel helfen. Aber erinnere dich immer daran: Sarah hat ihr Leben gegeben, um dich zu retten. Wäre sie eben nicht vor dich gesprungen, dann wärst du jetzt nicht mehr bei uns. Dafür bin ich Zeuge. Sie hat heute Nacht dein Leben gerettet, genau so, wie sie es vor dreißig Jahren tat, als sie Little Drum im Wald traf und ihren weisen Worten Folge leistete.«

Stella nickte und versuchte mit zitternden Händen ihre Tränen zu trocknen.

»Komm, ich bringe dich zu Nick. Meine Kumpel werden sich um Sarahs Leichnam kümmern.«

Doch als er versuchte, sie auf die Beine zu ziehen, zuckte Stella schmerzerfüllt zusammen und hielt sich den Unterleib. Blut quoll zwischen ihren Fingern hervor.

»Stella, was ist mit dir?«, sagte Luke bestürzt und starrte auf ihre blutverschmierte Kleidung. »Hier, leg dich hin.« Er rollte seine Jacke zusammen und stopfte sie unter ihren Kopf. »Lass mich sehen, wie schlimm es ist«, sagte er sanft und schob vorsichtig ihren Pullover beiseite. Gleich darauf stellte er erleichtert fest: »Wir haben Glück. Die Kugel ist nur mit der Spitze eingedrungen. Ich kann sie herausziehen. Schau!« Und mit einem Ruck hatte er die Kugel in der Hand. Er zog sein Hemd aus, drückte es auf die Wunde. Behutsam strich er Stella das Haar aus dem Gesicht und versuchte zu scherzen: »Du warst tapfer. Nun wirst du auch eine schöne Narbe bekommen. Da haben wir was gemeinsam. Aber ich frage mich, wie …«

Er beugte sich zu Sarah hinüber und untersuchte auch ihre Schusswunde. Anschließend besah er sich erneut Stellas Wunde und auch ihre Kleidung. Erstaunt schüttelte er den Kopf.

»Die Kugel, die Sarah tötete, ist glatt durch sie hindurchgegangen und hat sich anschließend in deinen Unterleib gebohrt. Aber etwas hat ihre Kraft stark gedrosselt, sonst wäre sie auch für dich tödlich gewesen. Und dieses Etwas ist hier in deiner Jackentasche. Siehst du, sie hat ein Einschussloch.«

Luke griff in die Tasche. Als er seine Hand wieder herauszog, lagen grüne Gesteinssplitter darin.

»Mein Glücksbringer«, flüsterte Stella. »Die Jade-Eule, die Mutti mir zur Geburt geschenkt hat. Sie ist zerbrochen.«

»Die Figur hat dir das Leben gerettet«, stellte Luke fest. »Wir müssen Sarah heute Nacht also doppelt dankbar sein. Für ihre weise Voraussicht von damals und ihr großes leibliches Opfer.«

Stella starrte sprachlos auf die Jadesplitter.

»Nichts geschieht umsonst auf dieser Welt«, flüsterte sie schließlich. Und dann, als hätte etwas sie endgültig wieder in die Gegenwart zurückgeholt, fügte sie hinzu: »Was ist mit Niklas und den anderen?«

»Er ist in Sicherheit«, erklärte Luke. »Und Ben, Elizabeth, Lynn, Will und Amanda sind es auch.«

»Lynn nicht, Luke, Lynn nicht. Sie ist mir vorhin zu Hilfe gekommen, und Ed hat sie niedergeschlagen. Wir müssen ihr helfen!«

»Und Ed?«

»Ed ist tot.«

Eine Männerstimme ertönte durch das Gewirr. »Luke, bist du in Ordnung?«

»Matt, Palmer ist Lt. Rodney Jefferson!«, rief Luke ihm zu, als er die Stimme seines Kumpels erkannte. »Ich habe ihn dort drüben außer Gefecht gesetzt. Sieh zu, dass er nicht entwischt!«

»Auf den Mistkerl werde ich schon aufpassen. Und wo sind die Jungen?«, frage Matt eilig.

»Am See mit den anderen, die ich zu Ed und Kristy auf die Ranch gebracht hatte. Es war übrigens Ed, der uns verraten hat. Aber eine junge Frau liegt hier irgendwo noch. Sie ist hochschwanger und verletzt. Und mein Freund Mike Townsend ebenfalls. Er ist den Typen mit den Baseballschlägern in die Finger geraten. Bitte kümmert euch um sie.«

»Geht klar, Luke«, meinte Matt und lief weiter.

Als sie wieder alleine waren, wandte Luke sich an Stella.

»Eines möchte ich gerne noch wissen«, sagte er und strich ihr sanft über die Stirn. »Warum bist du dem Kerl vorhin eigentlich in die Schussbahn gelaufen?«

Stellas Stimme war kaum hörbar, als sie antwortete, aber der Blick in ihren Augen sagte alles.

»Weil ich dich liebe.«

»Und ich liebe dich«, erwiderte Luke lächelnd.

Während er sprach, lief ihm eine einzelne Träne über die Wange. Stella sah sie und bemerkte, dass die Träne genau dem Verlauf einer der blauen Wellenlinien folgte, mit denen Luke vorhin sein Gesicht für die Zeremonie bemalt hatte. Sachte streckte sie ihre Hand aus und wischte die Träne fort.

Luke nahm ihre Hand in seine und drückte sie fest.

Dann beugte er sich zu ihr hinunter und küsste sie zärtlich.

Stella erwiderte seinen Kuss und schmiegte sich eng an ihn, ein glückliches Lächeln umspielte ihren Mund.

Luke nahm sie behutsam auf seine Arme und trug sie aus dem Sumpf zu den wartenden Wagen.

Unterwegs sah Stella sich halb verwundert um. Etwas hatte sich verändert. Die Schüsse waren verstummt, und nach der ganzen Aufregung schien es ungewohnt still. Nur die Stimmen von Matt und Charlie, die sich um Palmer und die Verletzten kümmerten, waren zu hören. Aber das war es nicht, was ihre Aufmerksamkeit auf sich gezogen hatte. Stellas Blick wanderte unruhig umher. Schließlich wusste sie, was es war: Der Nebel war verschwunden.

»Genau wie damals vor dreißig Jahren auf Vancouver Island«, raunte sie, und eine Gänsehaut überkam sie. »Nein, es ist nicht nur das. Ich habe das seltsame Gefühl, als sei ich schon einmal hier gewesen – genau an dieser Stelle, so wie ich jetzt in deinen Armen liege, Luke – als hätte ich all dies schon einmal erlebt.«

»Weil es bereits schon einmal geschehen ist«, sagte Luke leise. »Doch damals ist die Sache schiefgegangen. Heute haben wir eine zweite Chance bekommen – und nicht nur wir zwei, die ganze Menschheit. Ich hoffe, wir vertun sie nicht.«

»Das werden wir nicht«, sagte Stella bestimmt.

»Du hast recht, das werden wir nicht. Deine Mutter und Ted und Terry und alle anderen sollen nicht umsonst gestorben sein. Nicht, wenn wir etwas dagegen tun können.«

Er trug sie weiter. Ein paar Minuten später erreichten sie die Wagen, mit denen Mike, Matt und Charlie gekommen waren. Dort standen auch die Kinder und warteten auf sie.

»Mama, Luke!« Niklas stürmte ihnen entgegen, dicht gefolgt von Sylvester, und schlang seine kleinen Arme um die beiden. Sylvester bellte und wedelte freudig mit dem Schwanz.

»Es ist gut, euch alle wohlbehalten wiederzusehen«, sagte Luke erleichtert und setzte Stella ab, damit sie ihren Sohn richtig begrüßen konnte.

»Ich bin so froh, dass ich dich wiederhabe, mein Schatz«, flüsterte Stella und drückte den Jungen fest an sich.

»Wo ist Oma?«, fragte Niklas und sah sich suchend um.

Stella und Luke wechselten besorgte Blicke. Dann erklärte Stella mit sanfter Stimme: »Oma ist jetzt beim lieben Gott im Himmel.«

»Das wird Opa aber gar nicht gefallen«, stellte Niklas sofort fest. »Und mir gefällt es auch nicht.«

»Es gefällt niemandem, aber wir können nichts daran ändern. Oma ist in den Himmel gegangen, damit ich bei dir bleiben kann. Dafür müssen wir ihr sehr dankbar sein.«

Niklas musterte sie nachdenklich. »Ich bin ihr dankbar, aber es macht mich trotzdem traurig.«

»Ich bin auch sehr traurig, Niklas«, sagte Stella mit bebender Stimme und drückte ihn noch fester an sich.

Luke spürte, worüber die beiden sprachen, obwohl er ihre Worte nicht verstand, und er versuchte, das Gespräch auf ein anderes Thema zu lenken. Das Kind hatte fürs Erste genug durchgestanden.

»Und nun zu meinem treuen Sylvester. Das hast du ganz großartig gemacht, alter Junge. Ohne dich wären wir alle aufgeschmissen gewesen!« Luke tätschelte dem Hund liebevoll den Kopf. Dann wandte er sich an Will, Amanda und Ben. »Wo sind eigentlich eure Mom und eure Grandma?«

»Sie sind in dem Auto da drüben. Matt hat sie gerade gebracht«, erwiderte Will. »Ich soll dir von ihm ausrichten, dass Palmer und die anderen gefasst worden sind. Charlie und er werden sie der Polizei übergeben. Matt hat sie per Funk von einem der Lastwagen aus verständigt.«

»Jetzt wird alles gut werden, oder?«, erkundigte sich Ben.

»Das glaubst auch nur du«, erwiderte Will, bevor Luke antworten konnte. »Dieser Palmer und unser Chief, die werden sich irgendwie aus der Sache rausreden, du wirst sehen.«

»Aber sie haben Ben und Niklas entführt und die Fässer mit den Giftstoffen im Sumpf versenkt«, fuhr Amanda auf. »Das wird die Polizei doch nicht einfach unter den Teppich kehren.«

Luke legte seinen Arm um Amanda und Ben. »Wisst ihr«, begann er behutsam und tauschte einen wissenden Blick mit Will, »Palmer und Chief Tall Bird haben viel Geld und Kontakte zu sehr einflussreichen Personen in der Politik.«

»Aber es wäre unrecht, sie ungeschoren davonkommen zu lassen«, ereiferte sich Amanda.

Stella sah betreten zu Boden. Es tat ihr weh, dass die Kinder so früh mit der harten Wirklichkeit des Lebens Bekanntschaft machen mussten.

»Formal werden sie nicht ungestraft davonkommen«, sagte Will. »Die North Corporation wird eine hohe Geldstrafe für die unrechtmäßige Entsorgung der Giftstoffe aufgebrummt bekommen und irgendwem werden sie die Schuld für die Entführung in die Schuhe schieben. Dieser Jemand wird dann im Gefängnis landen. Aber jegliche Geldstrafe wird im Vergleich zu dem, was die North Corporation an Entsorgungskosten gespart und Chief Tall

Bird an Schmiergeldern einkassiert hat, lächerlich sein. Und im Gefängnis wird jemand sitzen, der dafür bezahlt wird, die Schuld auf sich zu nehmen. So ist das in der Welt. Gewöhnt euch besser dran.«

Amanda und Ben schwiegen einen Augenblick.

»Stimmt das, Luke?«, fragte Ben.

Luke zögerte, doch dann nickte er. »Es ist Unrecht. Aber Leute wie Palmer finden immer einen Weg, um sich aus einer heiklen Lage herauszureden.«

»Luke, sieh nur, da ist Elizabeth. Sie winkt uns zu«, sagte Stella und winkte zurück.

»Ist bei euch alles in Ordnung?«, rief Elizabeth.

»Stella hat eine leichte Schusswunde, aber das wird schon wieder«, antwortete Luke. »Und wie geht es Lynn?«

»Schon viel besser. Ich habe sie auf den Rücksitz gelegt, und ich möchte nicht, dass sie von dort aufsteht, bis wir bei einem Arzt sind. Ihr könnt ihr später hallo sagen. Aber wo ist eigentlich Sarah?« Elizabeth sah sich suchend um. Sie fing Lukes betrübten Blick auf und erstarrte. »Sarah ist von uns gegangen?«

»Sie hat ihre lange Reise angetreten. Aber vorher hat sie Stella das Leben gerettet.«

»Zum zweiten Mal«, flüsterte Elizabeth tief berührt.

Während Luke mit Elizabeth sprach, setzte Stella sich in den leeren Wagen, denn ihre Verletzung schmerzte noch immer heftig.

»Hast du Lukes tolle Kriegsbemalung gesehen, Mama?«, fragte Niklas aufgeregt und fügte ein wenig empört hinzu: »Die Farben sehen genau so aus wie meine. Und du erzählst mir immer, dass richtige Indianer so etwas nie benutzen würden.«

»Auch Mütter irren sich manchmal«, sagte Stella und musste trotz allem schmunzeln.

»Und was machen wir nun, Luke?«, fragte Niklas, als dieser sich zu ihnen setzte. Stella übersetzte seine Frage.

Luke hörte aufmerksam zu, dann fuhr er dem Jungen lächelnd durch das wirre Haar.

»Jetzt werde ich meine Familie nach Hause bringen.«

»Gehöre ich zu deiner Familie?«, wollte Niklas wissen.

»Sicher. Du und deine Mama, ihr seid jetzt meine Familie. Selbstverständlich nur, wenn dir das recht ist«, antwortete Luke ihm, aber es war Stella, die er dabei fragend ansah.

Lächelnd nickte sie ihm zu. Natürlich war sie einverstanden. Mehr als einverstanden sogar! So einverstanden, dass ihr Tränen in die Augen traten und ihr Herz vor Liebe und Glück überzulaufen schien. So lange hatte sie sich nach einem Mann gesehnt, der sie wirklich verstand, bei dem sie sich sicher und geborgen fühlte und der Niklas genauso liebte wie sie. Und nun hatte sie ihn gefunden. Hier, in diesem fremden Land, nach all den schrecklichen Ereignissen der vergangenen Stunden und Tage und nach all den fürchterlichen Opfern, die ihnen abverlangt worden waren.

In diesem Moment flüsterte Niklas beinahe andächtig: »Mein Papa ist ein richtiger Indianer. Cool!« Laut sagte er: »Und wo ist unser Zuhause, Luke?«

»Wo immer wir drei zusammen sein können«, erwiderte er lächelnd.

»Luke, schau!«, flüsterte Stella und deutete nach Osten, tief berührt von der Schönheit, die sich ihr bot.

Dort hingen, wie anmutige Elfenkleider, feine Dunstschleier über dem Sumpf, und fahles Dämmerlicht durchbrach die grauen Schatten des Waldes. Dann, ganz langsam, erschienen die ersten Sonnenstrahlen über den Wipfeln der Bäume. Sie brachten Helligkeit und Wärme und tauchten die Wildnis und alle Lebewesen in ihr in einen zartgoldenen Glanz.

Es gab keinen Zweifel. Diese Nacht war endlich vorüber. Sie standen an der Schwelle eines neuen Morgen. Der Zauber der Eule war zurückgekehrt, und sie hatte den Menschen erneut ihre Zeremonie gebracht. Und mit ihr all die Kraft und Weisheit und Voraussicht der Ahnen. Es gab kein Zurück. Der Mond der Sterneneule war gekommen.

Shaheylah, den 28.02.2014

Liebe Leserinnen und Leser,

der Ölsandabbau im Norden von Alberta beschäftigt mich, seit ich in Kanada lebe. Längst sind die horrenden Auswirkungen dieser Industrie kein Geheimnis mehr, aber wenn man bedenkt, wie schnell Kanadas Nordwälder abgeholzt werden, dann ist noch längst nicht genügend Öffentlichkeitsarbeit getan worden, um dieser Umweltkatastrophe Einhalt zu gebieten.

Kanada hält den Ölsandabbau weitgehend aus den Medien fern und fördert lieber die Arbeitsplätze, die von der Ölindustrie geschaffen werden. Die Regierung beruft sich darauf, dass nur die modernsten Verfahren und Technologien verwendet werden, um die schädlichen Einflüsse auf Mensch, Tier und Natur so gering wie möglich zu halten. Kanada weiß, so sagt die Regierung, was für das Land am besten ist. Außenstehende hätten sich nicht einzumischen. Einige Politiker hingegen sagen einfach geradeheraus, was sie denken, nämlich, dass dort oben sowieso nur ein paar Indianer wohnen und es niemanden stört, wenn das Land in eine tote Mondlandschaft verwandelt wird. Eine traurige Aussage.

Seit ich das Manuskript für »Auf den Schwingen der Sterneneule« vor mehr als zwei Jahren fertiggestellt habe, hat die im Roman erwähnte geplante Pipeline von Nord-Alberta quer durch die Rocky Mountains bis an die noch unberührte Pazifikküste British Columbias trotz aller

Proteste immer mehr Gestalt angenommen, und neue Umweltkatastrophen zeichnen sich am Horizont ab.

Warum hört niemand auf die Stimmen der Indianer? Sie haben Jahrtausende in diesem Land gelebt, ohne seine natürliche Harmonie aus dem Gleichgewicht zu bringen. Für sie ist kein Landstrich unbewohnt, denn selbst wenn kein Mensch dort lebt, so leben dort immer noch die Tiere, die Bäume, die Pflanzen und die *Spirits*. Und die Geister der Ahnen streifen noch immer durch die weitläufigen Nordwälder und die unberührte Schönheit der Nordpazifikküste.

Ich hoffe, mit dem vorliegenden Roman noch weiter auf das Problem des Ölsandabbaus aufmerksam zu machen. Eine Umweltkatastrophe mit derartigem Ausmaß geht uns alle an. Der gesamte amerikanische Kontinent leidet seit der Ankunft der Europäer unter ständiger Ausbeutung. Die Neuankömmlinge bereicherten sich an allem, was ihnen über den Weg lief, ohne an die Konsequenzen zu denken oder den Kulturen, die vor ihnen hier gelebt haben, Respekt zu erweisen: Die Bisons wurden abgeschlachtet, bis sie nur noch eine Erinnerung waren; die Lachse so weit dezimiert, dass sie vor dem Aussterben standen; die Wälder abgeholzt; die Flüsse umgeleitet, gestaut und verpestet; und Mutter Erde aufgerissen, um in ihr nach Edelmetallen zu wühlen. An dieser Einstellung hat sich bis heute leider nicht viel geändert. Genau genommen gilt dies wohl für die gesamte Welt.

Wir alle sind für unsere Erde verantwortlich, und nur gemeinsam können wir sie erhalten. Wir müssen uns auf die Stimme unseres Herzens verlassen und auf das weise Flüstern der *Spirits* hören. Sie werden uns den Weg weisen.

Sanna Seven Deers

Eine starke Frau vor der wilden Kulisse Kanadas

Sanna Seven Deers

DAS WINDLIED DES BÄREN

Roman

ISBN 978-3-548-28296-1
www.ullstein-buchverlage.de

Nach dem plötzlichen Tod ihrer Mutter möchte die junge Carla Bergmann endlich ihren Vater kennenlernen. Als sie herausfindet, dass er Indianer ist und in Kanada lebt, macht sie sich auf den Weg in die Fremde. Dort stößt sie auf ein altes Familiengeheimnis, als dessen neue Hüterin sie sich behaupten muss, um das Land ihrer Ahnen vor Raubbau und Zerstörung zu bewahren.
Der einfühlsame Lee Ghost Horse hilft Carla, ihre indianische Identität anzunehmen. Sie lernt, die Wildnis und das Leben fernab der Zivilisation zu lieben, und findet so nicht nur die Wurzeln ihrer Familie, sondern auch ihre eigenen.

UB626

ullstein